W0296848

En couverture, les présidents François Mitterrand et Juvénal Habyarimana plantent un arbre à Kigali le 7 octobre 1982.

L'ÉTAT FRANÇAIS ET LE GÉNOCIDE DES TUTSIS AU RWANDA

La collection des « Dossiers noirs », en coédition avec Survie, est issue d'une collaboration avec Agir ici.

Survie est une association (loi 1901) créée en 1984 qui mène des campagnes d'information des citoyens et d'interpellation des élus pour une réforme drastique de la politique de la France en Afrique et des relations Nord-Sud. Elle fonde son action sur la légitimité qui incombe à chacun d'interpeller ses élus et d'exiger un contrôle réel des choix politiques faits en son nom. L'engagement de Survie repose sur un constat : les problèmes de développement et la pauvreté dans les pays du Sud ont avant tout des causes politiques. C'est donc dans le champ politique qu'il convient d'agir.

Survie réalise un travail d'enquête et d'analyse critique, dénonce les agissements de la Françafrique et promeut auprès des décideurs une autre relation France-Afrique. Elle publie une revue mensuelle, *Billets d'Afrique et d'ailleurs*, accessible sur abonnement et en partie en ligne sur Survie.org.

Son travail s'appuie sur des partenariats, en France et en Afrique, qui permettent de mener des actions conjointes : campagnes de sensibilisation et de mobilisation (sur le pillage des ressources naturelles, le soutien aux dictateurs, les élections truquées, le génocide des Tutsis du Rwanda, etc.), manifestations en marge des sommets officiels de chefs d'État, plaidoyers, etc. Survie refuse tout don de parti politique, de mouvement religieux ou de syndicat. Les cotisations des adhérents assurent l'indépendance financière et par conséquent la liberté de ton et d'analyse de l'association.

Association Survie
21ter rue Voltaire 75011 Paris, France
(+33)9 53 14 49 74
Courriel : contact@survie.org
Site internet : Survie.org

Dans la même collection

27 – *Un pompier pyromane. L'ingérence française en Côte d'Ivoire d'Houphouët-Boigny à Ouattara*, 2018

26 – *Centrafrique : un destin volé. Histoire d'une domination française*, 2016

25 – *L'Or noir du Nigeria. Pillages, ravages écologiques & résistances*, 2012

24 – *Areva en Afrique. Une face cachée du nucléaire français*, 2012

23 – *Que fait l'armée française en Afrique ?*, 2009

22 – *L'Or africain. Pillages, trafics & commerce international*, 2007

21 – *La Privatisation de la violence. Mercenaires & sociétés militaires privées au service du marché*, 2006

20 – *Le Togo, de l'esclavage au libéralisme mafieux*, 2005 (nouvelle édition en 2013)

19 – *Comores-Mayotte : une histoire néocoloniale*, 2004 (nouvelle édition en 2010)

18 – *Les Affaires sous la guerre. Armes, pétrole & argent sale en Angola*, 2003

17 – *Les Pillards de la forêt. Exploitations criminelles en Afrique*, 2003

16 – *L'Envers de la dette. Criminalité politique & économique au Congo-Brazza & en Angola*, 2002

*

BP 70072, F-13192 Marseille cedex 20
Agone.org
ISBN : 978-2-7489-0393-5

Raphaël Doridant
et François Graner

L'État français et le génocide des Tutsis au Rwanda

AGONE

Les notes de référence (numérotées en chiffres arabes) ont été regroupées en fin de volume, p. 407.

On trouvera une chronologie p. 389 et une liste des sigles p. 403, ainsi qu'une sélection bibliographique et un index, respectivement p. 399 et 479. Sont également disponibles en fin de volume des cartes du Rwanda (p. 395) et des organigrammes des chaînes de commandement de l'opération Noroît (p. 397).

Édition préparée par Xavier Bonnefond, Guillaume Desgranges, Marie Laigle et Thomas Pérès.

Préface

Peu de sujets suscitent autant de passions que l'implication de la France dans le génocide contre les Tutsis du Rwanda. Qu'il suffise de considérer les polémiques qui ponctuent chaque année les commémorations d'avril, ou qui suivent chaque apparition médiatique d'un témoin clé, publication d'enquête, épisode judiciaire ; opposant responsables politiques, journalistes, chercheurs, associations, fidèles ou contempteurs de François Mitterrand, etc. Un livre s'aventurant même marginalement sur ce terrain miné se verra immanquablement accusé d'être à la solde d'un camp, et de s'en prendre ignominieusement à un autre. Le présent ouvrage n'échappera pas à la règle.

La dénonciation du rôle de la France au Rwanda s'invite sur la place publique début 1993. Une mission menée par plusieurs ONG produit un rapport sur les violations des droits de l'homme au Rwanda depuis le début de la guerre, en 1990[1]. Le rapport pose clairement la question d'un génocide de la population tutsie. Il indique que le nombre de morts constaté à l'époque du rapport serait éventuellement insuffisant pour une qualification juridique de génocide. Le 28 janvier 1993, un membre de la mission, président de l'association Survie, fait écho à ces graves accusations en direct sur le plateau du 20 heures de France 2. Plus d'un an avant le génocide, Jean Carbonare pose le décor : le pouvoir rwandais est sans aucun doute impliqué jusqu'à un niveau très élevé dans des massacres de Tutsis, de toute évidence planifiés. La France, qui soutient militairement et financièrement le régime, porte une lourde responsabilité. Carbonare insiste : les autorités françaises ont les moyens d'enrayer la dynamique génocidaire[2].

De nombreuses publications ont par la suite traité du génocide, de ses causes, de sa mise en œuvre : on compte depuis 1994 entre dix et vingt livres par an – avec des pics importants en 2014 et 2019 ; en plus de très nombreux articles dans la presse ou des revues spécialisées. Le sujet est largement présent dans les champs journalistique et universitaire. Le rôle de la France en revanche, pourtant bien présent dans les médias, a suscité peu d'intérêt dans les facultés. Le choc de la mise en cause de leur pays a conduit de nombreux non professionnels à investir le sujet, avec des approches variées, et des résultats assez inégaux. L'hétérogénéité de ces publications, appréciée sans distance par des chercheurs et avec une probité parfois discutable, fut souvent un prétexte pour caricaturer les discours accusant la France de complicité et les balayer d'un revers de main. Sans les idéaliser, on doit reconnaître que ces contributions ont alimenté un corpus de connaissances qui serait nettement moins important s'il avait fallu attendre que les universitaires se saisissent pleinement du sujet.

Les auteurs de cet ouvrage s'inscrivent dans ce mouvement, au sein de l'association Survie qui est centrale dans ce combat depuis 25 ans. Début 1993, l'association tente d'alerter par tous les moyens, jusqu'au sommet de l'État. Pendant le génocide, des marches quotidiennes sont organisées, des tribunes, des interpellations. Dans la foulée, Survie crée avec l'association Agir Ici la présente collection « Dossiers noirs », qui publie en décembre 1994 son premier ouvrage : *Rwanda. La France choisit le camp du génocide*[3]. Le même mois paraît le livre de François-Xavier Verschave – qui présidera l'association jusqu'à sa mort en 2005 –, *Complicité de génocide ?*[4]. Dès 1994, l'essentiel est posé : l'État français a, par pur cynisme, choisi le camp qui lui paraissait le plus à même de maintenir le Rwanda dans sa zone d'influence. Nous allons voir que la complicité a été multiforme : diplomatique, militaire, financière, médiatique. Elle s'est poursuivie lorsque le génocide s'accomplissait, et même après la déroute du camp génocidaire. On peut aller jusqu'à parler de complicité idéologique, dans la mesure où des responsables militaires et politiques français ont largement répandu la propagande sur l'« ennemi Tutsi », la négation du génocide, et celle de leur propre rôle dans cette horreur.

Ce livre reprend et développe tous les éléments constitutifs de la complicité française recueillis et analysés depuis 25 ans, dans la continuité des travaux de la Commission d'enquête citoyenne organisée en 2004[5], des enquêtes menées par Survie qui ont conduit à des dépôts de plaintes et à l'ouverture d'instructions judiciaires, à des articles, des rapports et ouvrages publiés ces dernières années par ses membres, à des colloques, etc.

Les spécialistes ne trouveront dans le présent ouvrage nulle révolution dans la description de la politique rwandaise de la France, mais identifieront çà et là des pièces manquantes d'un puzzle globalement en place depuis vingt-cinq ans. Ils pourront également s'intéresser à l'imposant appareil de références. Les lecteurs moins connaisseurs apprécieront un exposé méthodique, particulièrement détaillé et accessible, et la contextualisation des faits dans une analyse plus large de la politique africaine de la France.

Ceux qui découvrent le sujet pourront juger les accusations excessives tant l'effet de sidération intervient lorsque l'on est confronté à ce cynisme qui a tenu lieu de politique pendant des années au Rwanda. Elles sont en fait d'une extrême prudence.

Quant aux lecteurs de la collection des Dossiers Noirs, qui savent combien les compromissions françaises au Rwanda ont contribué à la révélation de la face la plus criminelle de la Françafrique, et combien l'ombre de la complicité française dans le génocide pèse toujours sur les institutions françaises, ils ne seront pas dépaysés. Ils retrouveront dans ces pages des acteurs, institutions, mécanismes à l'œuvre dans d'autres scandales, d'autres conflits abordés dans la collection, au Congo-Brazzaville, en Angola, en Centrafrique... : ventes d'armes, mercenariat, coopération militaire, opérations extérieures, impunité, etc.

Ceux qui se battent pour que soit reconnue la responsabilité de la France dans le génocide des Tutsis se voient régulièrement reprocher d'oublier une partie des victimes des « crises » dans les Grands Lacs qui se sont succédé depuis 1994 avec un bilan humain effroyable, minorer le rôle du régime rwandais dirigé par Paul Kagame dans ces crises et ne pas dénoncer les exactions et crimes de celui-ci. Nous verrons au cours de ce livre que cette mise en balance, parfois sincère au demeurant, alimente une forme de négationnisme visant à diluer les responsabilités - quand il ne s'agit pas d'accuser les troupes de Kagame, qui ont mis fin au génocide, de l'avoir provoqué.

L'association Survie a régulièrement clarifié ce point[6], tout en continuant de subir l'accusation de complaisance à l'égard de Kagame par les uns, le reproche d'être primairement anti-Kagame par les autres, parfois simultanément. La situation globale des Grands lacs, la nature du régime rwandais actuel ne constituent pas l'objet de recherche de l'association, ni le sujet d'étude du groupe « Rwanda » au sein duquel travaillent les auteurs. Ce n'est donc pas l'objet de ce livre.

Citoyens français engagés dans la dénonciation des dérives de la politique de la France en Afrique, les auteurs ont en revanche toute légitimité pour questionner la nature de leur propre république, l'absence de contrôle parlementaire sur la politique étrangère et les forces armées ; toutes choses qui ont amené leur pays à se rendre complice d'un génocide.

Guillaume Desgranges & Fabrice Tarrit

À la mémoire de Jean-Franklin Narodetzki et Sharon Courtoux.

Pour

Vénuste Kayimahe

Eric Nzabihimana

Bernard Kayumba

Auréa Mukakalisa

Aaron Nshimiryayo

François Bagirubwira

I. Un membre à part entière de la famille franco-africaine (1960-1990)

Au début des années 1960, tout juste sortie du bourbier algérien, la France songe à prendre pied dans les anciennes colonies belges, elles aussi nouvellement indépendantes. Parmi elles le Rwanda, petit pays au relief très montagneux à l'ouest – le « pays des Mille Collines ».

« Situé à la charnière entre l'Afrique francophone et l'Afrique orientale d'expression anglaise, le Rwanda peut, dans les années à venir, contribuer efficacement au développement de l'influence française. De par sa situation géographique, il est en mesure de jeter un pont entre Madagascar et l'Afrique d'expression française. En outre, sa croissance démographique et la nécessaire émigration qui en résulte peut en faire un instrument non négligeable de pénétration culturelle dans les pays voisins de langue anglaise : l'Ouganda, le Kenya et le Tanganyika [actuelle Tanzanie] [1]. » Ainsi s'exprimait en janvier 1963 Bertrand Dufourcq, expert du ministère des Affaires étrangères envoyé à Kigali pour élaborer les accords de coopération entre la France et le Rwanda. Le Rwanda, un pays qui n'aura connu pour finir qu'une courte période de tutelle coloniale (guère plus de soixante ans), mais qui en a été bouleversé en profondeur[I].

Une société rwandaise transformée par la colonisation

Ce n'est qu'à la toute fin du XIXe siècle que les Européens sont parvenus jusqu'au Rwanda. Suite à la conférence de Berlin en 1885, l'Allemagne prend possession de cette partie de la région des Grands Lacs. Les colonisateurs, allemands à partir de 1894, puis belges à partir de 1916, découvrent un royaume ancien et très organisé, une culture qu'ils jugent raffinée, articulée autour d'appartenances à des clans et à trois groupes sociaux qui ne renvoient pas à des catégories ethniques : Hutus, Tutsis et Twas[II] parlent la même langue, partagent les mêmes croyances religieuses et les mêmes coutumes, vivent ensemble, et il n'est pas rare qu'ils se marient entre eux.

Dans le Rwanda précolonial, l'appartenance à l'un ou à l'autre de ces groupes n'est qu'un élément de l'identité sociale, au même titre que l'appartenance régionale, la profession et l'appartenance clanique, voire lignagère dans certaines régions[2]. Selon les historiens Jean-Pierre Chrétien et Jean-Damascène Gasanabo, « les

I. Voir les cartes p. 395 et 397.

II. L'usage dans les études universitaires sur le Rwanda est d'écrire « Hutu, Tutsi, Twa » comme des noms propres et des adjectifs invariables. L'usage en français courant consiste à les traiter comme des noms propres et des adjectifs variables, ce que nous avons choisi de respecter dans ce livre.

trois groupes se distinguaient par leurs activités sociales : l'agriculture pour les Hutus, l'élevage des bovins pour les Tutsis, la chasse et la poterie pour les Twas. Ces métiers, complémentaires dans l'économie de subsistance du pays, n'étaient pas exclusifs : les Hutus élevaient aussi des vaches, et les Tutsis étaient devenus aussi des agriculteurs. [...] Les hiérarchies étaient liées à l'organisation politique du royaume qui avait peu à peu contrôlé le territoire actuel du Rwanda entre le XVIIe et le XIXe siècle : les systèmes de prestations et les liens de clientèles (*ubuhake*), fondés notamment sur des concessions de bétail, avantageaient les lignages les plus proches du pouvoir, lequel était aux mains d'une dynastie tutsie. [...] L'aristocratie était donc essentiellement tutsie, mais elle ne concernait qu'une minorité de l'ensemble des Tutsis, et d'autre part, des Hutus, riches en bétail et proches du roi ou d'un chef, devenaient tutsis. [...] Le règne du dernier grand *mwami* [roi] précolonial, Kigeri Rwabugiri (1867-1895), est marqué à la fois par son style belliqueux et par un durcissement des rapports sociaux qui inspirera le contentieux ultérieur entre Hutus et Tutsis [3]. »

Ce qui n'est qu'une distinction sociale accordant une prééminence à une minorité de Tutsis devient une distinction raciale dans le regard du colonisateur occidental. En effet, sur cette situation inégalitaire se greffent dès la fin du XIXe siècle les théories raciales européennes, représentées notamment par l'*Essai sur l'inégalité des races humaines* publié en 1855 par Joseph Arthur de Gobineau [4]. Les Européens, imprégnés de l'idée de la hiérarchie des races humaines, projettent ce paradigme sur les peuples qu'ils découvrent en pénétrant à l'intérieur du continent africain. Ainsi « l'Anglais John H. Speke, en quête des sources du Nil au début des années 1860, marque les esprits par son hypothèse d'un ancien peuplement éthiopien venu "civiliser" les "Nègres" de la région [5] ». Premier Européen reçu à la cour du *mwami* en 1894, le comte von Götzen, futur gouverneur de l'Afrique orientale allemande, évoque d'anciennes grandes migrations de peuples hamitiques venus d'Abyssinie, qui forment la classe dirigeante, à côté de laquelle on trouve la population autochtone bantoue (hutue) qui lui est soumise. Marqués par ce mythe hamitique [6], impressionnés par l'organisation politique du Rwanda et le raffinement de sa culture, pour eux dus aux Tutsis, qu'ils confondent avec l'aristocratie de la cour royale, les colonisateurs allemands puis belges vont faire des Tutsis une « race » supérieure, apparentée à la « race » blanche.

Cette obsession raciale se poursuit dans les premières décennies du XXe siècle. Des anthropologues n'ont alors de cesse de prouver l'existence de trois « races » puis « ethnies » au Rwanda. Les missionnaires enseignent la supériorité des Tutsis dans leurs écoles. Les administrateurs allemands puis belges s'appuient sur l'élite tutsie, à laquelle ils confient le rôle de relais du pouvoir de la puissance coloniale. Les Belges suppriment les chefferies hutues héritées du système politique traditionnel. Ce système, encadré par l'ancienne administration royale, comprenait trois réseaux de chefs (pour le bétail, les terres et les armées) dont les pouvoirs se contrebalançaient et où on trouvait des Tutsis et des Hutus. Dans les années 1930, la puissance coloniale met peu à peu en place une immatriculation « ethnique » : l'appartenance de chaque Rwandais à l'un des trois groupes, souvent basée sur le nombre de vaches possédées, est mentionnée sur les documents d'identité[7].

La prééminence accordée à l'aristocratie tutsie pour diriger le pays et sa justification pseudo-scientifique conduisent à une exacerbation des rapports entre Hutus et Tutsis : les élites rwandaises adoptent les schémas de pensée du colonisateur concernant la « supériorité » de l'« ethnie » tutsie. Pour Jean-Pierre Chrétien et Marcel Kabanda, « on assiste au XXe siècle au placage, autoritaire et "autorisé" scientifiquement, d'un modèle racial. Celui-ci est fondé sur des typologies somatiques et caractérologiques du XIXe siècle et sur une fiction ethno-historique des origines qui a fait rêver les blancs avant d'intéresser les noirs. Il fonctionne de façon perverse dans le contrôle de la société selon un système d'administration indirecte, consistant à obtenir la collaboration des "indigènes" sur la base d'une intériorisation bon gré mal gré des préjugés raciaux du dominateur colonial[8] ». Pareille situation faisant des Tutsis les agents de l'oppression coloniale n'était pas tenable. Les deux auteurs ajoutent : « Ce pays devait accoucher d'une révolution : elle pouvait être libérale, populiste, prolétarienne, nationaliste, elle a été raciste, ses acteurs étant structurellement incapables de penser en d'autres termes que ceux inculqués[9]. »

La « révolution sociale » de 1959

Au milieu des années 1950, des Hutus accusent les Tutsis d'être responsables de la situation de plus en plus difficile de la population, largement imputable aux corvées et aux impôts croissants, tout en sachant pertinemment que le pouvoir réel réside dans les mains du colonisateur belge et de l'Église catholique, toute-puissante au Rwanda. L'élite tutsie, sensible au mouvement de décolonisation qui suit la Seconde Guerre mondiale, met quant à elle l'accent sur la domination coloniale plutôt que sur le problème Hutus-Tutsis.

En février 1957, le Conseil supérieur du pays, composé surtout de chefs tutsis, demande à s'émanciper de la tutelle belge. Le *mwami* et les Tutsis sont alors traités par la presse catholique de communistes et d'ennemis de l'Église. Les autorités belges et l'Église catholique adaptent leur stratégie au vent nouveau qui souffle : elles renversent leur alliance avec l'élite tutsie au profit d'une nouvelle élite hutue dont elles soutiennent l'émergence. La Belgique choisit de soutenir les leaders hutus, plus conciliants avec la puissance coloniale, car elle espère collaborer avec eux après une indépendance qu'elle sait inéluctable.

En mars 1957 paraît une lettre ouverte connue sous le nom de *Manifeste des Bahutus*, signée notamment par des Hutus proches de l'archevêque de Kigali monseigneur Perraudin, dont Grégoire Kayibanda, futur président du Rwanda indépendant. Ce manifeste lie le problème social rwandais à la question « raciale » et au « monopole politique d'une race »[10]. Le « peuple hutu », majoritaire et considéré comme seul occupant légitime de la terre rwandaise, est opposé à « une caste qui représente à peine 14 % des habitants », la « minorité conquérante des seigneurs tutsis »[11], comme la qualifient encore certains Hutus, qui seraient arrivés tardivement. Le 11 février 1959, à l'occasion du carême, monseigneur Perraudin rédige une lettre où il martèle le mot « race » et, tout en prônant chrétiennement la tolérance, souligne que la « diversité de races dans un même pays est un fait normal contre lequel d'ailleurs nous ne pouvons rien[12] ». Sa lettre, un « mandement » à faire lire dans toutes les églises du Rwanda, et par conséquent dont tout le monde a connaissance dans ce pays fortement christianisé, est ressentie comme un appui sans équivoque au parti Parmehutu, le Parti du mouvement pour l'émancipation hutu dirigé par Kayibanda[13].

Dans ce climat politique de plus en plus tendu, les événements prennent un tour tragique à la Toussaint 1959. La rumeur – fausse – de la mort d'un sous-chef hutu passé à tabac par des Tutsis entraîne des troubles importants dans le pays, qui durent jusqu'à la mi-novembre. Des cases sont incendiées, des meurtres de Tutsis sont commis et certains d'entre eux fuient le pays. L'administration belge laisse faire. Les violences sporadiques contre les Tutsis se poursuivent en 1960 et 1961 en toute impunité. D'autres Tutsis prennent le chemin de l'exode.

Les élections communales de 1960 voient la victoire du Parmehutu. Ce parti prétend mettre fin à l'oppression tutsie, considérée comme la racine des problèmes sociaux du Rwanda. Il demande « le retour en Éthiopie des colonisateurs tutsis [14] ». Un gouvernement provisoire est formé en octobre 1960, présidé par Kayibanda. Ce dernier organise, le 28 janvier 1961, une réunion de tous les bourgmestres et conseillers municipaux récemment élus, lors de laquelle la république est proclamée. Ce coup d'État est ratifié par les élections et le referendum organisés la même année sous l'égide de l'ONU. Le Rwanda devient indépendant le 1er juillet 1962, au terme d'une « révolution sociale » encadrée par la Belgique et revendiquée, sur le modèle de la Révolution française, comme l'abolition de la « féodalité tutsie ».

L'État français pose le pied au Rwanda

La France commence à s'intéresser au Rwanda à partir de 1960, au moment où débute le processus qui aboutit à l'indépendance sous contrôle accordée par la Belgique [15]. Les autorités belges veulent convaincre leurs homologues françaises du bien-fondé de leur politique, au moment où la quasi-totalité des pays membres de l'ONU critiquent leur politique néo-coloniale et appuient les revendications de l'élite tutsie, qui demande l'indépendance immédiate. La France soutient la Belgique devant les Nations unies, se déclarant favorable à « la décolonisation et à l'indépendance des peuples », mais condamnant « tout vestige de féodalité ». À l'automne 1961, le délégué français à l'ONU apporte ouvertement son soutien au Parmehutu de Kayibanda [16].

Dans leur analyse de la situation rwandaise, les autorités françaises épousent ainsi la thèse de la « démocratie hutue » opposée à la « féodalité tutsie ». Une vision erronée mais promise à un bel avenir chez les dirigeants français, selon laquelle ceux qui disent représenter les Hutus sont seuls légitimes pour gouverner, puisqu'ils représentent « la majorité ». Les responsables français s'inquiètent aussi de « la violence de la lutte sociale opposant les "serfs bahutus" aux "féodaux batutsis" » qui leur fait craindre une guerre civile et « un chaos pire qu'au Congo après l'indépendance »[17].

Le sentiment de soutenir le « tiers état » hutu ne doit pas occulter le moteur de l'action diplomatique française : accroître son influence, comme le décrit en 1962 une note du Quai d'Orsay : « Ces deux pays [le Rwanda et le Burundi] revêtent pour la France une importance particulière du fait qu'ils sont francophones et en raison des convoitises plus ou moins avouées dont ils sont l'objet de la part des pays voisins de langue anglaise, l'Ouganda et surtout le Tanganyika[18]. » Contenir l'expansion anglophone : un autre leitmotiv récurrent de la politique de l'État français au Rwanda. Ajoutons que la Tanzanie de Julius Nyerere, l'Ouganda et le Kenya cherchent à cette époque à constituer une communauté est-africaine de coopération, se définissent comme socialistes et appartiennent au mouvement des pays non alignés dont la politique est de rompre avec l'ancienne métropole et d'entretenir des relations avec le bloc soviétique. Pour la France, comme pour la Belgique, il est essentiel que le Rwanda reste dans la sphère d'influence occidentale.

Les deux ex-puissances coloniales misent sur une politique de coopération avec ce pays. La France en particulier est convaincue que les élites hutues, francophones, seront le relais d'une politique d'expansion de l'influence culturelle française. Vouant un véritable culte au général de Gaulle et aux idéaux de la Révolution française, les dirigeants de la Première République rwandaise se montrent sensibles aux tentatives françaises d'attirer le Rwanda dans l'Union africaine et malgache, composée des anciennes colonies avec lesquelles la France a gardé des relations privilégiées. En septembre 1962, le Rwanda demande son adhésion – qu'il obtiendra le 5 mars 1963. Le 20 octobre 1962, un traité d'amitié et de coopération est signé à Paris par le président rwandais Grégoire Kayibanda et son homologue français Charles de Gaulle. C'est une première étape dans l'évolution qui amène progressivement l'expansionnisme français à évincer les Belges.

Silence sur les massacres de Tutsis

Quand la France apporte à l'ONU son soutien au Parmehutu de Grégoire Kayibanda, à l'automne 1961, les responsables français ne peuvent ignorer l'idéologie raciste et violemment hostile aux Tutsis professée par ce mouvement, qui a provoqué l'exil de dizaines de milliers d'entre eux. Les persécutions contre les Tutsis continuent d'émailler la présidence de Kayibanda, une

« dictature cléricale [19] » étouffante adepte d'une morale catholique qui fait de la pauvreté – réelle dans le pays – une vertu et où la discrimination à l'encontre des Tutsis peut aller jusqu'au pogrom.

Les Tutsis monarchistes en exil qui cherchent à reprendre le pouvoir au Rwanda par les armes sont surnommés *Inyenzi* (cafards [I]) en allusion à leurs incursions nocturnes. En décembre 1963, un de leurs raids armés provoque des représailles massives dans la préfecture de Gikongoro. Au moins 10 000 Tutsis sont massacrés sous la houlette des autorités locales.

Ces événements trouvent un écho en France : un coopérant suisse dénonce dans *Le Monde* les tueries dont il a été le témoin [20] et Radio Vatican informe que « depuis le génocide des Juifs par Hitler, le plus terrible génocide systématique a lieu au cœur de l'Afrique ». Le président Kayibanda ne nie pas les massacres. Selon lui, ils trouvent leur origine dans la « barbarie naturelle » des Tutsis. Dans son discours du 11 mars 1964, le chef de l'État rwandais va jusqu'à indiquer que la prise de Kigali par les exilés tutsis aurait pour conséquence « la fin totale et précipitée de la race tutsie [21] ».

I. L'origine de cette expression et les différentes significations qui s'y rapportaient à l'époque sont actuellement controversés. Dans la période 1990-1994 et parfois même de nos jours, ce terme est utilisé de façon péjorative et déshumanisante en lien avec un appel à exterminer les Tutsis.

Un ami de la France : le général-major Juvénal Habyarimana

La violente discrimination dont les Tutsis sont victimes sous le régime Kayibanda n'empêche nullement la coopération franco-rwandaise de prospérer, grâce notamment à l'intérêt que porte à la France le général-major Juvénal Habyarimana, chef d'état-major en 1963, fonction qu'il cumule à partir de 1965 avec celle de ministre de la Garde nationale et de la Police. Homme de confiance et bras droit du président Kayibanda, Habyarimana veut créer une gendarmerie sur le modèle français. Pour ce faire, il envoie des officiers rwandais se former en France. En 1966, il décide l'achat d'automitrailleuses et d'hélicoptères français pour se défendre contre les exilés tutsis. Dès cette époque, les responsables français estiment que la France se substituera tôt ou tard à la Belgique dans le domaine de la coopération militaire avec le Rwanda. Cette même année 1966, l'ambassadeur de France indique, dans un télégramme diplomatique, que « si un coup d'État survenait, l'auteur en serait le ministre de la Garde nationale et de la Police, dont les opinions sont rassurantes et qui tient en main toutes les forces du pays[22] ».

Cette prophétie s'accomplit sept ans plus tard. En 1972, sentant son pouvoir vaciller, le président Kayibanda déclenche une campagne anti-Tutsis afin de fédérer derrière lui une population hutue fatiguée d'un régime dictatorial. D'octobre 1972 à février 1973, encouragés par le gouvernement Kayibanda, des groupes d'activistes hutus s'en prennent aux Tutsis et les chassent de la fonction publique, des établissements d'enseignement et de certaines entreprises privées, sous prétexte de faire respecter la politique des quotas « ethniques » qui limitait la place des Tutsis dans certains secteurs de la société rwandaise[23]. Bien qu'il y ait peu de morts si l'on compare aux pogroms de 1959 et de 1963-1964, ces attaques provoquent un vaste mouvement d'émigration de Tutsis.

Le 5 juillet 1973, sous la direction de Habyarimana, onze officiers proches de sa femme, Agathe Kanziga, portent celui-ci au pouvoir. Habyarimana prend également le titre de chef d'état-major de l'armée et de la gendarmerie, la direction opérationnelle étant confiée à ses sous-chefs : pour l'armée, Laurent Serubuga, l'un des onze officiers putschistes ; pour la gendarmerie, Pierre-Célestin Rwagafilita. Tous les trois sont issus de la même région, au nord-ouest du pays[24]. Ce coup d'État sans violence « fut salué par un soulagement populaire presque général, y compris des Tutsis, car le nouveau régime s'engagea immédiatement à garantir leur sécurité[25] ». La Seconde République rwandaise est née.

Les Français s'engouffrent immédiatement dans la brèche. Le nouveau président rwandais se voit offrir un avion Caravelle par le président Georges Pompidou. Sous la présidence de Valéry Giscard d'Estaing est signé, le 18 juillet 1975, un « accord particulier d'assistance militaire » pour l'organisation et l'instruction de la gendarmerie rwandaise. Cet accord est amendé en 1983 : les personnels français sont alors autorisés à servir sous uniforme rwandais, signe d'une intégration plus grande aux unités rwandaises, et l'interdiction qui leur était faite d'« être associés à la préparation et à l'exécution d'opérations de guerre, de maintien ou de rétablissement de l'ordre ou de la légalité » disparaît[26].

Sous la présidence de Juvénal Habyarimana, le sort des Tutsis s'améliore : les violences à leur encontre se raréfient, bien que le maintien d'un système généralisé de quotas les pénalise lourdement. En outre, la construction idéologique héritée de la « révolution sociale » de 1959, qui fait des Tutsis les descendants d'envahisseurs ayant instauré leur domination féodale sur le « peuple majoritaire », c'est-à-dire les Hutus, considérés comme les seuls Rwandais légitimes, demeure le soubassement du régime. Parallèlement, Habyarimana favorise parmi les Hutus ceux qui sont issus de sa région d'origine, le Nord-Ouest. Le pays est quadrillé par les autorités civiles, avec un correspondant pour chaque groupe de dix maisons[1]. Le contrôle de la population est aussi mené par l'Église catholique, qui assure une tutelle étroite sur la vie quotidienne et, sur le plan politique, par un parti unique, dont chaque Rwandais est membre dès sa naissance. Juvénal Habyarimana est « réélu » en 1988 avec 99,98 % des voix, avec un programme axé sur le développement. Les expatriés belges, suisses, français, allemands et autres sont tellement présents au Rwanda qu'il est surnommé le « pays des Mille Coopérants » par l'un d'entre eux[27].

1. Sur le contrôle de la population, lire l'encadré *infra*, p. 47.

Cependant, la stabilité politique du régime dépend entre autres des cours de l'étain et du café, qui s'effondrent au milieu des années 1980, privant l'élite dirigeante d'une partie de ses revenus. La grave crise économique de la fin des années 1980 engendre une pauvreté et un chômage croissants dans un pays très densément peuplé, où l'Église catholique proscrit le contrôle des naissances. Elle ravive aussi les tensions entre Hutus du Nord et Hutus du Sud.

En mars 1987, un télégramme diplomatique informe Paris que le pays est une « poudrière contenue par le service de renseignements[28] ». L'épouse de Habyarimana, Agathe Kanziga, ses trois frères et ses proches – le « Clan de Madame », aussi appelé Akazu (la « petite maison ») – mettent le pays et son économie en coupe réglée[I]. À Paris, le secrétariat général de la Défense nationale signale que « les compagnons de la première heure du général Habyarimana paraissent hésiter à soutenir son action, quand ils ne défient pas tout simplement son pouvoir[29] ». La tentative de coup d'État du 1er janvier 1989 est, selon l'ambassadeur de France à Kigali, « la troisième du genre au cours des neuf derniers mois ». Selon lui, elle s'inscrit « dans une suite de mouvements militaires avortés dans lesquels on retrouve toujours les colonels Rwagafilita, sous-chef d'état-major de la gendarmerie, et Serubuga, sous-chef d'état-major de l'armée, lequel aurait été pressenti pour prendre la tête du mouvement, si le complot avait réussi »[30].

I. Sur le rôle d'Agathe Habyarimana, lire *infra*, p. 291.

Dans ce contexte d'appauvrissement, de corruption et de menaces de révolutions de palais, la France offre à Habyarimana, pour remplacer sa Caravelle, un avion Falcon 50 et les services de trois membres d'équipage français.

Le problème des réfugiés et la formation du FPR

La présence d'environ 600 000 réfugiés rwandais tutsis est de moins en moins acceptée dans les pays voisins du Rwanda : Ouganda, Burundi, Tanzanie, Zaïre. Les exilés de 1959, 1963 et 1973 ainsi que leurs descendants revendiquent, dès les années 1980, un droit de retour au Rwanda. Dès son accession au pouvoir en 1973, Habyarimana avait pris des mesures pour décourager le retour des réfugiés. Avec la crise économique des années 1980, le régime se montre encore moins enclin à l'accepter.

Les réfugiés tutsis s'organisent. En 1980, ceux qui se sont exilés en Ouganda créent un mouvement politique qui donne naissance, en décembre 1987, au Front patriotique rwandais (FPR). Le FPR, dont le programme mentionne le rapatriement des réfugiés, ainsi que l'unité nationale, la démocratie, la santé, le développement économique et les relations internationales, est constitué par des militants résolus, prêts à utiliser les armes s'il le faut pour retourner au Rwanda[31]. Leur détermination provient notamment du fait que des milliers de Tutsis réfugiés en Ouganda se sont, au début des années 1980, engagés dans la rébellion de Yoweri Museveni et l'ont aidé à mettre à bas la dictature de Milton Obote en 1986. Désormais affiliés au FPR et dotés d'une solide expérience militaire, ils peuvent envisager un retour en force dans leur pays d'origine. Au sein du FPR, « à la fin juillet 1990, l'attaque du Rwanda était fermement décidée[32] ».

À cette date, le régime Habyarimana est en effet perçu par les dirigeants du FPR comme étant en pleine déliquescence et sur le point de s'effondrer[33]. Le discours du président François Mitterrand au sommet franco-africain de La Baule en juin 1990, qui semble vouloir conditionner l'aide économique aux efforts de démocratisation des pays africains, donc à l'instauration du multipartisme, amène le président Habyarimana à envisager publiquement, le 5 juillet, la fin du parti-État au Rwanda. Le 1er septembre 1990, 33 intellectuels demandent la démocratisation immédiate du régime. Cette perspective encourage le FPR à agir, afin de ne pas se voir privé « de l'un de ses meilleurs arguments en matière de relations publiques, à savoir qu'il combattait une dictature totalitaire à parti unique[34] ».

Veillée d'armes

Le 25 août 1990, les services de renseignement militaire annoncent à Habyarimana que l'attaque du pays par le FPR est imminente[35]. Le régime doit alors choisir « entre une accentuation de l'ouverture politique et une mobilisation "ethnique"[36] ». La seconde voie, prônée par le « clan de Madame », repose sur la radicalisation du clivage Hutus-Tutsis pour rassembler les Hutus derrière leur président.

À la veille de l'offensive du FPR, la France est engagée au Rwanda depuis presque trente ans. Comme le souligne le chercheur Olivier Thimonier, « adossée à une vision résolument raciste, dans laquelle l'ethnie est un critère d'appartenance indépassable, la coopération que Paris noue avec le Rwanda se développe en fonction de ses intérêts propres : étendre son aire de rayonnement, dont la "francophonie" est le mètre-étalon, promouvoir ses méthodes, ses hommes, bref, son influence. Sous le vocable de coopération, la politique française au Rwanda s'inscrit, dès le début des années 1960, dans une logique d'empire. La combinaison de cette vision tout à la fois raciste et utilitaire du Rwanda est à l'origine d'une coopération qui entraînera la France, trente ans plus tard, à rester fidèle à ses alliés, les héritiers de la révolution hutue de 1959, tandis qu'ils prépareront le génocide[37] ».

Entre-temps, selon les mots prononcés en 1977 par le président Habyarimana, le Rwanda est devenu « un membre à part entière de la famille franco-africaine[38] ».

II. Le soutien français à un régime en pleine dérive génocidaire

L'opération Noroît (1990-1993)

« Nous allons lui envoyer quelques bidasses au petit père Habyarimana. Nous allons le tirer d'affaire. En tout cas, cette histoire sera terminée en deux ou trois mois. » Ainsi s'exprime, le 2 octobre 1990, Jean-Christophe Mitterrand, alors responsable de la « cellule africaine » de l'Élysée, après avoir rassuré par téléphone le président Habyarimana[1]. La veille, les troupes du FPR ont pénétré au Rwanda depuis l'Ouganda. L'inquiétude du chef de l'État rwandais, alors à New York pour une conférence de l'Unicef, est grande. À Paris, l'état-major des armées est prêt, dès le 3 octobre, à déclencher une opération militaire au Rwanda.

Bousculant les Forces armées rwandaises (FAR) dont les effectifs se montent à quelque 5 000 hommes, les troupes du FPR – l'Armée patriotique rwandaise (APR) – se rapprochent de Kigali. Au départ « 500 hommes, partis sans soutien politique ni logistique avec leur seul armement individuel et quelques camions volés à une unité ougandaise », selon la DGSE (Direction générale de la sécurité extérieure)[2], leurs effectifs sont rapidement portés à 4 000 hommes. Les FAR, d'abord ébranlées, se ressaisissent et parviennent, le 3 octobre, à stopper l'offensive ennemie grâce aux véhicules blindés et aux hélicoptères fournis par la France dans les années 1960. Un pilote d'hélicoptère détruit un convoi logistique de l'APR, portant à celle-ci un coup décisif. Selon le journaliste Stephen Smith, ce pilote était un agent du service de contre-espionnage français[3]. Le FPR, qui avait parié sur une victoire rapide, se voit en outre privé de son commandant militaire, le général Fred Rwigema, tué le deuxième jour de l'attaque. Malgré tout, la situation du régime Habyarimana reste très précaire.

Le 4 octobre le président Mitterrand, en déplacement au Moyen-Orient, donne l'ordre « d'envoyer au plus vite deux compagnies à Kigali, avec la mission de protéger les Européens, les installations françaises et de contrôler l'aérodrome afin d'assurer l'évacuation des Français et des étrangers qui le demandaient[4] » ; le ministre de la Défense, Jean-Pierre Chevènement, s'oppose à cette « attitude néocoloniale de la France », mais ses arguments sont « balayés par le président[5] ». Deux compagnies stationnées en Centrafrique, soit 300 hommes au total, partent pour Kigali le jour même. L'opération, baptisée « Noroît », commence[I].

I. Voir la chaîne de commandement militaire de l'opération Noroît en octobre 1990 *infra*, p. 397.

Octobre 1990 : le début de l'opération Noroît

Dans la nuit du 4 au 5 octobre 1990, des tirs éclatent dans toute la ville de Kigali : le président Habyarimana, rentré d'urgence de New York, a en effet mis en scène une fausse attaque de la capitale par le FPR[6]. Il veut ainsi sensibiliser ses alliés français et belges à la nécessité d'assurer la sécurité de leurs ressortissants, mais aussi amener la population rwandaise à faire bloc derrière lui. La venue de troupes étrangères – zaïroises, belges et françaises – en renfort est accueillie avec grand soulagement par les autorités rwandaises.

Le 5 octobre au matin commence une vaste opération d'arrestation des suspects. Huit à dix mille Tutsis et opposants hutus sont conduits à la prison centrale et dans le principal stade de Kigali. Des milliers d'autres sont arrêtés dans le reste du pays. Bon nombre des personnes détenues sont torturées, des dizaines meurent, la plupart resteront emprisonnées pendant des mois. Dans un premier temps, le régime prévoit de les exécuter, mais la gendarmerie rwandaise, qui devait se charger de cette tâche à Kigali, renâcle[7]. Plusieurs ambassadeurs étrangers, dont l'ambassadeur de Belgique Johan Swinnen, interviennent auprès du président Habyarimana, qui renonce finalement à son projet[8].

Cependant, entre le 11 et le 13 octobre 1990, 348 civils tutsis sont massacrés à Kibilira, dans le nord-ouest du pays. La presse internationale, belge en particulier, s'émeut de ces événements, et à la fin du mois d'octobre, la Belgique retire son contingent du Rwanda. Les troupes zaïroises ont pour leur part déjà quitté le pays. Début novembre, les seules troupes étrangères qui restent au Rwanda sont les forces françaises de l'opération Noroît.

Le contingent français est initialement placé sous les ordres de l'attaché de défense, le colonel René Galinié, qui lui prescrit une attitude de retenue pour ne pas donner le sentiment d'un engagement aux côtés des FAR. Il est remplacé le 19 octobre 1990 par le colonel Jean-Claude Thomann, chef de corps du 8e régiment parachutiste d'infanterie de marine (8e RPIMa), les anciennes troupes coloniales. Selon le journaliste Jean-François Dupaquier, la nomination d'un membre du camp des militaires « durs » à la tête du détachement Noroît pourrait avoir été provoquée par la visite à Paris, la veille, du président Habyarimana, reçu à l'Élysée par son homologue français[9].

Une agression extérieure venue d'un pays anglophone ou une guerre civile ?

Une fois de retour au Rwanda, le 22 octobre, Habyarimana adresse une lettre à Mitterrand dans laquelle il insiste sur le fait que l'attaque du 1er octobre est le fait « d'éléments venant de l'Ouganda, fortement armés, composés en majorité de réfugiés rwandais, mais aussi d'authentiques Ougandais et pour la plupart membres de la NRA[I] (armée de libération ougandaise)[10] ». En insistant sur l'origine ougandaise de l'attaque du FPR et en présentant le Front non pas comme un mouvement de Rwandais tutsis voulant retourner dans leur patrie, mais comme émanation de l'Ouganda anglophone, Habyarimana fait écho à l'alternative exposée le 7 octobre 1990 par l'ambassade de France à Kigali : « Le choix politique est crucial pour les puissances occidentales qui aident le Rwanda, et notamment la Belgique et la France. Ou bien elles considèrent avant tout l'aspect extérieur de l'agression et un engagement accru de leur part est nécessaire sur le plan militaire pour y faire face. Ou bien elles prennent en compte l'appui intérieur dont bénéficie ce mouvement, même s'il n'a pu se développer qu'avec le concours de l'Ouganda, et même s'il convient de prévoir qu'après la phase apparente de l'union nationale il aboutira vraisemblablement à la prise du pouvoir par les Tutsis[11]. » Alors même que l'ambassade reconnaît « l'appui intérieur » dont jouit le FPR et son programme visant « l'union nationale », elle ne manque pas de souligner « le concours de l'Ouganda » et le risque de « prise du pouvoir par les Tutsis ».

Pour l'historien Gérard Prunier, Habyarimana a voulu réveiller les réflexes de ses interlocuteurs français dans son courrier du 22 octobre : il leur a offert « un cas d'école typique, un évident complot "anglo-saxon" pour

I. La National Resistance Army, qui a porté Yoweri Museveni à la présidence de l'Ouganda en 1986.

déstabiliser l'un des "nôtres"[12] ». Il explique d'ailleurs que le prompt envoi de troupes au Rwanda est d'ailleurs très bien perçu dans le « pré carré » : « Le message au reste de l'Afrique francophone était clair : qu'importe la "démocratie" ou les "droits de l'homme", qui figuraient explicitement dans le discours du président au sommet franco-africain de La Baule en 1990, à usage du public. Ces mots ne sont pas vraiment à prendre au sérieux, et notre soutien vous est acquis quoi qu'il advienne. Le message fut reçu cinq sur cinq et plusieurs chefs d'État africain francophone félicitèrent, en privé, le gouvernement français pour son intervention rapide au Rwanda[13]. » À noter que l'envoi de troupes outrepasse les accords pris avec le Rwanda, qui ne prévoient pas de garantir son intégrité contre toute agression extérieure, mais – beaucoup plus modestement – mettent en place une assistance militaire pour l'organisation et l'instruction de la gendarmerie rwandaise. L'opération Noroît peut donc être considérée comme illégale dès le départ.

La décision de s'engager militairement au Rwanda en octobre 1990 sera lourde de conséquences, car elle s'inscrit dès le départ dans le refus de prendre en compte les violations des droits de l'homme et dans une analyse du conflit rwandais davantage comme une guerre extérieure que comme une guerre civile.

Une lecture ethniste : « l'offensive ougando-tutsie »

À la dimension de guerre extérieure s'ajoute chez les responsables français une vision qui fait de l'appartenance ethnique le critère explicatif principal des rapports sociaux et politiques en Afrique. Vision doublement fausse dans le cas du Rwanda puisque la distinction entre Hutus, Tutsis et Twas n'est pas de nature ethnique [14]. Ces responsables assimilent le FPR aux Tutsis et entérinent le discours du régime Habyarimama sur le risque d'un retour de la « domination tutsie » sur le Rwanda, y compris dans ses aspects relevant de la pure propagande.

L'ambassadeur Georges Martres mentionne ainsi le 15 octobre 1990 « la perspective du retour de l'ancienne monarchie [15] ». Le 24 octobre, le colonel Galinié rapporte le refus des autorités rwandaises que « les envahisseurs tutsis désireux de reprendre le pouvoir perdu en 1959 » ne rétablissent, dans le nord-est du pays désormais sous leur contrôle, « le régime honni du premier royaume tutsi qui s'y est jadis installé » [16]. À Paris, le chef de l'état-major particulier du président de la République (CEMP), l'amiral Jacques Lanxade, parle dans ses notes adressées à Mitterrand des « forces tutsies » et des « incursions tutsies » [17]. Les responsables français paraissent bel et bien partager l'idéologie du *rubanda nyamwinshi*, le « peuple majoritaire », une idéologie qui prétend depuis 1959 légitimer la suprématie de l'oligarchie hutue sur un Rwanda où les Tutsis sont victimes depuis trente ans de graves discriminations ayant à plusieurs reprises dégénéré en massacres.

Pourtant le FPR est un mouvement politico-militaire dont le programme ne mentionne nulle part le rétablissement de la monarchie. Claude Silberzahn, chef de la DGSE, expliquera à huis clos aux parlementaires de la Mission d'information que « l'idéologie affichée par le FPR étant une idéologie visant à l'instauration de la démocratie et souhaitant une cohabitation pacifique, [il] avait toujours prétendu qu'à son retour au pouvoir son principal objectif serait de fraterniser avec le reste de la population rwandaise » [I]. Bien que le FPR soit en grande majorité composé de Tutsis, Claude Silberzahn souligne que « les dirigeants du FPR n'affichaient pas d'appartenance ethnique » et qu'ils « avaient accompli un effort permanent pour faire en sorte que des Hutus rejoignent leurs rangs » [19]. Ainsi, en Tanzanie, la majorité des exilés rwandais appartenant au FPR sont hutus, à commencer par leur chef, Alexis Kanyarengwe [20]. Cet officier, issu de la première promotion de l'école d'officiers aux côtés de Habyarimana [21], est, bien que Hutu, le président du FPR.

I. En mars 1998 est lancée une investigation parlementaire sur les opérations militaires menées entre 1990 et 1994 au Rwanda par la France, d'autres pays et l'ONU. La Mission d'information parlementaire (MIP) mène ses travaux de mars à décembre 1998 et auditionne notamment de nombreux personnalités civiles et militaires. Cette enquête a donné lieu à la publication d'un rapport en trois tomes, *Enquête sur la tragédie rwandaise (1990-1994)*, le premier tome contenant le rapport lui-même, le deuxième les annexes, le troisième une retranscription des auditions (en deux volumes) [18].

Quant au soutien de l'Ouganda, ce point essentiel est analysé par la DGSE, le 8 novembre 1990, dans une note de trois pages envoyée à l'Élysée, Matignon et plusieurs ministères parisiens. La DGSE y souligne que si le régime de Kigali a essayé d'accuser l'Ouganda, puis la Libye, « les apparences accréditent ces thèses, mais rien ne permet d'établir que les rebelles aient bénéficié d'une aide significative de ces deux pays ». La DGSE expose aussi les arguments plaidant pour la thèse opposée : « Le président ougandais connaissait les préparatifs des Tutsis. Toutefois, il a attiré à trois reprises cette année l'attention de son homologue rwandais sur ce problème, ce dernier n'y a jamais prêté attention et s'est toujours opposé à l'ouverture de négociations concernant le retour des réfugiés extérieurs. Il est peu vraisemblable que le chef de l'État ougandais ait eu connaissance de la date du déclenchement de l'opération, sans quoi il aurait eu toutes les raisons de s'y opposer, notamment à un moment où il exerce la présidence de l'OUA [Organisation de l'unité africaine]. » D'ailleurs, « le déroulement des combats et leur rapide essoufflement, l'absence de tout armement lourd montrent que l'APR n'a même pas bénéficié du soutien logistique minimum qui lui aurait suffi pour bousculer d'emblée la faible armée rwandaise et atteindre Kigali ». La DGSE conclut sereinement : « Les rencontres entre les présidents Habyarimana et Museveni ont, semble-t-il, levé toutes les ambiguïtés[22]. »

Cependant, dans leurs notes, les conseillers militaires successifs de Mitterrand continuent à décrire la situation rwandaise en termes d'attaque extérieure et à assimiler le FPR aux Tutsis. Forgeant un nouveau vocable, l'amiral Lanxade évoque ainsi le 3 février 1991 « une nouvelle offensive ougando-tutsie[23] ». Malgré leur absence de fondements, ses éléments de langage seront repris avec une remarquable constance, en particulier par son successeur à partir du mois de mai 1991, le général Christian Quesnot[24]. En novembre 1991, face à l'absence désormais évidente de soldats ougandais au sein d'APR (le soutien de l'armée ougandaise se limitant en réalité à fournir du ravitaillement[25]), le général Huchon, adjoint de Quesnot, explique que « les unités ougandaises, à majorité tutsie, qui avaient mené l'attaque d'octobre 1990, sont à présent repliées en Ouganda et organisées en forces autonomes, toujours largement soutenues par l'armée ougandaise[26] ». En juillet 1992, Quesnot forge une nouvelle combinaison en mentionnant l'« offensive ougando-FPR[27] ». Aux yeux des responsables français, l'attaque du FPR représente donc une tentative de reprise du pouvoir par une minorité ethnique au passé d'oppresseur, soutenue par un pays anglophone. Cette représentation faussée fournit une justification morale au soutien militaire déterminant apporté au régime Habyarimana, doublée d'une indifférence au sort des Tutsis, amalgamés à l'ennemi FPR.

L'offensive FPR de janvier 1991 et les massacres de Tutsis en représailles

À la fin du mois d'octobre 1990, les forces du FPR ont été repoussées. Elles ont essuyé de lourdes pertes et paraissent brisées. Pourtant, dans les mois suivants, sous la houlette de leur nouveau chef Paul Kagame, elles se reconstituent peu à peu dans la région des volcans, au nord-ouest du Rwanda, où elles occupent un mince territoire près de la frontière ougandaise. Selon la DGSE, elles comptent quelques milliers d'hommes (pas tous combattants) avec des armes individuelles provenant de l'armée ougandaise ou récupérées lors d'affrontements avec l'armée rwandaise ; quasiment pas d'armes lourdes : quelques mitrailleuses et mortiers de 60 mm ; et trois camps d'entraînement « situés sur le territoire ougandais et dont l'activité est connue des autorités[28] ». Leurs armes et munitions viennent d'Ouganda, de Tanzanie et du Burundi[29]. Le 22 janvier 1991, elles s'emparent par surprise de la ville de Ruhengeri, qui abrite la plus grande prison du Rwanda. Les détenus – beaucoup de prisonniers politiques – sont libérés.

À Kigali, la stupéfaction du régime Habyarimana est grande. La France, qui envisageait trois semaines auparavant de retirer ses troupes du Rwanda – c'est François Mitterrand lui-même qui s'y était opposé et avait ordonné leur maintien un mois de plus –, monte une opération pour libérer les coopérants français et étrangers bloqués à Ruhengeri. Dans la nuit du 23 au 24 janvier, deux sections de Noroît récupèrent les Occidentaux dans une ville que les troupes du FPR ont déjà quittée, et que les Forces armées rwandaises reprennent sans combat, mais en commettant nombre d'exactions contre la population[30].

Le régime Habyarimana ne tarde pas à se venger de ce succès du FPR sur la population tutsie du Nord-Ouest. Dès les jours qui suivent la reprise de Ruhengeri, des éleveurs tutsis de la région, les Bagogwe, commencent à être systématiquement massacrés. Les assassins sont des civils mobilisés par les autorités locales et encadrés par des militaires rwandais. Certains Bagogwe sont emmenés au camp militaire de Bigogwe pour y être exécutés, sans que les coopérants militaires français et belges présents dans le camp ne réagissent. Les tueries durent jusqu'à mi-mars et coûtent la vie à une grande partie de ce groupe : des centaines, peut-être un millier de Tutsis Bagogwe[31].

Ces massacres de Tutsis sont encouragés par la propagande extrémiste et couverts par le pouvoir : quelques semaines auparavant, en décembre 1990, le journal *Kangura* (« *Réveillez-vous !* ») avait publié les « Dix commandements du Hutu » stigmatisant les Tutsis et enjoignant aux Hutus de « cesser d'avoir pitié » d'eux – dans un numéro comportant un portrait en pleine page de François Mitterrand, légendé « Un véritable ami du Rwanda. C'est dans le malheur que les véritables amis se découvrent »[32]. Ces massacres révèlent aussi une dimension inquiétante qui ne cessera de se renforcer jusqu'au génocide de 1994 : l'enrôlement de la population civile hutue dans la persécution des Tutsis. Cet embrigadement fait partie d'une stratégie qui constitue l'élément central de la « doctrine de la guerre révolutionnaire ».

La doctrine de la guerre révolutionnaire

Héritière de la théorie de la guerre totale énoncée après la Première Guerre mondiale, la doctrine de la guerre révolutionnaire (DGR) énonce que la guerre moderne ne se gagne plus seulement au front, mais aussi à l'arrière, par la mobilisation active de la population dans la lutte contre l'ennemi.

Réfléchissant sur les causes de la défaite de l'armée française en Indochine, dans les années 1950, les colonels Charles Lacheroy, Roger Trinquier puis Jacques Hogard[a], liés aux forces spéciales, ont théorisé les méthodes des guérillas indépendantistes « révolutionnaires » et les méthodes de contre-insurrection à leur appliquer[33]. Puisque Mao Zedong encourage l'insertion du « guérillero dans la population, comme un poisson dans l'eau », Lacheroy préconise que l'armée française s'insère elle aussi dans la population, et à l'inverse tente d'en isoler les guérilleros. La guerre d'Algérie a été l'occasion de mettre en œuvre cette doctrine, que la France exporta dans le monde entier[34]. Pour éliminer le FLN, les Français ont développé différentes techniques : quadrillage des villes et des villages, état-major mixte civil-militaire, armement des civils, méthodes d'interrogatoire, disparitions visant à créer la terreur, guerre médiatique[35].

La DGR a été introduite au Rwanda par les Belges, eux-mêmes formés par les Français. L'enseignement des doctrines de lutte antisubversive devient obligatoire pour tous les futurs officiers rwandais[36], dont certains viennent d'ailleurs se former en France.

Ainsi, le colonel Bagosora a participé en France à une session de l'Institut des hautes études de la Défense nationale, en 1982. Il travaille sur le thème « Politique de défense des États africains (au sud du Sahara) ». Comme le notent Gabriel Périès et David Servenay, le rapport qui en est issu « est exemplaire de la doctrine développée par l'école française pour gérer un État en Afrique : face aux menaces subversives "ayant pour objectif la déstabilisation des populations civiles, avec les armes habituelles de la propagande et du terrorisme", il faut une armée omniprésente sur tous les fronts (politique, économique et civil), une articulation entre forces armées et administration territoriale, un encadrement des populations[37] ». Des officiers rwandais forment à leur tour leurs camarades à la théorie de la guerre révolutionnaire, à tel point que, quand le FPR lance son offensive de 1990, la guerre révolutionnaire est dans tous les esprits[38].

a. Il ne doit pas être confondu avec son fils, officier pendant l'opération Turquoise, qui porte le même prénom.

Un officier français conseille l'état-major des FAR

Les militaires français présents au Rwanda à partir d'octobre 1990 sont intégrés à l'armée rwandaise à tous les échelons, jusqu'au plus haut niveau. La mise en œuvre de la doctrine de la guerre révolutionnaire par certains officiers rwandais est approuvée par leurs conseillers français.

En effet, avec les deux compagnies de l'opération Noroît arrive un officier supérieur français chargé de conseiller le chef d'état-major des Forces armées rwandaises. Le lieutenant-colonel Gilbert Canovas occupe cette fonction une première fois du 11 octobre au 26 novembre 1990. À l'issue de son deuxième séjour au Rwanda, au printemps 1991, il rédige un rapport de mission dans lequel « il rappelle les aménagements intervenus dans l'armée rwandaise depuis le 1er octobre 1990 » : « la mise en place de secteurs opérationnels » le long de la frontière, « le recrutement en grand nombre de militaires du rang et de réservistes » qui a permis de doubler les effectifs des FAR, « la réduction du temps de formation initiale des soldats, limitée à l'utilisation de l'arme individuelle en dotation ». Il note par ailleurs que « l'évident avantage concédé au profit du FPR au début des hostilités [dans les médias internationaux] a été compensé par une offensive médiatique menée par les Rwandais à partir du mois de décembre [1990] [39] ». Pour le journaliste Patrick de Saint-Exupéry, « ces mots ont un sens. [...] Ils décrivent un type précis de guerre : "secteurs opérationnels", cela signifie "quadrillage", "recrutement en grand nombre", cela signifie "mobilisation populaire", "réduction du temps de formation", cela signifie "milices", "offensive médiatique", cela signifie "guerre psychologique" [40] ».

Le lieutenant-colonel Canovas assiste donc en observateur avisé à la mise en œuvre de la doctrine de la guerre révolutionnaire par ses collègues rwandais, une mise en œuvre à laquelle il collabore puisqu'il propose pour sa part, dans la région des volcans (nord-ouest du Rwanda), « la mise en place de petits éléments en civil, déguisés en paysans, dans les zones sensibles, de manière à neutraliser les rebelles généralement isolés ». Canovas relève par ailleurs « "la hargne" et "le zèle" des populations lors des opérations de ratissage et de contrôle routier » dans la zone de Ruhengeri [41].

Ce qu'il ne précise pas, c'est que les militaires français sont parfois les témoins directs de cette « hargne » et de ce « zèle » puisqu'ils participent, aux côtés de leurs homologues rwandais, aux contrôles aux barrières dressées sur les axes de circulation afin de repérer les Tutsis. Car il arrive que des Tutsis soient tués sous leurs yeux, comme le rapporte un témoin qui dit avoir vu, en avril 1991, à la sortie de Ruhengeri, « un Tutsi qui se faisait sortir d'une voiture un peu plus loin que la nôtre. Après la vérification de sa carte d'identité, un militaire français et un autre officier rwandais l'ont donné aux miliciens qui ont commencé tout de suite, devant ces voitures, à le frapper de leurs machettes et de toutes autres armes qu'ils avaient [...] pour le jeter après dans la rigole[1] [...]. Quand j'ai vu cela, j'ai regardé autour de nous dans la rigole où j'ai aperçu quelques corps qui gisaient sans bruit (ils meurent tous sans bruit)[42] ».

La lutte entre démocrates et extrémistes

Autorisés en juin 1991, les partis d'opposition et une partie de la presse pèsent aussitôt pour une démocratisation du régime. Leurs efforts se conjuguent à la pression internationale : un rapport des institutions de la coopération afro-européenne d'octobre 1991 accuse en effet le régime de Kigali et son parti unique, qui détient tous les pouvoirs, de multiplier les violations des droits de l'homme, s'indignant des cas de prisonniers torturés (souvent à mort) dans les camps militaires ou les cachots de la police secrète, et soupçonnant l'implication

1. Au Rwanda, on appelle rigole un fossé large et profond qui borde la route.

des autorités dans les massacres de Tutsis et d'opposants[43]. Le président Habyarimana finit par nommer, le 13 octobre 1991, un « gouvernement d'ouverture » – composé cependant uniquement de ministres membres du Mouvement républicain national pour le développement (MRND), le parti présidentiel – sous la direction de Sylvestre Nsanzimana, militant modéré du MRND. En février 1991, alors que Nsanzimana était ministre de la Justice, il avait fait libérer les Tutsis et les opposants hutus arrêtés en octobre 1990.

En réaction, et dans le but de fragiliser le nouveau gouvernement, les durs du régime, qui refusent toute libéralisation et prônent une suprématie hutue sans partage, basculent dans l'extrémisme et lancent une vague d'attentats terroristes qui touchent la capitale en novembre 1991. Le lieutenant-colonel Anatole Nsengiyumva, chef du renseignement militaire rwandais, prétend avoir intercepté des communications radio du FPR prouvant que ce dernier est l'auteur des attentats – il s'agit en fait de fausses interceptions forgées par ses services[44]. Le nouvel attaché de défense français, le colonel Bernard Cussac, commence à relayer vers Paris la désinformation de ces extrémistes hutus, en se référant à ces « messages du FPR » prétendument interceptés.

L'automne 1991 voit aussi les principaux partis d'opposition dénoncer, le 17 novembre, les obstacles à la démocratisation et organiser le même jour une manifestation à Kigali pour réclamer la tenue d'une conférence nationale et protester contre l'utilisation de Radio Rwanda par les extrémistes. Dirigée par Ferdinand Nahimana, la radio publique – la seule radio à cette époque au Rwanda – est en effet totalement contrôlée par les extrémistes hutus. Quant au président Habyarimana, il se trouve coincé entre son entourage extrémiste – sa femme, Agathe Kanziga, et sa belle-famille – et les revendications démocratiques émanant d'une part croissante de la société rwandaise.

Les autorités décident de mettre en place « l'autodéfense de la population », qui vise à armer et à entraîner des civils, cette formation étant dispensée par les Forces armées rwandaises[45]. Les représentants de la France à Kigali sont informés en détail de ce projet du gouvernement rwandais : l'ambassadeur Georges Martres et l'attaché de défense informent Paris que le ministère de l'Intérieur rwandais a décidé « d'armer la population de la zone frontalière », et ils font état d'une « milice d'autodéfense »[46]. En outre, le 4 décembre 1991, le chef de l'État installe une commission composée de dix officiers des FAR et de la gendarmerie ; présidée par le colonel Théoneste Bagosora, directeur de cabinet du ministre de la Défense et extrémiste notoire, elle a pour mission de déterminer ce qu'il faut faire « pour vaincre l'ennemi sur le plan militaire, médiatique et politique ». Enfin, en janvier 1992, le parti présidentiel crée un « mouvement de jeunesse », en réalité une milice, baptisée Interahamwe (« Ceux qui combattent ensemble »), dans le but de recruter des jeunes désœuvrés pour en faire des nervis à la solde du pouvoir.

La menace de génocide est identifiée par les responsables français

À la mi-janvier 1992, les autorités françaises facilitent des discussions à Paris entre le FPR et les partis d'opposition rwandais. Selon Paul Kagame, chef militaire du mouvement rebelle, le directeur des affaires africaines et malgaches du Quai d'Orsay, Paul Dijoud, lui déclare : « Si vous n'arrêtez pas le combat, si vous vous emparez du pays, vous ne retrouverez pas vos frères et vos familles, parce que tous auront été massacrés[47] ! » Lors d'une précédente rencontre avec Paul Kagame, en septembre 1991, le diplomate français s'était déjà efforcé de « l'amener à faire une évaluation correcte des inconvénients de la lutte armée[48] ». Pour le chercheur Jacques Morel, « Paul Dijoud instrumentalise la menace bien réelle de génocide pour dissuader le chef du FPR de tenter de nouvelles attaques[49] ».

Car au moment où Paul Dijoud tient ces propos, les autorités françaises savent depuis un an que l'extermination des Tutsis est envisagée par de très hauts responsables du régime. En effet, dès le 15 octobre 1990, l'ambassadeur Martres écrivait à Paris que « la population rwandaise d'origine tutsie [...] compte encore sur une victoire militaire, même partielle [du FPR, qui] lui permettrait d'échapper au génocide[50] ». Il ajoutait que les Tutsis étaient convaincus que la victoire du régime conduirait à leur « élimination totale ». L'attaché de défense à Kigali, le colonel Galinié, évoquait dans un message du 24 octobre 1990 l'éventualité de

« l'élimination physique à l'intérieur du pays des Tutsis, 500 000 à 700 000 personnes, par les Hutus, 7 000 000 d'individus[51] », en cas de rétablissement de la royauté tutsie.

L'ambassadeur Martres témoignera devant la Mission parlementaire que « le génocide était prévisible dès cette période [fin 1990], sans toutefois qu'on puisse en imaginer l'ampleur et l'atrocité. Certains Hutus avaient d'ailleurs eu l'audace d'y faire allusion. Le colonel Serubuga, chef d'état-major adjoint de l'armée rwandaise, s'était réjoui de l'attaque du FPR, qui servirait de justification aux massacres des Tutsis[52] ». Le général Varret se remémore quant à lui que, lors de son voyage au Rwanda, les 13 et 14 décembre 1990, le colonel Rwagafilita, qui dirigeait la gendarmerie rwandaise, lui demande des mitrailleuses et des canons ; comme Varret lui refuse cet armement lourd, inutile pour des gendarmes, Rwagafilita lui précise : « J'ai besoin de cet équipement pour mes gendarmes parce qu'on va participer à la lutte contre les Tutsis. [...] Ils ne sont pas très nombreux, ça va aller très vite. [...] C'est comme ça dans notre pays, les Tutsis sont un danger, on va les liquider[53]. » Le général Varret alerte sa hiérarchie, sans parvenir à rendre plus prudent le soutien français.

Contestation du régime

Début 1992, le régime Habyarimana est au bord de l'effondrement. La contestation a atteint de telles proportions que dans certaines communes, les bourgmestres (nommés par le gouvernement) sont poussés à la démission par des militants d'opposition ou des paysans excédés. En janvier 1992, 50 000 personnes descendent dans la rue pour manifester contre le gouvernement monopartisan de Sylvestre Nsanzimana.

La présence française suscite aussi des protestations. Le 14 février, le Mouvement démocratique républicain (MDR), principal parti d'opposition, diffuse dans Kigali un tract dénonçant le fait que le militaire français qui dirige les forces françaises au Rwanda, le lieutenant-colonel Gilles Chollet, soit aussi le conseiller du président Habyarimana et celui du colonel Serubuga, ce qui lui donne un « pouvoir illimité de diriger toutes les opérations militaires de cette guerre », alors que les Français devraient se contenter d'assurer la sécurité de leurs compatriotes. La France opte pour la discrétion. Chollet est remplacé par deux hommes se partageant ses fonctions antérieures : le 3 mars, le lieutenant-colonel Jean-Louis Nabias le remplace à la tête des forces françaises, et à la mi-avril, le lieutenant-colonel Jean-Jacques Maurin le remplace officieusement auprès de l'état-major rwandais, avec pour mission de « conseiller discrètement le chef d'état-major des FAR pour tout ce qui concerne la conduite des opérations, mais aussi la préparation et l'entraînement des forces[54] ». Pourtant, André Duroméa, député communiste, pose une question au gouvernement pour s'en inquiéter, s'indignant « que l'armée française soit encore présente en ce pays et participe, par sa présence, à la poursuite des massacres et des atrocités[55] ».

Face à cette prise de position du MDR, les extrémistes hutus lancent en février une version internationale du journal *Kangura*, qui appelle à une autodéfense préventive des Hutus. Le 22 février est créée la Coalition pour la défense de la République (CDR), un parti extrémiste plus radical encore que le parti présidentiel. À l'instar de ce dernier, la CDR est dotée d'un mouvement de jeunesse, en réalité une milice armée : les Impuzamugambi (« Ceux qui ont le même but »).

Mars 1992 : les massacres des Tutsis du Bugesera

Les extrémistes hutus déclenchent une campagne de massacres dans le sud du Rwanda, dans la région du Bugesera, où les Tutsis sont nombreux. Leur but est de briser la résistance de la société rwandaise à leur idéologie anti-tutsie. Pour cela, ils vont utiliser une technique de propagande connue sous le nom d'« accusation en miroir », qui vise à prêter à l'adversaire son propre projet d'extermination. Cela permet à la fois de familiariser l'opinion avec l'idée d'un grand massacre, puis de le déclencher soi-même en le justifiant comme une réaction de légitime défense. Les extrémistes s'inspirent très précisément du travail d'un psychosociologue français, Roger Mucchielli, auteur d'un manuel intitulé *Psychologie de la publicité et de la propagande*. Un haut responsable du MRND fait circuler dès l'été 1991 une note soulignant combien la propagande est l'arme principale du combat politique et des guerres modernes. Il y théorise l'accusation en miroir, ensuite systématiquement utilisée par les extrémistes hutus[56].

Au début de l'année 1992, le rédacteur en chef de *Kangura*, Hassan Ngeze, distribue dans le Bugesera des tracts appelant au meurtre des « cafards tutsis ». Le 19 février 1992 a lieu un attentat qui coûte la vie à plusieurs personnes dont un officier des FAR, attentat dont les autorités accusent le FPR – il sera ultérieurement attribué à des exilés burundais[57]. Les extrémistes hutus utilisent cet attentat pour terrifier la population, conformément aux préceptes de l'école française de la guerre révolutionnaire, qui affirme que le terrorisme permet d'obtenir le soutien inconditionnel de la population[58].

Le 1er mars, jour où le leader d'un des partis d'opposition tient un meeting, un tract l'accuse du meurtre d'un bourgmestre local. Les esprits sont donc déjà troublés quand, le 3 mars, Radio Rwanda diffuse à cinq reprises une fausse information selon laquelle un groupe de défense des droits humains basé à Nairobi, au Kenya, appellerait les Tutsis du Bugesera à tuer des dirigeants du parti présidentiel. Ce faux communiqué, probablement écrit par Ferdinand Nahimana[59], le directeur de Radio Rwanda, électrise les auditeurs. Le lendemain, des miliciens Interahamwe et des gardes présidentiels en civil, venus de Kigali, donnent le signal des massacres, auxquels participent également des élèves de l'école de la gendarmerie de Ruhengeri ainsi que des paysans hutus armés de machettes et de gourdins hérissés de clous. On dénombre 300 morts et 15 000 déplacés.

Le procureur de Kigali, qui conduit lui-même l'enquête à partir du 5 mars 1992, ne tarde pas à découvrir la vérité. Il se rend compte que nombre de Hutus ont été convaincus par la propagande extrémiste accusant le FPR et les Tutsis de vouloir les tuer. Il recueille aussi les preuves de la complicité des autorités. La presse démocratique démonte la genèse du massacre du Bugesera, dénonçant la responsabilité du régime. À l'inverse, l'attaché de défense français, le colonel Cussac, et son adjoint le lieutenant-colonel Robardey persistent à y voir la main du FPR.

De fortes pressions internationales sont exercées sur le président Habyarimana : plusieurs pays menacent de suspendre leur aide au développement si les massacres ne sont pas punis. Tout en continuant à fermer les yeux sur les massacres, les autorités françaises choisissent de pousser Habyarimana à lâcher du lest face à l'opposition et au FPR. À Paris, Paul Dijoud, le directeur des affaires africaines et malgaches du Quai d'Orsay, rédige le 11 mars 1992 une note pour son ministre dans laquelle il préconise « un renforcement de l'appui de la France à l'armée rwandaise. [...] En contrepartie de cet engagement supplémentaire de la France, discret mais significatif, il serait souhaitable d'appuyer avec détermination, auprès de toutes les formations politiques rwandaises, les efforts du président Habyarimana pour élargir son gouvernement et trouver un Premier ministre en accord avec l'opposition. La mise en place d'un gouvernement d'union nationale marquerait un tournant important dans l'évolution démocratique et contraindrait vraisemblablement le Front [patriotique rwandais, FPR] à situer son action plus sur le terrain politique et moins sur le terrain militaire. » Accompagnée d'une « forte pression » sur l'Ouganda, base arrière du FPR, pour que le président Museveni « joue un rôle plus positif dans la recherche de la paix »[60], la politique française au Rwanda paraît, en mars 1992, avoir atteint un point d'équilibre fondé sur un double volet : soutien militaire et, parallèlement, encouragement à la démocratisation du Rwanda[61].

Le président Habyarimana doit se résoudre à un compromis avec l'opposition et accepter de nommer, début avril, un Premier ministre membre du Mouvement démocratique républicain (MDR) : Dismas Nsengiyaremye. Le 16 avril, le gouvernement est formé. Il accueille des ministres issus du parti présidentiel et des différents partis d'opposition. Le Premier ministre obtient du président Habyarimana le limogeage de Ferdinand Nahimana, directeur de l'Office rwandais d'information, dont dépend Radio Rwanda, et instigateur des tueries du Bugesera. Habyarimana lui-même doit renoncer à son poste de chef d'état-major des Forces armées rwandaises, qu'il cumulait avec celui de chef de l'État. La ministre de l'Éducation, Agathe Uwilingiyimana, supprime les quotas et autres dispositions qui limitaient l'accès des Tutsis et des Hutus du Sud aux établissements d'enseignement. Le sinistre « Fichier central », véritable police politique du régime aux ordres du capitaine Pascal Simbikangwa, est démantelé et transformé en Centre de recherches criminelles et de documentation (CRCD) : les employés sont mutés, des gendarmes rwandais compétents sont recrutés pour les remplacer. Le vent de démocratie qui souffle sur le pays fragilise et inquiète les extrémistes de l'Akazu, regroupés autour d'Agathe Kanziga, la femme du chef de l'État. Habyarimana leur paraît trop faible pour s'y opposer. Le 9 juin, les colonels Laurent Serubuga et Pierre-Célestin Rwagafilita, respectivement chefs d'état-major de l'armée et de la gendarmerie, sont mis à la retraite. Si ces deux extrémistes notoires, membres de l'Akazu, sont limogés, tel n'est pas le cas pour le colonel Théoneste Bagosora, que le gouvernement Nsengiyaremye ne parvient pas à chasser. Bagosora, personnage-clé du « clan de Madame », devient directeur de cabinet du ministre de la Défense, un poste crucial pour contrôler l'armée. Pour compenser la perte de Radio Rwanda, arme essentielle dans la guerre psychologique, les extrémistes lancent de nouveaux journaux et radicalisent leur propos par l'accusation en miroir : le FPR préparerait un génocide des Hutus, contre lequel ces derniers sont appelés à s'unir.

Avril-août 1992 : combat et négociations à Arusha

Le FPR déclenche une offensive militaire à la fin du mois d'avril 1992, en réaction aux massacres du Bugesera, mais surtout pour créer un rapport de force en sa faveur à la table des négociations. Les pourparlers entre le mouvement rebelle et les nouvelles autorités rwandaises s'ouvrent à la fin du mois de mai à Bruxelles, alors que la guerre se poursuit sur le terrain. Ils reprennent à Paris en juin. La stratégie du FPR est de maintenir une pression maximale. Le 5 juin, le jour-même où un accord de cessez-le-feu est trouvé, le Front lance dans la région de Byumba, au nord-est du Rwanda, une série d'attaques que les Forces armées rwandaises n'arrivent pas à contrer. Au même moment, certaines unités des FAR, craignant une démobilisation à venir dans le cadre des négociations en cours, se mutinent et se livrent au pillage.

Devant la gravité de la situation militaire, Paris envoie dès le 6 juin au Rwanda une compagnie du 8e régiment parachutiste d'infanterie de marine (8e RPIMa) pour protéger Kigali. Du 11 au 16 juin, une mission d'évaluation se rend sur place, sous les ordres du colonel Dominique Delort assisté par le colonel Jacques Rosier, commandant le 1er RPIMa, fer de lance des forces spéciales françaises. La mission conclut à l'insuffisante puissance de feu des FAR. Le colonel Rosier est nommé commandant opérationnel du dispositif Noroît, par ailleurs renforcé [62]. Les militaires français montent au front contre le FPR [63]. Ainsi en juin 1992, à Byumba, la batterie d'artillerie des FAR est commandée par un officier français, selon le témoignage de Gérard Prunier et les confidences d'artilleurs citées par Guillaume Ancel [64]. Le 1er juillet 1992, le général Quesnot relaie auprès de François Mitterrand la proposition de l'amiral Lanxade « d'autoriser, sous réserve de la plus extrême discrétion, et avec l'accord préalable, cas par cas, de l'état-major des armées, une aide opérationnelle temporaire de quelques conseillers auprès des états-majors ainsi qu'auprès des unités récemment dotées des nouveaux matériels [65] » : une batterie de huit obusiers de 105 mm est cédée aux FAR, que les personnels rwandais ne sont pas encore suffisamment formés pour utiliser. L'aval est accordé par François Mitterrand.

Parallèlement aux combats, les pourparlers se poursuivent entre le FPR, en position de force, et les autorités rwandaises. Le 12 juillet 1992, un accord de cessez-le-feu est signé, qui entre en application le 1er août. Cet accord limite fortement la marge de manœuvre militaire française au Rwanda, comme le remarque, le 6 août 1992, François Nicoullaud, directeur de cabinet du ministre de la Défense Pierre Joxe[66]. L'accord prévoit en effet « la suspension des approvisionnements en munitions et en tout autre matériel de guerre sur le terrain » ainsi que « le retrait de toutes les troupes étrangères après la mise en place effective du Groupement d'observateurs militaires neutres (GOMN), à l'exclusion des coopérants militaires se trouvant au Rwanda dans le cadre des accords bilatéraux ». Le GOMN est chargé, sous l'égide de l'Organisation de l'unité africaine (OUA), de surveiller la frontière ougando-rwandaise. À la fin de sa note adressée au ministre français des Affaires étrangères, le directeur de cabinet de Pierre Joxe sollicite d'urgence des instructions concernant les trois volets du soutien militaire accordé au régime rwandais : la « fourniture, ou non, des matériels militaires », le « maintien de coopérants militaires (volume, statut) » et le « maintien, ou non, des deux compagnies Noroît ».

Été 1992 : l'armée française reste et livre des armes

Paris choisit d'ignorer les dispositions de l'accord de cessez-le-feu en maintenant les deux compagnies Noroît. Le 12 août 1992, le Quai d'Orsay répond à la note de François Nicoullaud en affirmant que « les termes de l'accord d'Arusha ne sont pas de nature à remettre en cause la cession de 2 000 obus de 105 mm, de 20 mitrailleuses de 12,7 mm et de 32 400 cartouches[67] ».

À l'été 1992, les fournitures d'armes et de munitions déjà réalisées ont été importantes, même si toutes les demandes rwandaises n'ont pas été satisfaites. Aux livraisons d'armes autorisées par la commission interministérielle pour l'étude des exportations de matériel de guerre (CIEEMG) se sont ajoutées des « cessions directes » de matériels prélevés sur les stocks de l'armée française[68]. Entre 1990 et 1992, la 400 millions de francs (environ 60 millions d'euros) dans le cadre de contrats entre l'État rwandais et des industriels français : en 1990, des postes de tir pour missiles antichars Milan ; en 1991 et 1992, des hélicoptères de combat, des émetteurs-récepteurs portatifs, des téléphones sécurisés, des munitions en tous genres.

Les cessions directes, à titre onéreux ou gratuit, représentent une valeur de près de 42 millions de francs (plus de 6 millions d'euros). Beaucoup d'entre elles se sont faites sans respect des procédures, mais cela n'est pas exceptionnel. Elles ont concerné des munitions (cartouches, obus de mortier), des vêtements, des tentes. Des matériels coûteux (radars, mitrailleuses, canons de 105 mm) ont été donnés à l'armée rwandaise. Les parlementaires de la Mission d'information de 1998 notent que « les cessions directes d'armements prélevés sur les stocks de l'armée se sont réalisées à une période où se déroulaient sur le terrain des affrontements violents[69] », telle l'offensive de Byumba en juin 1992. En continuant leurs livraisons d'armes, les responsables français choisissent de ne pas respecter une disposition essentielle de l'accord de cessez-le-feu conclu entre les belligérants au mois de juillet.

Extension de l'assistance militaire française

Paris veille aussi à protéger juridiquement ses coopérants militaires. L'accord particulier d'assistance militaire de 1975, modifié en avril 1983 pour autoriser les personnels français à servir sous uniforme rwandais, ne concerne que « l'organisation et l'instruction de la gendarmerie rwandaise[70] ». Kigali obtient son extension à l'ensemble des forces armées rwandaises le 26 août 1992[71], régularisant ainsi a posteriori une situation de fait, car la coopération militaire française au profit du Rwanda a déjà largement dépassé le cadre de la gendarmerie. Après l'attaque du FPR sur Ruhengeri en janvier 1991, le ministère de la Défense a souhaité renforcer ses effectifs sur place : un détachement d'assistance militaire et d'instruction (Dami) d'une trentaine d'hommes, baptisé « Panda », est constitué le 20 mars 1991. Il vient s'ajouter à la vingtaine d'assistants militaires techniques déjà sur place. Sa mission « sera reconduite et enrichie jusqu'en décembre 1993 » et ses effectifs fluctueront entre 30 et 100 personnes. Il « sera renforcé par une composante artillerie en 1992, une composante génie en 1993 »[72].

Les missions officielles du Dami Panda sont de « participer à la formation et au recyclage des FAR » ; recueillir des informations ; « conseiller les commandants de bataillon [majors] dans l'organisation de leur unité » ; « recycler les commandants de compagnie [capitaines] dans le domaine tactique » ; « former, recycler ou initier le personnel des FAR dans la mise en œuvre et l'emploi d'armes lourdes (mortiers de 120 mm, AML [automitrailleuses] 60 et 90) et dans la formation élémentaire en matière de génie (mines, explosifs) »[73]. Instruction des nouvelles recrues, formation des officiers jusqu'au grade de capitaine, initiation au maniement d'armes lourdes : un programme complet de mise à niveau des Forces armées rwandaises pour qu'elles soient capables de tenir face au FPR. Sous l'impulsion des Français, l'armée rwandaise gonfle rapidement : d'environ 5 000 hommes en 1990, en juillet 1992 ses effectifs ont été multipliés par quatre ou cinq[74].

Contrairement à son ordre de mission initial qui excluait toute participation à des opérations militaires, le Dami va dans les faits jusqu'à apporter un appui opérationnel. Le chef d'état-major des armées, l'amiral Lanxade, propose lui-même de violer discrètement ses propres directives qui « excluent toute participation française directe aux affrontements, c'est-à-dire toute présence active dans la zone des combats et toute mise en œuvre directe des armes ». En effet, on a vu que l'amiral Lanxade proposait d'autoriser une aide opérationnelle temporaire à condition de faire preuve d'une grande discrétion[75].

Cette participation française aux combats est largement documentée. Si les parlementaires évoquent en 1998 une « présence française à la limite de l'engagement direct[76] », Hubert Védrine, à l'époque secrétaire général de l'Élysée, admet en 2005 la participation des soldats français aux combats contre le FPR : « En ce qui concerne l'opération Noroît entre 1990 et 1993, la montée au front des forces françaises était connue et autorisée par le président de la République[77]. »

Certains militaires donnent des précisions. Le journaliste Jean-Dominique Merchet rapporte leurs témoignages et indique que « des mines antipersonnel ont été posées au Rwanda sous la responsabilité de militaires français, alors même que l'armée jurait ses grands dieux qu'elle n'en utilisait plus[78] ». Pour le lieutenant-colonel Hervé Charpentier, pendant Noroît, « on avait été jusqu'au combat contre les gars de Kagame, on les avait fait reculer[79] ». L'adjudant-chef Thierry Prungnaud relate les confidences de militaires du 1er RPIMa « qui étaient là normalement pour former les locaux, mais qui de temps en temps les aidaient à balancer des pruneaux de l'autre côté[80] ».

Le chercheur Jacques Morel a rassemblé différents témoignages indiquant que des militaires français ont également formé des miliciens en 1992, et avec plus d'ampleur en 1993 : dans certains cas, les Français pouvaient croire de bonne foi que les hommes qu'ils formaient étaient destinés à rejoindre l'armée régulière, mais d'autres témoignages font précisément référence à la formation de civils[81]. Ainsi, l'adjudant-chef Thierry Prungnaud, chargé d'instruire le groupement de sécurité et d'intervention de la garde présidentielle rwandaise, rapporte qu'en 1992 il voit une trentaine de miliciens en civil être entraînés au tir dans le parc de l'Akagera, à l'est du Rwanda, par des soldats français du 1er RPIMa[82].

En complément du Dami Panda est créé au premier semestre 1992 un Dami gendarmerie, renforcé en août 1992 par quatre gendarmes français chargés de mettre en place, au sein de la gendarmerie rwandaise, une section de recherche pour lutter contre le terrorisme à un moment où les attentats se multiplient. Placés sous les ordres du lieutenant-colonel Robardey, ils forment des officiers de police judiciaire rwandais et contribuent à la transformation du Fichier central, la police politique du régime, en un Centre de recherches criminelles et de documentation (CRCD), à la grande satisfaction du procureur de Kigali, du ministre de la Justice et de l'ambassadeur de France[83]. À la demande du ministre de la Défense, James Gasana, ils sont aussi chargés de l'informatisation des fichiers du CRCD. Leur supérieur parisien, le général Jean Varret, chef de la Mission militaire de coopération, désapprouve cette dernière mission, car il a le sentiment qu'elle est motivée par le désir de ficher les Tutsis[84].

Le processus de paix et ses ennemis

Si les autorités françaises ne montrent aucun empressement à se conformer à l'accord de cessez-le-feu, le FPR et le gouvernement rwandais paraissent, à l'été 1992, prêts à avancer de concert vers la paix et la démocratie, sous la houlette des pays africains voisins du Rwanda. Lors des négociations, la délégation FPR fait preuve d'une cohésion remarquée. Tel n'est pas le cas du côté gouvernemental où le ministre des Affaires étrangères et membre de l'opposition Boniface Ngulinzira est confronté à de nombreux désaccords avec le parti présidentiel : les divisions au sein du gouvernement multipartite à propos de l'attitude à adopter face au FPR s'immiscent dans le processus de négociation.

Les discussions ont lieu à Arusha, en Tanzanie. Ce pays joue un rôle particulièrement important en tant que « facilitateur ». L'Ouganda, principal soutien du FPR, qui y a sa base arrière, participe au processus ; son président Yoweri Museveni veille à lever les blocages venant du mouvement rebelle. Son « implication modératrice » est relevée par les protagonistes, y compris français[85]. Le Burundi et le Zaïre sont également représentés, à l'instar des États-Unis, de la Belgique et de la France. L'observateur français est le premier secrétaire de l'ambassade de France en Tanzanie, Jean-Christophe Belliard.

Le 18 août 1992 est signé le premier protocole de ce qui deviendra les accords d'Arusha. Il porte sur l'état de droit, « l'universalité et les implications des principes fondamentaux de la démocratie », dont l'égalité devant la loi, le multipartisme, un gouvernement issu d'élections libres et la garantie des droits fondamentaux de la personne. L'accord stipule que l'ethnisme doit être combattu et affirme le « droit inaliénable » au retour des réfugiés tutsis exilés dans les pays voisins du Rwanda[86].

Ce protocole suscite la réaction immédiate des extrémistes hutus, décidés à saboter le processus de paix. Le 20 août, un pogrom a lieu à Kibuye, tuant 85 Tutsis, faisant 200 blessés. Des maisons sont incendiées dans toute la région. Le 21 septembre, le nouveau chef d'état-major des FAR, le colonel Déogratias Nsabimana, nommé en juin en remplacement du colonel Serubuga, fait diffuser largement au sein de l'armée le document sur la définition de l'ennemi que la commission Bagosora, mise en place en décembre 1991, avait élaboré. Selon ce texte, « l'ennemi se subdivise en deux catégories : l'ennemi principal, les partisans de l'ennemi. L'ennemi principal est le Tutsi de l'intérieur ou de l'extérieur extrémiste et nostalgique du pouvoir, qui n'a jamais reconnu et ne reconnaît pas encore les réalités de la révolution sociale de 1959, et qui veut reconquérir le pouvoir au Rwanda par tous les moyens, y compris les armes. Le partisan de [l'ennemi] est toute personne qui apporte tout concours à [l'ennemi] principal[87] ». L'ennemi et ses partisans se trouvent entre autres parmi « les réfugiés tutsis ; [...] les Tutsis de l'intérieur ; les Hutus mécontents du régime en place ; [...] les étrangers mariés aux femmes tutsies ; les peuplades nilo-hamitiques de la région ». Ce texte suscite un énorme scandale, la presse démocratique et l'opposition reprochant aux plus hauts responsables militaires de nourrir la propagande extrémiste.

Les membres de l'Akazu sont des opposants déterminés au processus de démocratisation. Ce réseau politico-mafieux constitué autour d'Agathe Kanziga et de l'un de ses frères, Protais Zigiranyirazo, est aussi surnommé le « Réseau Zéro ». Un ancien membre du parti présidentiel, Christophe Mfizi, publie le 15 août 1992 une lettre ouverte où il les accuse de considérer le pays « comme une entreprise dont il est légitime de tirer le maximum de profit[88] ». Le 9 octobre 1992, le juriste belge Filip Reyntjens complète les informations de Mfizi sur le Réseau Zéro en publiant, avec le sénateur Willy Kuijpers et l'avocat Johan Scheers, une mise en cause des « escadrons de la mort » du régime. Visant à saboter la démocratisation, ils sont formés de miliciens et de militaires et sous le contrôle de proches du président Habyarimana : les trois frères de sa femme Agathe Kanziga, son secrétaire personnel le colonel Élie Sagatwa, le lieutenant-colonel Anatole Nsengiyumva qui dirige le renseignement militaire, le commandant de la garde présidentielle et le colonel Bagosora[89]. Cela n'est pas une surprise pour les décideurs français, qui ont déjà reçu ce type d'informations de la part de l'ambassade, notamment dans une analyse détaillée datant du 19 juin 1991[90].

Les tensions politiques sont donc vives quand, le 11 octobre 1992, le parti extrémiste CDR organise un rassemblement pour protester contre les négociations d'Arusha. Au cours d'une seconde manifestation, le

18 octobre, où est réclamé le départ du Premier ministre et de son gouvernement et où la France est remerciée pour sa présence militaire au Rwanda, un journaliste est assassiné par six miliciens Impuzamugambi (la milice de la CDR). La propagande des extrémistes vise aussi les militaires, à qui il est répété que les accords d'Arusha vont signifier le limogeage des deux tiers d'entre eux.

Cependant, à Arusha, les pourparlers continuent et prennent une tournure plus concrète. Après le premier protocole du 18 août 1992 qui posait le cadre général, les négociations aboutissent à la signature, le 30 octobre 1992, d'un accord sur le partage du pouvoir dans le cadre d'un gouvernement de transition à base élargie (GTBE). Cet accord prive le président de la République de pratiquement toutes ses prérogatives au profit du GTBE. Il stipule également que, pour participer aux institutions de transition, les forces politiques devront promettre par écrit de « soutenir l'accord de paix, s'abstenir de toute violence ou incitation à la violence, rejeter et s'engager à combattre toute idéologie politique et tout autre acte ayant pour fin de promouvoir la discrimination basée sur l'ethnie ». Cette disposition exclut de fait la CDR, ce qui rend furieux ses militants.

Le 30 octobre, à l'annonce de la signature de l'accord, les Impuzamugambi attaquent le parquet de Kigali pour libérer certains des leurs qui y sont détenus. Les gendarmes présents pactisent avec eux. Le MRND, le parti présidentiel, attise la violence politique, en accusant de forfaiture le ministre des Affaires étrangères, Boniface Ngulinzira, qui a conduit les négociations. Parallèlement, le gouvernement Nsengiyaremye fait face à une résistance croissante de fonctionnaires qui rechignent à suivre ses instructions.

Quant au président Habyarimana, avant tout soucieux de conserver un peu de pouvoir, il louvoie entre son gouvernement et les extrémistes hutus. La réduction drastique des pouvoirs du chef de l'État prévue par les accords d'Arusha signifie pour l'Akazu « une perte de la source des richesses, honneurs et protections contre leurs crimes et délits », selon le gouverneur de la banque du Rwanda, Jean Birara[91]. Ce dernier affirme que l'Akazu prend la décision, en octobre 1992, d'écarter le président du pouvoir, avec le soutien des officiers des FAR mécontents. L'idée est de le remplacer pendant une année ou deux par un membre de la famille, qui lui céderait à nouveau sa place après la liquidation de l'opposition et la victoire militaire sur le FPR. Le 15 novembre 1992, Habyarimana dénonce l'accord d'Arusha sur le partage du pouvoir comme un « chiffon de papier ». La voie est libre pour les extrémistes.

Automne 1992 : le génocide en gestation

C'est à partir de l'automne 1992 qu'un groupe d'extrémistes hutus conduits par le colonel Théoneste Bagosora commence à préparer activement le génocide. Ces extrémistes constituent plusieurs organisations parallèles incluant des membres de l'appareil d'État. L'une d'entre elles rassemble tous les alliés du président et de sa belle-famille et se donne pour nom « les Amis de l'Alliance ».

Selon le témoignage de Richard Mugenzi, qui était chargé d'écouter les transmissions du FPR au centre d'espionnage radio de Butotori, près de Gisenyi, les dirigeants de l'Alliance y tiennent, le 21 novembre 1992, une réunion capitale.

Autour du colonel Bagosora sont rassemblés le lieutenant-colonel Anatole Nsengiyumva, chef des services de renseignement militaire, Protais Zigiranyirazo, le richissime beau-frère du président Habyarimana, Ferdinand Nahimana et Jean-Bosco Barayagwiza, deux idéologues extrémistes, Robert Kajuga, chef national des milices Interahamwe, l'idéologue extrémiste Léon Mugesera, conseiller politique du parti présidentiel, d'autres responsables politiques extrémistes et des officiers des FAR. Lors de la réunion, Bagosora parle quasiment tout le temps, explique Richard Mugenzi : « Il a dit que le FPR était l'ennemi extérieur et les Tutsis l'ennemi intérieur. Il a expliqué que tous étaient à mettre dans le même sac, car leur objectif commun était l'extermination des Hutus. J'ai bien entendu la phrase suivante : “Il y a un plan d'extermination des Hutus par les Tutsis, il faut déjouer ce complot, et pour y parvenir, nous devons nous débarrasser des *Inyenzi* [cafards] [92].” »

Le lendemain, dimanche 22 novembre, une grande manifestation organisée par l'Alliance se déroule à Kigali, et, le même jour, Léon Mugesera tient un meeting à Kabaya, dans le nord-ouest du Rwanda. Sont présentes de nombreuses personnalités, dont le colonel Laurent Serubuga, ancien chef d'état-major adjoint de l'armée rwandaise, mis à la retraite d'office quelques mois auparavant. Mugesera prononce un discours incendiaire dans lequel il appelle implicitement la population à exterminer les « cafards » et à jeter les cadavres des Tutsis dans la rivière Nyabarongo, pour qu'ils retournent en Éthiopie dont ils seraient, selon lui, originaires[I]. Il répète ce discours dans les jours suivants à différents endroits de la préfecture de Gisenyi, fief des extrémistes hutus[93].

Le ministre de la Justice Stanislas Mbonampeka ordonne au Parquet de lancer un mandat d'arrêt contre Mugesera, mais il est lui-même menacé de mort. Il donne sa démission le 30 novembre, mais Habyarimana la refuse. Mbonampeka la réitère par écrit le 7 décembre en dénonçant les entraves à son action, en particulier le refus de l'armée et de la gendarmerie d'arrêter le boutefeu de la haine raciale[94].

Parallèlement à cette mobilisation des dirigeants extrémistes, les violences politiques, dénoncées par les organisations rwandaises de défense des droits de l'homme, reprennent un peu partout dans le pays à l'automne 1992. Le mois de novembre voit une recrudescence des attentats à la bombe. Une campagne de terreur se développe dans la préfecture de Gisenyi. Pourtant, le 13 décembre 1992, une marche pour la paix rassemble des milliers de chrétiens à Kigali. La société civile rwandaise continue de résister courageusement aux extrémistes. En décembre, ces derniers cessent pratiquement leurs

I. Lire *supra*, p. 23.

crimes, car une commission internationale d'enquête sur les violations des droits de l'homme doit arriver au Rwanda en janvier 1993, à l'appel d'un collectif d'organisations rwandaises de défense des droits de l'homme, et avec l'accord du président Habyarimana.

Paris ne tient aucun compte des violations des droits de l'homme, dénoncées par une commission internationale

Le 8 janvier 1993, Habyarimana accueille à l'aéroport de Kigali une commission constituée de représentants de quatre organisations internationales de défense des droits de l'homme[1]. Le lendemain est signé à Arusha le protocole sur le partage du pouvoir, en négociation depuis octobre, qui précise pour chacun des partis la répartition concrète des postes ministériels et des sièges de députés dans l'Assemblée nationale de transition. Parmi les portefeuilles du gouvernement de transition à base élargie, cinq pour le FPR, dont l'Intérieur, cinq pour le MRND, le parti présidentiel, dont la Défense ; quatre, dont le poste de Premier ministre, pour le MDR, le principal parti d'opposition ; et quatre pour les autres partis d'opposition. « Ainsi, noteront les parlementaires

1. La Fédération internationale des ligues des droits de l'homme (FIDH, Paris), Africa Watch (Human Rights Watch, New York), l'Union interafricaine des droits de l'homme (UIDH, Ouagadougou), et le Centre international des droits de la personne et du développement démocratique (Montréal).

de la Mission d'information en 1998, en neuf mois à peine, la coalition FDC [Forces démocratiques du changement, les partis d'opposition] a-t-elle réussi à conclure un accord politique avec le FPR. Restent alors à conclure les pourparlers sur l'intégration des forces armées et les réfugiés[95]. » Une paille... alors que de nombreux militaires des FAR craignant la démobilisation sont chauffés à blanc, et que la propagande anti-tutsie orchestrée par les extrémistes hutus bat son plein. Ce début d'année 1993 connaît malgré tout une accalmie en ce qui concerne la violence du fait de la présence de la commission internationale d'enquête.

La commission séjourne au Rwanda jusqu'au 21 janvier. Au cours de ses investigations, elle recueille de nombreux éléments démontrant que « la responsabilité du chef de l'État et de son entourage immédiat, entre autres familial », était lourdement engagée dans les massacres commis d'octobre 1990 à janvier 1993, et dans les exactions perpétrées à l'encontre des Tutsis et des membres de l'opposition politique. Elle précise que l'« État rwandais n'est pas monolithique », puisque le gouvernement est dans l'opposition au chef de l'État, mais c'est ce dernier qui « dispose incontestablement de la quasi-totalité du pouvoir réel : il maîtrise l'armée, la gendarmerie et la plus grande partie de l'administration territoriale ; il maîtrise presque totalement le pouvoir judiciaire ; il règne en maître sur le terrain par l'intermédiaire de ses milices armées illégales, qui sèment la terreur ». Elle insiste : « L'horreur de la réalité observée par la commission estompe en fin de compte l'importance du débat juridique sur la qualification de génocide. De nombreux Tutsis, pour la seule raison qu'ils appartiennent à ce groupe, sont morts, disparus ou gravement blessés ou mutilés ; ont été privés de leurs biens ; ont dû fuir leurs lieux de vie et sont contraints de vivre cachés ; les survivants vivent dans la terreur. »[96]

Elle fournit également des preuves d'exactions commises par le FPR dans la petite portion du Rwanda sous son contrôle, des exactions toutefois sans commune mesure avec celles des extrémistes hutus. Si, pendant sa progression d'octobre 1990, le FPR a été « une armée disciplinée et vivant en bons termes avec la population » (ce que, indépendamment, les militaires français confirment[97]), « à partir du mois de novembre, le FPR a dû refluer vers l'Ouganda, compte tenu de la contre-offensive de l'armée rwandaise. La discipline s'est alors considérablement relâchée. Les exactions ont commencé avec les revers militaires[98] ».

Les résultats de cette enquête sont immédiatement communiqués aux autorités françaises. Jean Carbonare, alors président de l'association Survie et membre de la commission au titre de la FIDH, rencontre avant son départ du Rwanda l'ambassadeur Georges Martres. Ce dernier qualifie de « rumeurs » les massacres dans le nord-ouest du Rwanda[99]. Cependant, le diplomate rend compte de cet entretien à Paris le 19 janvier. Le télégramme est adressé à Bruno Delaye, conseiller aux affaires africaines de Mitterrand, ainsi qu'aux ministères des Affaires étrangères, de la Coopération, de la Défense et à l'état-major des armées. Il rapporte que, selon

Carbonare, la commission a recueilli les aveux d'un membre repenti des escadrons de la mort, Janvier Afrika, qui accuse Habyarimana et ses proches d'avoir tenu une réunion pour programmer un « génocide systématique ». Il souligne aussi que les aveux de Janvier Afrika « démentent la thèse officiellement adoptée jusqu'ici selon laquelle ces violences ethniques ont été provoquées par les réactions de la population aux attaques du FPR perçues avant tout comme venant des Tutsis. Selon Janvier Afrika, les massacres auraient été ordonnés par le président Habyarimana lui-même au cours d'une réunion de ses proches collaborateurs. Monsieur Carbonare m'en a présenté la liste (les deux beaux-frères du président, Casimir Bizimungu, les colonels Bagosora, Nsengiyumva, Serubuga, etc.). Au cours de cette réunion, l'opération aurait été programmée, avec l'ordre de procéder à un génocide systématique, en utilisant, si nécessaire, le concours de l'armée et en impliquant la population locale dans les assassinats, sans doute pour rendre celle-ci plus solidaire dans la lutte contre l'ethnie ennemie[100] ». L'ambassadeur de France décrit ici le déroulement du génocide tel qu'il surviendra quatorze mois plus tard. Il termine son télégramme en recommandant que Bruno Delaye reçoive Carbonare[101].

De retour en France, Jean Carbonare obtient effectivement un rendez-vous auprès du conseiller aux affaires africaines de Mitterrand le 28 janvier 1993. Delaye refuse de visionner la vidéo du témoignage de Janvier Afrika que Carbonare lui apporte[102]. Carbonare a gardé de lui « le souvenir d'un bureaucrate arrogant, visiblement agacé par son récit, qui lui assura que le président de la République "serait informé"[103] ».

Le soir même, Jean Carbonare est l'invité du *Journal de 20 heures* de France 2. Parlant des violations des droits de l'homme au Rwanda, il déclare au présentateur Bruno Masure : « On sent que derrière tout ça, il y a un mécanisme qui se met en route. On a parlé de purification ethnique, de génocide, de crimes contre l'humanité dans le pré-rapport que notre commission a établi. Nous insistons beaucoup sur ces mots[104]. » Cette intervention télévisée met en lumière le soutien de la France et de son armée à un régime qui prépare un génocide qu'il est encore possible d'empêcher. Or, jusque-là, la situation intérieure du Rwanda était largement passée sous silence par les médias.

Trois jours plus tard, Carbonare fait porter à Bruno Delaye le pré-rapport de la commission. Un pré-rapport d'une actualité brûlante, car au Rwanda, les tueries de Tutsis ont repris dès le 21 janvier 1993, quelques heures avant le départ de la commission internationale d'enquête.

Le 20 janvier, une organisation clandestine rassemblant les officiers extrémistes des FAR (le colonel Bagosora est soupçonné d'en faire partie[105]) adresse au président Habyarimana un courrier signé d'un pseudonyme, avec copies au Premier ministre Dismas Nsengiyaremye, aux ambassadeurs de France et des États-Unis, et aux chefs de l'armée et de la gendarmerie. Ce courrier, contenant des idées très proches de celles que Léon

Mugesera avait exprimées dans son discours[I], menace de mort les Tutsis et les opposants politiques, à mots à peine voilés[106]. Fin janvier et début février, des centaines de Tutsis sont massacrés. Des viols contre des femmes et des fillettes tutsies sont commis[107]. Les extrémistes hutus veulent pousser le FPR à reprendre les hostilités afin de lui casser définitivement les reins, avec le soutien militaire français[108]. Or le mouvement rebelle s'apprête justement à repartir en guerre.

Février 1993 : la France bloque militairement l'offensive du FPR

Le FPR juge en effet le moment opportun pour rompre l'accord de cessez-le-feu de juillet 1992, justifiant son offensive par le risque de génocide, un argument qui, selon Jean-François Dupaquier, « fit long feu auprès de l'opposition démocratique rwandaise, tant l'opération militaire paraissait prévue de longue date[109] ». Pour l'historienne Alison Des Forges, « le motif réel de l'offensive était plutôt de faire avancer les négociations que Habyarimana avait tenté de bloquer en tuant des Tutsis[110] ». Le 8 février 1993, l'Armée patriotique rwandaise reprend l'offensive dans le nord du pays. En fin de journée, l'état-major particulier du président Mitterrand, le général Christian Quesnot, communique au ministère de la Défense la décision du chef de l'État de renforcer

I. Lire *supra*, p. 73.

le dispositif Noroît[111]. Le lendemain, les premiers renforts français arrivent à Kigali. Les militaires français organisent d'urgence une opération de récupération de 67 ressortissants occidentaux, dont 21 Français, bloqués à Ruhengeri. C'est l'opération Volcan, qui a lieu le 10 février. L'évacuation se fait avec l'accord des FAR et du FPR, mais sous leurs feux croisés, car le cessez-le-feu négocié n'est pas respecté[112].

À la suite de cette attaque, les Forces armées rwandaises refluent en désordre et Kigali paraît menacée. L'armée rwandaise ne contrôle plus la situation[113]. Le 19 février, le président Habyarimana téléphone à l'Élysée. Il affirme que cinq bataillons de l'armée ougandaise combattent au même moment au Rwanda[114]. Le chef de l'État rwandais tente à nouveau de tirer sur la corde qu'il sait sensible à Paris d'une offensive étrangère venue d'un pays anglophone. Mitterrand décide l'envoi de deux compagnies supplémentaires, qui arrivent sur place le 20 février[115].

Le même jour, le FPR décrète un cessez-le-feu unilatéral alors qu'il est à peine à 30 km de Kigali[116]. Une décision due d'abord à la prise de conscience par le mouvement rebelle des conséquences psychologiques catastrophiques de son attaque auprès de la population hutue. Des centaines de milliers de Rwandais hutus fuient devant le FPR et viennent s'ajouter aux déplacés depuis la guerre d'octobre 1990, constituant de gigantesques camps : au total, 800 000 réfugiés début mars, soit un dixième de la population du Rwanda. Comme le note Gérard Prunier, « tous, y compris les opposants les plus déterminés, sont prêts à se battre. Le président Habyarimana peut compter sur un soutien populaire massif, et l'offensive risque d'annuler des années de travail politique[117] ». Là se situe, pour le FPR, le principal danger : permettre à Habyarimana de souder les Hutus autour de lui.

La perspective de devoir affronter l'armée française au moment de l'assaut sur la capitale a également joué un rôle dans la proclamation de ce cessez-le-feu. Du 19 au 23 février, au moins 15 avions C-130 Hercules français se succèdent au Rwanda ; le 21 février arrive une section de mortiers lourds, le 22 des armes sont débarquées[118]. Mais surtout, une opération secrète est décidée. Selon le colonel Didier Tauzin, qui prend le commandement de cette opération sans nom[I], seuls sont au courant le président de la République, son chef de l'état-major particulier le général Quesnot, le chef d'état-major des armées l'amiral Lanxade, et le chef du centre opérationnel des armées[119]. Tauzin arrive à Kigali le 21 février, accompagné d'une vingtaine d'officiers et de spécialistes du 1er RPIMa, régiment emblématique des forces spéciales françaises. Renforcés par la cinquantaine de militaires des différents Dami, et placés sous les ordres du colonel Dominique Delort, commandant opérationnel de l'ensemble du dispositif Noroît, le colonel Tauzin et

I. Du fait qu'il ne s'agit pas officiellement d'une opération, il ne lui est pas attribué de nom. Pour y faire commodément allusion, elle est parfois surnommée « Birunga » ou « Chimère », en référence respectivement aux lieux et aux militaires concernés.

ses hommes ont pour mission de reprendre en main les Forces armées rwandaises pour leur permettre de tenir face au FPR. Ils s'attellent immédiatement à la tâche en « doublant » la hiérarchie des Forces armées rwandaises par une hiérarchie parallèle de conseillers français.

Découvrant cette opération en 1998, les parlementaires de la Mission d'information souligneront l'intensité du soutien français aux FAR et s'en étonneront : « Comment la France a-t-elle pu en février-mars 1993 en arriver à ce point d'engagement qui conduit certains militaires français à considérer qu'à travers la mission d'assistance opérationnelle qu'il [Tauzin] mène, il dirige et commande indirectement une armée, en l'occurrence celle d'un État étranger [120] ? »

Même le ministre de la Défense Pierre Joxe ne semble pas avoir été informé de cette opération secrète, si l'on en croit le compte rendu du Conseil restreint [I] du 24 février [121]. L'amiral Lanxade expliquera sans « aucun état d'âme » le cadre de cette opération : « C'était une époque où Pierre Joxe... avait peut-être quelques réticences vis-à-vis de l'emploi de nos forces au Rwanda [122]. Or il s'agissait de stopper une offensive du FPR. La règle politique était : "Les Français ne participent pas." Qu'est-ce que vous faites dans ce cas-là ? Vous dites au type : "Écoutez, vous ne participez pas, mais débrouillez-

I. Le Conseil restreint de défense rassemble, autour du président de la République François Mitterrand, le Premier ministre, le ministre de la Défense, le ministre des Affaires étrangères, le chef d'état-major des armées, ainsi que leurs collaborateurs directs.

vous pour que ça se passe bien." [rire] Et alors, si c'est cette opération à laquelle je pense, les gens des forces spéciales étaient des instructeurs de l'armée rwandaise de Habyarimana. Parce qu'il y avait une section de canons (est-ce que c'était des canons de 90 ?) extrêmement précis. Entre la fonction d'instruction et la fonction d'utilisation, pour pointer les canons... Finalement, avec quelques tirs bien ajustés, l'offensive du FPR a été bloquée [123]. »

En effet, l'intervention du détachement spécialisé aux ordres du colonel Tauzin et celles des militaires français de Noroît utilisant les mortiers lourds livrés aux FAR permettent aux troupes gouvernementales rwandaises de se ressaisir. Les combats qui ont encore lieu après le cessez-le-feu unilatéral du 20 février s'arrêtent complètement le 8 mars 1993, avec la rencontre à Dar es Salam des représentants du FPR et du gouvernement rwandais.

Février 1993 : les responsables français enferrés dans leur hostilité au FPR

L'analyse que les responsables français font de la crise rwandaise étant déterminante pour la survie du régime Habyarimana, le poste diplomatique de Kigali est abreuvé de comptes rendus d'interceptions de messages radio attribués au FPR (en fait fabriqués par les services de renseignement militaire rwandais aux ordres du lieutenant-colonel Nsengiyumva), qui font notamment état de la présence de bataillons ougandais intégrés aux troupes du FPR [124].

Le président Habyarimana est depuis plusieurs semaines vent debout contre le protocole d'accord de partage du pouvoir signé le 9 janvier 1993. Il se plaint à Paris que son Premier ministre et son ministre des Affaires étrangères « n'ont pas tenu compte de ses observations » : à ses yeux, le FPR « a négocié avec des amis »[125]. Le 12 février 1993, le conseiller Afrique de Mitterrand, Bruno Delaye, et le nouveau directeur des affaires africaines et malgaches du Quai d'Orsay, Jean-Marc Rochereau de La Sablière, se rendent à Kigali. Ils rencontrent le président Habyarimana et son Premier ministre, Dismas Nsengiyaremye, et constatent les divergences entre les deux hommes : le président rwandais refuse toute concession politique alors que son Premier ministre souhaite négocier avec le FPR et chasser Habyarimana du pouvoir. « Cette situation est désastreuse, commente Bruno Delaye dans une note au président Mitterrand. Elle offre un boulevard au FPR qui, avec le soutien militaire de l'Ouganda, la sympathie belge pour les Tutsis, un excellent système de propagande qui s'appuie sur les exactions malheureuses commises par les extrémistes hutus, la complicité bienveillante du monde anglo-saxon, ne cesse de marquer des points sur le plan militaire et politique[126]. »

Ainsi, les autorités françaises sont enferrées dans leur hostilité au FPR « anglophone », piégées par leur lecture ethniste de la situation (Hutus contre Tutsis) et délibérément sourdes aux avertissements concernant un génocide des Tutsis en préparation : les massacres à caractère génocidaire ayant déjà eu lieu deviennent significativement sous la plume de Bruno Delaye – qui a rencontré Jean Carbonare le 28 janvier et s'est vu remettre quelques jours plus tard le pré-rapport de la commission d'enquête internationale – de « malheureuses exactions commises par les extrémistes hutus[127] ». Paris est prêt à relayer les efforts du président Habyarimana et des extrémistes hutus pour constituer un front commun hutu contre « le FPR tutsi ».

Les avertissements de la DGSE n'y changent rien. Celle-ci remet pourtant, le 18 février 1993, une « fiche particulière » qui analyse longuement la situation rwandaise. Elle mentionne les massacres commis par les milices du parti présidentiel et de la CDR et en propose deux explications : « Selon la première, il s'agirait d'un élément du vaste programme de "purification ethnique" dirigé contre les Tutsis, dont les concepteurs seraient des proches du chef de l'État, ou tout au moins des personnalités influentes du MRNDD[I] et de la CDR, relayés par les préfets et bourgmestres. » La seconde explication avancée concernant les massacres commis par les extrémistes hutus « tient dans l'opposition des anciens tenants du pouvoir au processus démocratique, qui n'hésitent pas à réveiller les vieux démons ethniques pour faire capoter les avancées en ce domaine »[128].

C'est ce réveil des vieux démons ethniques que les dirigeants français vont légitimer. Bruno Delaye retourne

---

I. Mouvement républicain national pour le développement et la démocratie, nom officiel du parti présidentiel à partir du 5 juillet 1991 (la plupart du temps, l'ancienne forme, MRND, continue d'être employée).

au Rwanda deux semaines plus tard, les 27 et 28 février 1993, cette fois pour accompagner le ministre de la Coopération, Marcel Debarge. Alors que les pourparlers entre les partis démocratiques et le FPR ont repris au Burundi trois jours auparavant, ce dernier demande aux opposants hutus de « faire front commun » avec le président Habyarimana contre le FPR. « Dans un tel climat de tensions ethniques, juge Gérard Prunier, après les massacres des dernières semaines, cet appel à un "front commun", forcément basé sur la race, est presque un appel à la guerre raciale[1]. Apparemment, certaines autorités françaises impliquées dans la crise du Rwanda ont risqué une schématisation du conflit encore plus crue et paranoïaque[129]. » Bien loin de dénoncer l'extrémisme hutu et de soutenir, au sein du gouvernement rwandais comme à l'extérieur de celui-ci, les leaders politiques partisans de la démocratie et des négociations avec le FPR, les responsables français au plus haut niveau encouragent la radicalisation de la société rwandaise. Leur attitude apparaît comme un blanc-seing aux yeux du président Habyarimana et des extrémistes hutus puisque les massacres de Tutsis n'empêchent pas la France d'accorder au régime, en février 1993, un soutien militaire inégalé jusque-là.

En retour, le 2 mars, Habyarimana organise une « conférence nationale » avec le MRND, la CDR et quelques représentants des partis d'opposition qui

1. On aurait pu souhaiter que cet auteur, très bien informé, écrive le mot « race » entre guillemets.

acceptent d'y participer. Cette conférence se déclare favorable au maintien de la présence française et à l'organisation de la défense civile [130]. Comme le souligne le chercheur Jacques Morel, c'est une première concrétisation de la demande de front commun du ministre Debarge [131].

Habyarimana est affaibli. Le ministre de la Défense français, Pierre Joxe, le juge « par son intransigeance politique, et par son incapacité à mobiliser sa propre armée, largement responsable du fiasco actuel [132] ». Pour le ministre de la Coopération Marcel Debarge, il « est désorienté et à bout de souffle [133] », et selon le général Quesnot, « la coalition qui soutenait le président Habyarimana s'est disloquée [134] ». Le chef de l'État paraît hésiter entre tenter de reprendre les rênes et quitter le pouvoir : l'ambassadeur Martres signale le 30 mars que Habyarimana envisage discrètement d'« abandonner la présidence de la République » à condition que « sa sécurité et celle de sa famille soient assurées » et avec « une promesse formelle de ses adversaires de ne pas engager de procès contre lui et les siens » [135] ; le 25 avril, Habyarimana évoque à nouveau « son souhait de se retirer de la vie publique, à la fin de la période de transition », ce qui est un nouvel indice direct de son affaiblissement [136]. Selon Martres, aux yeux des extrémistes de la CDR, Habyarimana est un « président usé par vingt années de pouvoir » et « qui a finalement tout raté » [137].

Au retour de son voyage avec Marcel Debarge, Guy Penne, ancien conseiller Afrique du président

Mitterrand, suggère à Pierre Bérégovoy, le Premier ministre, de suspendre la coopération avec le Rwanda [138]. Au contraire, les militaires français présents au Rwanda cautionnent la discrimination contre les Tutsis. En effet, en février-mars 1993, les soldats français de l'opération Noroît établissent aux abords de Kigali, seuls ou avec des militaires des Forces armées rwandaises ou des gendarmes, des points de contrôle où ils « demandent aux Rwandais leurs papiers d'identité et fouillent les voitures à la recherche d'armes [139] ». Officiellement, ils doivent seulement empêcher les membres du FPR de passer [140]. Dans les faits, ce sont tous les Tutsis qui sont concernés, comme on le voit dans l'incident raconté par une rescapée du génocide :

> On est arrivées à un barrage de Français. Ils nous ont arrêtées : « Montrez vos papiers. » On leur a dit : « Mais pourquoi vous nous contrôlez ? Ça ne vous regarde pas, c'est pas une histoire de Français, c'est une histoire de Rwandais. » Ils nous ont répondu : « Mesdemoiselles, on est désolés, mais on doit vous contrôler pour voir qui est l'ennemi. » On leur a demandé : « Quand vous voyez nos cartes, comment vous voyez qui est l'ennemi ? » Ils ont dit : « On sait très bien que les Tutsis sont les ennemis [141]. »

Selon des témoins rwandais, aux abords de Kigali, ce sont même les soldats français qui trient les Tutsis, qu'ils insultent, interrogent, frappent et retiennent pour les remettre ensuite aux autorités rwandaises, ou font disparaître. Les femmes tutsies sont parfois violées sur ces barrages[142].

Pour les décideurs français, qui assimilent donc « l'ethnie » tutsie au FPR et sont pris dans une doctrine militaire de lutte anti-subversive qui transforme chaque Tutsi en infiltré FPR potentiel, il s'agit d'empêcher ce mouvement de s'emparer du Rwanda. Mais pour les extrémistes hutus, la lutte contre cet ennemi commun qu'est le FPR permet d'abord de préparer le génocide des Tutsis.

Une campagne de propagande pour diaboliser le FPR

Selon le journaliste Pierre Péan, bien introduit auprès des décideurs politiques et militaires français ayant eu à traiter du Rwanda, c'est l'intervention télévisée de Jean Carbonare au *20 heures* de France 2, le 28 janvier 1993, jointe aux articles de Stephen Smith dans *Libération*, qui place l'armée française « dans une position délicate » et déclenche sa réaction. Non pas, comme Carbonare aurait pu l'espérer, en faisant pression sur le pouvoir rwandais pour que cessent les massacres et les violations des droits humains, mais au contraire par la mise en place d'une contre-propagande visant à légitimer l'intervention française en faveur d'un régime en pleine dérive génocidaire. Pour cela, elle choisit de diaboliser le FPR, présenté comme un mouvement qui massacre et qui est une émanation de l'Ouganda.

Le colonel Philippe Charrier, du Sirpa (Service d'information et de relations publiques des armées), est chargé de monter une opération de communication. Ce proche de l'amiral Jacques Lanxade, chef d'état-major des armées, et du général Jean-Pierre Huchon, adjoint du général Quesnot à l'état-major particulier de Mitterrand, se rend au Rwanda où il cherche à « retourner » les journalistes français envoyés sur place – avec un certain succès dans le cas de Stephen Smith[143], qui à partir du 9 mars utilise une tonalité nettement plus pro-française.

Par ailleurs, à Paris, le Sirpa mobilise des « journalistes amis » pour diffuser la fausse information selon laquelle des unités ougandaises combattent aux côtés du FPR. *Le Canard enchaîné* et *Le Monde*, invoquant des interceptions radios retransmises par les services de renseignement français, relaient cette désinformation le 17 février[144].

Pourtant, l'information dont disposent les décideurs est bien différente. La DGSE, revenant le 18 février sur les liens entre le FPR et l'Ouganda, indique que le FPR est autonome, bénéficie de la solidarité de la diaspora tutsie, et « déclare d'ailleurs acheter son armement » ; même s'il a noué « des relations dans les administrations et dans les ministères », le FPR « réfute qu'une aide délibérée des autorités de Kampala existe »[145]. Quant au général Quesnot et à Dominique Pin, le 23 février, ils soulignent l'enjeu qu'il y aurait à obtenir des preuves de leurs affirmations : passant en revue différentes options à l'attention de Mitterrand, ils incluent celle d'« intervenir fortement et directement avec nos forces. Ce choix, techniquement possible, ne peut être envisagé que si nous avons des preuves irréfutables d'une intervention militaire ougandaise directe, ce qui n'est pas le cas actuellement[146] ».

Le même journal *Le Monde* relaie le 21 février une accusation contre le FPR : celui-ci aurait massacré 500 civils dans le camp de réfugiés de Ribero[147]. En réalité, cette accusation se révèle purement fantasmatique, après vérification avec un religieux sur le terrain qui indique que les civils en question ont fui ; il y a un exode massif vers le Sud[148].

Avant même l'arrivée du colonel Charrier au Rwanda, début mars 1993, il est demandé à un officier français de gendarmerie, adjoint de l'attaché de défense, « d'apporter un soin tout particulier à la collecte d'informations sur les massacres et les exactions du FPR[149] ». Une tâche dans laquelle le lieutenant-colonel Robardey déploie un zèle tout particulier[150]. En référence aux Khmers rouges, qui ont assassiné un à deux millions de Cambodgiens entre 1975 et 1979, soit le quart de la population de leur pays, Robardey qualifie les soldats du FPR de « Khmers noirs[151] ». Soigneusement distillée par le Sirpa, l'expression fait florès. Elle est reprise le 28 mars 1993 sur les ondes de France Inter par le colonel Delort, commandant opérationnel de Noroît tout juste rentré de Kigali[152]. On peut la lire le 9 avril dans *Marchés tropicaux*, une revue spécialisée, puis le 20 avril dans *Le Quotidien de Paris*[153]. Quesnot, Tauzin et d'autres la reprennent à leur compte[154].

Cette diabolisation du FPR vise à contrecarrer le rapport de la commission internationale d'enquête rendu public le 8 mars 1993. Elle flirte dangereusement avec la propagande mensongère des extrémistes, qui cherchent à propager au sein de la population hutue la terreur d'être exterminée par les Tutsis, selon le principe de l'accusation en miroir, déjà expérimenté lors des massacres du Bugesera en mars 1992.

La politique française, qui jusque-là pouvait encore être justifiée par la nécessité de tenir la frontière face à l'agression du FPR pour encourager la démocratisation du régime, devient un soutien objectif aux extrémistes hutus. À partir de février-mars 1993, les démocrates rwandais partisans d'Arusha sont abandonnés par Paris.

Mars 1993 : Mitterrand passe le relais aux Nations unies

À l'Élysée, le général Quesnot relaie, sur un ton exagérément alarmiste et malgré l'absence d'éléments probants, cette diabolisation du FPR. Arc-bouté sur sa lecture ethniste de la situation (Tutsi = FPR = ennemi), le chef de l'état-major particulier prône, le 23 février 1993, une intervention forte en soutien à l'armée rwandaise, et insiste auprès du président Mitterrand sur le fait qu'il s'agit d'une agression extérieure menée depuis un pays anglophone : « Le Front patriotique rwandais (FPR), avec l'aide du président ougandais Museveni, est sur le point d'obtenir une victoire politico-militaire au Rwanda. [...] La victoire de l'ethnie tutsie qui dirige le

FPR amènerait sans aucun doute un sursaut ethnique hutu dont les conséquences pourraient être dramatiques. Déjà dans les zones occupées par les rebelles, de nombreuses exécutions de civils auraient été commises[155]. » Le jusqu'au-boutisme de Quesnot n'est pas partagé par le ministre de la Défense, Pierre Joxe. Bien au contraire, Joxe écrit à Mitterrand le 26 février pour lui exprimer sa préoccupation à propos du Rwanda et lui suggérer de faire pression sur Habyarimana par la menace d'un désengagement français[156].

À quelques semaines d'élections législatives qu'il sait perdues d'avance[I], Mitterrand paraît entendre l'avertissement de Pierre Joxe, tout en cherchant une solution pour garantir la sécurité du régime face au FPR. Lors du Conseil des ministres du 3 mars 1993, il annonce que la France va s'adresser à l'Organisation des Nations unies. Au Conseil restreint, qui suit ce Conseil des ministres, il envisage que les militaires français présents au Rwanda puissent être intégrés à une force internationale : « Nos soldats peuvent se transformer en soldats des Nations unies, mais pas eux seuls[157]. » Le même jour, le Premier ministre rwandais demande à l'ONU d'intervenir au Rwanda, et la France soutient cette démarche. Le 12 mars, le Conseil de sécurité des Nations unies entérine le prin-

I. Les élections législatives des 21 et 28 mars 1993 voient en effet la débâcle du Parti socialiste et sont suivies par la constitution du gouvernement d'Édouard Balladur. Alain Juppé devient ministre des Affaires étrangères, François Léotard ministre de la Défense et Michel Roussin ministre de la Coopération.

cipe du remplacement des Français par un contingent de Casques bleus.

À Paris, cette perspective ne fait pas que des heureux, d'autant qu'entre le 17 et le 21 mars les deux compagnies françaises arrivées depuis le 8 février repartent du Rwanda. Or les conseillers du président et le chef d'état-major des armées, l'amiral Lanxade, accusent le FPR de ne pas respecter le cessez-le-feu signé le 7 mars et d'être sur le point d'attaquer à nouveau : le 1er avril, le général Quesnot, chef de l'état-major particulier, et Bruno Delaye, conseiller Afrique, écrivent une note au président dans laquelle ils l'informent que « des indications concordantes rapportées par l'EMA [état-major des armées] (renforts acheminés d'Ouganda) donnent à penser que le FPR se prépare à reprendre l'offensive à bref délai[158] ». Le nouveau ministre de la Défense, François Léotard, présente le 2 avril 1993, lors du premier Conseil restreint de la cohabitation, un rapport alarmiste sur le Rwanda : il va jusqu'à indiquer que le FPR avance vers Kigali « avec des troupes en civil ». L'amiral Lanxade confirme que le FPR projette une offensive imminente. Le Premier ministre Édouard Balladur se dit favorable à l'envoi d'un millier d'hommes supplémentaires au Rwanda[159].

Ces troupes ne sont finalement pas mobilisées, vraisemblablement parce qu'il est difficile de renforcer le dispositif militaire français au Rwanda au moment où une intervention des Nations unies est en préparation ; et parce que, contrairement aux annonces faites par Lanxade, Quesnot et Delaye, le FPR ne passe pas à l'attaque, mais se retire plus ou moins sur les positions qu'il occupait à la date du 8 février 1993. Le 10 avril 1993, un analyste du ministère de la Défense note que le soutien français peut être interprété « comme une garantie offerte aux dictateurs en place », qui ne sont pas plus représentatifs que le FPR, et qu'« on peut donc s'interroger sur le refus français de discuter avec le FPR » : il plaide pour un « réexamen de la politique française au Rwanda[160] ».

À Paris, les partisans de la ligne dure gardent des cartes en main

Ce réexamen n'aura pas lieu, car les hauts gradés hostiles au FPR ne désarment pas. Ils obtiennent la mise à l'écart du général Jean Varret, chef de la Mission militaire de coopération. Depuis le début de l'intervention française, le général Varret s'est montré très attentif à ce que le Dami présent au Rwanda ne sorte pas du strict cadre de sa mission. Averti dès sa première visite au Rwanda par le chef d'état-major adjoint de la gendarmerie rwandaise de son intention de « liquider » les Tutsis, le général Varret se méfie de la trop grande proximité entre les instructeurs français et leurs élèves des Forces armées rwandaises. Cet officier apprécié du président Mitterrand, qui a dès sa première visite au Rwanda, en décembre 1990, alerté sur le risque d'un génocide des Tutsis, représente un obstacle à l'intensification du soutien à une armée et une gendarmerie rwandaises gangrenées par les officiers hutus extrémistes[161]. En avril

1993, le général Quesnot, chef d'état-major particulier de Mitterrand, fait partir le général Varret avant le terme de son mandat et le remplace par son adjoint le général Jean-Pierre Huchon[162].

L'amiral Lanxade a lui-même entièrement réformé l'armée, suite à la guerre du Golfe et à la disparition de l'ennemi soviétique, et lui a donné une structure interarmées placée plus étroitement sous son contrôle. Via l'organisation des Conseils restreints, il participe aux discussions politiques qu'entraîne la cohabitation entre l'Élysée mitterrandien et le gouvernement de droite d'Édouard Balladur[163]. Le 16 juin 1992 est créée la Direction du renseignement militaire (DRM), service de renseignements placé sous l'autorité de Lanxade, à la différence de la Direction générale de la sécurité extérieure (DGSE). Le directeur de cette dernière, Claude Silberzahn, soulignera en 1998 devant les députés que « ses services avaient regretté, dès 1991, l'engagement croissant de l'appareil militaire français dans l'affaire du Rwanda, préconisé par écrit et par oral, dès 1992, le désengagement militaire de la France » ; il dénonce « un appareil militaire français présomptueux sur ses moyens, décalé par rapport à la réalité, inconscient de son ignorance du terrain » et fustige l'immaturité de la DRM[164]. Le 7 juin 1993, Silberzahn est remplacé par Jacques Dewatre, nettement moins critique sur le dossier rwandais[165] et beau-frère de l'amiral Lanxade (Dewatre et Lanxade signeront un protocole d'accord DGSE-DRM le 10 juin 1994). Le 24 juin 1992, un décret du ministre de la Défense crée le Commandement des opérations spéciales (COS), qui regroupe toutes les forces spéciales françaises sous l'autorité directe du chef d'état-major des armées.

Ainsi, au printemps 1993, en ce début de cohabitation, tous les postes-clés sont tenus par ceux qui encouragent une politique jusqu'au-boutiste au Rwanda : l'amiral Lanxade dirige l'état-major des armées désormais unifiées sous sa houlette, à l'Élysée le général Quesnot est conseiller militaire de Mitterrand, et le général Huchon prend la tête de la Mission militaire de coopération[1]. À eux trois, ils cumulent les leviers de commande et obtiennent une grande latitude d'action.

Les extrémistes hutus reprennent l'initiative

Cependant, pour les extrémistes hutus, la désescalade voulue par François Mitterrand éloigne toute perspective de victoire militaire complète sur le FPR, une victoire impossible sans le soutien français. En outre, l'ambassadeur Georges Martres, parfois brocardé comme étant en réalité le représentant du Rwanda auprès de Paris, part à la retraite. Pour Habyarimana comme pour les extrémistes hutus, il est temps de réagir.

L'offensive de février 1993 a créé un clivage croissant au sein des partis d'opposition concernant l'attitude vis-à-vis du FPR. Le FPR commet en effet des exactions, en particulier à Ruhengeri, où des fonctionnaires, dont un

1. Voir la chaîne de commandement militaire de l'opération Noroît en février 1993 *infra*, p. 398.

bourgmestre ayant participé au massacre des Bagogwe, sont fusillés avec leurs familles, enfants compris[166]. Au total, environ 250 civils sont exécutés. Ces informations ternissent l'image du mouvement rebelle et conduisent certains responsables de l'opposition à Habyarimana à s'interroger sur ses méthodes et ses objectifs réels. Trois de ces partis qui collaboraient avec plus ou moins de succès avec le FPR depuis mai 1992 commencent à se demander si le FPR souhaite vraiment parvenir à une paix négociée, ou s'il veut remporter une victoire totale et prendre le contrôle du pays[167]. La propagande « en miroir » des extrémistes hutus s'appuie largement sur ces craintes à l'égard des intentions du mouvement rebelle. Le 25 février 1993, la Coalition pour la défense de la République (CDR), le parti extrémiste le plus radical, avertit que le FPR prépare le génocide des Hutus dans tout le pays et demande au gouvernement de fournir à la population les moyens d'assurer son autodéfense.

La CDR critique vertement Habyarimana pour avoir entériné, le 8 mars, le cessez-le-feu négocié avec le FPR par le Premier ministre Nsengiyaremye. Ce cessez-le-feu décrète l'arrêt immédiat des hostilités, le maintien des FAR sur leurs positions du 8 mars, le retour du FPR sur les positions qu'il occupait au 8 février, antérieurement à son offensive, et transforme la zone libérée par le mouvement rebelle en zone tampon démilitarisée[168].

Habyarimana donne des garanties de sa bonne volonté aux extrémistes. En avril 1993, il appuie la création de Radio des Mille Collines[I] par les extrémistes hutus. L'ancien directeur de l'Office rwandais d'information et initiateur des massacres du Bugesera, Ferdinand Nahimana, en est le directeur politique, le richissime homme d'affaires Félicien Kabuga le financier[169]. Parmi les actionnaires, on compte plusieurs dirigeants du parti présidentiel et de la CDR. Cette radio émet progressivement à partir du 8 juillet 1993 dans tout le pays. Elle diffuse alors de la musique zaïroise, très prisée des Rwandais.

Tout en donnant des gages aux extrémistes, Habyarimana essaie de sauver son pouvoir en faisant éclater l'opposition pour rallier à lui une partie des dirigeants hutus. Le président rwandais joue des fissures provoquées par l'offensive du FPR et des rivalités existantes au sein des partis, rivalités attisées par la perspective de postes de ministres et de députés au sein des institutions de transition prévues par les accords d'Arusha. Le principal parti d'opposition, le Mouvement démocratique républicain (MDR), parti du Premier ministre, est secoué par une bronca contre son président, Faustin Twagiramungu. Cette fronde est menée par l'aile dure du parti, majoritaire, qui propose Jean Kambanda comme candidat du parti au poste de Premier ministre, en remplacement de Dismas Nsengiyaremye dont le mandat touche à sa fin.

I. Le nom complet est Radio Télévision libre des Mille Collines, ce qui a donné le sigle RTLM, mais sa partie télévision n'a jamais vu le jour, d'où les appellations usuelles Radio des Mille Collines ou Radio Mille Collines.

Twagiramungu ne s'en émeut pas et désigne Agathe Uwilingiyimana, ministre de l'Éducation et favorable au processus de paix. Celle-ci devient Première ministre le 18 juillet 1993.

Elle hérite d'une situation intérieure catastrophique. L'économie va mal. Des centaines de milliers de déplacés ont fui la guerre et s'entassent dans des camps de fortune. L'ordre public n'est plus respecté : le développement des milices est devenu incontrôlable et des assassinats politiques ont lieu. Le 17 mai, l'ancien ministre de la Justice Stanislas Mbonampeka échappe à une grenade ; le lendemain, c'est Emmanuel Gapiyisi, un des leaders du parti d'opposition MDR qui vient de lancer un forum intitulé « Paix et Démocratie », qui est assassiné. Le 14 juin 1993, des militaires et des miliciens Interahamwe impliqués dans les massacres de décembre 1992 et janvier 1993 s'évadent de la prison de Kigali.

Les attentats ont repris au printemps 1993. Le Dami gendarmerie que pilote le lieutenant-colonel Robardey rédige une volumineuse « Étude sur le terrorisme au Rwanda depuis 1990[170] », qui, tout en reconnaissant des difficultés à identifier les auteurs des attentats, conclut que c'est le FPR qui les aurait commis dans le but de provoquer une réaction collective de vengeance des Hutus[171]. « Sans que cette assertion ne soit jamais vérifiable, puisque les coupables ne sont pas arrêtés[172] », notent les parlementaires français en 1998. Robardey est contredit par le directeur du Renseignement militaire qui a expliqué que la DRM n'avait pas eu de renseignements précis sur les auteurs de ces attentats et massacres attribués au FPR[173]. L'adjudant-chef Prungnaud explique de son côté que le colonel Ruelle, conseiller technique pour la gendarmerie rwandaise, « attribuait tous les attentats » au FPR, et précise : « Pourtant, plus tard, je me suis aperçu qu'une partie était commise par des Hutus[174]. »

4 août 1993 : l'espoir renaît avec la signature des accords d'Arusha

Les négociations d'Arusha, qui ont repris le 16 mars 1993, piétinent. Entrées dans leur dernière phase, après l'accord du 9 janvier sur le partage des responsabilités politiques, elles concernent maintenant la répartition des postes dans la nouvelle armée nationale. Le FPR exige qu'une proportion importante de ses hommes fasse partie des nouvelles forces armées, réduites à 19 000 hommes : 40 % des sous-officiers et soldats et 50 % des officiers[175]. Ces revendications mettent en fureur de nombreux officiers des FAR. La France n'est que peu présente à ces négociations[176] : elle y envoie un simple observateur, Jean-Christophe Belliard, de l'ambassade de France en Tanzanie, qui ne loge pas à Arusha et donc n'intervient que de temps en temps aux séances plénières (contrairement à l'observatrice américaine, présente à plein temps, y compris dans les discussions de coulisse), auquel s'ajoute ponctuellement en juin-juillet 1993 le lieutenant-colonel Robardey, notoirement opposé aux membres du FPR. Jean-Christophe Belliard expliquera aux parlementaires de la Mission d'information de 1998 qu'il « avait reçu une instruction ferme et écrite de la direction des affaires africaines et malgaches d'intégrer la CDR, c'est-à-dire les extrémistes hutus. [...] La France estimait en effet qu'il valait mieux intégrer ces extrémistes au jeu politique pour éviter qu'ils deviennent incontrôlables[177] ». Cette position était partagée par d'autres, comme les États-Unis.

Le protocole sur l'intégration des forces armées est rédigé le 3 août 1993. Le lendemain, ce dernier texte des accords d'Arusha est signé. La joie des membres des deux délégations, celle du FPR et celle du gouvernement Uwilingiyimana, est palpable : ils s'embrassent et dansent ensemble[178]. Au Rwanda, la liesse est immense.

Cette signature est un coup terrible pour les extrémistes hutus. Les accords interdisent en effet toute propagande de haine. Ils mettent fin à la guerre avec le FPR et organisent la mise en place des institutions de transition dans un délai de trente-sept jours, soit avant le 10 septembre 1993 : un gouvernement de transition à base élargie (GTBE) dirigé par Faustin Twagiramungu et une Assemblée nationale de transition, dont les députés seront nommés par chacun des partis politiques, selon une répartition actée. Des élections doivent ensuite avoir lieu dans un délai de vingt-deux mois. « La clé de voûte des accords est constituée par le déploiement d'une force internationale, demandée par le FPR et prévue par le protocole relatif à l'intégration des forces armées[179] », notent les parlementaires français. Dès le 14 juin 1993, avant même la signature des accords, le gouvernement rwandais et le FPR avaient adressé cette demande à l'ONU. Dans la deuxième quinzaine d'août, une mission d'évaluation est envoyée au Rwanda, commandée par le général canadien Roméo Dallaire. Tout le monde semble indifférent au rapport de Bacre Waly Ndiaye, rapporteur spécial de la Commission des droits de l'homme des Nations unies sur les exécutions extrajudiciaires, sommaires ou arbitraires. Celui-ci était allé vérifier, du 8 au 17 avril 1993, les accusations portées l'année précédente par l'enquête de la FIDH. Dans son rapport publié le 11 août 1993, il dénonce les massacres planifiés par les autorités administratives et les FAR, visant les Tutsis ciblés en tant que tels, ce qui selon lui serait susceptible d'être qualifié de génocide[180].

Le 28 août 1993, le président du FPR écrit à François Mitterrand pour le remercier du rôle d'observateur joué par la France lors des négociations d'Arusha, tout en lui rappelant que les accords prévoient le départ des troupes françaises qui doivent céder la place à la force de l'ONU[181]. Or, comme en témoigne Michel Cuingnet, le chef de la mission de coopération française au Rwanda, on voit, « un mois encore après les accords d'Arusha en septembre et octobre 1993, les militaires français, à l'abri de nids de mitrailleuses, contrôler les routes, par exemple celle de Kigali à Ruhengeri, et tenir presque un rôle d'armée d'occupation[182] ». La Mission des Nations unies pour l'assistance au Rwanda (Minuar) accompagne la mise en place des institutions nouvelles. Les Casques bleus sont placés sous les ordres du général Dallaire, qui revient à Kigali le 22 octobre 1993 pour préparer leur déploiement.

21 octobre 1993 : le président burundais Melchior Ndadaye est assassiné

Le 21 octobre 1993, le président hutu du Burundi est assassiné par des militaires tutsis putschistes, avec une partie de son gouvernement. Ce meurtre est une « divine surprise » pour les extrémistes hutus. Alors que la situation paraissait perdue pour eux, l'assassinat de Ndadaye leur offre l'occasion d'un spectaculaire rétablissement. Melchior Ndadaye était le premier président hutu démocratiquement élu au Burundi, pays voisin du Rwanda, lui aussi traversé par le clivage Hutus-Tutsis. Le Burundi avait connu jusque-là des régimes de dictature militaire appuyés sur une armée recrutée parmi la population tutsie. En 1972, une tentative de déclenchement d'un génocide des Tutsis burundais par une poignée d'extrémistes hutus avait entraîné une répression impitoyable et l'extermination de 100 à 200 000 Hutus[183]. Investi en juillet 1993, Ndadaye avait été élu par surprise lors des premières élections présidentielles organisées dans le pays. Sa mort provoque des représailles contre les Tutsis de la part de ses partisans, avant que l'armée tutsie n'entre à son tour en action, tuant des dizaines de milliers de Hutus et chassant 300 000 d'entre eux vers le Rwanda.

L'assassinat de Ndadaye sert de prétexte à tous ceux qui prônent l'extermination des Tutsis rwandais. Radio des Mille Collines radicalise son discours et diffuse des messages de haine contre les Tutsis, décrits comme des envahisseurs ayant asservi le véritable peuple rwandais – hutu – pendant des siècles, une domination que le

FPR chercherait à rétablir. La mort de Ndadaye vient conforter l'accusation en miroir dont les journalistes de la presse extrémiste usent à l'envi : il faut que les Hutus du Rwanda se défendent en attaquant les premiers pour ne pas finir comme ceux du Burundi. Cette idée, agitée jusque-là dans les cercles étroits des extrémistes, trouve maintenant une résonance nationale. La « perfidie » tutsie est soulignée : peut-on croire à la signature du FPR après ce qui s'est passé au Burundi ? Le 23 octobre 1993, lors d'un meeting de soutien au peuple burundais, un des leaders de la ligne dure au sein du MDR, Froduald Karamira, termine son discours en criant : « Hutu Power ! », une expression bientôt reprise par les tenants de la suprématie hutue, hostiles aux accords d'Arusha. Tous les partis se divisent en deux courants, l'un extrémiste, l'autre démocrate et favorable aux accords d'Arusha.

Au bord de l'abîme

La Minuar déploie progressivement ses 2 500 Casques bleus alors que les extrémistes hutus s'activent pour enflammer le pays. Les distributions d'armes à des civils hutus s'intensifient. Le 20 novembre 1993, Habyarimana préside une réunion au cours de laquelle il est décidé de distribuer des grenades, des fusils, des machettes et d'autres armes aux milices Interahamwe ainsi qu'aux jeunes de la CDR[184].

Le 3 décembre, un groupe d'officiers supérieurs des FAR adresse une lettre anonyme à l'ensemble des missions diplomatiques. Ils dénoncent « le plan machiavélique du président Habyarimana » visant à empêcher l'entrée en vigueur des accords de paix d'Arusha. Censé être mis en place depuis le 10 septembre 1993, le GTBE n'a toujours pas été installé par le chef de l'État. Les auteurs de la lettre mettent en garde contre les assassinats programmés de personnalités politiques et l'extension de massacres à caractère « ethnique » à tout le Rwanda, à l'instar de ceux qui viennent d'avoir lieu dans le Nord[185]. Dans la nuit du 17 au 18 novembre, en effet, des conseillers locaux appartenant pour la plupart au MRND ont été assassinés avec leurs familles. Fin novembre, d'autres meurtres, commis dans des conditions atroces, ont eu lieu dans le Mutara, visant aussi des enfants. La CDR et Radio Rwanda ont attribué ces crimes au FPR, même si, en ce qui concerne le Mutara, la Minuar soupçonne les extrémistes hutus et des militaires du bataillon para-commando. Le but de ces tueries serait d'amener le FPR à réagir en reprenant la guerre.

En décembre, la Minuar étant en place, les troupes françaises quittent le Rwanda. Le 14 décembre 1993, l'opération Noroît est terminée ; elle a duré plus de trois ans, au lieu des quelques semaines initialement prévues. À cette date, il reste officiellement seulement 25 militaires français en poste à Kigali : le colonel Bernard Cussac, attaché de défense, et les coopérants qui assurent des missions de formation, de maintenance et de conseil au profit des FAR dans le cadre des accords bilatéraux.

Le 28 décembre, une bonne partie des dirigeants du FPR, y compris de futurs ministres du GTBE et de futurs députés, arrivent à Kigali et s'installent dans les locaux du Conseil national de développement (CND) – le Parlement rwandais –, protégés par un bataillon de 600 hommes des troupes du FPR. Ils viennent participer à la mise en place des institutions de transition. Le 5 janvier 1994, le président Habyarimana prête serment, mais trois jours plus tard, le 8 janvier, des miliciens Interahamwe et Impuzamugambi empêchent le déroulement de la cérémonie d'installation des nouvelles institutions. Comme l'explique Jean-Hervé Bradol, de Médecins sans frontières, les miliciens du régime bloquaient la ville et empêchaient les dirigeants du FPR de participer aux différentes cérémonies d'installation des institutions de transition[186].

Le 10 janvier 1994, la Minuar apprend l'existence d'un plan d'extermination rapide des Tutsis de Kigali et de caches d'armes préparées dans ce but. Son informateur, « Jean-Pierre », est un chef Interahamwe, qui se dit prêt à combattre le FPR, mais pas à tuer des Tutsis. Le général Dallaire transmet ces renseignements à la Division des opérations de maintien de la paix du secrétariat général des Nations unies, qui ne les fait suivre ni au secrétaire général ni au Conseil de sécurité[187] et ordonne à Dallaire de ne pas saisir les armes dont « Jean-Pierre » avait indiqué les emplacements. L'ambassade de France prévient Paris le 12 janvier. Évoquant des « menaces de guerre civile », le premier secrétaire décrit le scénario de son déclenchement : « Quelques éléments des Interahamwe se livreraient à des provocations à l'encontre du bataillon FPR stationné au Parlement (CND) afin de susciter une riposte de celui-ci. Parallèlement, les militaires belges de la Minuar seraient pris à partie dans le même but. Les victimes rwandaises ne manqueraient pas de provoquer ces réactions et seraient alors le prétexte à l'élimination physique des Tutsis de la capitale[188]. »

Le 14 janvier, le général Dallaire et le représentant spécial des Nations unies, Jacques-Roger Booh-Booh, rencontrent le président Habyarimana qui se montre stupéfait de la précision des informations en possession de la Minuar. Dans le fax qui rend compte au secrétariat général de leur visite, Dallaire et Booh-Booh notent que Habyarimana « aurait ordonné d'accélérer la distribution des armes ». Car de grandes quantités de fusils, de grenades, de machettes se répandent depuis des semaines dans l'ensemble du pays.

Des livraisons en provenance de l'étranger continuent d'avoir lieu. Interrogé en juin 1994, un cadre de la société britannique Chillington en confirme l'ampleur : « La vente de machettes par l'usine Chillington pour le seul mois de février 1994 équivalait à l'ensemble des ventes effectuées dans l'année précédente. Si on voulait savoir que quelque chose se préparait, on pouvait donc le savoir, aisément. » Selon lui, les responsables de cette société auraient même signalé leur inquiétante réussite commerciale à des représentants de la Mission des Nations unies pour l'assistance au Rwanda (Minuar[189]). Quant à la France, malgré l'interdiction édictée par les accords d'Arusha, elle apporte aux FAR, le 21 janvier, 90 caisses de munitions, chargées à Châteauroux : la Minuar les saisit et les met sous scellés au camp militaire de Kanombe[190]. Début mars, une nouvelle livraison, de la société française DYL-Invest basée près d'Annecy, est elle aussi bloquée par la Minuar[191].

Parallèlement à cette prolifération d'armes, les tensions politiques se multiplient dans les premiers mois de l'année 1994. Le 20 février, des miliciens essaient d'assassiner Faustin Twagiramungu, le Premier ministre désigné pour diriger le futur GTBE dont, en novembre 1993, Radio des Mille Collines avait demandé la mort, tout comme celle de la Première ministre Agathe Uwilingiyimana. Cette tentative vient après plusieurs autres, elles aussi infructueuses, visant des responsables rwandais hostiles aux extrémistes : Joseph Kavaruganda, alors président de la Cour de cassation, en septembre 1993 ; Alphonse-Marie Nkubito, procureur général de Kigali, en novembre, puis à nouveau en décembre. Le 21 février, le ministre des Travaux publics, Félicien Gatabazi, leader du Parti social-démocrate, est tué. Le 22, en représailles, Martin Bucyana, secrétaire général de la CDR, est lynché à mort par des partisans de Gatabazi qui l'ont reconnu sur la route de Butare. Le même jour, des responsables du FPR en route vers Kigali pour assister à l'inauguration de l'Assemblée nationale de transition sont attaqués par des gardes présidentiels en civil et des miliciens Interahamwe. Ils ne doivent leur salut qu'aux hommes du bataillon FPR cantonné au CND qui se portent à leur secours après la fuite de l'escorte de Casques bleus belges. La mise en place des nouvelles institutions est repoussée *sine die*. Fin février, les meurtres de Tutsis sont quotidiens dans certains quartiers de la capitale. Les miliciens y mènent des campagnes de terreur.

À l'ONU, l'ambassadeur de France, Jean-Bernard Mérimée, préside pendant tout le mois de mars un groupe de travail sur le Rwanda, à la fin duquel il conclut, le 5 avril, à la nécessité de maintenir dans le jeu politique toutes les composantes, y compris la CDR, et indique que le secrétariat général de l'ONU y est également favorable [192]. De leur côté, les États-Unis souhaitent eux aussi que la CDR puisse y participer afin d'accélérer la mise en place des institutions, et font pression en ce sens sur le FPR pour débloquer la situation [193]. La discussion concernant la CDR, extrémiste, porte sur un simple siège de député dans l'Assemblée nationale de transition, mais sur le plan politique l'enjeu est important : la CDR avait été exclue *de facto* des nouvelles institutions parce qu'elle ne respectait pas le protocole signé à Arusha le 30 octobre 1992, qui condamnait toute incitation à la violence et à la discrimination ethnique de la part des partis politiques [I].

La situation au Rwanda est explosive au début du mois d'avril 1994. Les extrémistes hutus paraissent prêts à tout. Le dimanche 3 avril 1994, jour de Pâques, Radio des Mille Collines formule par la bouche de Noël Hitimana des menaces voilées à l'encontre du président : « Le peuple, c'est notre véritable armée. Le peuple, c'est la force, tu ne peux pas gouverner contre lui. Même Habyarimana,

---

I. Lire *supra*, p. 71.

si le peuple est contre lui, il ne peut plus mettre un pied au pays[194]. » La mort du président avait déjà été évoquée par les médias extrémistes dans le numéro de décembre 1993 de *Kangura*, dans lequel Hassan Ngeze écrivait que Habyarimana « pourrait mourir avant la fin de mars 1994 », assassiné « par un Hutu à la solde des Tutsis »[195].

Cette émission de Radio des Mille Collines du 3 avril se veut aussi prophétique : « Au fait, ils feraient mieux de se calmer au FPR, nous avons des agents, yeah ! oh oh oh, il y a nos agents, il y a des agents qui nous font parvenir des informations. Ils nous disent ainsi : à la date du 3, du 4 et du 5, hum, ils disent qu'il doit y avoir une petite chose, ici à Kigali, Kigali-ville. Et même à la date du 7 et du 8, hum. Et alors vous entendrez le bruit des balles ou encore vous entendrez les grenades tonner. » Elle suggère aussi des massacres à venir : « Le sang se verse, mais après il ne se ramasse plus [proverbe rwandais]. Le sang se verse et on ne le ramasse plus, le sang se verse et ne se ramasse plus. Ha, heeein ! [Exclamation insistante de menace et d'avertissement.] On aura des nouvelles de tout ça...[196] »

III. Nos alliés les génocidaires

Avril-juin 1994

Dans la soirée du 6 avril 1994, le président rwandais Juvénal Habyarimana revient d'un sommet régional à Dar es Salam. Dans l'appareil a également pris place le président du Burundi, Cyprien Ntaryamira, à qui Habyarimana a proposé au dernier moment d'embarquer avec lui. À l'approche de l'aéroport de Kigali, son pilote français est interrogé à plusieurs reprises par la tour de contrôle qui veut savoir qui il transporte, et en particulier si les deux présidents sont bien dans l'avion : les questions sont si insistantes que le pilote finit par s'exaspérer [1].

À 20 h 23, alors qu'il est en phase d'atterrissage, le Falcon 50 offert par la France échappe à un premier missile sol-air. Quelques secondes plus tard, un second missile le frappe de plein fouet. Les débris de l'appareil et les corps des passagers s'éparpillent dans le jardin de la résidence présidentielle, proche de l'aéroport. Il n'y a aucun survivant. Le président Habyarimana, son homologue burundais, des membres de leur entourage et les trois membres de l'équipage français sont tués.

Attentat et coup d'État (6-9 avril 1994)

Un attentat commis à l'instigation des extrémistes hutus

Les deux missiles ont été tirés depuis le camp militaire de Kanombe ou ses abords, un camp où sont cantonnées plusieurs unités d'élite des Forces armées rwandaises (FAR) : le bataillon para-commando et le bataillon de reconnaissance, ainsi qu'un détachement de la garde présidentielle chargé de la sécurité de la résidence de Habyarimana toute proche. Un endroit où il était pratiquement impossible à un commando FPR de pénétrer, ce qui conduit à attribuer l'assassinat du président Habyarimana aux officiers hutus extrémistes, dont le camp de Kanombe était le fief[1].

Cette hypothèse d'un attentat commis à l'instigation des extrémistes hutus apparaît d'ailleurs dès le printemps 1994 comme la plus logique à beaucoup d'observateurs, ainsi qu'à l'auditorat militaire belge, qui réalise dans les semaines suivantes une enquête approfondie[2]. La Mission d'information parlementaire de 1998 en identifie le mobile : « Sur le plan politique, il est évident que la décision prise par le président Juvénal Habyarimana à Dar es Salam d'appliquer les accords d'Arusha ne pouvait qu'aboutir à la mise à l'écart de certains des membres les plus extrémistes de l'Akazu. Dès lors que le président avait cessé de résister

---

1. Sur l'enquête qui a conduit à ces conclusions, lire *infra*, p. 325.

à la logique d'Arusha pour s'y rallier, son élimination physique pouvait devenir indispensable pour quiconque souhaitait éviter tout partage du pouvoir[3]. »

En effet, selon le diplomate français Jean-Christophe Belliard, qui assistait aux discussions de Dar es Salam, le président Habyarimana avait accepté lors de cette réunion avec ses homologues de la région d'exclure la CDR du Parlement de transition où elle demandait à bénéficier d'un siège de député[4]. Cette mise à l'écart des plus durs des extrémistes hutus marquait une volonté nette de Habyarimana d'appliquer les accords d'Arusha, ce qu'il faisait traîner en longueur jusque-là. Ce que confirme Jean Birara, ancien gouverneur de la Banque nationale du Rwanda : « Le président venait de charger son chef de cabinet, Ruhigira Enoch, de tout préparer pour la prestation de serment des députés et du gouvernement à son retour[5]. » Au mieux, cela signifiait pour beaucoup d'officiers et de militaires des FAR l'obligation de cohabiter au sein de la nouvelle armée rwandaise avec l'ennemi d'hier, au pire la perte pure et simple de leur emploi. En effet, aux termes des accords d'Arusha, la moitié des postes d'officiers et 40 % de ceux de sous-officiers et d'hommes du rang devaient revenir aux troupes du FPR[1].

1. Lire *supra*, p. 102.

L'attentat, premier acte d'un coup d'État

L'assassinat du président Habyarimana est le premier acte de la prise du pouvoir par les extrémistes. Immédiatement après l'attentat contre l'avion présidentiel, dans la soirée du 6 avril 1994, un groupe d'officiers supérieurs des FAR et de la gendarmerie se réunissent sous la présidence du colonel Bagosora. Celui-ci est en effet, en tant que directeur de cabinet, le fonctionnaire le plus important du ministère de la Défense, en l'absence du ministre lui-même alors à l'étranger et après la mort du chef d'état-major des FAR tué dans l'attentat. Bagosora cherche à convaincre ses pairs de prendre le contrôle du gouvernement, mais ceux-ci s'y refusent. Assistant à la réunion, le général Dallaire exhorte les officiers présents, pour assurer la continuité du pouvoir, à prendre contact avec la Première ministre Agathe Uwilingiyimana, une Hutue du Sud favorable aux accords d'Arusha : une recommandation que Bagosora rejette catégoriquement.

Prévenue vers une heure du matin, le 7 avril, du refus des militaires de reconnaître son autorité, la Première ministre décide de s'adresser à la nation sur les ondes de Radio Rwanda dans la matinée. Elle n'en aura pas l'occasion. Son domicile est encerclé par des soldats de la garde présidentielle et du bataillon de reconnaissance. Agathe Uwilingiyimana se cache, mais elle est rattrapée, violée et assassinée dans la matinée. Dix Casques bleus belges qui devaient lui servir d'escorte pour aller au studio de la radio sont désarmés et emmenés au camp militaire de Kigali. Là, ils sont battus à mort par les soldats rwandais, à qui leurs officiers et Radio des Mille Collines font croire que les Belges ont aidé le FPR à abattre l'avion du président Habyarimana.

Dans la matinée du 7 avril, d'autres responsables politiques hutus, démocrates et favorables aux accords d'Arusha, sont assassinés par les unités d'élite de l'armée rwandaise et les milices : parmi eux, le président de la Cour constitutionnelle, Joseph Kavaruganda, qui avait déjà été visé par un attentat quelques mois auparavant, ainsi que les deux candidats à la présidence de l'Assemblée nationale de transition et plusieurs ministres[1]. L'assassinat de ces responsables hutus favorables aux accords de paix et opposés à l'extermination des Tutsis est le deuxième acte du coup d'État qui porte au pouvoir les extrémistes hutus.

Ce matin du 7 avril, le colonel Bagosora réunit une centaine d'officiers pour discuter d'un gouvernement de transition. Il propose à nouveau que l'armée prenne le contrôle du pays, mais cette assemblée de militaires, où les modérés pèsent de façon significative, refuse. Bagosora obtient malgré tout la création d'un « comité de crise » pour aider à la formation d'un gouvernement. Pour l'historienne Alison Des Forges, « le 7 avril, à la mi-

1. Frédéric Nzamurambaho, ministre de l'Agriculture, président du PSD, pressenti comme ministre de l'Agriculture du GTBE ; Félicien Ngango, vice-président du PSD, candidat à la présidence de l'Assemblée de transition ; Théoneste Gafaranga, vice-président du PSD ; Landoald Ndasingwa du PL, ministre du Travail et des Affaires sociales, pressenti comme ministre du Travail et des Affaires Sociales du GTBE et candidat à la présidence de l'Assemblée de transition ; Faustin Rucogoza, ministre de l'Information[6].

journée, la garde présidentielle, assistée par des soldats d'autres bataillons d'élite et des gendarmes, avait éliminé les dirigeants qui auraient pu légitimement exercer le pouvoir. Bagosora, qui donnait des ordres à ces soldats, avait échoué dans sa tentative d'être officiellement nommé chef d'un nouveau gouvernement, mais avait la possibilité d'influer sur le choix des personnes appelées à former le nouveau gouvernement, voire d'imposer des noms[7] ».

La formation du gouvernement intérimaire est soutenue par l'ambassade de France

Le nouveau gouvernement est en partie constitué à l'ambassade de France. « Dès le 7 avril, relate André Guichaoua, qui était alors à Kigali, l'ambassade de France afficha ouvertement ses affinités avec l'une des composantes politiques du gouvernement qu'avait dirigé Agathe Uwilingiyimana en accueillant dans ses locaux, escortés par un véhicule de la garde présidentielle, tous les ministres du MRND. Ces derniers furent rejoints le lendemain par plusieurs représentants des tendances "Hutu Power" des partis représentés au gouvernement, alors même que leurs collègues "modérés" venaient d'être assassinés par d'autres commandos de la garde présidentielle. Assassinats que les ministres du MRND endossèrent sans le moindre état d'âme. Les personnalités accueillies tinrent de nombreuses réunions à l'ambassade de France et fournirent ensuite l'essentiel des effectifs des membres les plus extrémistes du gouvernement intérimaire [8]. »

L'ambassadeur Jean-Michel Marlaud accueille ainsi à l'ambassade de France les pires extrémistes hutus, « tous les dignitaires du régime du président, dont les ministres et les députés du parti du président, la belle-famille du président, le directeur de la radio RTLM et ses subalternes, connus pour leurs appels aux massacres [9] ». Des dignitaires du régime que, selon un témoin (un Tutsi réfugié à cette ambassade), on « voyai[t] sortir à tout moment de l'ambassade avec leurs escortes de militaires pour circuler dans les quartiers en flammes. À leur tour, ils tenaient des réunions à l'ambassade pour parler de l'évolution de la situation et ils se plaisaient à dresser le bilan des victimes ou à regretter que telle ou telle personne n'ait pas encore été tuée, ou que tel quartier n'ait pas encore été nettoyé. Ils vantaient tout haut les résultats de leurs plans et les exploits des milices [10]. »

Or dès le début, les autorités françaises sont informées du déclenchement du génocide des Tutsis et de l'assassinat des Hutus démocrates. En témoigne l'ordre d'opération d'Amaryllis, qui doit évacuer les ressortissants français présents au Rwanda [I], daté du 8 avril 1994 : il indique que la garde présidentielle procède depuis le 7 avril au matin dans la ville de Kigali à «[l']arrestation et [l']élimination des opposants et des Tutsis [11] ». Cela ne semble pas troubler l'ambassadeur

---

I. Sur l'opération Amaryllis, lire *infra*, p. 124.

Jean-Michel Marlaud, qui reconnaît qu'une partie des réunions visant à former le gouvernement, entre le 7 et le 9 avril 1994, a bien lieu dans l'enceinte de l'ambassade de France [12]. L'ambassadeur se tient régulièrement informé de l'avancement des discussions et plusieurs témoins affirment qu'il y a lui-même participé [13].

Le 9 avril 1994 est annoncée la composition du gouvernement intérimaire rwandais (GIR) : Théodore Sindikubwabo est président par intérim et Jean Kambanda Premier ministre [14]. À la place d'un pouvoir militaire, c'est finalement un pouvoir civil qui est mis en place. Il est d'autant plus présentable qu'il donne l'apparence de respecter les accords d'Arusha, car il regroupe ostensiblement des représentants de tous les partis – sauf bien sûr le FPR. En fait, ce sont des membres de la tendance « Hutu Power » de chacun d'entre eux ; l'autre tendance, favorable à l'intégration du FPR aux nouvelles institutions, ayant été décimée.

L'ambassadeur Marlaud entérine le soir même ce gouvernement issu d'un coup d'État. Selon la journaliste Colette Braeckman, il se serait même vanté : « Ça alors, c'est bien la première fois de ma vie que je constitue un gouvernement [15]. » Filip Reyntjens rapporte qu'il aurait dit à son homologue belge : « Je viens de présider mon premier Conseil des ministres », et que ce dernier lui aurait répondu : « À ta place, je ne serais pas si fier. » [16] Face à ceux qui dénoncent ce gouvernement, le 11 avril sur RFI, l'ambassadeur de France passe sous silence la mise à l'écart du FPR et minimise la prise du pouvoir de la tendance dure, affirmant contre l'évidence que ce gouvernement est conforme aux accords d'Arusha : « En ce qui concerne le remplacement du président Habyarimana, le nouveau chef de l'État par intérim est l'ancien président de l'Assemblée nationale, ce qui correspond aussi bien aux dispositions de l'ancienne constitution rwandaise qu'aux dispositions de l'accord d'Arusha lui-même, et la répartition des ministères et des portefeuilles ministériels est restée identique à ce qu'elle était dans le cadre du partage du pouvoir qui avait été prévu par les accords d'Arusha. En ce qui concerne maintenant l'appréciation du rapport de forces politiques au sein de ce gouvernement, là chacun peut avoir une appréciation différente[17]. » Ainsi la diplomatie française cautionne la formation d'un gouvernement qui, pendant cent jours, couvrira politiquement et encadrera le génocide des Tutsis.

L'attentat, signal de déclenchement du génocide

L'assassinat du président Habyarimana permet de faire d'une pierre deux coups. Il n'est pas seulement le premier acte du coup d'État, permettant d'éliminer et de terroriser les opposants et de renverser les institutions en place, il est aussi le signal de déclenchement du génocide des Tutsis.

En effet, les divers attentats et assassinats politiques des mois précédents[I] ont échoué à entraîner une part significative de la population hutue à commettre le

I. Lire *supra*, p. 105 et suivantes.

génocide aux côtés des extrémistes. Il fallait frapper les esprits par un événement hors du commun.

Le meurtre du président, lui, crée un choc suffisant. Il marque les mémoires de façon indélébile, suscitant la peur tout en permettant d'accuser le FPR. Radio des Mille Collines parlera ainsi, le 13 juin 1994, du sacrifice de Habyarimana par son propre parti : « Le MRND a donné son militant suprême, comme Dieu a donné en offrande son fils Jésus qui est mort sur la croix pour le salut de tous les pécheurs, de tous les hommes. [...] Cet homme donc qui était un éminent militant du MRND, le MRND a accepté de le sacrifier pour que son sang sauve un grand nombre de Rwandais qui devaient périr avec la prise du pouvoir par les Inkotanyi[18]. » Selon cette rhétorique mystique, le sacrifice par son propre camp du président Habyarimana aurait donc permis d'éviter le massacre des Hutus par le FPR en enclenchant préventivement le génocide des Tutsis.

Dans les heures qui suivent l'attentat, l'extermination est mise en route à Kigali où la garde présidentielle, certaines unités d'élite des Forces armées rwandaises et les miliciens Interahamwe commencent à massacrer. Les députés français indiquent ainsi dans leur rapport de 1998 que, « entre trois-quarts d'heure et une heure après l'attentat contre l'avion présidentiel, des barrages ont été mis en place dans les rues de Kigali et les cartes d'identité vérifiées. Ceux appartenant à "l'ethnie" tutsie ou en présentant les caractéristiques physiques communément admises ou ne pouvant présenter une carte d'identité avec la mention "Hutu" ont été retenus et souvent sommairement exécutés[19]. » Dans le reste du Rwanda, les tueries commencent la même nuit ou dans la journée du 7 avril : au nord à Ruhengeri, au nord-ouest à Gisenyi, à l'ouest à Kibuye, au sud-ouest à Gikongoro et Cyangugu, au sud dans le Bugesera, au sud-est à Kibungo[20]... Cette concomitance frappante entre l'attentat, le coup d'État et le lancement du génocide accuse les extrémistes hutus.

En effet, cette rapidité de réaction des génocidaires contraste avec l'attitude du FPR. Le bataillon de l'APR, cantonné au Conseil national de développement (CND) à Kigali dans le cadre des accords d'Arusha, est bombardé dès le 7 avril au matin par la garde présidentielle[21]. En fin d'après-midi, les soldats du FPR quittent le CND pour affronter cette unité d'élite. À la demande d'officiers des FAR hostiles à Bagosora, le général Dallaire contacte le FPR pour que celui-ci les aide à restaurer l'ordre. Alison Des Forges rapporte que Paul Kagame répond en proposant de créer une force conjointe pour faire cesser les massacres, qui serait composée de 300 soldats provenant du FPR, des unités rwandaises opposées à Bagosora et de la Minuar[22]. Mais Dallaire décline cette offre, estimant que son mandat ne lui permet que des opérations défensives. Quant aux officiers opposés aux massacres, les unités qu'ils commandent sont peu nombreuses et ne feraient pas le poids face aux troupes bien entraînées aux ordres de Bagosora : garde présidentielle, bataillon para-commando, bataillon de reconnaissance[23].

L'attaque du bataillon FPR stationné à Kigali par la garde présidentielle le matin du 7 avril pousse le FPR à lancer une offensive générale. La Direction du renseignement militaire française note que les troupes du FPR stationnées dans le nord du Rwanda se mettent en marche le 9 avril et que ses premières unités « arrivent aux lisières nord de Kigali[24] » le 10 avril[1]. Selon les députés, « cette information donnée par les militaires français et confirmée à Kigali par les autorités rwandaises lors de la visite des rapporteurs écarte définitivement l'argument selon lequel le FPR aurait procédé dès le 6 avril au matin à des mouvements de troupes pour être dans Kigali dès le 6 au soir, ce qui aurait pu donner à penser qu'il connaissait le projet d'attentat contre l'avion présidentiel[25]. »

L'opération Amaryllis : 9-14 avril 1994

Les liens des Français avec les FAR et les extrémistes

L'opération française Amaryllis débute très tôt le 9 avril et vise officiellement à évacuer les ressortissants français. Selon l'adjudant José de Pinho, coopérant militaire français qui forme des commandos rwandais, Amaryllis est présentée aux Forces armées rwandaises comme une opération pour les soutenir, et ils la perçoivent comme telle : « Merci la France, vous allez nous sauver », les salue un lieutenant-colonel rwandais[26].

---

1. Ce que relèvent aussi à deux reprises les députés français en 1998, citant un message du 10 avril de l'attaché de défense et l'ordre de conduite n° 2 de l'opération Amaryllis du 10 avril au soir, qui indiquent tous deux que le démarrage effectif de l'offensive du FPR sur Kigali a lieu le 10 avril.

L'ordre d'opération fixe comme mission de « s'assurer, par surprise, avant le lever du jour, du contrôle de l'aéroport de Kigali ». L'ordre d'opération recommande à quatre reprises la « discrétion », en particulier « à l'égard des médias »[27]. Comme le précise le général Quesnot, même le secrétaire général de l'ONU « ne sera informée de l'opération qu'au moment de son exécution[28] ».

Le 9 avril, les autorités françaises recommandent fermement à leurs ressortissants de quitter le pays et entament leur évacuation dans l'après-midi[29]. Les militaires français commencent à sillonner Kigali à la recherche de leurs compatriotes. L'adjudant de Pinho précise que les barrages sont de plus en plus difficiles à passer, mais qu'il peut les franchir facilement, car les Rwandais le connaissent[30]. Comme le relate la revue de l'armée de terre, les soldats rwandais et les milices accueillent cordialement les Français[31]. Ces dernières circulent dans un quartier qu'elles mettent « en coupe réglée » ; le médecin militaire Milleliri raconte : les milices « tiennent les barrages, mais elles nous laissent facilement les franchir, relevant avant notre arrivée les troncs qui obstruent la chaussée » tandis qu'un militaire rwandais « nous fait un grand bonjour agrémenté d'un sourire de circonstance »[32].

D'autres puissances occidentales, la Belgique, l'Italie et les États-Unis, organisent le rapatriement en urgence de leurs nationaux et envoient à cet effet des troupes dans la région. Un rapport du Centre de doctrine et d'emploi des forces (CDEF) de l'armée de terre explique qu'à la date du 9 avril les troupes françaises qui arrivent établissent des liaisons « avec l'ambassade de France, l'assistance militaire technique[I] (AMT) et l'armée rwandaise. Aucune liaison n'est possible avec l'ONU (Minuar). Les relations sont tendues avec les Belges et inexistantes avec les Italiens[33] ».

L'évacuation des étrangers… et de dignitaires extrémistes

Le premier avion français qui décolle le 9 avril emmène une quarantaine de Français, mais aussi, sur instruction du président Mitterrand, douze membres de la famille du président Habyarimana, dont sa veuve Agathe Kanziga[34]. Pour accueillir cette dernière, le ministère de la Coopération débloque 200 000 francs (30 000 euros) malgré l'opposition d'une partie de ses fonctionnaires[35].

Au long des trois jours que dure l'opération, du 9 au 12 avril, les Français facilitent le départ d'environ 400 Rwandais, presque tous des proches de Habyarimana[36]. Parmi eux, des dignitaires extrémistes, dont l'idéologue du génocide Ferdinand Nahimana[37]. Le 10 avril, des enfants sont évacués d'un orphelinat avec une trentaine d'hommes supposés être leurs accompagnateurs, alors qu'ils manquent manifestement des compétences requises ; des familles françaises doivent leur céder leur place dans l'avion. L'adjudant José de Pinho, chargé d'évacuer l'orphelinat, est surpris de constater en

I. C'est-à-dire les coopérants militaires français en poste au Rwanda à cette date, qui sont restés après le départ des troupes de Noroît en 1993.

arrivant que les enfants et les religieuses membres du (vrai) personnel de l'orphelinat ne sont pas menacés. En effet, les quelques membres tutsies du personnel ont déjà été assassinées par les miliciens locaux, dont le chef fait partie des évacués[38].

Pendant l'opération Amaryllis (comme auparavant pendant l'opération Noroît, ou plus tard pendant l'opération Turquoise), les forces spéciales demeurent à part des troupes classiques. Elles ont leur propre chaîne de commandement dépendant de l'Élysée et du chef d'état-major des armées. Sur place, elles sont sous les ordres du commandant de Saint-Quentin. Elles ont leurs objectifs propres, partant en jeeps pour des missions discrètes d'environ une heure, indépendantes des missions d'évacuation des personnes. Ainsi, à l'ambassade de France, elles récupèrent les archives et les grands crus, détruisant les unes et buvant les autres[39].

Le 12 avril, les évacuations se terminent, la plupart des militaires français repartent et l'ambassade française est fermée. Le FPR demande à toutes les troupes étrangères, qui ne font rien pour arrêter le génocide, de quitter le Rwanda. Un groupe des forces spéciales est présent jusqu'au 14 avril. À partir de cette date, officiellement du moins[I], tous les militaires français ont quitté le Rwanda, cette fois y compris les coopérants militaires.

I. Lire *infra*, p. 151.

Amaryllis abandonne les Tutsis à la mort

L'ordre d'opération d'Amaryllis, daté du 8 avril 1994, prouve, comme il a déjà été noté, que les autorités françaises ont clairement conscience de la nature des événements puisqu'il indique que se déroule à Kigali, depuis la veille, «[l']élimination des opposants et des Tutsis». Bien qu'elles sachent qu'un massacre d'une ampleur inégalée a commencé, les autorités françaises n'interviennent pas pour le stopper, pas plus que la communauté internationale d'ailleurs.

Le colonel Henri Poncet, à la tête de 500 parachutistes français, ne manifeste aucune intention de coopérer avec le général Dallaire, commandant les 2 500 Casques bleus de l'ONU au Rwanda, afin d'empêcher les tueries[40]. Ce « comportement neutre vis-à-vis des différentes factions rwandaises[41] » revient à abandonner les Tutsis aux tueurs, ce dont le colonel Poncet est conscient puisqu'il écrit, dans son rapport de fin de mission, avoir fait preuve d'un « souci permanent de ne pas montrer [aux médias] des soldats français limitant aux seuls étrangers l'accès aux centres de regroupement sur le territoire du Rwanda ou n'intervenant pas pour faire cesser des massacres dont ils étaient les témoins proches[42] ».

Les militaires de l'opération Amaryllis refusent d'évacuer les employés tutsis de l'ambassade et du centre culturel français, comme en témoigne l'un d'eux, Vénuste Kayimahe[43], alors même que le 11 avril « un télégramme du Quai d'Orsay informait l'ambassadeur de France qu'il pouvait inclure le personnel rwandais dans la liste des évacués[44] ». Les députés de la Mission d'information parlementaire de 1998 notent sobrement : « Il semble donc qu'en l'espèce il y ait eu deux poids et deux mesures et que le traitement accordé à l'entourage de la famille Habyarimana ait été beaucoup plus favorable que celui réservé aux employés tutsis dans les postes de la représentation française[45]. »

Si les Tutsis travaillant pour la France ne sont pas sauvés, que dire alors des autres, que les soldats français refusent d'évacuer ou abandonnent sous leurs yeux à leurs tueurs ? Le colonel Poncet lui-même, tout comme le lieutenant-colonel Maurin, conseiller du chef d'état-major des FAR, se montrent indifférents au sort des Rwandais repoussés par leurs hommes vers une barrière de tueurs située près de l'aéroport, comme en témoigne le colonel belge Jean-Loup Denblyden. Ce dernier finit par obtenir que ces Rwandais soient accueillis dans la zone sous contrôle belge de l'aéroport, d'où ils sont évacués[46]. Les soldats belges sauvent ainsi de nombreux Tutsis, mais en abandonnent aussi d'autres à la mort. Ainsi un détachement belge de la Minuar, qui protège 2 000 Tutsis réfugiés à l'École technique officielle, reçoit le 11 avril 1994 l'ordre de se retirer alors même que les miliciens Interahamwe encerclent l'école, ne laissant aucun doute sur le sort réservé à ces Tutsis. Quant aux militaires français, un certain nombre d'entre eux ne se remettront pas d'avoir dû exécuter des ordres aussi inhumains dans une situation où ils étaient les témoins de l'horreur absolue. Un ingénieur français, interrogé le 12 avril à son arrivée à Roissy, s'indigne : « Quand on est partis, tous les gens qui nous applaudissaient, qui disaient : "Vive la France !", c'était ceux qui avaient des couteaux à la main encore pleins de sang des gens qu'ils venaient d'égorger. J'avais honte d'être français[47]. »

L'inaction du monde extérieur profite aux extrémistes

Le gouvernement intérimaire et les officiers extrémistes vont mettre deux semaines à prendre le contrôle complet de l'appareil d'État. Pendant ce laps de temps où il est encore possible d'empêcher l'extermination des Tutsis, ce qu'il est convenu d'appeler « la communauté internationale » abandonne le Rwanda à son sort.

Selon le journaliste Jean-François Dupaquier, « l'abstention coupable » de la France dans ces premiers jours du génocide a un aspect particulièrement grave : « le refus de soutenir les officiers modérés des FAR et de la gendarmerie, susceptibles de mettre en échec les extrémistes[48] ». Menés par le colonel Léonidas Rusatira, une dizaine d'officiers signent en effet, le 12 avril, une déclaration qui est radiodiffusée sans l'accord du gouvernement intérimaire. Ils proposent une trêve et des pourparlers au FPR, afin de « restaurer rapidement l'ordre dans tout le pays et de contribuer à la mise en place rapide du gouvernement à base élargie pour éviter de continuer à verser inutilement le sang des innocents[49] ». Il est malheureusement trop tard : les responsables politiques hutus démocrates, qui auraient dû participer à ce gouvernement, ont été assassinés ou sont en fuite, et les instigateurs du génocide n'ont nullement l'intention de dévier de la voie qu'ils ont choisie.

Quant aux puissances occidentales, la France au premier chef, elles ne manifestent aucune volonté d'intervenir pour empêcher le bain de sang. Les contingents militaires français, belge, italien, américain dépêchés pour évacuer les ressortissants étrangers ne reçoivent pas l'ordre de prêter main-forte à la Minuar, ce qui aurait vraisemblablement pu permettre d'arrêter net le génocide. Les troupes étrangères quittent le Rwanda mi-avril. Le massacre des dix para-commandos belges et son retentissement en Belgique incitent le gouvernement de Bruxelles à retirer le bataillon belge, qui était la principale composante de la Minuar ; tel était probablement l'objectif des extrémistes hutus qui les ont fait tuer et ont immédiatement diffusé de la propagande anti-belge.

L'inaction de l'Organisation des Nations unies est largement due à son secrétariat général, alors dirigé par Boutros Boutros-Ghali, et au rôle joué par les États-Unis et le Royaume-Uni [50]. Un diplomate américain en poste dans la région à l'époque témoigne du manque complet de connaissances et d'intérêt des décideurs américains à propos de ce dossier ; il cite ainsi un courriel du 19 avril interne au Conseil national de sécurité : « Je viens d'être contacté par Human Rights Watch, qui plaide pour qu'on s'oppose au retrait rapide de la Minuar du Rwanda. Human Rights Watch semble indiquer que la Minuar protège des milliers (25 000 ?) de Rwandais et que s'ils partent, les Rwandais vont rapidement devenir victimes de génocide. Est-ce vrai ? Si oui, est-ce que ça ne devrait pas être un élément essentiel pour informer la prise de décision à un haut niveau sur cette question ? Est-ce que ça l'a été [communiqué aux décideurs]? J'attends un fax bientôt sur cette question et je vous le ferai transmettre[51]. »

Le 21 avril 1994, le Conseil de sécurité de l'ONU vote à l'unanimité, France comprise, la réduction du contingent de Casques bleus à 270 hommes[52]. Le général Dallaire, commandant la Minuar, s'est âprement battu pour éviter un retrait total. Avec ses Casques bleus, le Comité international de la Croix-Rouge et quelques humanitaires de MSF, il sera pendant toute la durée du génocide et face au déshonneur de la communauté internationale « l'unique phare dans la nuit rwandaise[53] ».

Le génocide contre les Tutsis du Rwanda

Les extrémistes neutralisent les opposants au génocide

Le 16 avril, le gouvernement génocidaire contrecarre les officiers hostiles au génocide des Tutsis en nommant chef d'état-major des FAR un officier extrémiste. Le colonel Augustin Bizimungu, promu général, remplace le colonel Marcel Gatsinzi. Le ministère de la Défense confiera par la suite des responsabilités à plusieurs officiers appartenant à l'Akazu, mis à la retraite en 1992 à l'arrivée d'un gouvernement d'opposition, au premier rang desquels les colonels Laurent Serubuga et Pierre-

Célestin Rwagafilita, qui avaient exprimé dès 1990 leur volonté d'éliminer les Tutsis[I].

Un colonel belge atteste de la dureté des propos tenus à cette période par le commandant rwandais Aloys Mutabera : « Sur l'aéroport, vers le 15 avril 1994, j'ai eu une discussion avec le major Mutabera qui m'a clairement dit qu'il fallait les comprendre, qu'ils devaient appliquer la "solution finale". Il m'a dit cela suite au fait que je lui disais qu'internationalement ces massacres n'allaient pas les aider[54]. » Selon le général Dallaire, le colonel belge Luc Marchal aurait aussi entendu Bagosora parler de « solution finale » à la même période[55].

Néanmoins, les dissensions au sein de l'armée et de la gendarmerie vont persister, car un certain nombre de militaires et de gendarmes ont des épouses ou des parents tutsis, qu'ils doivent protéger contre les tueurs. D'autres essaient de sauver les vies de Tutsis inconnus. Selon Alison Des Forges, « Bagosora et ses partisans essayèrent de réprimer les contestations qui s'élevaient contre lui et contre le programme des massacres. [...] Pendant toute cette période, le gouvernement intérimaire transféra régulièrement des soldats, aussi bien les unités que les officiers, sous prétexte de répondre aux besoins de la guerre. Or, dans certains cas, ces changements servaient à empêcher que la résistance aux nouvelles autorités ne s'amplifie, puis à faire avancer le génocide[56] ».

I. Lire *supra*, p. 54.

Le gouvernement veille aussi à remplacer rapidement les préfets et les bourgmestres qui s'opposent à l'extermination des Tutsis[57]. Le 17 avril, le préfet de Butare, la grande ville universitaire du Sud, est destitué. Jean-Baptiste Habyalimana, seul préfet tutsi, s'était jusque-là opposé avec succès aux massacres. Il sera plus tard exécuté avec sa famille. Le préfet de Kibungo, Godefroid Ruzindana, est renvoyé pour avoir tenté, avec moins de succès que son collègue de Butare, d'empêcher les tueries ; il sera plus tard assassiné. Dans la préfecture de Gitarama, le préfet Fidèle Uwizeye et la plupart des bourgmestres refusent le génocide. Ils réussissent à organiser la défense de la préfecture, soumise à des raids de tueurs venus d'autres régions du Rwanda pour entraîner la population locale, jusque-là réticente à attaquer les Tutsis. Mais le 12 avril 1994, le gouvernement intérimaire, qui a quitté Kigali maintenant assiégée par les troupes du FPR, vient s'installer à Murambi, au cœur de la préfecture de Gitarama. Il est accompagné par des gardes présidentiels et des centaines de miliciens. Le 18 avril, le préfet Uwizeye et ses bourgmestres rencontrent les autorités nationales, dont le Premier ministre Jean Kambanda et plusieurs ministres, qui leur font comprendre que continuer à résister au génocide leur coûtera cher. Pour Alison Des Forges, «[l]es pressions conjointes des autorités politiques et militaires, ainsi que des milices et de la radio, réussirent à anéantir l'opposition ouverte au gouvernement intérimaire et à son programme génocidaire à Gitarama. Cependant, la campagne de massacres ne put aboutir à l'extermination de tous les Tutsis de la région, en partie parce que des responsables hutus et des simples citoyens continuèrent furtivement à aider les Tutsis, et aussi parce que le regroupement rapide de milliers de Tutsis à Kabgayi avait créé une agglomération, dont la taille immense constituait en elle-même une protection[58] ».

Afin d'inciter la population à s'impliquer dans le génocide des Tutsis, le Premier ministre Jean Kambanda entreprend une tournée dans tout le pays, accompagné par plusieurs ministres. Les préfectures du sud (Gitarama, Gikongoro et Butare) sont ses premiers objectifs. Dans une interview donnée à Radio Rwanda, il déclare que « la population doit rechercher l'ennemi ; et cet ennemi, c'est le Tutsi ou le Hutu qui ne partage pas notre opinion ». Il se trouve à Butare le 19 avril aux côtés du président Théodore Sindikubwabo pour assister à l'investiture du nouveau préfet, et les deux hommes haranguent les dignitaires locaux par des discours enflammés retransmis par Radio Rwanda[59].

Le 21 avril 1994, le jour où le Conseil de sécurité vote le retrait des neuf dixièmes du contingent des Nations unies au Rwanda, les génocidaires massacrent dans toute la zone sous contrôle gouvernemental.

L'État criminel

D'avril à juillet 1994, au Rwanda, les autorités de l'« État criminel », selon la formule d'Yves Ternon[60], appellent au meurtre des Tutsis et organisent leur extermination. Le gouvernement intérimaire s'efforce de coordonner l'action conjointe des milices, de nombreuses unités des Forces armées rwandaises et de la gendarmerie, ainsi que d'une partie importante de la population hutue. Ministres, préfets, bourgmestres, conseillers communaux, tous sont sur la brèche et se rendent sur le terrain pour encourager à tuer, appuyés sur la légitimité que leur confère leur autorité.

Dans la seconde quinzaine d'avril, le génocide des Tutsis bat son plein. « La plupart des grands massacres ont d'ailleurs eu lieu entre le 7 avril et la fin du mois, note l'historien Florent Piton, et l'immense majorité des victimes sont tuées dans les trois premières semaines[61]. » De très nombreux Tutsis se regroupent spontanément ou sont rassemblés dans les églises, les centres paroissiaux, les centres de santé, les écoles, les stades... Ils sont alors attaqués par des soldats, des gendarmes ou des policiers communaux aux ordres des autorités locales, qui lancent des grenades et mitraillent les bâtiments pour annihiler toute résistance. Ensuite vient l'assaut des miliciens et de la population hutue munis de machettes, de gourdins, d'instruments aratoires...

Dans la préfecture de Gikongoro, le préfet Laurent Bucyibaruta fait ainsi regrouper les Tutsis de la région à l'école technique de Murambi, dont la construction était presque achevée. Plusieurs dizaines de milliers de Tutsis y sont rassemblés, quand, le 18 avril 1994, le président rwandais par intérim, Théodore Sindikubwabo, se rend en personne à Gikongoro pour faire accélérer le génocide dans la préfecture. Dans les jours qui suivent, trois grands massacres ont lieu à l'église de Kaduha, à la paroisse de Cyanika et à l'école technique. À Murambi, c'est dans la nuit du 20 au 21 avril 1994 que le signal de la tuerie est donné. Selon le récit fait au journaliste Jean Chatain par un ex-milicien Interahamwe, Emmanuel Nyirimbuga : « Les gendarmes commencent à tirer à partir de 3 heures du matin. Au petit matin, ils cessent le feu : "C'était notre tour." Deux lignes de miliciens sont formées : "Nous combattions en avant ; d'autres encerclaient pour empêcher les fuites. Les Tutsis ont essayé de résister ; ils jetaient des pierres. Les gendarmes abattent ceux qui les lançaient", à l'arme à feu ou à la grenade, faisant au passage deux morts chez les assaillants. Machettes ou bâtons cloutés à la main, les Interahamwe pénètrent alors dans le site : "À 10 heures du matin, le travail était fini." »[62]

Les assaillants tranchent les articulations des Tutsis pour qu'ils ne puissent pas fuir, puis les laissent agoniser pendant des heures, avant de revenir le lendemain pour vérifier qu'ils sont bien morts. Dans une volonté d'humiliation, certains sont jetés dans les latrines. Les viols et les sévices sexuels sont innombrables. Les bébés et les fœtus ne sont pas épargnés. À partir de la mi-mai 1994, les tueurs ratissent le terrain afin de débusquer les Tutsis qui leur ont échappé malgré les multiples barrières (points de contrôle tenus par des gendarmes, des militaires, des miliciens Interahamwe, de simples citoyens) dressées à partir de la nuit du 6 au 7 avril sur les axes de communication de l'ensemble du pays.

Le génocide d'État rencontre le génocide des voisins

Les radios, Radio Rwanda mais surtout Radio des Mille Collines encouragent les tueurs, qui les écoutent grâce aux transistors dont le Rwanda a été inondé à partir de l'été 1993. Sur les ondes, les Tutsis sont déshumanisés et traités de « cafards » à éliminer. La RTLM reçoit de ses auditeurs ou des autorités les informations permettant de localiser les Tutsis qui essaient de fuir. Elle les retransmet en direct aux tueurs qui tiennent les barrières où sont contrôlées les cartes d'identité. La mention « Tutsi » ou l'absence de papiers signifient la mort. L'état-major des FAR est surnommé « l'état-major des balles », tandis que Radio des Mille Collines se nomme elle-même « l'état-major des mots ». À bon droit, si l'on en croit les auteurs de *Rwanda. Les médias du génocide*, qui notent que « l'étonnante bonne conscience qui a été relevée chez les acteurs des tueries s'explique largement par l'habileté avec laquelle la propagande raciste a amené des masses de gens à intérioriser les slogans de la haine[63] ».

Florent Piton souligne le lien entre la guerre et le génocide, dont les conditions sont certes « la prégnance du racisme anti-tutsi [qui] permet la mobilisation de la population dans un ultime projet d'édification d'une nation hutue », mais aussi « l'angoisse suscitée par la mort de Habyarimana et la pression militaire du FPR » qui servent de « catalyseurs »[64]. Cette pression militaire justifie la mise en place par les autorités d'un programme d'« autodéfense civile », avant le génocide avec l'assentiment des Français, et renforcé pendant le génocide, consistant à armer le « peuple majoritaire » (hutu) contre l'ennemi FPR et ses complices, les Tutsis de l'intérieur[I]. Cela permet d'entraîner une large frange de la population hutue dans le génocide : l'une des spécificités majeures de l'extermination des Tutsis est la participation d'une grande partie des Rwandais hutus au meurtre direct de leurs voisins, de leurs connaissances, de membres de leur propre famille. Ainsi, plus de 800 000 personnes – soit un dixième de la population du pays en 1994 – seront jugées par les tribunaux *gacaca*[II] entre 2002 et 2012, les deux tiers pour pillage ou destruction de biens.

Car si le gouvernement intérimaire rwandais coordonne les tueries sur tout le territoire, en lien avec les préfets, les bourgmestres, les commandants militaires et les chefs de milices, cette logique meurtrière issue de l'État rwandais se double d'une violence horizontale qui brise les liens de voisinage, d'appartenance religieuse ou professionnelle, d'amitié, jusqu'aux liens familiaux. Les Tutsis se retrouvent sans protection quand leur monde social se retourne contre eux et que voisins, collègues et amis viennent grossir les rangs des tueurs. Ceux-ci déploient souvent « une inventivité cruelle », selon

---

I. Lire *supra*, p. 49 et *infra*, p. 200.

II. Tribunaux communautaires villageois, les *gacaca* ont été formellement rétablis en 2002, notamment pour que les centaines de milliers de personnes accusées de participation au génocide puissent être jugées plus rapidement.

les mots de l'historienne Hélène Dumas, dont la levée de l'interdit du meurtre par le pouvoir politique et la propagande intense incitant à exterminer les « cafards » tutsis ne suffisent pas à rendre compte. Ce retournement du lien social à l'encontre des Tutsis témoigne, selon elle, de « l'autonomie meurtrière des voisins[65] » : la convergence entre le crime d'État et les motivations individuelles des tueurs aboutit à cette cruauté extrême.

Les troupes du FPR prennent progressivement conscience de l'horreur des massacres en même temps qu'elles libèrent le pays de l'emprise des génocidaires. « Au fur et à mesure de leur avancée, relate Linda Melvern, les combattants du FPR découvrent qu'il n'y a quasiment plus âme qui vive sur leur terre promise, d'où s'échappe une puanteur nauséabonde. Ici ou là, ils ne croisent que quelques Tutsis, principalement des femmes et des enfants atrocement mutilés par les coups de machette, qui viennent à leur rencontre en implorant protection[66]. » Pour la journaliste Maria Malagardis, qui suit le front, « à cette époque les avancées du FPR étaient la seule chose rassurante. [...] C'était des gens qui se comportaient super bien dans une situation qui était extrêmement volatile, et il n'était pas facile de garder le contrôle[67] ». Avec des effectifs deux ou trois fois moins nombreux que ceux des FAR et des milices cumulés, la stratégie de Paul Kagame est d'épargner la vie de ses hommes en assiégeant les villes du pays jusqu'à ce qu'elles tombent avec le minimum de pertes au combat. Le siège de Kigali, âprement défendue par les FAR et les milices, dure ainsi du 12 avril au 4 juillet 1994.

Résistances et solidarité

Dans de nombreux endroits, les Tutsis rassemblés pour être massacrés dans les gigantesques abattoirs humains que sont devenus les églises, les stades et les centres communaux se défendent à coups de pierre contre l'assaut des meurtriers. En vain, dans la très grande majorité des cas, car des cailloux et quelques armes blanches ne peuvent rien contre les grenades et les balles. Toutefois, dans quelques endroits, la très forte concentration de Tutsis permet une résistance plus efficace qui peut se prolonger des semaines.

C'est le cas sur les hauteurs de Bisesero, près de Kibuye, à l'ouest du Rwanda. Des dizaines de milliers de Tutsis y ont trouvé refuge au mois d'avril, fuyant le génocide depuis les régions voisines pour rejoindre les Basesero, ces éleveurs de montagne connus pour avoir tenu tête à leurs assaillants en 1959 et en 1973. Au printemps 1994, menés par des chefs tels que Aminadabu Birara et Siméon Karamaga, ces Tutsis armés de pierres et de lances tiennent tête aux tueurs pendant plusieurs semaines, malgré la fatigue et la faim. La stratégie adoptée est décrite par l'un de ces résistants : « Les hommes qui savaient se battre nous ont classés selon la capacité de chacun : ils ont groupé les jeunes gens forts et les hommes forts au premier rang, au milieu de la colline ; les filles et les femmes qui ramassaient des pierres au deuxième rang ; les vieux avec tout le bétail au sommet de la colline. Pour nous qui étions au premier rang, nous prenions position sur une même ligne, afin que le nombre des victimes soit peu élevé quand les assassins tireraient sur nous. Pour la même raison, nous nous couchions par terre quand ils ne nous avaient pas encore approchés. Nous devions éviter de gaspiller des pierres : nous ne devions les lancer que lorsque nous étions sûrs de pouvoir toucher l'ennemi[68] . »

Afin d'isoler les Tutsis de Bisesero, les génocidaires s'efforcent de convaincre les Hutus et les Twas qui les aident de cesser de le faire. Ils y parviennent largement vers le 25 avril. Au mois de mai, ils décident d'en finir avec les Tutsis. Ceux-ci subissent les 13 et 14 mai 1994 une attaque massive rassemblant des effectifs importants de soldats et de miliciens, attaque qui brise leur résistance. La plupart des Tutsis périssent. Les survivants n'ont plus ni bétail ni réserves de nourriture. Ils sont désormais traqués quotidiennement par les miliciens et la population locale, encadrés par les Forces armées rwandaises et les autorités civiles. De petits groupes d'êtres humains affamés, souvent blessés ou malades, fuient, se cachent, se retrouvent pour passer la nuit dans une maison abandonnée et compter les morts.

À Bisesero comme dans le reste du Rwanda, des milliers de Hutus protègent leurs connaissances tutsies, malgré les risques encourus. L'historienne Hélène Dumas donne l'exemple de militaires des FAR exécutés pour avoir refusé de tuer des Tutsis appartenant à leur communauté religieuse protestante[69]. De façon générale, la plupart de ceux qui ont survécu le doivent à l'intervention, à un moment ou à un autre, d'un compatriote hutu. Finalement, malgré la rage meurtrière des tueurs, des milliers de Tutsis parviennent à survivre assez longtemps pour être sauvés par l'arrivée des troupes du FPR.

Malgré le génocide en cours, l'État français soutient ses alliés

Fin avril, le génocide des Tutsis bat son plein et la presse française et internationale en informe les opinions publiques et les gouvernements. Mais au sommet de l'État, quelques décideurs parisiens restent arc-boutés sur leur soutien passé aux extrémistes hutus.

L'Élysée accueille les génocidaires et fait stopper une attaque de miliciens

Le 27 avril 1994, une semaine après que le gouvernement génocidaire a pris le contrôle de l'appareil d'État, les autorités françaises – les seules parmi les pays occidentaux – lui apportent leur caution en recevant à Paris le ministre des Affaires étrangères, Jérôme Bicamumpaka, et son directeur des affaires politiques, l'idéologue extrémiste Jean-Bosco Barayagwiza, chef de la CDR[70]. Tous deux rencontrent à Matignon le Premier ministre Édouard Balladur et le ministre des Affaires étrangères Alain Juppé, et à l'Élysée Bruno Delaye, conseiller de François Mitterrand aux affaires africaines. La veille, au cours d'un long entretien téléphonique, le président de la Fédération internationale des ligues des droits de l'homme (FIDH), Daniel Jacoby, a tenté d'en dissuader l'Élysée. En vain[71].

Quelques jours après cette visite, un incident montre combien l'influence de Paris sur les auteurs du génocide peut s'avérer décisive. Le 3 mai 1994, Bruno Delaye stoppe en effet depuis l'Élysée une attaque de miliciens visant des Tutsis réfugiés à l'Hôtel des Mille Collines à Kigali. L'hôtel abrite pendant le génocide de 500 à 700 Tutsis et opposants hutus, menacés de mort par l'armée et les milices, et protégés par quelques Casques bleus tunisiens de la Minuar. Le 3 mai, alors qu'un convoi emmène certains de ces réfugiés vers l'aéroport, le directeur de l'hôtel entend Radio des Mille Collines signaler son départ et donner les noms des personnes qui ont pris place dans les véhicules. Peu après, le convoi est arrêté par les miliciens Interahamwe. Tous les passagers sont forcés de descendre et de s'asseoir au sol sous la menace des miliciens.

Si l'on en croit André Guichaoua, « sollicité, M. Bruno Delaye, responsable de la cellule africaine de l'Élysée, fera joindre par un général et un colonel français de l'état-major le général Augustin Bizimungu, commandant des FAR à Kigali. Vers 19 heures, les 62 personnes regagneront l'hôtel, "sauvées in extremis" par l'intervention d'A. Bizimungu qui accompagnera lui-même le convoi[72] ». Ce que confirme le journaliste Alain Frilet, présent dans le bureau de Bruno Delaye : « Le conseiller a pris son téléphone devant moi pour appeler Kigali puis il a raccroché en disant : “L’opération est stoppée.” C’était incroyable : on était dans le bureau du conseiller de François Mitterrand, responsable des affaires africaines, qui prend son téléphone et interrompt une attaque des miliciens sur l’Hôtel des Mille Collines à 5 000 kilomètres de Paris[73] ! »

Le général qui a pris contact avec Bizimungu est vraisemblablement le général Jean-Pierre Huchon, chef de la Mission militaire de coopération, puisqu’il dispose d’un téléphone crypté pour le joindre directement[1].

La « stratégie indirecte » de l’État français

À l’Élysée, Bruno Delaye n’est pas le seul conseiller de Mitterrand à suivre heure par heure le dossier rwandais. Le général Christian Quesnot, chef de l’état-major particulier du président, intervient lui aussi. Alors que la DGSE préconise le 4 mai 1994 une condamnation publique, sans appel, des agissements de la garde présidentielle rwandaise et du colonel Bagosora[74], le général Quesnot informe le président, le 6 mai, qu’« à défaut de l’emploi d’une stratégie directe dans la région qui peut apparaître politiquement difficile à mettre en œuvre, nous disposons des moyens et des relais d’une stratégie indirecte qui pourraient rétablir un certain équilibre[75] ». Le cinéaste et documentariste Jean-Christophe Klotz lui

---

1. Sur le rapport du lieutenant-colonel Ephrem Rwabalinda, le militaire rwandais qui mentionne l’existence de ce lien au plus haut niveau, lire *infra*, p. 148.

a demandé ce que, derrière cette expression, il proposait en pratique. La réponse de Quesnot, face caméra, est aussi embarrassée que révélatrice : « Je ne propose rien de concret, en fait, là, à ce stade. [...] Je me sentais, enfin on était un peu frustrés de... [il hésite] de la victoire du FPR en rase campagne, en fait, et que... [il hésite] on ne pouvait pas essayer de rétablir une forme d'équilibre pour revenir à Arusha. En fait, c'était ça l'idée. » Klotz : « Mais "indirecte" dans ce cas, ça veut dire... "clandestine" ? "discrète" pour le moins ? » Quesnot : « "Discrète", pas forcément "clandestine", "discrète". » [76]

Les mercenaires de Paul Barril et ceux de Bob Denard arrivent au Rwanda le 6 mai [77]. Paul Barril et Bob Denard ont-ils été au Rwanda les instruments de la stratégie indirecte de l'État français, prônée par le général Quesnot ? Ce jour-là, dans sa note au chef de l'État, le général Quesnot a-t-il informé Mitterrand d'une stratégie qui était déjà amorcée ?

Ancien « gendarme de l'Élysée » où il était chargé de la protection rapprochée de François Mitterrand, Paul Barril s'est reconverti dans le mercenariat suite à son limogeage en 1983, après l'affaire des Irlandais de Vincennes (Barril avait arrêté trois prétendus terroristes de l'Irish Republican Army [IRA] en utilisant de fausses preuves). Barril est introduit au Rwanda par François de Grossouvre, le conseiller de Mitterrand en « barbouzerie » [78]. Barril sait se faire apprécier du régime Habyarimana et noue des liens étroits avec Fabien Singaye, en poste à l'ambassade du Rwanda à Berne, qui surveille les Tutsis et les opposants vivant en Europe[I]. Paul Barril est aperçu à plusieurs reprises au Rwanda avant et pendant le génocide, à la tête d'un groupe de mercenaires. Il entraîne des soldats d'élite rwandais pendant le génocide. Il cherche à approvisionner les génocidaires en armes et en munitions. Le 28 mai 1994, il signe un contrat d'assistance[II] avec le Premier ministre du gouvernement intérimaire rwandais[79].

Bob Denard, lui, se définit ouvertement comme un « corsaire de la République[80] », avec lettres de marque signées des plus hautes autorités. Il a lui aussi organisé plusieurs « missions » au Rwanda pendant le génocide, missions qui, pour le ministre de la Défense rwandais, « consistent principalement à la formation de nos gens, à la collecte et à l'exploitation du renseignement dans les rangs ennemis[81] ». Un lieutenant de Bob Denard, Jean-Marie Dessales, se rend le 6 mai 1994 à Gisenyi au moment même où Paul Barril y est aperçu. Il y reste quinze jours, pendant lesquels il rencontre le chef d'état-major des FAR, le général Bizimungu, et le ministre de la Défense du gouvernement intérimaire. Dessales est chargé de créer une unité spéciale dans laquelle il peut inclure des spécialistes européens[82]. Les prestations fournies par Denard sont payées le 5 juillet 1994 via l'ambassade du Rwanda à Paris et un compte à la BNP[83].

I. Sur Fabien Singaye, lire *infra*, p. 233.

II. Cette assistance est aujourd'hui en cours d'instruction, lire *infra*, p. 321. Sur Paul Barril, lire *infra*, p. 319.

Un soutien sans faille aux autorités génocidaires

Du 9 au 13 mai 1994 à Paris, alors que plusieurs centaines de milliers de Tutsis ont déjà été exterminés, le général Huchon, chef de la Mission militaire de coopération, s'entretient longuement avec le lieutenant-colonel Ephrem Rwabalinda, un des adjoints du chef d'état-major des Forces armées rwandaises. Ce dernier rédige un rapport de sa visite destiné au ministre de la Défense du gouvernement intérimaire rwandais et au général Bizimungu[84]. Un exemplaire de son rapport a été récupéré pendant la déroute des FAR par la journaliste Colette Braeckman[85], et son authenticité a été recoupée par plusieurs sources[86].

Insistant « sur les actions immédiates et à moyen terme attendues de la France », Rwabalinda explique que « le général Huchon [lui] a clairement fait comprendre que les militaires français ont les mains et les pieds liés pour faire une intervention quelconque en [leur] faveur à cause de l'opinion des médias que seul le FPR semble piloter. Si rien n'est fait pour retourner l'image du pays à l'extérieur, les responsables militaires et politiques du Rwanda seront tenus pour responsables des massacres commis au Rwanda ». Par conséquent : « Le combat des médias constitue une urgence. Il conditionne d'autres opérations ultérieures. »

Le message est clairement entendu par les génocidaires. Le 18 mai 1994, deux jours après que le lieutenant-colonel Rwabalinda a remis son rapport, Radio des Mille Collines le relaie auprès de ses auditeurs : « Une bonne nouvelle... Une bonne nouvelle pour les Rwandais. [...] C'est que la France a accepté... après que l'ONU a accepté d'envoyer 5 500 militaires au Rwanda en provenance des pays africains... la France a promis d'y adjoindre ses troupes et en plus la France a recommencé de nous aider, avec une aide importante en plus, avec des promesses de l'accroître. Seulement, afin que cette bonne nouvelle continue à nous parvenir, ils demandent qu'il n'y ait plus de cadavres humains visibles sur la route, et aussi qu'il n'y ait plus une personne tuant une autre, pendant que d'autres assistent en riant sans la remettre aux autorités[87]. »

Tragique ironie, le jour même où les extrémistes hutus se réjouissent bruyamment du soutien français, le ministre des Affaires étrangères Alain Juppé évoque à l'Assemblée nationale le génocide en cours au Rwanda : « Génocide : destruction systématique d'un groupe ethnique. Telle est la définition. C'est la raison pour laquelle [...] j'ai moi-même utilisé ce terme il y a quelques jours[I], puisque c'est bien de cela qu'il s'agit au Rwanda. Face à l'offensive du Front patriotique rwandais, les troupes gouvernementales rwandaises se sont livrées à l'élimination systématique de la population tutsie, ce qui a entraîné la généralisation des massacres[II]. » Exprimée depuis le banc des ministres, au nom du gouvernement

I. Le 15 mai 1994, à l'issue de la réunion à Bruxelles du Conseil des ministres de l'Union européenne.

II. Sur l'ambiguïté des propos de Juppé, lire *infra*, p. 366 et 356.

français, la déclaration d'Alain Juppé suscite une interrogation de première grandeur : pourquoi, si les troupes gouvernementales rwandaises sont désignées par lui comme étant les autrices du génocide, n'en tire-t-on pas les conséquences en rompant tout contact avec elles et avec le gouvernement qu'elles servent ?

Car Radio des Mille Collines, surnommée « Radio Machette », a raison de se réjouir, comme l'atteste encore le compte rendu du lieutenant-colonel Rwabalinda : le général Huchon envisage bel et bien de poursuivre la coopération avec les Forces armées rwandaises, même si celles-ci sont en train de participer à un génocide. Le rapport de fin de mission de l'officier rwandais fait ainsi état des « priorités » qui ont été abordées :

> a. Le soutien du Rwanda par la France sur le plan de la politique internationale.
>
> b. La présence physique des militaires français au Rwanda ou tout au moins d'un contingent d'instructeurs pour les actions de coups de main dans le cadre de la coopération.
>
> c. L'utilisation indirecte des troupes étrangères, régulières ou non[88].

Le point « d. » concerne les « besoins urgents » en « munitions » pour la batterie de 105 mm et pour les armes individuelles, ainsi qu'en « habillement » et « matériel de transmission ». Le rapport mentionne l'existence d'un lien au plus haut niveau avec les FAR, par le biais d'un téléphone crypté dont dispose le général Huchon pour converser avec le général Bizimungu.

La présence de militaires français pendant le génocide

La présence de militaires français au Rwanda pendant le génocide a été confirmée par des hauts gradés[89] : le général Quesnot reconnaît qu'ils étaient « une dizaine », le général Lafourcade, qui commandait l'opération Turquoise, parle d'« une vingtaine »[I]. Selon les sources, il s'agit de membres des forces spéciales et/ou de la DGSE. Ils faisaient au minimum du renseignement, et l'un d'eux a même écrit ses mémoires[90]. S'ils ont aussi eu un autre rôle, celui-ci n'est pas connu.

De multiples témoignages confirment leur présence. Catherine Ninin, de RFI, a recueilli les récits de rescapés du massacre de Murambi, confirmés par ceux d'ex-génocidaires, disant avoir vu des soldats français dans ce secteur aux alentours du 21 avril 1994. « Il pourrait s'agir d'un commando spécial opérant dans la région », estime-t-elle[91]. Georges Ruggiu, un des animateurs de Radio des Mille Collines, affirme quant à lui avoir vu à Kigali, puis à Gisenyi, quatre militaires français arrivés autour du 16 avril 1994 et repartis le 21 mai. Soldats réguliers ou mercenaires ? Ruggiu ne le dit pas, mais il décrit ces militaires comme circulant deux par deux, la plupart du temps avec le général Bizimungu, chef d'état-major des

I. Sur l'opération Turquoise (22 juin-22 août 1994), lire *infra*, p. 155.

FAR, et avec le général Kabiligi, responsable des opérations des FAR, dans des véhicules camouflés et sous forte escorte[92]. À la mi-mai, des Français se battent aux côtés des FAR dans la région de Butare : interrogé à ce sujet par le journaliste du *Figaro* Patrick de Saint-Exupéry, un haut gradé répond : « C'est possible. Il s'agit peut-être de mercenaires[93]. » Enfin, un télégramme diplomatique indique, sans plus de précision, que le 19 juin 1994 « un blanc en civil armé d'un LRAC [lance-roquette antichars] français a été observé à proximité immédiate de l'hôtel occupé par les autorités militaires rwandaises à Kigali[94] ».

Ainsi des soldats réguliers français qui sont sous l'autorité de Paris et des mercenaires français, qui le sont peut-être aussi, sont bel et bien présents au Rwanda pendant le génocide, dans la zone contrôlée par le gouvernement intérimaire et son armée qui encadraient les massacres.

Livrer des armes aux génocidaires

L'une des demandes prioritaires des FAR est honorée par Paris : la fourniture de munitions et de matériel militaire. Ininterrompue depuis 1990, elle s'est poursuivie après l'embargo sur les armes décrété par les accords d'Arusha : les livraisons de janvier et mars 1994, saisies par la Minuar et stockées au camp de Kanombe[1], sont récupérées par les FAR dès le 7 avril[95]. Le colonel belge

1. Lire *supra*, p. 109.

Luc Marchal, commandant les troupes de la Minuar dans le secteur de Kigali, accuse la France d'avoir poursuivi les livraisons d'armes après le début du génocide. Il dit tenir l'information de l'un de ses subordonnés, qui affirme avoir vu, la nuit du 8 au 9 avril 1994, les FAR décharger de l'un des avions français de l'opération Amaryllis qui venaient d'atterrir des caisses de munitions de mortier et les charger sur des véhicules de l'armée rwandaise [96]. Le colonel Poncet, commandant l'opération Amaryllis, a répondu que « les unités sous [s]es ordres n'étaient pas équipées de mortiers », ce qui n'exclut pas la possibilité d'une livraison aux FAR.

La France (de même que le Royaume-Uni, Israël et l'Afrique du Sud, entre autres) a directement livré et indirectement favorisé la fourniture d'armes et de munitions au gouvernement et à l'armée qui encadrent le génocide ; et ceci tout au long du génocide, y compris après l'embargo décrété par les Nations unies le 17 mai 1994 [1]. Le 19 mai, Philippe Jehanne, ancien des services secrets servant au cabinet du ministre de la Coopération, Michel Roussin (dont dépend le général Jean-Pierre Huchon), reconnaît que la France livre des munitions aux FAR en passant par Goma [97]. Ces livraisons d'armes organisées de concert avec les autorités françaises sont confirmées par le lieutenant-colonel Cyprien Kayumba, qui rédige un compte rendu de ses achats d'armes [98]. Tout au long du génocide, le général Huchon reçoit régulièrement ce

---

1. Sur l'embargo, lire *infra*, p. 194 et p. 321.

« chargé d'affaires » de l'ambassade rwandaise à Paris, qui du 19 avril au 18 juillet 1994, en plein génocide, organise, grâce à deux sociétés, DYL-Invest (France) et MIL-TEC Corporation (Royaume-Uni), six livraisons d'armes pour un montant de 5 454 395 dollars[99]. Enfin, une banque française, la BNP, est pointée du doigt pour son rôle dans le financement d'un achat d'armes du colonel Bagosora aux Seychelles[I][100].

Le 22 mai 1994, au lendemain de la prise de l'aéroport de Kigali et du camp militaire de Kanombe par les troupes du FPR, le président rwandais par intérim, Théodore Sindikubwabo, écrit à François Mitterrand et fait appel à son « habituelle compréhension » pour lui demander de fournir encore une fois son appui au Rwanda. Il en profite pour remercier son homologue français du « soutien moral, diplomatique et matériel » accordé jusque-là[101]. Un soutien à un gouvernement intérimaire que Mitterrand lui-même qualifie pourtant, le 14 juin 1994, devant trois responsables de Médecins sans frontières, de « bande d'assassins[102] ».

I. Sur l'information judiciaire ouverte contre la BNP, lire *infra*, p. 323.

IV. Au secours des assassins

L'opération Turquoise et ses suites

Genèse et débuts de l'opération Turquoise (juin 1994)

Le 15 juin 1994, le président François Mitterrand annonce que la France va intervenir au Rwanda. Le génocide des Tutsis dure depuis plus de deux mois dans l'indifférence du pouvoir français qui n'a exercé aucune pression sur les autorités génocidaires. Pourquoi cette soudaine volte-face ? Faut-il y voir une prise de conscience tardive de l'horreur en cours au Rwanda ? Une tentative de restaurer l'image de la France qui commence à être sérieusement écornée par ses relations avec le gouvernement intérimaire ? La volonté de venir en aide encore une fois à nos alliés, dont l'armée, mobilisée pour le génocide, perd pied face au FPR ?

Les autorités françaises poussées à intervenir

Les premiers signes d'une réaction internationale au génocide des Tutsis apparaissent quand, le 17 mai 1994, le Conseil de sécurité des Nations unies, jusqu'alors remarquable par sa passivité face aux massacres, décide un embargo sur les armes à destination du Rwanda et prévoit de reconstituer la Minuar en lui envoyant 5 500 Casques bleus – ce qui prendra du temps. À cette date, les tueurs traquent les derniers Tutsis qui ont échappé aux grands massacres ; les FAR reculent et le FPR avance, arrêtant le génocide au fur et à mesure de sa progression.

En France, Alain Juppé emploie le mot « génocide » le 15 mai à Bruxelles et met officiellement en cause les troupes gouvernementales pour ce crime le 18 mai à l'Assemblée nationale. Un mot que prononce lui aussi Patrick Poivre d'Arvor lors du journal télévisé de TF1 le 16 mai, alors que Jean-Hervé Bradol, de Médecins sans frontières, dénonce en revenant de Kigali un « massacre planifié de très grande ampleur », de nature « politique », dont les auteurs « sont financés, entraînés et armés par la France »[1]. Aux Nations unies, le 24 mai 1994, Lucette Michaux-Chevry, ministre déléguée à l'Action humanitaire et aux Droits de l'homme, incrimine les FAR et les milices et donne aux massacres un nom dont elle « mesure parfaitement les conséquences juridiques » : génocide[2].

Dans le courant du mois de mai, le Rwanda réapparaît ainsi progressivement sur les écrans de télévision français, d'où il a été largement absent depuis le départ des Européens à la fin de l'opération Amaryllis[3]. Les premières images d'enfants blessés arrivent début mai[4]. Le 26 mai, France 2 diffuse d'autres images d'enfants menacés par les tueurs[5]. Jean-Christophe Klotz, de l'agence Capa, et le cameraman Patrick Vincent les ont réalisées mi-mai lors du voyage de Bernard Kouchner à Kigali, avec l'espoir de susciter une intervention, sans succès[6].

Aux pressions suscitées par la prise de conscience de l'horreur du génocide en cours et par la dénonciation de la politique menée par Paris s'ajoute, pour les dirigeants français, l'inquiétude liée à la situation militaire de leurs alliés. Les 21 et 22 mai 1994, les FAR cèdent au FPR le contrôle de deux lieux stratégiques, l'aéroport de Kigali et le camp militaire de Kanombe. Le président intérimaire rwandais Théodore Sindikubwabo écrit à François Mitterrand pour lui demander du secours[7]. De leur côté, les ambassadeurs des chefs d'État du pré carré françafricain font savoir fin mai 1994, lors d'une réunion avec des responsables français, que la crédibilité de la parole de la France serait gravement atteinte si une rébellion parvenait à renverser militairement un régime ami[8].

En lien avec l'exécutif, l'armée française prend l'initiative de préparer différents plans en vue d'une intervention au Rwanda[9], même si, pour l'amiral Lanxade, « la défaite des FAR était inscrite ; [fin avril] la cause est entendue : le FPR va prendre le pouvoir[10] ». L'état-major évalue la faisabilité d'une opération directe sur Kigali[11]. Début juin, il contacte des coopérants militaires qui connaissaient bien Kigali et leur demande de se tenir prêts à y repartir[12]. Ils reçoivent un paquetage, mais l'opération Turquoise renonçant finalement à se rendre dans la capitale, ils ne partiront pas – à l'exception du commandant Grégoire de Saint-Quentin.

Les ONG sollicitent avec insistance les autorités françaises : Médecins sans frontières rencontre Mitterrand le 3 juin, puis à nouveau le 14 juin, Médecins du monde le 8 juin, tandis que le 14 juin, des intellectuels lancent un « Appel pour l'arrêt du génocide au Rwanda et le soutien au mouvement démocratique ». Le 17 juin, la FIDH critique à son tour publiquement la politique française. L'Élysée lui répond le lendemain par un communiqué[I] qui rappelle les éléments de justification de sa politique passée : protection des ressortissants étrangers, soutien au processus de négociations de paix d'Arusha, demande que les coupables d'exactions soient poursuivis[13]. Le 20 juin, c'est l'association Survie et son président Jean Carbonare qui écrivent à Mitterrand pour l'interpeller[14].

Au Rwanda, tout en s'accrochant à certaines parties de la capitale, les FAR se replient vers l'Ouest, défendant la route de Gitarama où est réfugié le gouvernement génocidaire. Le 11 juin, la garde présidentielle et d'autres unités d'élite des FAR sont défaites par les troupes du FPR non loin de cette ville. Le gouvernement abandonne alors Gitarama et se replie au nord-ouest du pays, à Gisenyi, juste à la frontière avec le Zaïre. Gitarama tombe le 13 juin. Le même jour, le président sud-africain Nelson Mandela déclare : « La situation au Rwanda est une honte pour toute l'Afrique... Tout cela doit changer ; et nous devons affirmer notre volonté de changement en agissant[15]. » Selon Gérard Prunier, c'est le « facteur

I. Lire *infra*, p. 246.

décisif » qui pousse Mitterrand à intervenir, pour ne pas laisser l'initiative à ce « représentant du monde anglo-saxon » à la réputation inattaquable [16].

Soucieux de sauver ce qui peut l'être d'une image internationale particulièrement ternie par le soutien apporté aux génocidaires, Mitterrand se donne habilement la position de celui qui agit, même si, comme en avril lors de l'opération Amaryllis, le débat « Faut-il intervenir, ou pas ? », relié à une posture d'impartialité, occulte la question de fond : « Intervenir pour quoi, et en faveur de qui ? ».

L'habillage humanitaire

Lors du Conseil restreint du 15 juin 1994, Mitterrand annonce sa décision d'intervenir militairement au Rwanda : « C'est une décision dont je prends la responsabilité », dit-il. Il suggère une intervention éventuellement parachutée, « rapide et ciblée », essentiellement sur Kigali : « Notre effort pourrait être limité à la protection de certains sites, des hôpitaux ou des écoles ; [...] à Kigali même, il y aurait deux ou trois sites et il faudrait examiner au cas par cas d'autres villes [17]. » L'amiral Lanxade, qui juge que l'intervention directe serait délicate sur les plans militaire et politique, puisque pouvant être perçue comme un soutien aux FAR [18], répond alors que « l'aéroport de Kigali nous ferait prendre des risques considérables [19] » et préconise d'entrer au Rwanda par voie de terre ; c'est ce choix qui est entériné. Lanxade ne reçoit pas d'autre cadrage politique [20].

L'état-major des armées envisage trois options, via l'Ouganda, le Zaïre ou le Burundi, mais qui ont toutes pour objectif final Kigali[21]. L'humanitaire y est envisagé de façon marginale, sous forme d'une « opération initiale » au Sud-Ouest, pour « protéger les réfugiés de Cyangugu », où les 8 000 réfugiés du camp de Nyarushishi sont pour l'essentiel des rescapés tutsis, et à Bujumbura, dans l'objectif affiché de stabiliser le Burundi.

Pour des raisons militaires, l'état-major souhaite, sous réserve de l'accord du président zaïrois Mobutu[22], une arrivée via l'aéroport zaïrois de Goma, pour entrer « dans la zone contrôlée par le gouvernement rwandais ». En effet, Goma est à la frontière et jouxte Gisenyi, au nord-ouest du Rwanda, où s'est replié le gouvernement intérimaire rwandais (GIR), et d'où le 16 juin le ministre de la Défense rwandais « demande officiellement à la France d'intervenir militairement[23] ». Or sur le plan politique, cette entrée par Goma affiche trop clairement la proximité avec les génocidaires[24]. Dans une réunion organisée le 17 juin 1994 pour préparer l'opération, les participants notent que, dans ce réduit Nord-Ouest du GIR, les Tutsis ont tellement été massacrés qu'il ne resterait personne à sauver devant les caméras[1] ; par

1. Participent à cette réunion François Léotard, ministre de la Défense ; l'amiral Lanxade, chef d'état-major des armées ; le général Germanos, son adjoint opération ; le général Dubost, chef du centre opérationnel interarmées ; le général Lafourcade, commandant l'opération Turquoise. Gérard Prunier, chercheur, y est invité comme consultant.

conséquent, si l'armée entrait par le nord-ouest, tout affichage d'impartialité serait exclu[25]. Au prix d'un détour coûteux, il est possible d'aller tout de suite dans le Sud-Ouest à Nyarushishi, permettant une action symbolique sous les projecteurs des médias[26]. Ce que Gérard Prunier résume crûment : « Nous trouverons dans le camp de Nyarushishi, près de Cyangugu, tous les Tutsis survivants, dont nous avons besoin pour la télé[27]. » Il précise : « On me demandait d'optimiser l'opération, c'est-à-dire [...] sauver le maximum de victimes potentielles, dépenser le moins d'argent possible, faire apparaître le gouvernement français dans la meilleure lumière médiatique possible. Et cette dernière raison étant en fait la plus importante[28]. » L'amiral Lanxade propose alors une « action initiale » à Nyarushishi « avant un engagement éventuel en direction de Kigali »[29].

Le 18 juin, un conseiller diplomatique de Matignon envisage un « contrôle des sites menacés (y compris jusqu'à Kigali) ». Cependant, sa recommandation est que « des contacts étroits et permanents doivent être noués avec les parties au conflit (FPR et FAR) »[30]. Cela n'est visiblement pas évident pour les militaires français, et Gérard Prunier raconte qu'il rencontre une forte opposition pour au moins faire accepter un contact politique et militaire avec deux représentants du FPR[31]. Le 20 juin, le ministre de la Défense François Léotard entérine l'entrée au Rwanda par le sud-ouest, et donc la médiatisation d'un sauvetage de Tutsis[32]. Le ministère délégué à l'Action humanitaire et aux Droits de l'homme étudie concrètement les objectifs et la mise en œuvre du « volet humanitaire de l'opération au Rwanda[33] ». L'« humanitaire d'État » français est censé prendre en charge les premiers besoins et assurer l'interface entre l'armée, qui sécurise les zones de troubles, et l'assistance humanitaire internationale.

Un consensus difficile au sein du pouvoir français

Si les différents membres de l'exécutif tentent tous de récupérer à leur profit les bénéfices de l'opération Turquoise en matière d'image[34], il n'en reste pas moins que, selon Hubert Védrine, il existe des « désaccords au sein du gouvernement (Quai d'Orsay contre Matignon, Défense et Coopération)[35] ». Une ligne de fracture traverse l'exécutif et, selon le journaliste Patrick de Saint-Exupéry, elle se prolonge même au sein de l'armée[36]. Elle sépare les partisans d'une franche intervention, c'est-à-dire l'Élysée, le chef d'état-major des armées, les chiraquiens du RPR[I], dont Alain Juppé, d'une part ; et d'autre part ceux qui préconisent la retenue, tels le Premier ministre Édouard Balladur et ses soutiens au sein du RPR (dont Michel Roussin, fraîchement rallié[37]) et de l'UDF[II] (parmi eux, le ministre de la Défense François Léotard[38]). Le Premier ministre pose des conditions strictes : la « limitation des opérations à des actions

---

I. Rassemblement pour la République, devenu depuis UMP puis Les Républicains.

II. Union pour la démocratie française, parti de centre droit devenu depuis la principale composante du Mouvement démocrate (MoDem).

humanitaires (mettre à l'abri des enfants, des malades, des populations terrorisées), et ne pas nous laisser aller à ce qui serait considéré comme une expédition coloniale au cœur même du territoire du Rwanda[39] ». Édouard Balladur et François Léotard sont prêts à une attitude conciliante face au FPR. Ainsi Matignon fait savoir au FPR que la France a changé de politique depuis un an ; en lisant le compte rendu qui lui en fait part, Mitterrand l'annote de sa main : « Inadmissible, protester à Matignon[40]. » Cependant, en Conseil restreint[41] puis en public, Mitterrand et Balladur affichent un consensus de façade sur Turquoise.

Le 22 juin 1994 au soir, heure française, la résolution 929 du Conseil de sécurité de l'ONU autorise la France à mener une opération qui peut utiliser la force – contrairement aux 270 Casques bleus encore présents au Rwanda. L'opération doit durer au maximum deux mois ; elle doit rester « strictement humanitaire », elle sera « menée de façon impartiale et neutre et ne constituera pas une force d'interposition entre les parties », c'est-à-dire concrètement les FAR et les milices génocidaires d'une part, le FPR d'autre part ; elle doit mettre fin aux massacres et contribuer « à la sécurité et à la protection des personnes déplacées, des réfugiés et des civils en danger au Rwanda »[42].

Turquoise : une technique maîtrisée, une motivation dissimulée

Une grande détermination et une logistique efficace permettent d'organiser en une semaine le volet militaire de l'opération Turquoise. Celle-ci monte progressivement en puissance au fur et à mesure de l'arrivée des avions gros porteurs. L'armée américaine refusant de prêter gratuitement ses avions Galaxy, on fait appel aux Antonov de Viktor Bout, trafiquant d'armes post-soviétiques, à travers la société Special Air Operations International (Spairops) de Michel Victor-Thomas[43].

Un objectif prioritaire, fixé dès le 22 juin avant même d'avoir obtenu l'autorisation de l'ONU, est d'établir « sans aucune publicité » le contact avec les FAR[44]. La nuit même, le colonel Rosier, chef du détachement du Commandement des opérations spéciales (COS) de Turquoise, rencontre discrètement le colonel Nsengiyumva, extrémiste et proche du colonel Bagosora. Rosier en rend compte en présentant le point de vue de son interlocuteur sans aucun regard critique : le génocide des Tutsis n'est pas mentionné, les « massacres » évoqués sont uniquement ceux attribués au FPR[45].

L'entrée officielle des Français au Rwanda se fait par le sud-ouest, à partir du 23 juin. Les forces spéciales, soit quelques dizaines d'hommes du COS et un peu de matériel, arrivent sous les vivats des Hutus et devant les caméras[46]. Les Français vont directement au camp de Nyarushishi, où se trouvent environ 8 000 Tutsis. Ils y mettent en place une protection d'une dizaine d'hommes[47]. Alors que seule une poignée de journalistes ont couvert le génocide, ils sont une centaine à suivre les premiers jours de Turquoise dans les fourgons de l'armée.

Les forces spéciales ont visiblement une mission supplémentaire qui requiert qu'elles soient « préservées » des contacts avec les médias[48]. Les 23 et 24 juin, 200 hommes du COS entrent aussi au Rwanda, mais par le nord-ouest. Leur arrivée est saluée par les radios extrémistes rwandaises, mais l'armée tente de la dissimuler aux autres journalistes[49]. De Gisenyi, siège du gouvernement intérimaire rwandais qu'ils protègent[50], ils conduisent discrètement des repérages « qui les mèneront tout près de Kigali[51] » et des opérations « d'extraction des personnes menacées[52] ». La date de ces opérations, leur région, leur urgence, l'importance qu'y accordait l'état-major dès le 15 juin dans toutes les options envisagées, et la discrétion qui les entoure suggèrent que ceux qui sont ainsi exfiltrés ne sont pas des rescapés tutsis. Selon des sources concordantes, dont le témoignage du commandant Bunel[53], il s'agit en réalité de récupérer les militaires français restés dans la zone gouvernementale pendant le génocide[1]. En effet, ceux-ci sont désormais en mauvaise posture, selon le FPR[54] ; la journaliste Colette Braeckman mentionne aussi parmi les personnes à exfiltrer des collaborateurs locaux des militaires français, « qui savent beaucoup de choses »,

1. Lire *supra*, p. 151.

voire des membres de Radio des Mille Collines[55]. Leur extraction, et la nécessité de lui fournir une couverture officielle avouable, a pu constituer une motivation importante de Turquoise[56]. Les témoins cités par le commandant Bunel soulignent que, pour ces missions, les forces spéciales sont directement sous contrôle de l'état-major des armées et non sous celui du général Lafourcade, qui commande l'opération Turquoise. Elles bénéficient par ailleurs d'une priorité en hommes et en moyens.

Le 25 juin, le général Lafourcade s'installe avec son poste de commandement à l'aéroport de Goma, au Zaïre, et le gros des troupes arrive progressivement : officiellement, 1 500 hommes le 28 juin, 2 000 le 30 juin, 2 500 le 6 juillet[57], ce nombre étant le maximum autorisé par le gouvernement Balladur. En réalité, ils sont plus nombreux : le commandant Bunel estime qu'ils sont au moins 2 800[58], tandis que le Centre de doctrine et d'emploi des forces évalue leur nombre à près de 3 000 (2 530 de l'armée de terre, 410 de l'armée de l'air, 45 des forces spéciales de la marine, tous militaires professionnels)[59]. Environ la moitié sont des combattants ; ils émanent des meilleures unités de combat, dont 300 hommes d'élite du COS. Ils sont bien équipés : 370 véhicules et 10 hélicoptères soutenus par 8 avions de combat, et une quinzaine d'avions-cargos. Selon Lafourcade, leur « puissance de feu impressionnante » permettrait « de neutraliser les armées FAR et FPR en quelques heures »[60]. S'y ajoutent d'abord 100, puis jusqu'à 500 soldats de différents pays africains [I], qui permettent d'afficher l'aspect international de l'opération. L'amiral Lanxade souligne que « la participation africaine doit être aussi symbolique que possible, car nous les aurons totalement à notre charge [61] ».

Un tiers des hommes de Turquoise s'occupent de la logistique [62] : c'est un ratio adapté pour les opérations militaires, qui se révélera insuffisant par la suite quand Turquoise deviendra plus humanitaire [II]. Le plan retenu consiste en trois étapes d'avancée rapide : arriver le 25 juin à Goma au Zaïre, entrer les 27-28 juin au Rwanda, puis, les 29-30 juin, arriver en deçà de Kigali et tenir une poche de territoire rwandais suffisante pour entamer des négociations politiques [63].

Jusqu'au 25 juin, l'ordre reste encore théoriquement de « contrôler progressivement la zone gouvernementale en s'engageant, sur décision politique, sur la direction Gisenyi – Ruhengeri – Kigali [64] ». En revanche, le 26 juin, si l'on en croit le capitaine Guillaume Ancel de la Force d'action rapide, alors intégré au contingent Turquoise, l'état-major fait disparaître avec des précautions inhabituelles les ordres écrits qui le mentionnent [65]. Il reste clair pour les troupes que l'opération est de nature militaire, orientée pour s'opposer à la progression du FPR [66] : « Notre mission est de marcher au contact des forces du FPR, de bloquer leur avance », explique un membre

I. Du Sénégal essentiellement, ainsi que de la Guinée-Bissau, du Tchad, de la Mauritanie, d'Égypte, du Niger et du Congo.

II. Lire *infra*, p. 215.

des forces spéciales[67]. Ce qui n'empêche pas l'état-major des armées de mettre en avant la dimension humanitaire dans sa communication vers les politiques[68], affirmant qu'elle équilibre la dimension militaire et qu'elle justifie la progression vers Kigali[69].

En pratique, jusqu'à fin juin, l'essentiel de l'activité officielle de Turquoise est consacré à la logistique, ainsi qu'au renseignement tant militaire qu'humanitaire. Peu après son arrivée, le général Lafourcade est contacté par le chef d'état-major des FAR, le général Bizimungu, et accepte de le recevoir secrètement à Goma. Les troupes de ce dernier ont pourtant été officiellement rendues responsables du génocide depuis plus d'un mois devant l'Assemblée nationale par le ministre des Affaires étrangères Alain Juppé. Le général Lafourcade raconte : « Très rapidement, le général Bizimungu m'accorde que certaines unités des FAR ont participé aux massacres ! Je suis estomaqué par sa franchise. » La réaction du général Lafourcade est révélatrice : « À cet instant, je le regarde pourtant comme un militaire, non comme un criminel de guerre. »[70]

Certains officiers français rencontrent même des membres du gouvernement intérimaire rwandais. Le colonel Rosier reçoit le 25 juin les ministres de la Défense et des Affaires étrangères, qui lui demandent, en vain, des munitions[71]. Le colonel Tauzin discute le 30 juin avec le ministre des Transports[72], et déclare le lendemain que le gouvernement rwandais et son armée « sont des organisations légales[73] ».

Le génocide des Tutsis occulté

Les officiers de terrain et les militaires du rang n'ont pas tous été informés qu'ils intervenaient dans le cadre d'un génocide, et que celui-ci visait les Tutsis[74]. Le capitaine Ancel explique que c'est la seule opération où il est intervenu sans que sa hiérarchie ne lui en ait expliqué le contexte[75] ; un autre capitaine compare la situation à celle de « deux enfants qui se disputent, on ne cherche pas à savoir qui a raison[76] ». La responsabilité des massacres fait même parfois l'objet d'une présentation rigoureusement contraire à la réalité, si l'on en croit l'adjudant-chef Prungnaud à qui le colonel Rosier explique, le 23 juin 1994, « que les Tutsis sont des "envahisseurs" qui "zigouillent" "tous les autres", c'est-à-dire les Hutus, civils et militaires confondus[77] ». Même les médecins n'ont pas été prévenus du contexte et donc du type d'interventions qu'ils devront réaliser[78] ; certains constatent vite sur place la réalité du génocide[79], tandis que d'autres persistent des années plus tard à ne mentionner que la guerre civile[80].

Pourtant, en interne, la haute hiérarchie militaire est bien informée. Dès le 8 avril 1994, l'ordre d'opération d'Amaryllis atteste que l'état-major français connaît la nature génocidaire des massacres, leurs auteurs et leurs victimes[I]. Durant le génocide, la Direction du renseignement militaire informe que les Hutus extrémistes tuent systématiquement des centaines de milliers de

I. Lire *supra*, p. 124.

Tutsis et des opposants hutus[81]. Le 15 juin 1994, une fiche de « présentation générale de l'opération française au Rwanda » établie par l'état-major des armées est très claire sur la nature, les auteurs et les victimes du génocide : « un véritable génocide perpétré par certaines unités militaires rwandaises (garde présidentielle) et par les milices hutues à l'encontre de la minorité tutsie de la population ou de certains cadres hutus modérés[82] ».

De manière significative, cette information cruciale disparaît des documents qui émanent des responsables civils et militaires de l'opération Turquoise. En transmettant au ministère de la Défense le « Mémoire sur une opération militaire au Rwanda » contenant cette fiche de l'état-major des armées[83], ou en rappelant au général Lafourcade les éléments de langage à utiliser[84], l'amiral Lanxade s'abstient d'utiliser le mot « génocide », qu'il remplace par l'expression « massacres interethniques ». Son adjoint le général Germanos l'imite lorsqu'il rédige l'ordre d'opérations de Turquoise dans lequel il transmet les instructions de l'état-major : il y mentionne de « très graves affrontements interethniques », en attribuant les massacres de Tutsis aux « bandes formées de civils ou de militaires hutus incontrôlés »[85]. Les analystes de Matignon et du ministère de la Défense sont sur la même ligne[86].

La mention du génocide des Tutsis réapparaît, fidèlement reprise de la note de l'état-major des armées du 15 juin, lorsque le général Lafourcade, commandant la force Turquoise, l'utilise, le 25 juin 1994, dans son ordre d'opération n° 1. Cependant, après avoir écrit : « En parallèle aux opérations militaires, les milices hutues et la garde présidentielle ont perpétré des massacres de Tutsis », il ajoute : « Des massacres auraient été aussi commis en zone FPR. »[87] Cette symétrie est factice[I]. Le conditionnel exprime bien à quel point cette information doit être prise avec précaution. En réalité, la « zone FPR » est la zone où le FPR a déjà arrêté le génocide des Tutsis commis avant son arrivée[88]. En outre, le général Lafourcade affirme que personne ne l'avait prévenu que le gouvernement rwandais avait une responsabilité dans le génocide : « Quand j'interviens, je sais qu'un génocide est en cours, mais je ne sais pas qui [...] le commet[89]. » Interrogé à ce sujet, l'amiral Lanxade explique avoir, selon l'usage, transmis jusqu'au terrain toutes les informations à sa disposition... mais estime que les hommes de terrain en savaient plus que lui : « Dans ce cas particulier, c'était plutôt eux qui faisaient remonter l'information[90]. »

Ainsi, un mois après la reconnaissance publique par le ministre Alain Juppé de la nature et des auteurs du génocide, à l'heure d'engager des troupes sous mandat de l'ONU pour y mettre fin par une opération préparée depuis plusieurs semaines, et bien que nourrie des notes des services de renseignement, l'ensemble de la chaîne de commandement affirme aujourd'hui avoir ignoré la réalité de la situation.

L'escamotage du génocide des Tutsis et du rôle qu'y jouent les autorités rwandaises, qu'il constitue ou non

---

I. Sur l'invention du « double génocide », lire *infra*, p. 364.

une désinformation sciemment entretenue, pousse les militaires français à penser uniquement en termes de guerre civile ou d'affrontements interethniques. Les militaires en partance pour le Rwanda sont influencés par les anciens de l'opération Noroît qui sont favorables aux militaires des FAR[91] : ils les ont formés, ont déjà combattu à leurs côtés, voire ont créé des liens personnels avec certains d'entre eux[92]. Dans cette optique, l'ennemi ne peut être que le FPR, ses soutiens sont les Tutsis, et par glissement les Tutsis sont les ennemis. Symétriquement, les FAR, qui combattent le FPR, sont considérées comme des alliées, de même que les milices qui combattent à leurs côtés. La fuite de centaines de milliers de réfugiés hutus devant l'avance du FPR, alors que seuls peu de Tutsis sont rescapés, accentue cette perception. Dès le début de l'opération Turquoise, la « neutralité » et « l'impartialité » prévues par la résolution de l'ONU apparaissent bien compromises.

C'est hors de toute consigne de la hiérarchie que certains militaires perçoivent les Tutsis comme victimes. Un officier lucide témoigne anonymement dans *Libération* du 27 juin 1994 : « Dans la zone gouvernementale, ça n'a pas de sens de protéger les déplacés hutus. Alors, en logique humanitaire pure, on va se retrouver à ne garder que des Tutsis, les seuls à être menacés. Ça ne va pas plaire à l'armée rwandaise et aux miliciens[93]. » D'autres militaires comprennent plus tard, douloureusement, qu'on les a fait intervenir aux côtés des génocidaires. Bisesero est l'un de ces moments de collision avec la réalité du génocide.

Les Tutsis de Bisesero abandonnés à leurs tueurs (26-30 juin 1994)

Entrant au Rwanda par le Sud-Ouest et le Nord-Ouest, les militaires français de Turquoise ne tardent pas à atteindre la région de Bisesero, près de Kibuye[I]. Sur ces hauteurs surplombant le lac Kivu, des dizaines de milliers de Tutsis se sont regroupés en avril 1994[94]. Pendant un mois, ils ont efficacement résisté aux génocidaires, jusqu'à ce qu'une grande offensive de l'armée rwandaise et des milices cause la mort de la plupart d'entre eux, les 13 et 14 mai 1994[II]. Depuis, ceux qui ont survécu se terrent, affamés, pourchassés quotidiennement par les miliciens et la population hutue, sous la supervision de militaires des FAR et des autorités civiles. Fin juin, ils sont encore environ deux mille. Deux mille Tutsis que les Français ne s'attendent visiblement pas à trouver là.

Le 26 juin 1994, des officiers français apprennent par des journalistes que des civils tutsis sont traqués à Bisesero. Ce jour-là en effet, les journalistes Sam Kiley, du *Times*, Scott Peterson, de CNN, accompagnés de Vincent Hugeux, de *L'Express*, informent un convoi militaire français que des militaires, miliciens et paysans hutus continuent à tuer à Bisesero, dont Kiley lui indique la position sur une carte[95]. Les journalistes en informent également, là encore carte à l'appui, le capitaine de frégate Marin Gillier[96].

I. Voir la carte de Bisesero entre le 27 et le 30 juin 1994 *infra*, p. 397.

II. Lire *supra*, p. 141.

27 juin 1994 : des Tutsis en danger de mort ou des « hommes du FPR » ?

Le 27 juin, Marin Gillier arrive à Gishyita avec une trentaine de ses hommes. Depuis cette position, il observe des hommes armés pour la plupart en civil partir de Gishyita en direction de Bisesero, à 5 kilomètres à vol d'oiseau, pour y donner l'assaut[97]. Malgré l'information reçue la veille de la bouche des journalistes faisant état de massacres de Tutsis dans le secteur, il rend compte des événements à son supérieur, le colonel Rosier, chef du COS Turquoise, en parlant de « combats[98] » contre des éléments infiltrés du FPR. Dans son rapport, Gillier mentionne pourtant également que la population de Gishyita mène des « raids de vengeance » et que les civils tutsis qui habitaient Gishyita « ont fui vers Bisesero dès le début du conflit »[99].

En début d'après-midi, le bureau « renseignement » du poste de commandement du général Lafourcade à Goma transmet à l'état-major à Paris un fax qui analyse l'attaque dont a été témoin Marin Gillier en milieu de journée. Ce fax décrit explicitement une expédition menée contre des civils tutsis : « Le 27 vers 11 heures, un élément fort d'une centaine de miliciens armés encadré par des militaires a attaqué une colline dans la région de Gisovu[I] (25 Sud Kibuye) ; 200 Tutsis, originaires de la commune, étaient regroupés dans le secteur et faisaient l'objet de menaces de la part des Hutus[100]. »

I. Bisesero se trouve entre Gishyita et Gisovu.

Dans l'après-midi du 27 juin, un autre détachement français sous les ordres du lieutenant-colonel Jean-Rémi Duval, du commando parachutiste de l'air (CPA 10, appartenant lui aussi aux forces spéciales), se rend sur place pour vérifier une information reçue des religieuses de Kibuye selon laquelle le génocide se poursuit à Bisesero. Duval est accompagné d'une douzaine d'hommes, trois journalistes et un guide hutu. Des survivants tutsis emmenés par Éric Nzabihimana sortent de la brousse à leur approche, leur montrent des cadavres récents et demandent leur protection. Duval constate que ce sont des civils pourchassés, dans un état de dénuement extrême. Malgré leurs supplications, il leur affirme qu'il ne peut ni rester avec eux ni les emmener en lieu sûr : « Ne vous en faites pas : dans deux ou trois jours, nous serons là. En attendant, il faut se cacher et survivre[101] ! » Les commandos marine de Marin Gillier, postés à Gishyita, ne sont pourtant qu'à quelques kilomètres à vol d'oiseau de Bisesero.

Le soir du 27 juin, Duval, « encore sous le choc » selon le journaliste Patrick de Saint-Exupéry qui accompagnait le détachement, rend compte à sa hiérarchie de sa découverte de Tutsis en cours d'extermination à Bisesero[102]. Il affirme qu'il a averti son supérieur direct, le colonel Jacques Rosier, qui a refusé qu'il retourne à Bisesero le lendemain[103]. Le soir du 27, depuis le Zaïre où il est installé, le colonel Rosier explique à la presse qu'il s'agit de 1 000 à 2 000 hommes infiltrés du FPR, fausse information qui passe au *Journal de 20 heures* de TF1 et dans la dernière édition de France 2[104]. Marin

Gillier fournit lui aussi une information erronée, parlant d'« affrontements de type infanterie » dans un entretien à France 2 qui sera diffusé le lendemain [105].

À Paris, le général Germanos, l'adjoint de l'amiral Lanxade, donne pour sa part à la presse le renseignement reçu du général Lafourcade : « Des populations civiles se seraient réfugiées dans le triangle Gisovu-mont Karongi et est de Gishyita [106]. » Par ailleurs, il demande à Lafourcade, avec la mention « Urgence : immédiate », de lui confirmer ses « renseignements dans le triangle Gisovu-Karongi-Gishyita, tant sur la présence des belligérants que sur les exactions récemment commises [107] ».

Tard dans la soirée, le général Lafourcade envoie un fax destiné à l'amiral Lanxade dans lequel il dit pencher pour l'hypothèse que se trouvent à Bisesero des « Tutsis ayant fui les massacres d'avril et cherchant à se défendre sur place » plutôt que des « éléments FPR infiltrés ». Parmi les risques à envisager, il mentionne celui de « ne rien faire et laisser se perpétrer des massacres dans notre dos » [108].

28 juin 1994 : l'information sur les Tutsis de Bisesero se répand en interne et dans les médias

Le 28 juin, RFI rapporte clairement, à midi et le soir, la découverte des survivants tutsis de Bisesero la veille par le détachement Duval [109]. Dans la matinée du 28 juin, le colonel Rosier est informé par un sergent-chef qui accompagnait Duval de l'état déplorable des Tutsis pourchassés, « avec des morceaux de chair arrachée [...] pleins de plaies purulentes partout ». La scène a été filmée. Face à un tel récit, l'absence de réaction de Rosier et sa passivité sont frappantes : « Ouais, ouais », répond-il en regardant ailleurs [110]. Le même jour, le capitaine Marin Gillier informe le colonel Rosier qu'une centaine de Hutus auraient attaqué à Bisesero des Tutsis qui se cachent dans des galeries de mine [111].

Il ne fait donc pas de doute qu'à Bisesero des Tutsis se font massacrer et que cette information est remontée dans la hiérarchie. Pourtant, à Paris, le général Germanos évoque maintenant la présence dans le secteur d'« environ un millier d'hommes en armes dispersés en plusieurs groupes dont la composition et les intentions restent à préciser », en suggérant en outre que les massacres du 27 juin étaient en fait des combats [112].

Cantonnés à quelques kilomètres de Bisesero, d'où proviennent des « échos de tirs nourris » d'armes automatiques et d'explosions, Marin Gillier et ses hommes tentent d'observer ce qui s'y passe grâce à un dispositif de visée à longue portée. Dans la nuit du 28 au 29 juin, Gillier envoie une équipe d'observation à mi-distance de Bisesero ; elle revient le 29 en mi-journée sans avoir rien repéré : « ni troupes, ni populations particulières, ni traces de combat », et en particulier pas de trace du FPR [113].

29 juin 1994 : le ministre Léotard est interpellé au sujet des survivants tutsis de Bisesero

Le 29 juin au matin paraissent dans *Le Figaro* et *Libération* les reportages des journalistes qui accompagnaient le détachement Duval le 27 juin, très détaillés sur la terrible situation des Tutsis [114] ; la revue de presse interne à l'armée les cite comme des « témoignages recueillis auprès de réfugiés tutsis par les patrouilles de reconnaissance françaises [115] ».

Le ministre de la Défense François Léotard inspecte l'opération Turquoise ; visiblement peu effrayée par la présence d'un à deux milliers d'hypothétiques combattants du FPR, l'armée lui fait visiter les positions de Gillier à « 3 ou 4 kilomètres à vol d'oiseau » de Bisesero [116]. Présent à Gishyita, un journaliste du *New York Times* attire l'attention de Léotard sur la situation des Tutsis de Bisesero [117]. Le ministre se rend ensuite à Kibuye, où le lieutenant-colonel Duval lui explique qu'il a constaté « qu'il n'y avait pas d'éléments du FPR infiltrés à cet endroit et que c'était les milices hutues qui étaient responsables des massacres ». Duval l'informe explicitement en présence du général Lafourcade et du colonel Rosier, selon le témoignage de Jean-Rémi Duval confirmé par son adjoint [118].

Ce 29 juin, l'information interne à l'armée est claire. Les différents documents qui remontent des militaires de terrain vers l'état-major des armées, cohérents entre eux, identifient Bisesero comme un problème humanitaire, et non militaire [119]. La carte quotidienne de la DGSE note à cet emplacement : « Bisesero // Plus de 10 000 Tutsis traqués par les milices hutues [120] ». Chaque jour depuis le 26 juin, la DRM (Direction du renseignement militaire) et la DGSE s'accordent pour positionner le front à environ 30 kilomètres plus à l'est [121].

Le bureau renseignement du général Lafourcade est très explicite dans son fax envoyé à 21h20 de Goma à l'état-major des armées, mentionnant qu'une reconnaissance a trouvé « une centaine de Tutsis réfugiés dans les collines dans un état de dénuement total » et que selon eux « 2 000 personnes seraient cachées dans les bois et les mines » [122]. Surtout, son document de situation clair et détaillé sur l'ensemble des personnes menacées au Rwanda met en caractères gras les personnes de Bisesero comme étant à la fois nombreuses et prioritaires, rappelle leur « dénuement nutritionnel, sanitaire et médical extrême », et lance un appel à intervenir : « 2 000 civils tutsis attendent là la protection de la force française [123]. »

Le décalage entre ce que les responsables militaires parisiens savent en interne et ce qu'ils disent en externe devient encore plus flagrant que l'avant-veille. Au Conseil restreint du 29 juin, l'amiral Lanxade explique que « les affrontements continuent entre milices hutues et maquis tutsis [124] ». L'AFP et Reuters, dont les sources sur place sont le capitaine de frégate Gillier et son supérieur le colonel Rosier, font à nouveau état de combattants du FPR [125].

Ce jour-là, alors que Turquoise a déjà acheminé 1 270 hommes [126], aucune unité n'est envoyée porter secours à Bisesero. Pourtant, comme en témoigne le capitaine Ancel, « l'opération Turquoise comptait déjà à cette date plusieurs unités opérationnelles – chacune dépassant en taille le détachement des forces spéciales –, comme la compagnie de combat de la Légion étrangère dans laquelle j'étais détaché. Cette unité de 150 légionnaires aguerris, bien équipés et très entraînés, était parfaitement adaptée à la protection d'une zone refuge pour des rescapés [127] ». Cette unité disponible est alors stationnée à Bukavu avec le poste de commandement des forces spéciales du colonel Rosier, à moins de 40 kilomètres de Bisesero. Pourtant, elle reste l'arme au pied.

Ainsi, le 29 juin au soir, l'état-major des armées et le ministre de la Défense sont informés, et personne n'a donné l'ordre d'aider les Tutsis de Bisesero, ni durant les jours écoulés ni pour le lendemain. Les instructions pour le 30 juin dans la région prévoient la poursuite de la recherche du renseignement [128] ; le capitaine de frégate Gillier a pour ordre de traverser Bisesero pour « prendre contact avec un prêtre français qui vit dans un village menacé [129] ».

30 juin 1994 : des subordonnés prennent l'initiative du sauvetage

Conformément aux ordres qu'il a reçus, Gillier traverse la zone de Bisesero sans s'y arrêter. Vers 11 heures, des journalistes tombent sur un groupe de Tutsis. Ils préviennent un détachement de subordonnés de Gillier, dont font partie le capitaine Olivier Dunant, du 13e régiment de dragons parachutistes (13e RDP), et l'adjudant-chef Thierry Prungnaud. Ces derniers reviennent en arrière et se rendent vers 14 heures à Bisesero. De là, ils appellent leur supérieur Marin Gillier, l'informent qu'ils sont à Bisesero et lui expliquent que s'y trouvent des survivants tutsis. A posteriori, Thierry Prungnaud précisera qu'ils sont retournés à Bisesero de leur « propre chef[130] ». Ainsi mis devant le fait accompli, Marin Gillier arrive sur place une demi-heure plus tard et, devant l'évidence de ce qu'il découvre, alerte sa hiérarchie[131]. Les hommes qui ont décidé d'eux-mêmes le 30 juin d'aller à Bisesero et d'y rester n'étaient pas plus nombreux que Duval et ses hommes trois jours plus tôt.

Prévenus, le colonel Rosier et l'état-major de Turquoise lancent l'opération de secours ; il y a environ 800 survivants ; de toute évidence, ce sont des civils tutsis sans armes qui ont survécu à des massacres récents. Les blessés les plus graves, 28 hommes, 19 femmes, 47 enfants, sont immédiatement évacués par hélicoptère vers Goma[132], et l'armée fait un « effort médiatique[133] » autour de cette évacuation.

Les deux médecins de l'antenne chirurgicale parachutiste de Goma sont prévenus à 16 heures que vont leur être amenés une centaine de blessés graves dont ils ignoraient l'existence même ; avec seulement deux heures de préavis, ils voient ces blessés arriver par hélicoptère vers 18 heures[134]. Le nombre et la nature des blessures, essentiellement infligées à la machette, démontrent de toute évidence qui sont ces blessés et « l'horreur des massacres » auxquels ils ont pu survivre en étant « laissés pour morts après avoir perdu connaissance »[135]. Pris au dépourvu, de nuit, les médecins font face aussi vite que possible, en l'absence de vêtements, de nourriture à donner et de médicaments adaptés[136]. Encore aujourd'hui, des rescapés pensent avoir été humiliés ou amputés à tort par ces médecins. Ces derniers expliquent que l'urgence, le manque de moyens et le manque d'anticipation les ont obligés à dénuder les blessés, les trier dans la nuit en leur marquant un numéro sur le front, leur donner à manger des rations de soldat et amputer les membres les plus atteints pour permettre la cicatrisation[137]. Turquoise n'avait pas anticipé les besoins humanitaires des rescapés d'un génocide.

La chaîne de commandement militaire de l'opération Turquoise au 30 juin 1994

L'ensemble de la chaîne de commandement militaire est placée, via les Conseils restreints, sous l'autorité politique du chef de l'État et du gouvernement :

— À l'Élysée, **François Mitterrand**, qui détient l'autorité, est entouré par le général **Christian Quesnot**, conseiller militaire, **Bruno Delaye**, conseiller pour les affaires africaines, et **Hubert Védrine**, secrétaire général.

— Dans le gouvernement d'**Édouard Balladur**, **François Léotard** est ministre de la Défense, son chef de cabinet est le **général Philippe Mercier**. Les autres responsables concernés par Turquoise sont **Alain Juppé**, ministre des Affaires étrangères, avec son directeur de cabinet **Dominique de Villepin**, et **Michel Roussin**, ministre de la Coopération, assisté par le général **Jean-Pierre Huchon**, chef de la Mission militaire de coopération, et par son chargé de mission **Philippe Jehanne**.

La chaîne de commandement militaire, en descendant depuis Paris vers le terrain, est la suivante :

— L'amiral **Jacques Lanxade**, chef d'état-major des armées, commande depuis Paris toute l'armée française. Les généraux **Maurice Le Page** et **Raymond Germanos** sont ses adjoints.

— La Direction générale de la sécurité extérieure est dirigée par **Jacques Dewatre**, la Direction du renseignement militaire par le général **Jean Heinrich**.

— L'état-major des armées commande, à travers le général Germanos chargé des opérations, le général **Jean-Claude Lafourcade**.

— Le général Jean-Claude Lafourcade commande la Force Turquoise sur le terrain depuis Goma (Zaïre). Dans le cadre de l'opération, il a sous ses ordres trois commandants de secteurs, le colonel **Jacques Rosier**, le colonel **Patrice Sartre** et le lieutenant-colonel **Jacques Hogard**.

— Le colonel Jacques Rosier cumule la fonction de commandant de secteur avec celle de commandant du détachement COS (Commandement des opérations spéciales) de Turquoise, et à ce titre son supérieur est aussi le général Maurice Le Page, commandant du COS basé à Paris. Rosier a sous ses ordres, et lui rendant compte, trois groupes relevant du COS qui sont répartis sur le terrain des opérations. Ils sont commandés respectivement par le lieutenant-colonel **Jean-Rémi Duval**, le capitaine de frégate **Marin Gillier** et le colonel **Didier Tauzin**.

L'armée française et le FPR face à face

Au 30 juin 1994, le jour où les survivants tutsis de Bisesero sont enfin secourus, l'effectif de Turquoise est presque au complet et opérationnel. L'armée française, qui ne redoute plus de se retrouver nez à nez avec le FPR, peut passer à l'action.

Selon le capitaine Ancel et un pilote de Jaguar, le 30 juin au soir, la 1re compagnie du 2e régiment étranger d'infanterie (2e REI) reçoit l'ordre d'intervenir le lendemain en lisière de la forêt de Nyungwe, au sud-ouest du Rwanda, au motif qu'une colonne du FPR serait en train de faire une percée [138]. Les avions de chasse basés à Kisangani au Zaïre sont censés les appuyer [139]. Cette action est annulée au tout dernier moment, peut-être parce qu'un accord est intervenu avec le FPR, ou parce que ce jour-là le FPR n'a pas avancé autant que prévu [140]. Toujours est-il que le combat n'a pas été engagé, et cette opération ne fait l'objet d'aucune publicité à l'époque ; les comptes rendus internes mentionnent simplement des missions aériennes prévues pour le 30 juin, et leur confirmation a posteriori le 1er juillet [141].

Une reconnaissance à l'est de la forêt de Nyungwe est initialement prévue pour le 30 juin et reportée au 1er juillet [142]. Des hommes des forces spéciales avancent vers Gikongoro et y recherchent un emplacement pour installer un hôpital militaire de campagne. Estimant que Gikongoro ne convient pas pour l'hôpital, ils recherchent un emplacement à Butare, c'est-à-dire en plein sur la ligne de front. Ces hommes sont accompagnés d'un hélicoptère et d'un avion qui transporte trois médecins de l'hôpital à installer[143]. Ils ont un accrochage avec des éléments du FPR, plus avancés qu'ils ne le pensaient, et doivent se replier dans la nuit[144]. Malgré ce danger, ils évacuent par hélicoptère « 20 réfugiés (dont 16 religieuses)[145] », mais il reste alors à Butare un grand nombre de réfugiés. Les forces spéciales reviennent le 3 juillet pour une évacuation par route de religieux et de 700 orphelins ; la présence de ces militaires français est négociée avec le FPR, mais donne lieu à un nouvel accrochage[146].

Les Français prennent autant de risques, alors qu'ils sont presque sous le feu du FPR, parce qu'ils n'évacuent pas seulement des religieux et des orphelins. Selon le commandant Bunel, les allers-retours aériens autour du 2 juillet s'expliquent parce que le FPR est « en train de reconquérir le pays et que nous avions encore des coopérants très spécialisés à finir d'évacuer[147] ». En l'occurrence, il s'agirait de militaires français restés pendant le génocide ainsi que de dignitaires hutus[148]. Selon le journaliste Sam Kiley, parmi eux se trouverait l'homme fort du génocide, le colonel Bagosora lui-même[149].

La création de la zone humanitaire sûre

Le 2 juillet 1994, l'amiral Lanxade, préoccupé de voir le front s'approcher des forces de Turquoise, invoque à nouveau l'humanitaire[150]. Il propose de créer une zone humanitaire sûre (ZHS) dans une note qu'il envoie par porteur spécial à l'Élysée et à Matignon[I] [151]. Édouard Balladur, qui deux semaines plus tôt marquait une forte opposition à ce que Turquoise s'implante au Rwanda, demande seulement à Lanxade : « Est-ce que vous êtes capable de la défendre ? » La réponse étant affirmative, le Premier ministre donne immédiatement son accord, et le président Mitterrand aussi[152].

La ZHS est mise en place sans mandat spécifique des Nations unies, selon la « procédure du silence », où l'absence d'objection du Conseil de sécurité vaut acceptation. Elle s'accompagne d'une double interdiction : « interdiction de pénétrer dans la zone, signifiée tant aux FPR qu'aux FAR et aux milices de chaque partie ; interdiction aux FAR d'y constituer une base de départ d'opérations militaires. » Cette double interdiction est d'emblée contredite par le fait que les FAR et les milices déjà présentes dans la zone peuvent y rester et conserver leurs armes, selon une note conjointe des ministères de la Défense et des Affaires étrangères[153].

Le 4 juillet, les Français se préparent à une défense résolue de la ville de Gikongoro. Le colonel Rosier, qui en a la charge, convoque de lourds symboles : « le FPR va être très surpris », car Gikongoro ne sera pas « un Diên Biên Phu mais plutôt un Austerlitz »[154]. Le capitaine de frégate Marin Gillier explique que ses

I. Plus précisément, fidèle à son habitude, il propose une alternative entre deux propositions, dont l'une n'a aucune chance d'être acceptée. En l'occurrence, sa première proposition est un retrait total de Turquoise du Rwanda.

hommes sont « bien disposés à ne pas céder un pouce de terrain en cas d'avancée du FPR. C'est ainsi qu'ils ont construit des abris antibombardement ». Confondant les Hutus avec l'ensemble des Rwandais, il précise : « La population, sachant que le but était de la défendre, s'est spontanément présentée pour aider à creuser. Ceci a permis aux troupes française d'atteindre un second objectif : montrer aux Rwandais leur détermination à rester sur place et à les défendre quoi qu'il advienne. » [155] Le colonel Tauzin le confirme : « nous installons des postes de combat » et des « champs de tir d'armes lourdes autour de notre position de Gikongoro » [156]. Il précise même : « nous tirerons sur le FPR sans aucun problème [157] ». Au moment où, sur le terrain, des officiers français se préparent pour une confrontation armée avec le FPR, ce qui ressemblerait fort à une interposition explicitement interdite par la résolution de l'ONU, l'amiral Lanxade enjoint à ses troupes : « S'agissant de notre mission, je vous demande d'éviter d'utiliser dans votre communication le terme d'interposition [158]. »

Les 4 et 5 juillet, le ministère de la Défense, à l'insu du Quai d'Orsay, envoie deux émissaires, Gérard Prunier et Jean-Christophe Rufin, pour établir un bref premier contact avec le FPR et constater que son chef militaire, Paul Kagame, est ouvert à la discussion [159]. En signe d'apaisement, le peu diplomate colonel Tauzin est rappelé à Paris, où il est toutefois à l'honneur lors du défilé du 14 Juillet [160]. L'affrontement direct est évité, la tension retombe.

Tenir le « pays hutu », puis protéger le repli de nos alliés vers le Zaïre

Sanctuariser un « pays hutu »

Avec la prise de Kigali par le FPR le 4 juillet 1994, l'instauration de la ZHS et la fin des exfiltrations urgentes, l'opération Turquoise change d'orientation et de visage. Plus statique, elle se consacre à durer, à sanctuariser une zone où la France puisse garder une influence. Sa nouvelle stratégie pour protéger les FAR et empêcher la progression du FPR consiste à tenter jusqu'au dernier moment possible d'obtenir un « cessez-le-feu immédiat et sans condition[161] ».

La ZHS, si les Français obtiennent que les massacres y cessent, peut servir de base stable pendant la durée nécessaire pour faire émerger de nouveaux interlocuteurs assez crédibles pour négocier avec le FPR. Mais lesquels ? Discrédité aux yeux de la communauté internationale du fait de son implication dans le génocide des Tutsis, et ayant largement perdu de son pouvoir réel, en particulier après la chute de Kigali, le gouvernement intérimaire n'est plus assez présentable pour participer à des négociations avec le FPR. Le 6 juillet 1994, l'ambassadeur Yannick Gérard, que le Quai d'Orsay a envoyé à Goma comme représentant auprès du GIR, écrit à Paris : « Nous aurions [intérêt], sans trop tarder, à prendre publiquement et nettement nos distances par rapport à ces autorités. Leur responsabilité collective dans les appels au meurtre diffusés, pendant des mois, par la

"Radio des Mille Collines" me paraît bien établie. Les membres de ce gouvernement ne peuvent en aucun cas être les interlocuteurs valables d'un règlement politique. Leur utilité résidait dans la facilitation qu'ils pouvaient apporter au bon déroulement de l'opération Turquoise. Ils chercheront à présent à nous compliquer la tâche[162]. » Sollicité par le président rwandais par intérim qui veut le rencontrer, Gérard transmet à Paris cette demande qu'il jugc pour sa part inopportune, et reçoit le 7 juillet cette réponse : « Il paraît en effet inutile d'avoir des rencontres avec les autorités de Gisenyi. L'interlocuteur qui s'impose du côté gouvernemental semble de plus en plus nettement être l'armée[163]. »

Mais de quelle partie de l'armée rwandaise s'agit-il ? Les responsables français ne pensent pas à ce groupe d'officiers rwandais qui, le 6 juillet, ont signé à Kigeme une déclaration pour se désolidariser du GIR et lutter contre le « génocide ethnico-politique[164] » : aux yeux des Français, ces officiers opposés à l'extermination des Tutsis sont trop favorables au FPR et ils n'ont pas assez d'autorité sur les FAR[165]. L'ambassadeur Gérard estime que leur représentativité « semble, à ce stade, marginale[166] ».

Quand elles mentionnent « l'armée », les autorités françaises pensent en réalité à son chef d'état-major, le général Augustin Bizimungu, qui reste l'allié privilégié de Paris. Bizimungu a lui-même reconnu devant le général Lafourcade la participation de certaines de ses unités au génocide. Il s'agit de ces « troupes gouvernementales » qui, en mai, ont été accusées publiquement par Alain Juppé de s'être livrées à « l'élimination systématique de la population tutsie ». Cela paraît ne peser d'aucun poids aux yeux des dirigeants français, face à l'urgence de stopper le FPR en obtenant un cessez-le-feu que le gouvernement intérimaire n'est plus en mesure de négocier.

Le 6 juillet 1994, le général Germanos, adjoint de l'amiral Lanxade, vient au Rwanda et rencontre le général Bizimungu. Il pousse ce dernier à accepter un cessez-le-feu : « Le général Germanos a fait un point de situation visant à démontrer que la seule solution pour le Cemga [chef d'état-major général des armées : Bizimungu], les FAR et le Rwanda, était de négocier un cessez-le-feu[167]. » Il lui promet une garantie internationale, non seulement sur la zone humanitaire sûre au Sud-Ouest, mais aussi sur la région de Ruhengeri-Gisenyi au Nord-Ouest : « Le général Bizimungu [...] craint que le FPR ne fasse traîner les négociations et gagne des délais pour regrouper ses forces dans le Nord afin d'attaquer la région de Ruhengeri-Gisenyi. Le général Germanos lui a indiqué que la Minuar et éventuellement des éléments de Turquoise pourraient contrôler la zone nord pour que ceci ne se produise pas[168]. » Ainsi le général Germanos, qui dans l'ordre d'opérations de Turquoise mentionnait déjà un « pays hutu[169] », réaffirme la confiance de Paris envers les FAR et l'objectif de maintenir une partie du pays sous leur contrôle.

Turquoise protège les Forces armées rwandaises

Ce contact à très haut niveau avec le chef d'état-major des FAR est significatif de la proximité des FAR avec les Français. Avec la création de la ZHS, l'armée française accentue la différence entre le traitement qu'elle réserve au FPR et aux FAR. Des accrochages ont lieu avec le premier lorsqu'il risque d'entrer dans la zone. À l'inverse, avec ces dernières, il n'y a jamais aucun accrochage, comme le confirme le général Lafourcade [170].

Au contraire, plusieurs unités des FAR sont présentes dans la ZHS dès sa mise en place : un bataillon le 4 juillet, plusieurs unités autour de Gikongoro le 5 juillet, trois bataillons le 7 juillet (auxquels s'ajoutent quatre autres bataillons en limite externe de la zone), plusieurs bataillons et compagnies le 11 juillet. Le 13 juillet, des unités des FAR se replient vers Kibuye [171]. En outre, des « mouvements FAR », signalés sur une carte de la DGSE le 15 juillet, partent de la ZHS et se dirigent vers le front [172] : la ZHS sert donc aussi visiblement de base arrière à des unités des FAR qui s'y replient avant de retourner au combat, ce qui constitue une violation claire de son statut.

Lorsque leur défaite militaire est quasi complète, à la mi-juillet, les FAR se réfugient en ZHS, comme l'attestent les documents militaires français : le 17 juillet, le point de situation de l'état-major des armées indique que, suite à un accrochage avec le FPR, « le commandant du secteur [FAR] a ordonné à ses unités de se replier à quelques kilomètres à l'intérieur de la ZHS [173] ». Le

18 juillet, le mouvement s'amplifie, comme le note l'état-major des armées : « Trois bataillons des forces armées, deux bataillons de gendarmerie, ainsi que la compagnie territoriale de Nyanza, se regroupent en effet à Mabanza, Rugabano et Kibuye, c'est-à-dire à l'intérieur même de la zone humanitaire sûre. [...] Par ailleurs, le colonel Muniyeragambo [nouveau commandant opérationnel des FAR] compte faire reculer ses troupes suffisamment loin pour éviter que le FPR ne tire sur des objectifs situés à l'intérieur de la zone humanitaire sûre[174]. » Il s'agit là à n'en pas douter d'une interposition des forces françaises, pourtant explicitement interdite par le mandat reçu de l'ONU.

Du 15 au 18 juillet 1994, c'est la déroute totale des FAR. La force Turquoise protège alors leur repli en bon ordre vers le Zaïre du maréchal Mobutu. Une fraction notable des FAR, de l'ordre du quart des unités, fuit à travers la ZHS. Certaines unités sont désarmées par les militaires français dans la zone ou à leur entrée au Zaïre, tandis que d'autres passent avec leurs armes – « 4 bataillons [des FAR] passeront et 6 autres seront désarmés[175] » –, en particulier à la faveur de la nuit[176].

Les FAR désarmées ne le sont souvent que pour la forme, car des instructions sont données de les réarmer ensuite : selon le journaliste Patrick de Saint-Exupéry, un haut fonctionnaire habilité à lire les archives de l'Élysée y a relevé qu'« au cours de l'opération Turquoise, ordre avait été donné de réarmer les Hutus qui franchissaient la frontière ». Cet ordre a suscité des protestations de la part de soldats de l'opération Turquoise, puisqu'« il y avait plusieurs documents sur des cas de "droit de retrait" que des militaires auraient fait valoir pour ne pas obéir aux ordres. Il y avait aussi un document disant que les militaires sur place ne comprenaient pas cet ordre et ne souhaitaient pas l'appliquer ». Sur l'un de ces documents, le haut fonctionnaire dit avoir « vu une note dans la marge disant qu'il fallait s'en tenir aux directives fixées, donc réarmer les Hutus... L'auteur de cette note était Hubert Védrine »[177].

Le gouvernement intérimaire fuit vers le Zaïre le 19 juillet. Pendant une semaine encore, la ZHS va servir de refuge où FAR et gendarmes se replient massivement ; au total, le 21 juillet, 6 000 d'entre eux en ont profité pour fuir au Zaïre sans craindre le FPR[178].

Les Français favorisent aussi le départ des FAR vers le Zaïre depuis le nord-ouest du pays, qui ne fait pas partie de la zone Turquoise. Le 16 juillet, des FAR passent de Gisenyi, au Rwanda, vers Goma, au Zaïre : « Un accord avec les autorités zaïroises tolère le passage de 20 000 soldats des FAR armés[179]. » Ils emportent même leur « matériel lourd[180] ».

Le contraste est saisissant si l'on examine l'attitude française vis-à-vis du FPR, au moment où, le 15 juillet, il s'approche de Gisenyi où est réfugié le GIR : les accrochages sans gravité avec les Français sont quotidiens jusqu'au 21 juillet[181]. Le 17 juillet, jour de la victoire du FPR, un mortier français tue 19 combattants du FPR[182]. Le 17 juillet au soir (peut-être volontairement pour atteindre l'avion-cargo zaïrois qui est venu livrer des armes aux FAR[183], ou involontairement tandis qu'est visé Gisenyi où passent les unités des FAR qui se replient au Zaïre), trois obus de mortier tirés par le FPR tombent « sur le poste-frontière zaïrois au sud-est de l'aérodrome [de Goma], faisant 55 morts, dont une dizaine de personnes tuées par les obus, les autres ayant été piétinées dans la panique qui a suivi[184] ». En réaction, l'amiral Lanxade décide de lui-même (il n'en informe l'exécutif qu'après coup) de faire voler les avions de chasse au-dessus du FPR pour l'intimider[185]. Quand le nouveau gouvernement issu de la victoire du FPR se met en place à Kigali, l'état-major de Turquoise traite avec lui et les accrochages cessent, à l'exception d'incidents mineurs.

Les livraisons d'armes aux FAR continuent pendant Turquoise

Le soutien aux FAR pendant l'opération Turquoise ne se limite pas à leur permettre de fuir librement vers le Zaïre, il passe aussi par la fourniture d'armes, alors même que plus d'un mois avant le lancement de Turquoise le Conseil de sécurité de l'ONU a décidé « que tous les États empêcheront la vente ou la livraison au Rwanda [...] d'armements et de matériels connexes de tous types[186] ». À deux reprises d'ailleurs, quand des responsables rwandais civils et militaires demandent des munitions à des officiers français pendant l'opération Turquoise – le 24 juin 1994 au colonel Rosier et le 6 juillet au général Germanos –, ces derniers refusent, si l'on en croit leurs comptes rendus[187].

Pourtant, des témoignages et documents rassemblés par le chercheur Jacques Morel permettent de préciser trois apports d'armements aux FAR via l'aéroport de Goma pendant qu'il était sous contrôle français lors de l'opération Turquoise [188].

Le premier apport vient du Zaïre. Le colonel Bagosora a révélé, lors de son procès au TPIR, que le président zaïrois Mobutu lui avait donné gratuitement des munitions : Bagosora s'est rendu pour cela à Kinshasa plusieurs fois entre le 22 juin et le 14 juillet 1994, et les munitions ont été livrées à partir de début juillet, trop tard pour empêcher la déroute des FAR [189]. Indépendamment, Human Rights Watch a obtenu des informations compatibles avec les déclarations de Bagosora. Selon ces informations, début juillet, trois avions privés, suivis d'un quatrième le 17 juillet, apportent de Kinshasa des fusils d'assaut, des munitions, des mortiers, des grenades et des mines provenant de stocks zaïrois, qui arrivent à Goma où ils sont déchargés par des soldats zaïrois, puis escortés par des soldats zaïrois et des FAR. Ce serait la raison pour laquelle le FPR a tiré au mortier sur l'aéroport de Goma le 17 juillet [190].

Le deuxième apport arrive le 18 juillet en provenance d'Europe de l'Est. Selon le lieutenant-colonel Cyprien Kayumba, qui est chargé de commander des armes et écrit un compte rendu de son action, les extrémistes hutus se sont procuré auprès de la société britannique MIL-TEC Corporation six cargaisons de munitions, pour un total de 240 tonnes [191]. Une partie des frais a été payée par la société française Dyl-Invest [192]. L'une de ces cargaisons d'une trentaine de tonnes arrive via un vol Tirana-Kinshasa du 13 juillet puis, retardée quelques jours à Kinshasa, est déchargée le 18 juillet à Goma. Elle contient des munitions et des roquettes pour une valeur de 753 645 dollars, dont un paiement de 175 000 dollars a été émis sans encombre par l'ambassade du Rwanda à Paris[193]. Alors que, de son côté, Bank of New York a fait bloquer le reste du paiement émis depuis l'ambassade du Rwanda en Égypte. Étant donné son volume, ce deuxième apport n'a pas pu passer inaperçu.

Par ailleurs, le capitaine Ancel rapporte qu'après la mi-juillet, sur l'aéroport de Cyangugu, il a reçu l'ordre de détourner l'attention de journalistes pendant qu'un convoi d'une dizaine de camions porte-conteneurs chargés d'armes passe derrière eux à destination des FAR qui à cette date sont réfugiés au Zaïre[194]. Lorsqu'Ancel en témoigne publiquement en 2014, la gêne du général de Saint-Quentin, ancien du Rwanda comme lui, lui laisse penser qu'il ne s'agissait pas d'armes confisquées aux FAR, mais bien de nouvelles armes qu'on leur livrait[195].

Le troisième apport, révélé par Human Rights Watch, provient d'une série de livraisons aériennes durant la fin de Turquoise : « Fin juillet et en août, quatre autres avions atterrirent à Goma selon des témoins oculaires. [...] L'origine des armes n'était pas connue. [...] Des officiers des ex-FAR et des soldats zaïrois réceptionnèrent ce chargement particulier[196]. » Un témoin confirme que les Interahamwe venaient directement sur le tarmac, avec des véhicules des FAR en fuite, pour prendre livraison des armes[197].

Les dates de ce troisième apport sont compatibles avec le témoignage de Walfroy Dauchy, humanitaire de la Croix-Rouge. Dauchy explique qu'il s'est entretenu à Goma avec Guillaume Victor-Thomas (fils de Michel Victor-Thomas, le dirigeant de la société Spairops qui a permis l'acheminement aérien de Turquoise). Selon Dauchy, Guillaume Victor-Thomas se targuait d'avoir loué une partie d'un avion, dont l'autre partie était louée par l'armée française, pour y transporter du fret militaire à destination du GIR après sa défaite. Dauchy dit avoir lui-même vu lesdites caisses (mais pas leur contenu) une première fois avant le 15 août, et au moins une deuxième fois : des caisses de taille moyenne, capables de contenir des armes légères, dont le volume remplissait environ un quart d'un avion militaire français, un C-130 Hercules [198].

Tentatives de justification des livraisons d'armes

Ces livraisons d'armes aux FAR par l'aéroport de Goma pendant l'opération Turquoise ont été reconnues par des responsables civils et militaires français. Mais ils ont jusqu'ici toujours nié les avoir organisées ou couvertes.

Ces responsables font tout d'abord remarquer que les Français n'auraient pas donné suite aux demandes rwandaises : nous avons vu qu'à deux reprises des munitions sont refusées aux autorités rwandaises par le colonel Rosier, puis par le général Germanos. Les Rwandais disent d'ailleurs au colonel Rosier qu'ils s'adressent aussi à des mercenaires – « Capitaine Barril contacté [199] », précise le rapport de Rosier –, comme ils l'ont déjà fait durant le génocide. En outre, le contrat du 28 mai 1994 entre le gouvernement intérimaire rwandais et le capitaine Barril, que ce dernier avait commencé partiellement à facturer[200], et pour lequel il a perçu un acompte de 1,2 million de dollars, est bel et bien interrompu par l'opération Turquoise avant d'être exécuté[201].

Les livraisons d'armes constatées sur l'aéroport de Goma sont alors décrites comme étant destinées à Turquoise. Le ministère de la Coopération reconnaît ainsi, dans le journal *La Croix* : « Lors de l'opération Turquoise, des armes ont bien été livrées à Goma, au Zaïre, en juin-juillet 1994. Mais elles étaient destinées à la force interafricaine d'intervention », c'est-à-dire aux autres armées qui ont participé à l'opération Turquoise. La journaliste qui l'interroge, Julia Ficatier, y relève une contradiction : « Alors comment comprendre la déclaration faite par le consul de France de l'époque, présent à Goma, Jean-Claude Urbano ? [Ce dernier] n'a pas parlé de livraisons à la force interafricaine. Il aurait justifié ces cinq livraisons en affirmant que la France n'avait fait qu'honorer des contrats d'armes antérieurs à l'embargo[202]... »

Une autre explication donnée est que les munitions n'auraient été livrées que par des contrats commerciaux. L'amiral Lanxade affirme qu'une livraison de la part de l'armée française serait « absolument impossible. Les munitions, ça ne passe pas par les forces armées. Les munitions, ça passe par des contrats[203] ». Or cela n'est vrai que pour les armes neuves. Il est fréquent que la

Mission militaire de coopération prélève sur les propres stocks de l'armée française ; ainsi pour le Rwanda, entre 1990 et 1993, il y a eu 36 « cessions directes » gratuites ou payantes d'armes lourdes ou légères, de matériel et de munitions, dont 31 « sans respect des procédures[204] », « dans la plus grande discrétion[205] »[I]. La livraison du 9 avril 1994 a également eu lieu hors de tout contrat officiel[II].

Enfin, certains responsables vont jusqu'à prétendre que les Français n'auraient pas contrôlé l'aéroport. C'est ce qu'affirme le ministre de la Défense de l'époque, François Léotard, aux députés en 1998 : « Les forces françaises présentes à l'aéroport civil de Goma au Zaïre n'avaient pas pour mandat de contrôler les arrivées d'avions privés qui auraient pu transporter des armes[206]. » Il ne peut donc pas démentir l'existence de telles livraisons. Interrogé sur ce point, l'amiral Lanxade répond de façon similaire, en ajoutant que si ces livraisons ont eu lieu, l'armée française n'en a même pas été informée. Il reconnaît ne pas avoir fait contrôler tous les avions : « On est sur le territoire zaïrois, et on n'a pas l'autorité, en tout cas légale[207]. » Il précise : « Nous utilisons l'aéroport de Goma, nous en assurons le fonctionnement aéronautique, mais la force Turquoise n'est absolument pas responsable de l'action commerciale menée au profit du Zaïre ou d'autres sur l'aéroport de Goma[208]. »

I. Lire *supra*, p. 63.

II. Lire *supra*, p. 152.

Pourtant, un témoin explique : « L'accord entre les Zaïrois et Français était excellent et les Français étaient au courant de tout[209]. » Le journaliste Franck Johannès, présent début juillet, précise : « Pendant l'opération Turquoise, c'étaient les Français qui avaient le contrôle de l'aéroport, il n'y avait pas d'avion qui pouvait se poser sur la piste sans que la piste soit dégagée[210]. » Selon Walfroy Dauchy, présent pour la Croix-Rouge de fin juillet à mi-octobre 1994, « Turquoise contrôlait tout, [...] nos avions n'étaient pas fouillés, mais tout ce qui arrivait avait la bénédiction du commandement français[211] ». Enfin, un militaire français présent mi-juillet se remémore que lors de l'arrivée d'un avion, la DGSE a demandé aux militaires français de « ne pas être là » et de « ne pas regarder »[212].

Aux yeux d'officiers français, « les miliciens font la guerre »

Les Français ne se contentent pas d'appuyer discrètement les FAR face au FPR, y compris en permettant les livraisons d'armes à l'aéroport de Goma. Les miliciens sont considérés par eux avant tout comme des combattants qui luttent contre les troupes du FPR, et non comme des assassins ayant participé au génocide des Tutsis. Ce que le colonel Rosier, commandant les forces spéciales de Turquoise, résume d'une phrase quelques jours après le début de l'opération : « Les miliciens font la guerre. Par souci de neutralité, nous n'avons pas à intervenir[213]. »

Pourtant, les autorités françaises, civiles et militaires, savent à quoi s'en tenir au sujet des miliciens. Les services de renseignement signalent leurs exactions : la DRM le 15 juin 1994, la DGSE le 24 juin[214]. Ainsi le mémoire de l'état-major des armées du 15 juin, et à sa suite le général Lafourcade dans son ordre d'opération du 25 juin, mentionnent que le génocide des Tutsis est perpétré aussi par les milices hutues[215]. Dans sa tribune publiée dans *Libération* le 16 juin 1994, le ministre des Affaires étrangères, Alain Juppé, les accuse explicitement : « Il faut parler de génocide, car il y a bien volonté délibérée des milices actives dans les zones gouvernementales d'abattre les Tutsis, hommes, femmes, enfants, blessés, religieux, en raison de leur seule origine ethnique. » Sur le terrain, outre les fosses communes qu'ils découvrent à leur arrivée à Nyarushishi et le choc qu'ils ressentent à Bisesero, les hommes de Turquoise identifient des chefs miliciens locaux. Ils relatent le 30 juin que les miliciens commettent chaque nuit « 20 à 30 assassinats de Tutsis[216] » et rapportent des exactions de miliciens « même lors des combats dans Butare » le 3 juillet.

L'état-major des armées le sait, ces miliciens sont encouragés au massacre par les incitations à la « défense populaire[217] ». Cette expression, comme celle de « défense civile[218] », permet de justifier la participation croisée des FAR et des milices à la fois à la guerre et au génocide, à l'initiative des autorités rwandaises. Ainsi, pour le président Sindikubwabo, les milices participent à un « mouvement de résistance de la jeunesse et de toute la population contre l'agression extérieure[219] » – ce ne sont pas des éléments incontrôlés, comme le prétendent les Français de façon répétée[I]. Dès le début de Turquoise, les militaires français constatent sur le terrain cette continuité complète et l'« étroite collaboration » entre les FAR et les milices, continuité qui n'est pas nouvelle puisqu'ils l'ont constatée et encouragée tout au long de l'opération Noroît[220].

La hiérarchie de Turquoise veut à la fois favoriser la mobilisation des milices contre le FPR tout en neutralisant les tueurs incontrôlables. D'un côté donc, tant pour conserver leur crédibilité que pour répondre à une demande croissante venue des soldats de la force Turquoise eux-mêmes, les Français évincent, voire désarment des miliciens menaçant des Tutsis, car leur comportement compromet la stabilité et l'image de la zone humanitaire sûre, quand l'objectif affiché de l'opération est de « mettre fin aux massacres[221] ». De l'autre, ils exonèrent de leurs crimes les miliciens les plus présentables qui s'intègrent à la défense civile : « Dans le Sud [de la ZHS], les membres de la défense civile portent maintenant des brassards et sont munis de papiers officiels, les miliciens ont disparu[222]. » Cette contradiction atteint ses limites : le 14 juillet, la DRM note que des exécutions de Tutsis sont signalées dans la région et que la reprise des exactions est à craindre « de la part de miliciens, d'autant plus actifs que le corps de

I. Lire *infra*, « Des contacts privilégiés avec les autorités locales génocidaires », p. 204.

défense civile qui devait les contrôler vient d'être dissous quelques jours seulement après sa réorganisation[223] ».

Certains officiers français assument le côté quasiment schizophrénique de leur action avec un naturel confondant. Ainsi le colonel Tauzin, qui démantèle spectaculairement les barrières tenues par les miliciens en arrivant au Rwanda, explique quelques jours plus tard que « l'armée française n'a pas d'autorité pour désarmer les milices ou démanteler les barrages routiers, même s'ils sont une menace pour la vie des civils[224] ». À Gikongoro, le 4 juillet, certains civils armés sont tenus pour des défenseurs de la ville dépendant de la défense civile, tandis que d'autres sont considérés comme des miliciens qui menacent des Tutsis et qu'il faut interpeller[225]. Le 5 juillet, la DRM relève que la ville de Gitarama est défendue par « deux bataillons des FAR, quelques gendarmes et des miliciens au zèle anti-tutsi exacerbé » et celle de Gikongoro par « 120 gendarmes et une centaine de miliciens[226] » ; le même jour, la note quotidienne de situation de la même DRM explique de façon plus présentable que Gikongoro est défendue par « 120 gendarmes et une centaine de supplétifs civils armés[227] ».

La conséquence de cette politique est que la ZHS sert de refuge temporaire à des miliciens combattants. Ainsi, du 29 juin au 1er juillet, dans la zone sous contrôle français, près de Gikongoro (à Cyanika), la DGSE signale un « camp d'entraînement des milices hutues[228] ». Le 13 juillet, la DGSE signale que des « renforts hutus pour milices » entrent en ZHS depuis le Zaïre et le Burundi[229].

Quant à Robert Kajuga, chef des milices Interahamwe au niveau national, les Français savent qu'il est arrivé le 5 juillet à Gikongoro, dans la ZHS[230], et ils ne l'arrêtent pas.

Avec la fin des combats, les miliciens perdent progressivement leur intérêt militaire aux yeux des Français. La majorité d'entre eux s'enfuit au Zaïre, mais d'autres restent, se joignant aux ex-FAR pour piller et racketter[231].

Des contacts privilégiés avec les autorités locales génocidaires

Les militaires français n'entretiennent pas seulement des liens avec les Forces armées rwandaises et avec les milices. Ils collaborent aussi avec les autorités civiles rwandaises. La consigne vient de haut, puisque ces dernières sont dédouanées de la responsabilité du génocide par le cadre fixé par l'état-major des armées à l'opération Turquoise. L'ordre d'opération présente en effet les massacres de Tutsis comme des « affrontements interethniques » attribués à des « bandes formées de civils ou de militaires hutus incontrôlés », et enjoint par conséquent aux troupes françaises d'inciter les « autorités locales rwandaises, civiles et militaires », à « rétablir leur autorité »[232]. L'amiral Lanxade précise en 2018 que cette dernière instruction a été donnée par lui : « Ça a été décidé par moi, ça. [...] L'idée étant de s'appuyer sur les autorités locales[233]. »

Conformément à cette directive, les soldats français prennent contact dès leur arrivée avec les autorités locales, civiles, militaires et même religieuses[234]. Par voie de conséquence, ils légitiment ces autorités et sont influencés par leurs informations, souvent même par leur analyse, ce qui a des conséquences concrètes sur la prolongation des massacres, par exemple à Bisesero.

Car les préfets et les bourgmestres sont restés sans interruption aux ordres d'un gouvernement qui organise pendant plus de deux mois l'extermination des Tutsis[235]. Comme l'amiral Lanxade le reconnaîtra lui-même après coup, « la plupart des anciens responsables ont été compromis dans les massacres[236] ». D'autant que ceux qui s'y opposaient ont été largement éliminés : ainsi ceux qui sont encore en place en juin sont ceux qui ont du sang sur les mains.

C'est d'ailleurs clair dès les premiers contacts des militaires français avec les préfets de Cyangugu et Kibuye, les sous-préfets ou les bourgmestres[237]. Le 29 juin, la DRM ironise : « Il y avait 240 Tutsis à Bugarama, avant fin avril 1994. Le préfet "ne sait pas" ce qu'ils sont devenus[238]. » Le lieutenant-colonel Hogard arrive à Cyangugu le 2 juillet, et sa rencontre avec le préfet Emmanuel Bagambiki est diffusée au *Journal de 13 heures* de TF1. En 2005, Jacques Hogard racontera qu'il a été révulsé d'emblée : « Bien qu'il ait été élargi par le tribunal d'Arusha, je pense que c'est un vrai salopard, passez-moi l'expression. J'en ai la conviction si ce n'est les preuves : il fallait voir la rouerie, l'hypocrisie et la perfidie du bonhomme pour le comprendre tout de suite. [...] Ensuite, j'ai compris qu'il donnait des ordres aux milices à l'extérieur de la ville, tout en nous assurant qu'il calmait le jeu[239]. » Son chef du bureau de renseignement, le capitaine Gondal, complète : « Très vite, nous avons la sensation désagréable que les autorités ont organisé les massacres. [...] Nous nous attendions à voir des assassins, des tueurs... mais pas à cette implication des autorités locales. Que tout cela soit organisé, c'est fou[240]. »

Cependant, les Français communiquent sur la nécessité que les civils rwandais restent à l'intérieur de la ZHS. Leur protection est la justification de la présence des Français au Rwanda, le prétexte pour empêcher le FPR d'avancer. C'est aussi la base de négociation pour un cessez-le-feu que la France recherche jusqu'au bout, à travers l'ONU : « À l'initiative de la France, le Conseil de sécurité a exigé [le 14 juillet] un cessez-le-feu "immédiat et sans préalable" au Rwanda[241]. »

Les Français affirment avoir besoin de travailler avec les autorités locales pour la gestion administrative au quotidien, comme le précise le capitaine de frégate Marin Gillier dans une interview du 21 juillet 1994 : « Nous savons que les bourgmestres et les sous-préfets de la région sont pour la plupart impliqués dans les massacres de Tutsis, voire leurs instigateurs. Nous avons accumulé des témoignages qui le prouvent. Mais, pour le moment, ils sont nos seuls interlocuteurs auprès du million et demi de réfugiés hutus qui ont afflué dans la zone. Ils nous aident à sécuriser l'endroit en désarmant les milices et en persuadant les réfugiés de demeurer sur place[242]. »

La suite logique est de coopérer avec elles. Le lieutenant-colonel Hogard met en place un « comité de coordination » quotidien avec le préfet Bagambiki, dont il ménage attentivement la « susceptibilité ». Il invoque « la nécessité d'opérer en souplesse, avec beaucoup de finesse, de conjuguer la force et la diplomatie, la fermeté et la sagesse, en préservant les apparences ». Hogard se dit obligé de le faire jusqu'au bout, car « le gouvernement officiel est encore en place ; le préfet de Cyangugu représente ce pouvoir qui existe encore »[243].

La coopération va plus loin, puisque les Français notent « la bonne collaboration des autorités administratives locales qui soutiennent sur le terrain l'action » des troupes françaises[244]. Réciproquement, ces dernières « font preuve d'initiative [...] en soutenant les autorités locales dans leurs actions administratives et policières[245] ». Dans la ZHS, un officier des forces spéciales autorise un bourgmestre à conserver « un stock d'armes de guerre » : fusils d'assaut Galil et Kalachnikov ; il n'a pas réalisé qu'auparavant ce même bourgmestre avait fait liquider tous les Tutsis de sa commune[246]. Un article de *La Vie* du 21 juillet explique que Joachim Hategekimana, sous-préfet de la ville de Kaduha où se poursuit la chasse aux Tutsis à laquelle il avait lui-même appelé, bénéficie de sa collaboration franche et totale avec les militaires français : il se refait une virginité, et revend l'aide alimentaire[247].

Mi-juillet, avec la déroute des FAR, il n'est plus question de cessez-le-feu, les autorités locales perdent leur légitimité et les Français les laissent s'enfuir. Le général Lafourcade, commandant l'opération Turquoise, pas plus que le général canadien Dallaire, commandant la Minuar,

« ne dispose actuellement de mandat lui permettant de pouvoir réellement arrêter ou retenir quiconque » ; tous deux doivent attendre « des conseils et instructions »[248]. Ainsi, n'ayant pas encore reçu explicitement de pouvoir de police, l'armée française évite de « participer à la recherche et à l'arrestation des coupables[249] ». Elle les connaît pourtant, puisqu'elle a reçu du FPR le 7 juillet une liste détaillée de dix pages avec 220 noms, chacun avec leur fonction, que les Français ont examinés et annotés un par un[250]. En pratique, les Français n'arrêtent aucun conseiller communal, bourgmestre, sous-préfet ; même les préfets de Kibuye et de Cyangugu partent au Zaïre sans être inquiétés[251].

Le gouvernement se réfugie auprès de Turquoise, qui le fait partir au Zaïre

Le gouvernement intérimaire rwandais, dont le crédit international s'étiole rapidement après la prise de Kigali par le FPR le 4 juillet 1994, voit les autorités françaises prendre elles aussi leur distance vis-à-vis de lui. Réciproquement, les membres du GIR constatent que Turquoise, se limitant à la ZHS, ne défend pas le front. De même que les FAR, les miliciens et les radios, ils font preuve à l'égard des Français d'une défiance croissante.

Bien que le FPR réclame que les ministres du GIR soient jugés[252], le 11 juillet le général Lafourcade se dit opposé à leur arrestation : « Si le gouvernement s'enfuyait dans la zone [humanitaire sûre], les soldats français accueilleraient [ses membres] comme de simples réfugiés[253]. » Il précise à ses subordonnés les instructions reçues de Paris : « Nous n'avons pas à arrêter ni à séquestrer personne[254]. » Mais le 14 juillet, le ministère des Affaires étrangères conteste ce point de vue et déclare que le GIR est indésirable[255].

Le même jour, le président rwandais par intérim et quatre membres du GIR (les ministres de la Fonction publique, de la Jeunesse, de l'Agriculture, et le ministre de l'Enseignement supérieur en poste jusqu'au 25 mai) se réfugient à Cyangugu[256], dans la ZHS, où ils se sont visiblement déplacés librement dans « quelques berlines noires un peu lourdes, avec quelques camions chargés de militaires rwandais[257] » de la garde présidentielle. Le général Lafourcade regrette que, malgré ses demandes et celles de l'ambassadeur Yannick Gérard, représentant du Quai d'Orsay auprès du GIR, Paris n'ait toujours pas tranché et donné des ordres à leur sujet[258]. Sans demander explicitement s'il doit les arrêter, Lafourcade demande ce qu'il devrait faire si jamais ils ne partaient pas spontanément : « Après avoir rendu compte de leur présence à Paris, j'ai, par téléphone, demandé des instructions sur la conduite à tenir à leur sujet s'ils persistaient à rester dans la zone[259]. »

Le 15 juillet, la question est débattue. L'ambassadeur Gérard écrit que, « dans la mesure où nous savons que les autorités portent une lourde responsabilité dans le génocide », il y a un seul choix possible, celui de les arrêter, ou au moins les placer en résidence surveillée jusqu'à remise aux Nations unies[260]. À l'inverse, l'état-major des armées juge « souhaitable que des contacts diplomatiques soient pris pour que ces autorités quittent la ZHS »[261].

Ces deux positions opposées se retrouvent chez les décideurs politiques. Une réunion interministérielle a lieu à Matignon le 15 juillet en fin de matinée. Des conseillers de l'Élysée sont présents[262]. Dans l'après-midi, une dépêche de l'agence Reuters, citant une « source autorisée à Paris », affirme que les membres du GIR seront « mis aux arrêts » : « S'ils viennent à nous et que nous en sommes informés, nous les internerons. »[263] Les archives de l'Élysée contiennent un exemplaire de cette dépêche qui porte une annotation manuscrite d'Hubert Védrine : « Lecture du président. Ce n'est pas ce qui a été dit chez le Premier ministre[264]. » Édouard Balladur explicitera ce désaccord en 1998 : « Il n'était pas question à ses yeux [du président Mitterrand] de châtier les auteurs hutus du génocide et il n'était pas question aux miens de permettre à ceux-ci d'aller se mettre à l'abri au Zaïre[265]. »

Dans un entretien en 2018, l'amiral Lanxade confirme implicitement les propos d'Édouard Balladur. Il souligne en effet que le président Mitterrand ne lui a pas fait transmettre clairement un ordre d'arrêter les membres du gouvernement génocidaire : « Pour moi qui étais le patron, il n'était pas question de donner une instruction aux gens si je n'avais pas eu la certitude que c'était la position du Président. [...] Si le Président avait laissé un peu la porte ouverte à l'arrestation des gens, Quesnot l'aurait transmis[266]. » Le débat a donc été tranché au plus haut niveau : pas d'arrestation du GIR, mais une invitation à quitter la ZHS.

À la date du 16 juillet, le président intérimaire rwandais et son Premier ministre, accompagnés d'une dizaine de ministres, sont arrivés à Cyangugu[I]. Le ministre du Travail, qui est déjà parti à Goma, indique à l'AFP que le gouvernement intérimaire rwandais « restera à Cyangugu et y entreprendra des activités politiques », en opposition à la volonté française[267].

Ce 16 juillet, le lieutenant-colonel Hogard rencontre le président Sindikubwabo et Jérôme Bicamumpaka, ministre des Affaires étrangères. Hogard leur donne quarante-huit heures pour partir au Zaïre, sous réserve de l'accord des autorités zaïroises, et leur interdit d'ici là toute émission de radio ; le GIR donne son accord[268]. Hogard s'assure avec le commandant militaire zaïrois de la zone frontalière de Bukavu que celui-ci ouvrira la frontière et accueillera le GIR[269].

I. En compilant attentivement les différentes sources, on identifie parmi eux : Théodore Sindikubwabo, président par intérim de la République rwandaise ; Jean Kambanda, Premier ministre ; Jérôme Bicamumpaka, Affaires étrangères et Coopération ; Édouard Karemera, Intérieur (à partir du 25 mai) ; Agnès Ntamabyaliro, Justice ; Augustin Bizimana, Défense ; Straton Nsabumukunzi, Agriculture ; Daniel Mbangura, Enseignement supérieur, Recherche scientifique et Culture (jusqu'au 25 mai) ; Prosper Mugiraneza, Fonction publique ; Eliézer Niyitegeka, Information ; Justin Mugenzi, Commerce, Industrie et Artisanat ; André Ntagerura, Transports et Communications ; Pauline Nyiramasuhuko, Famille et Promotion féminine ; Callixte Nzabonimana, Jeunesse. Soit au total quatorze membres du GIR sur vingt-trois, si on tient compte des deux ministères qui ont changé de titulaire le 25 mai.

Ce que *Képi blanc*, la revue de la Légion étrangère, résume ultérieurement de façon lapidaire en expliquant que « l'EMT [état-major tactique du lieutenant-colonel Hogard] provoque et organise l'évacuation du gouvernement de transition rwandais vers le Zaïre[270] ». Face au tollé qu'ont provoqué les multiples interprétations de cette simple phrase, Hogard l'explique et la confirme : « Provoqué, certainement ; organisé, dans la mesure où j'ai été voir mon homologue zaïrois pour leur dire de les accepter chez eux[271]. »

Le 17 juillet au matin, Lafourcade fait demander au GIR de « quitter la ZHS le plus vite possible[272] ». Le GIR réaffirme « son droit à l'exercice de ses prérogatives », mais se prépare à quitter la zone[273]. Il part pour le Zaïre le soir même et les deux jours suivants[I], certains de ses membres sous escorte française, voire en hélicoptère[274]. En partant, violant l'interdiction formulée par Hogard et malgré un « sérieux avertissement » du général Lafourcade[275], le GIR s'adresse le 17 juillet à 19 heures à la population sur Radio Rwanda. La majorité des responsables des massacres s'enfuit aussi au Zaïre avec armes et bagages[276], emmenant même les réserves de la Banque nationale du Rwanda. Leur intention clairement avouée est de replier également le reste des

---

I. Les nombreuses sources sur le sujet sont légèrement divergentes. Les documents militaires affirment que l'ensemble du GIR est parti le 17 au soir. Pourtant, les agendas de certains ministres, des notes de la DGSE ou du Quai d'Orsay et des témoignages mentionnent encore quelques départs de ministres le 18, voire le 19 juillet.

FAR avec leur armement au Zaïre afin de poursuivre la « résistance » depuis ce pays[277]. Ils emmènent aussi les milices, ainsi que le maximum de civils et de matériel.

À la suite des États-Unis trois jours plus tôt[278], la France cesse, le 19 juillet, de soutenir le GIR aux Nations unies : « À l'issue d'un contact avec notre mission à New York, le représentant actuel du Rwanda, M. Bizimana, s'est dit prêt à renoncer informellement à siéger au Conseil de sécurité[279]. »

Les radios ne sont pas neutralisées

Comme le résume l'état-major de l'opération Turquoise, Radio des Mille Collines « s'est rendue tristement célèbre par ses appels à l'extermination. [...] Elle porte la responsabilité d'une bonne part des exactions commises depuis le 7 avril, car son impact sur la population était très grand » ; la radio gouvernementale, Radio Rwanda, avait aussi une influence importante[280].

Le représentant de la France à l'ONU, Jean-Bernard Mérimée, en est conscient lorsqu'il prend un engagement le 1er juillet devant le Conseil de sécurité : « Je voudrais insister sur la responsabilité particulière des médias qui incitent à la haine et à la violence. [...] La France fera tout son possible pour obtenir la cessation de ces émissions[281]. »

Dès le 22 juin, l'armée française suit les émissions de Radio des Mille Collines et de Radio Rwanda[282]. Les rapports des services et de Turquoise localisent leurs émetteurs mobiles[283]. Ces deux radios au discours incendiaire se déplacent vers Gisenyi avec leur matériel lors de la chute de Kigali début juillet, avant de fuir à nouveau mi-juillet vers la ZHS [I].

Les radios ne sont pas neutralisées, elles partent au Zaïre avec leur matériel. Radio Rwanda appelle le 17 juillet à l'exode [284] ; le 19 juillet, elle menace la population qui voudrait rester au Rwanda [285].

L'armée française fait progressivement venir de France un dispositif complet de « guerre électronique » : il permet les écoutes, la traduction, la localisation et le brouillage grâce à deux stations prêtes à intervenir. Il faut attendre le 19 juillet au soir pour que Turquoise devienne techniquement capable de neutraliser une émission : ce dispositif sophistiqué arrive trop tard, ne détecte aucune émission problématique et n'en brouille aucune [286]. Avec une approche plus directe que les Français mais plus efficace, les Zaïrois saisissent le matériel de Radio des Mille Collines lorsqu'elle passe la frontière à Bukavu : deux camionnettes de régie télévision, deux jeeps équipées d'émetteurs contenant des bandes de propagande [287].

I. Radio des Mille Collines émet de Kigali les 1er et 3 juillet. Elle part alors avec un émetteur mobile, juste avant la chute de Kigali le 4 juillet. Elle parvient à rejoindre Gisenyi, où elle est localisée le 7 juillet, et s'installe au dernier étage d'un immeuble d'où elle émet de façon épisodique jusqu'au 12 juillet. Radio Rwanda est aussi vers Gisenyi, dans une voiture ou une camionnette localisée le 11 juillet près du mont Karisimbi ; elle rediffuse quelques émissions de Radio des Mille Collines. Juste avant la chute de Gisenyi, Radio des Mille Collines se réfugie en ZHS, peut-être au mont Karongi. Radio Rwanda se réfugie aussi le 16 juillet en ZHS, à Cyangugu, d'où elle émet les 16 et 17 juillet.

A posteriori, le Premier ministre Édouard Balladur se justifiera : « Bombarder cette radio eût été une opération de guerre. On n'était pas là pour ça[288]. » Et de même le chef d'état-major des armées, l'amiral Lanxade : « On n'a pas de mandat pour arrêter des gens[289]. » François Léotard fait valoir que « le brouillage des émissions de radio ou la destruction d'un émetteur ne faisait pas partie du mandat confié à la France par l'ONU[290] ».

Un bilan humanitaire décevant

Sous couvert d'humanitaire, l'opération Turquoise poursuivait donc un autre objectif, politique celui-là : sanctuariser un « pays hutu » au Rwanda. Et quand cet objectif n'a plus été tenable, les troupes françaises ont permis le repli en bon ordre des auteurs du génocide au Zaïre. Pour autant, l'aspect humanitaire, embryonnaire au départ, n'a pas cessé de se développer avec la montée en puissance du dispositif français, en particulier après la mise en place de la zone humanitaire sûre.

L'humanitaire, de la façade à la réalité

Pendant les premiers jours de Turquoise, jusqu'à fin juin 1994, l'humanitaire semble n'être qu'une « façade », pour reprendre le mot utilisé par le commandant Bunel[291]. Certes, dans cette période, Turquoise apporte par avion des dizaines puis des centaines de tonnes de fret humanitaire[292]. Elle fait des « efforts pédagogiques » pour convaincre des associations de venir dans les camps qu'abrite la ZHS, initialement sans succès : celles-ci n'entrent pas au Rwanda, par volonté d'indépendance par rapport à la France, pour ne pas « servir d'"alibi" à une opération diplomatico-militaire » et par crainte pour leur sécurité[293]. Le colonel Tauzin, qui dispose d'une dizaine d'hommes pour protéger Nyarushishi jusqu'au 30 juin, le reconnaît : « Nous étions si peu nombreux qu'il n'est pas impossible que des Interahamwe aient réussi à assassiner quelques réfugiés[294]. » Selon Guillaume Ancel, le médecin suisse du Comité international de la Croix-Rouge qui intervient à Nyarushishi confirme que « leur effectif ne semblait guère dissuasif pour un site aussi étendu face à des miliciens en nombre[295] ». C'est à partir du 1er juillet que des effectifs suffisants sont disponibles pour sécuriser le camp[296].

Les deux seuls médecins présents au début de l'opération expliquent que leur petite antenne chirurgicale parachutiste de Goma est destinée à soigner en urgence les soldats français blessés au combat[297], et ce sont uniquement des « circonstances imprévues qui l'ont confrontée à des afflux de réfugiés blessés ou malades[298] ». Ces circonstances imprévues, ce sont l'afflux des blessés tutsis de Bisesero, le 1er juillet, et plus tard les blessés de guerre et les épidémies.

Un hôpital militaire de campagne (ou Emmir – élément médical militaire d'intervention rapide) est bien prévu, avec de vrais moyens humanitaires et plusieurs dizaines de personnes[299]. Cependant, il passe après les actions militaires : parti de Lyon le 21 juin 1994, il reste à Bangui jusqu'au 1er juillet « en raison de priorités logistiques liées aux opérations militaires ». Après des reconnaissances pour son emplacement, il s'installe le 5 juillet dans la ZHS, à Cyangugu, et en moins de dix jours il ouvre une centaine de lits. Il n'a pas assez de personnel, de soignants et de lits ; il souffre d'interruptions en approvisionnement dues à d'autres « services pour qui les priorités étaient différentes » ; il doit prêter la moitié de ses véhicules aux troupes pourtant censées lui apporter un soutien logistique et technique, mais qui ont d'autres tâches ; enfin, il doit prélever sur ses propres ressources pour alimenter les hospitalisés[300].

Après le sauvetage des derniers survivants de Bisesero le 30 juin 1994, occasion d'une importante prise de conscience, et surtout à partir de la mise en place de la ZHS, le curseur se déplace de plus en plus du militaire vers l'humanitaire. Les militaires français, se rendant compte que les Tutsis ont été victimes de massacres et sont encore menacés, cessent de percevoir les Tutsis comme assimilés au FPR et leur apportent une aide indéniable. Les soldats de Turquoise recueillent chaque jour des dizaines de Tutsis, jusqu'à une centaine, ou vont en rechercher sur renseignements, parfois avec un courage remarquable, là où ils se cachent. Leur quotidien inclut des évacuations de blessés, des distributions de vivres et des patrouilles dans les camps de réfugiés.

Une course de vitesse s'engage entre l'apport de nourriture et l'augmentation du nombre de réfugiés. Dès le 3 juillet, les camps en ZHS et au Zaïre qui accueillent des milliers de réfugiés hutus sont dans un « état sanitaire alarmant » et l'état-major des armées se préoccupe de « prévenir l'extension des épidémies »[301]. Devant l'avancée du FPR, le gouvernement intérimaire rwandais et ses miliciens poussent des milliers de Hutus à partir, pillant au passage ce qu'ils peuvent emporter, pour aller ensuite grossir les camps de réfugiés sous responsabilité française[302]. Le 7 juillet, les réfugiés en ZHS se comptent en centaines de milliers[303]. Du 11 au 14 juillet, alors que les médias se détournent du Rwanda, la plupart des camps sont dans un état alimentaire déplorable, et la santé est tout aussi préoccupante[304].

Turquoise, le GIR et l'exode des Hutus

En incitant la population hutue à partir, les radios jouent un rôle ravageur. Au 14 juillet, selon le diplomate Hervé Ladsous, c'est Radio des Mille Collines qui est responsable de la panique qui provoque l'exode des populations civiles par le nord-ouest, de Gisenyi vers Goma, au Zaïre, où la frontière est poreuse[305].

Au sud-ouest, l'exode serait-il encore évitable ? À son arrivée le 2 juillet, le lieutenant-colonel Hogard décrit Cyangugu comme « une ville paisible, dont les milliers d'habitants vaquent à leurs occupations, semblant étonnamment ignorer la dramatique situation militaire et politique du pays » ; l'état « des routes et des chaussées parfaitement entretenues » met en évidence que la situation y est meilleure qu'au Zaïre[306]. Le 17 juillet encore, à Cyangugu et alentour, il n'y a pas de guerre, les structures administratives sont restées en place. Les habitants sont chez eux, théoriquement protégés de l'avancée du FPR et des pressions des miliciens par les militaires français dont le mandat et le but affiché sont la stabilité de la région. La frontière avec le Zaïre est délimitée par la rivière Rusizi et les deux ponts sont des passages contrôlés.

Or le 17 juillet, le gouvernement intérimaire lance sur Radio Rwanda, depuis Cyangugu, un appel solennel incitant tous les Hutus à fuir avec lui en masse vers Bukavu, au Zaïre. Selon Hogard, c'est « le signal d'un exode proprement hallucinant ! » Hogard avait pourtant interdit au GIR de s'exprimer à la radio, mais il n'a pas fait appliquer cette interdiction, et n'enraye pas l'exode. Il explique qu'il va trouver son « homologue zaïrois pour lui demander de rouvrir les frontières qu'il a fait fermer »[307]. Hogard lui demande : « Libérez les ponts. Libérez les ponts ! Vous ne pouvez pas contraindre ces gens à se jeter dans la rivière et à mourir sur place de désespoir et de... Ouvrez la frontière[308] ! » La ville et la région de Cyangugu commencent à se vider de leur population dès le 18 juillet au matin[309].

Le 19 juillet, des miliciens menacent ceux qui ne veulent pas partir[310], et le GIR en fuite demande à ceux qui sont encore au Rwanda d'accélérer l'exode[311]. Dans les jours suivants, et jusqu'à mi-août, selon Hogard ce sont encore les milices Interahamwe qui « essayent de faire pression sur les populations, de les effrayer, de les terroriser pour qu'elles partent » ; « le but évident de leur action, c'est la terre brûlée : laisser aux vainqueurs un pays vidé au maximum de ses populations[312] ».

Le choléra est-il apolitique ?

À partir du 20 juillet, au nord du lac Kivu, des cas de choléra sont détectés, y compris chez des opérés récents de l'antenne chirurgicale de Goma[313]. Avec des centaines de milliers de déplacés, le général Lafourcade se prépare à une « situation apocalyptique » dans laquelle Turquoise sera « forcément impliquée », sans guère de moyens pour y faire face[314]. Malheureusement, il voit juste. Pour la seule ville de Goma, entre le 21 et le 27 juillet, les soldats de Turquoise participent à l'enterrement en fosse commune de près de 15 000 cadavres[315] et, selon Lafourcade, « plus de 50 soldats doivent être suivis par le psychiatre de l'armée[316] ».

Turquoise coordonne activement les actions des organisations humanitaires[317]. Face à des problèmes d'une telle dimension, nécessairement imprévue, les associations et l'armée française sont largement débordées, pour la nourriture comme pour les soins[318].

Le choléra s'étend vers le sud du lac Kivu : le 25 juillet au Zaïre vers Bukavu, au Rwanda dans la ZHS où il reste plus limité (une centaine de cas à Kibuye), et le 30 juillet en direction de Kigali[319]. Le 3 août, on recense déjà 22 000 morts à Goma. C'est alors que le 4 août débute une épidémie au nom moins évocateur que le choléra, mais plus meurtrière et difficile à traiter : la dysenterie à shigelles[320]. Au 9 août, on recense également pneumopathies, méningites et typhus. Quand Turquoise part le 22 août, les épidémies ont déjà fait 43 000 morts, dont 27 000 dues au choléra ; tandis que celui-ci est considéré comme terminé, la dysenterie demeure[321].

200 journalistes, appartenant essentiellement aux médias audiovisuels, reviennent au Zaïre pour le choléra[322]. Ainsi, au contraire de l'extermination des Tutsis pour laquelle elles disposaient de très peu d'images, les télévisions médiatisent largement le désastre sanitaire de Goma. Cela améliore la réputation de l'armée française et éclipse le génocide : les

images de réfugiés hutus serviront désormais à illustrer ce qui sera appelé la « tragédie rwandaise ». Les Hutus, qu'ils aient ou non trempé dans le génocide, sont désormais présentés uniquement en tant que victimes des maladies, ce qui achève de dépolitiser le traitement de l'information sur le Rwanda[323]. Pourtant, le choléra est une conséquence directe de la politique du GIR : la terre brûlée et l'exode forcé.

De mi-juillet à mi-août, Turquoise sécurise les opérations humanitaires

Après le départ des génocidaires, l'opération Turquoise perd une grande partie de sa raison d'être. Du 17 au 20 juillet dans la ZHS, les appels radiodiffusés de l'ex-GIR « engendrent une grande confusion[324] » et le maintien de l'ordre devient une priorité : « Les préoccupations essentielles des unités Turquoise touchent à la lutte contre les exactions et les pillages commis en ZHS[325]. »

Pour cela, les Français désarment des militaires des FAR isolés, qui restent dans la ZHS ou qui la traversent pour partir au Zaïre[326]. Fin juillet et en août, ils opèrent régulièrement des saisies d'armes[327]. L'armée française s'emploie, « jour et nuit » selon Hogard, à remettre en place les conditions de vie : le pouvoir, l'administration, l'épuration d'eau, des dispensaires, des hôpitaux, l'aéroport, des gendarmes armés, une prison[328]. Selon Walfroy Dauchy, de la Croix-Rouge, la force Turquoise permet ainsi « la présence humanitaire dans un contexte de sécurité raisonnable[329] » dans la ZHS ; ainsi qu'à Goma où elle joue un rôle stabilisateur en protégeant quelques associations à qui elle fournit souvent une aide pour la logistique[330] ; ce que confirme un médecin militaire français[331].

Cependant, même dans la ZHS qu'elle contrôle, l'armée française n'arrive pas à empêcher que des « bandes armées » fassent régner l'insécurité « sur les civils, les infrastructures et les convois humanitaires »[332] ainsi que sur les camps de réfugiés. Des exactions de miliciens, pillages, rackets et assassinats sont signalés dans la ZHS presque quotidiennement de mi-juillet à mi-août[333].

L'aide alimentaire est parfois détournée et revendue par des autorités génocidaires[334]. Le coordinateur d'une association qui distribuait la nourriture dans une dizaine de camps de réfugiés hutus dans la ZHS explique que « l'argent se déverse dans les camps au profit des Hutus et est détourné par les miliciens qui les contrôlent » ; il précise que le jour où il a eu un problème de sécurité, c'est à la Minuar qu'il s'est adressé : la présence de Turquoise n'a pas particulièrement favorisé son activité, le départ de Turquoise ne lui a pas nui[335]. Ce qui contraste avec la situation au Zaïre, où Turquoise a stabilisé la ville de Goma et où son départ a été durement ressenti par les ONG[336].

Bilan humanitaire : le « grand échec » de Turquoise ?

Selon un bilan du ministère de la Défense, Turquoise a « conduit à l'arrêt des massacres, à la sécurisation des populations et à la mise en place d'une aide humanitaire de grande envergure qui a mis un terme aux exodes massifs et aux épidémies » ; elle a « protégé plus d'un million de réfugiés » et évacué du Rwanda « 2 643 personnes, dont près d'un millier d'orphelins directement menacés de mort » [1]. D'autres bilans militaires évaluent les évacués à 3 500 ou 3 800, « en particulier des religieux, des enfants, des blessés » [337].

En pratique, les aliments, les soins et la couverture médiatique ont surtout bénéficié à des réfugiés hutus. Même à ces Hutus Turquoise n'a évité ni l'exode déclenché par le GIR, les milices et les radios, ni des épidémies qui ont fait 43 000 morts. Le général Lafourcade préconise de faire un « battage médiatique » autour d'actions de l'hôpital [338], mais selon un médecin militaire, « dans l'océan de désespoir des victimes, [l'action des chirurgiens] a sans doute représenté très peu de choses [339] ». Le rapport de fin de mission rédigé par le colonel Sartre est désabusé : « Grand échec de Turquoise, l'action humanitaire aura été inadaptée et insuffisante, ne répondant pas aux besoins de la population et privant la gestion de crise d'un outil privilégié [340]. »

1. Ainsi que 10 190 consultations, 708 interventions chirurgicales, 75 800 actes de soins divers, 7 800 journées d'hospitalisation, 6 000 m³ d'eau et 536 tonnes d'aide alimentaire distribués, 10 980 tonnes d'aide humanitaire recueillies à l'aéroport de Goma, 8 000 corps ramassés, 20 500 cadavres ensevelis.

Les génocidaires qui se réorganisent sont soutenus par les Français

Le Rwanda, qui doit se reconstruire, est privé de tout. Au contraire, les génocidaires déchus disposent de tout ce qu'ils ont emporté dans leur fuite : armement, argent, radios, matériel, administration. Ils sont par ailleurs accompagnés d'une partie de la population rwandaise. Ils s'installent dans des camps au Zaïre, aux frontières du Rwanda, dans cette région du Kivu depuis laquelle ils multiplient les actions de commandos en vue de la reconquête du pays. Non contentes d'avoir permis à ces génocidaires d'échapper à la justice, les autorités françaises maintiennent leur alliance avec eux après la fin du génocide en leur fournissant de la nourriture, des armes, un entraînement militaire.

Les génocidaires s'installent au Zaïre

Fin juillet 1994, 1,1 à 1,2 million de réfugiés hutus sont massés au Zaïre, près de Goma, au nord-ouest du Rwanda, et 300 000 d'entre eux se trouvent vers Bukavu, au sud-ouest. Avec eux, 50 000 soldats des ex-FAR, dont 800 gardes présidentiels, et 10 000 miliciens[341]. Des centaines de milliers de Hutus sont par ailleurs en Tanzanie et au Burundi. Au total, plus du quart de la population rwandaise a pris la route de l'exil, effrayé par le FPR ou contraint et forcé par les autorités génocidaires. Les principaux organisateurs du génocide sont eux aussi au Zaïre. Le 14 juillet, le colonel Bagosora quitte Gisenyi, au Rwanda, à destination de Goma, où est situé le poste de commandement de l'opération Turquoise[342]. Il y est encore fin août[343]. Le GIR se regroupe à Goma où il se comporte comme un gouvernement en exil qui continuerait à fonctionner. Le 20 juillet, il écrit à un colonel resté au Rwanda[I] d'accélérer l'exode[344]. Une partie de l'argent de la Banque du Rwanda est stockée dans des bus ou sous une bâche sous la garde des FAR, au vu et au su d'un officier de renseignement français qui la photographie[345] ; le même observe que la compagnie aérienne zaïroise Shabair[II] « dépose à Kisangani [Zaïre] le 26 juillet les ministres du GIR[346] ». Le 29 juillet, le GIR demande que l'animateur Georges Ruggiu puisse recevoir un visa zaïrois pour venir au Zaïre et recommencer ses émissions à Radio des Mille Collines[347] ; cette radio se reconstitue au Burundi fin septembre[348].

Pour ce qui est des FAR, leur désorganisation n'a fait que s'aggraver avec leur déroute et leur fuite. Au 20 juillet 1994, la DRM indique qu'elles sont déstructurées[349]. Le 11 août, le ministre de la Défense du GIR, Augustin Bizimana, présente un plan de réorganisation en six pages détaillées et efficaces[350]. L'armée et la gendarmerie sont placées sous les ordres du général Bizimungu. Quelques jours plus tôt, le 8 août, ce dernier a été vu à Goma entouré d'officiers français par le général

---

I. Le colonel Musonera, qui s'est désolidarisé du GIR en signant la déclaration de Kigeme (voir *supra*, p. 189), est resté à Cyangugu, qu'il dirige.

II. Sur la Shabair et son propriétaire George Forrest, lire l'encadré p. 233.

Dallaire[351]. Des témoins confirment que, à l'abri des journalistes, l'état-major des FAR et des officiers français discutent ensemble : c'est le commandant de Saint-Quentin, familier des FAR, qui fait l'intermédiaire entre eux[352]. Quoi qu'il en soit, le 19 août, alors que Turquoise se prépare à quitter le Rwanda, les Français notent que les FAR « ont eu un mois pour se réorganiser[353] ».

Les autorités françaises contribuent à cette réorganisation des FAR. Dès le 21 juillet, dix tonnes de nourriture sont données aux FAR et à leurs familles dans la région de Goma[354]. Le représentant du Quai d'Orsay, l'ambassadeur Yannick Gérard, proteste contre ce don aux FAR et contre le fait qu'il ait été rendu public, au moment où des milliers de femmes et d'enfants sont dépourvus de l'essentiel[355]. Le colonel Hogard précise qu'outre la nourriture il leur a fourni quelques dizaines d'armes légères avec munitions[356]. L'armée française soigne aussi les soldats des FAR réfugiés au Zaïre[357]. Selon des officiels de l'ONU, les militaires français emmènent par avion des chefs militaires de premier plan, dont Bagosora et le chef milicien Jean-Baptiste Gatete, ainsi que des troupes d'élite des ex-FAR et des milices : une série de vols au départ de Goma les conduisent vers des destinations non identifiées, entre juillet et septembre 1994[358].

Les FAR se regroupent avec les milices extrémistes hutues dans des camps d'entraînement militaire ou dans les camps de réfugiés, où elles font la loi[359]. Ces camps de réfugiés sont bourrés d'armes : selon Walfroy Dauchy, de la Croix-Rouge, on y trouve des armes légères, des kalachnikovs, même des automitrailleuses, et les meurtres s'y poursuivent ouvertement[360]. Contrairement aux règles internationales, ces camps sont installés à moins de 50 kilomètres des frontières du Rwanda. De là, des commandos retournent au Rwanda faire des reconnaissances, déterminés à reprendre le combat et à reconquérir le pays[361]. C'était pourtant entièrement prévisible : la DGSE l'annonçait dès le 4 juillet, et mettait en garde contre l'extension du conflit au Kivu[362]. Le 22 août 1994, les derniers contingents de troupes de l'opération Turquoise rentrent en France.

Depuis les camps au Zaïre, les FAR tentent de rassembler des fonds et de l'armement[363]. Cette « volonté affichée par les anciennes autorités rwandaises de Kigali de prolonger leur séjour jusqu'à la reconquête finale du Rwanda » est soutenue par le président zaïrois Mobutu, selon une note de la DGSE du 23 septembre 1994[364]. La DGSE indique ainsi que, pour faciliter la reconstitution des FAR et du GIR, Mobutu envisage de leur rendre discrètement leurs armes lourdes, qu'il a officiellement confisquées. Les miliciens, qui sont de moins en moins discernables des FAR, organisent le recrutement dans les camps et dissuadent les réfugiés de revenir au Rwanda[365]. Au fil des semaines, des militaires de l'ancienne garde présidentielle effectuent des reconnaissances en civil dans le nord du Rwanda, et quelques miliciens s'infiltrent jusqu'aux environs de Kigali[366].

Du 2 au 8 septembre 1994, une réunion des officiers supérieurs des FAR a lieu à Goma. Cinq commissaires aux affaires politiques sont nommés, dont Bagosora aux relations extérieures[367]. Le haut commandement des FAR est conscient que le gouvernement en exil est incapable de préparer la reconquête du Rwanda : beaucoup de ministres ont déjà quitté les camps pour une vie plus confortable à Nairobi, Mombasa ou dans de luxueuses villas sur les rives du lac Kivu à Goma même[368]. Pour sa part, à l'automne 1994, l'ex-Premier ministre Kambanda rassemble neuf membres du GIR au Zaïre, tandis que l'ancien chef d'état-major des FAR, le général Bizimungu, coordonne ceux qui sont hors du Zaïre ; ce dernier bénéficie de la « caution morale » d'Agathe Kanziga, veuve du président Habyarimana, qui a quitté la France et s'est installée au Gabon dans une villa mise à sa disposition par le président Omar Bongo[369].

Des camps de réfugiés contrôlés par les génocidaires

La masse des réfugiés vit au Zaïre dans des conditions bien moins favorables que l'ancienne première dame, et certains d'entre eux décident de prendre le chemin du retour. Début octobre 1994, 820 000 réfugiés hutus sont encore à Goma et dans ses environs, mais 360 000 d'entre eux sont déjà rentrés au Rwanda. C'est par la violence que les FAR mettent un terme à ce mouvement qu'elles ont cherché dès l'été à empêcher, en accord avec le GIR en exil[370]. Le Haut Commissariat des Nations unies aux réfugiés (HCR), qui a dans un premier temps encouragé le retour des réfugiés vers le Rwanda, stoppe son aide après la divulgation, fin septembre, d'informations tirées d'un rapport sur les crimes qu'auraient commis au Rwanda les troupes du FPR à l'encontre de Hutus. Selon ce document, signé par un consultant du HCR, Robert Gersony, le FPR aurait tué 5 000 à 10 000 personnes par mois depuis avril 1994. Ce « rapport Gersony », non publié, est considéré comme sujet à caution par beaucoup d'observateurs pour ses estimations jugées peu crédibles, y compris par des responsables des Nations unies présents au Rwanda[371]. Mais comme le note Gérard Prunier, « après lui, il n'a plus été question de rapatriement rapide, et on a pu planifier à long terme un grand programme en faveur des réfugiés[372] ».

Le bruit fait autour de lui permet aussi de faire diversion : on parle maintenant de la violence du FPR au Rwanda plutôt que de celle des génocidaires dans les camps de réfugiés, où l'on compte 15 à 20 tués chaque semaine, selon le HCR[373]. Car dans les camps, l'appareil génocidaire – préfets, bourgmestres, conseillers communaux – se reconstitue, tenant sous sa coupe la population qu'il a entraînée dans sa fuite. L'aide alimentaire y est détournée pour être revendue et servir à acheter des armes. Philippe Biberson, président de Médecins sans frontières (MSF) France, déclare : « L'administration des camps est une reconstitution fidèle de celle qui a présidé au génocide. La "police" et la "justice", aux mains de cette même administration, pratiquent menaces, exactions, exécutions sommaires et manipulations de foules. » Rony Brauman, de MSF, ajoute : « L'aide dont sont supposés bénéficier les réfugiés devient le carburant d'une nouvelle machine de mort » ; la situation est telle que des associations, dont MSF, décident en novembre 1994 de se retirer des camps[374].

Soutien français aux anciens dirigeants rwandais, hostilité envers les nouveaux

Tandis que les États-Unis demandent le désarmement des FAR passées au Zaïre, un rapport confidentiel d'une agence internationale d'aide fait état, en octobre 1994, de « rumeurs qui courent au sujet du soutien de la France (entraînement et réarmement) aux ex-troupes rwandaises. [...] Une source officielle d'information (Minuar) a confirmé plus tard que le réentraînement d'ex-troupes rwandaises par la France était un fait[375] ». Selon Human Rights Watch, « des militaires et des miliciens hutus ont continué de recevoir un entraînement militaire dans une base militaire française en Centrafrique après la défaite des FAR ». L'ONG ajoute qu' « au moins en une occasion, entre le 16 et le 18 octobre 1994, des membres des milices rwandaises et burundaises ont voyagé sur un vol d'Air-Cameroun, de Nairobi à Bangui, capitale de la Centrafrique (via Douala au Cameroun), pour y être entraînés par des militaires français »[376].

Sur le plan diplomatique, si Jérôme Bicamumpaka, ancien ministre des Affaires étrangères du GIR, se vante d'avoir été reçu à Paris début novembre 1994[377], à l'inverse, l'attitude française face au nouveau gouvernement rwandais, investi le 19 juillet 1994, oscille entre la prudence et l'hostilité. L'approche du sommet franco-africain de Biarritz, en novembre 1994, oblige à réfléchir à une éventuelle « invitation du Rwanda à Biarritz », titre d'une note de Bruno Delaye[378]. Ce conseiller Afrique de l'Élysée y liste les arguments pour une telle invitation : tourner la page, réconcilier les Rwandais, éviter de nouveaux massacres, aider le retour des réfugiés ; ainsi que les arguments contre : réticences vis-à-vis du régime, risque de détourner l'attention des médias du reste du sommet. Il conclut : « Nous avons demandé au Quai d'Orsay (qui est hésitant) de nous faire connaître ses recommandations. Quoi qu'il en soit, il ne faudrait pas inviter les Rwandais sans consulter au préalable quelques chefs d'État africains (Diouf, Bongo, Bédié, Compaoré...). » Mitterrand répond simplement « Non », souligné deux fois.

Le ministre des Affaires étrangères Alain Juppé donne à la presse une explication à cette réponse qui ne manque pas de sel – « Nous n'avons pas invité le Rwanda parce que nous pensons que la stabilisation de la démocratie n'a pas encore été réalisée » – eu égard à la présence à Biarritz de Omar Bongo, Blaise Compaoré, Mobutu Sese Seko et autres grands démocrates. Ce qui, dans son esprit, traduit un attachement à la « démocratie ethniste » qui prévalait du temps de Habyarimana : « Il y a une réalité ethnique au Rwanda comme au Burundi. Il est impossible d'avoir un régime stable si on ne fait pas participer les deux ethnies au pouvoir »[379].

Même l'envoi d'aide humanitaire que demande le Rwanda est bloqué par la France : le nouveau ministre de la Coopération Bernard Debré y pose comme condition la réalisation d'efforts importants vers la démocratie, le retour des réfugiés et l'organisation d'élections[380]. A fortiori, quand un télégramme diplomatique signale à Paris que « le ministère de la Défense rwandais demande assistance et coopération militaire avec la France », son destinataire écrit en marge « Surtout pas ! », ajoutant même trois points d'exclamation[381].

Les ex-FAR préparent l'invasion du Rwanda avec l'aide française

Cette coopération militaire qu'ils refusent aux nouvelles autorités rwandaises, les responsables français en font par contre bénéficier les génocidaires qui préparent leur retour victorieux au Rwanda. En mars 1995, environ un millier de soldats des FAR et de miliciens s'entraînent ainsi en Centrafrique[382]. Human Rights Watch ajoute que des livraisons d'armes destinées aux ex-FAR ont lieu en février et mars 1995[383]. Amnesty International constate elle aussi la poursuite des livraisons d'armes aux génocidaires, via Goma, « une fois par semaine – les mardis à 23 heures locales [...] jusqu'à la mi-mai 1995[384] ». Selon un témoin, en 1995, la compagnie aérienne zaïroise Shabair a livré à plusieurs reprises aux Interahamwe, au Zaïre, des armes dans des caisses identifiables comme d'origine française. Certains de ces vols étaient présentés comme des vols humanitaires, avec une croix rouge sur l'avion, mais les caisses elles-mêmes n'étaient pas camouflées ; de telles caisses ont été retrouvées (les unes pleines d'armes, les autres vides) par le FPR dans les camps du Zaïre en 1996 et après, et ce témoin les a lui-même vues à ce moment-là[385].

Parmi les compagnies aériennes, la Shabair de George Forrest

Différentes compagnies aériennes privées sont impliquées dans ces livraisons d'armes aux ex-FAR et miliciens Interahamwe après leur défaite : un avion est enregistré au Liban[386], certains appartiennent aux compagnies nigérianes Okada[387] ou Avistar Airlines[388], d'autres à des compagnies zaïroises[389].

Parmi ces dernières, la compagnie Shabair est la propriété d'un proche du président zaïrois Mobutu, le Belge George Forrest[390]. Or justement, au moment où se déroule l'opération Turquoise, Forrest est rattrapé par une enquête du juge Van Ruymbeke sur un ancien transfert d'un million de francs, six ans auparavant, entre une entreprise de Forrest et le trésorier du Parti républicain, difficile à justifier par leurs activités respectives[391]. Ce parti, fondé par Valéry Giscard d'Estaing et qui vit ses dernières années, est celui de Gérard Longuet, beau-frère de Bolloré (lui-même un pilier de la Françafrique), ministre de l'Industrie et président du Parti républicain. Le juge Van Ruymbeke découvre ses trafics d'influence, en particulier en mai 1994, ce qui aboutit à la démission de Longuet en octobre 1994. Longuet est par ailleurs proche de François Léotard, ministre de la Défense qui supervise Turquoise, et qui appartient lui aussi au Parti républicain.

Quelques années plus tard, on retrouve George Forrest, « roi des mines du Congo », quand il recrute un Rwandais dans l'équipe des « facilitateurs » de la société nucléaire française Areva en République centrafricaine[392]. Le monde est petit : ledit Rwandais, Fabien Singaye Gakuru, n'est pas n'importe qui. Par son mariage, il devient le gendre de Félicien Kabuga qui est le principal financier du génocide, le beau-frère du secrétaire général des Interahamwe et des enfants Habyarimana[393]. Singaye apparaît à de multiples reprises avec un rôle central dans le réseau des extrémistes. Avant le génocide, il est actionnaire de Radio des Mille Collines[394] ; en tant que deuxième secrétaire à l'ambassade du Rwanda en Suisse, il espionne les exilés rwandais opposants au régime[395] ; il est, côté rwandais, le référent et principal contact du mercenaire Paul Barril[396]. Pendant le génocide, il continue de suivre l'activité de mercenaires français[397]. On le retrouve au Zaïre avec les Rwandais qui achètent des armes[398]. En juillet 1994, Fabien Singaye se fait expulser de Suisse pour ses activités illégales de renseignement[399]. Après le génocide, Singaye est en relation avec Patrick Balkany[400], françafricain – intime de Sarkozy – et tous deux avec Forrest[401] ; Paul Barril renvoie l'ascenseur à Fabien Singaye en le faisant travailler pour sa société comme chargé des affaires africaines ; Barril et Singaye tentent ensemble d'influencer les médias ; Barril présente Singaye à l'enquêteur du juge Bruguière, qui recrute celui-ci comme traducteur dans l'enquête sur l'attentat contre l'avion d'Habyarimana[402].

Conforté par le soutien apporté par la France, le haut commandement des FAR décide, face à l'incurie croissante manifestée par le GIR en exil, de prendre lui-même en main le problème de la reconquête du Rwanda. Du 29 mars au 3 avril 1995, lors d'une réunion des officiers supérieurs des FAR à l'initiative du colonel Bagosora et du général Bizimungu, la hiérarchie militaire décide, afin de remplacer le GIR, de favoriser la création d'un mouvement politique, le Rassemblement pour la démocratie et le retour des réfugiés (RDR), qui naît le

3 avril. Bagosora, qui essaie de prendre le contrôle de la nouvelle organisation, est ostracisé par ses collègues. Quant au Premier ministre du GIR, Jean Kambanda, il est menacé de mort lorsqu'il s'oppose au dessaisissement de son gouvernement. Le 29 avril, les FAR se séparent publiquement du GIR pour se rallier au RDR, qui prétend représenter les réfugiés et dit vouloir œuvrer à leur retour au Rwanda[403].

Les centaines de milliers de Hutus regroupés dans les camps sont en fait pour la très grande majorité d'entre eux retenus en otages par les auteurs du génocide, qui ont transformé les camps en autant de bases arrières pour une reconquête par les armes. Depuis la fin de l'année 1994, des commandos pénètrent au Rwanda pour tuer les Tutsis ou les Hutus qui ont fait allégeance aux nouvelles autorités. Selon Amnesty International, en avril 1995, près de 30 groupes armés hutus campent le long de la frontière rwando-zaïroise, et les miliciens la franchissent presque chaque nuit[404].

Les camps implantés au Zaïre ne sont d'ailleurs pas les seuls d'où peut surgir le danger : 38 camps de réfugiés hutus sont situés sur le sol rwandais, dans le secteur de Gikongoro. L'ex-zone humanitaire sûre créée par l'opération Turquoise y a en effet attiré une population très nombreuse fuyant l'avancée du FPR. 380 000 personnes s'entassent dans ces camps, dont 85 000 à 100 000 dans le seul camp de Kibeho. Parmi les réfugiés se dissimulent des tueurs. Une cache d'armes laissée après le départ des Français a été découverte dans la région. Désireuses de fermer ces camps, les autorités rwandaises les vident peu à peu, ce qui amène les génocidaires à se concentrer au camp de Kibeho. Le 18 avril 1995, le camp est encerclé par deux bataillons de l'armée rwandaise, dans le but de fouiller les réfugiés et de les rapatrier vers leurs communes d'origine. Les dizaines de milliers de réfugiés hutus sont bloqués, sans eau ni nourriture. Le 22 avril, des réfugiés essaient à deux reprises de briser le cordon d'encerclement. Lors de la seconde tentative, les miliciens présents dans le camp attaquent à la machette d'autres déplacés, les poussant vers les soldats. Ceux-ci tirent, sans que les Casques bleus zambiens présents sur place n'interviennent. Environ 4 000 à 5 000 réfugiés sont tués – le chiffre officiel est de 338 morts[405].

La déstabilisation du Rwanda par les assassinats quotidiens de Tutsis et de Hutus ralliés au nouveau gouvernement n'est que la phase préparatoire de l'invasion projetée par l'Akazu en exil et le haut commandement des ex-FAR. Le réarmement de celles-ci est par ailleurs si évident que le Conseil de sécurité de l'ONU crée, le 7 septembre 1995, une commission d'enquête sur cette infraction majeure à l'embargo sur les armes décrété le 17 mai 1994[406]. Le colonel Bagosora fait de fréquents séjours dans l'Hexagone, mais quand le gouvernement belge demande au gouvernement français de l'arrêter et de l'extrader, Paris refuse : selon le parquet de Bruxelles, c'est à l'évidence parce que Bagosora est protégé par des « personnalités politiques françaises[407] ». Pour sa part, Agathe Habyarimana joue de ses relations auprès des dirigeants de la région – elle a par exemple accompagné une délégation officielle zaïroise en Chine en octobre

1994 afin de négocier des achats d'armes[408]. Bénéficiant de la protection du président kényan Moi, comme de celle du maréchal Mobutu, elle accueille chez elle, à Nairobi, le 22 octobre 1995, une réunion de l'Akazu. Lors de cette rencontre, le général Bizimungu, chef d'état-major des ex-FAR, qui s'est rendu à Paris début septembre 1995[409], se félicite des bonnes relations entretenues avec le Kenya, le Zaïre et la France[410].

Cependant, le vent commence à tourner pour les génocidaires : l'ONU met Mobutu sous pression pour qu'il fasse rapatrier les réfugiés hutus rwandais, pendant que le Tribunal pénal international pour le Rwanda (TPIR), créé en novembre 1994, demande au président Moi de faire arrêter les nombreux membres de la jet set du génocide qui, à l'instar d'Agathe Habyarimana, mènent grand train au Kenya. Moi doit se résoudre à faire appréhender quelques seconds couteaux, entre le 25 et le 29 novembre 1995, à un moment où Agathe rend visite à Mobutu au Zaïre[411]. Il est donc grand temps d'accélérer les plans d'invasion du Rwanda.

Au début du mois de décembre 1995 a lieu une rencontre tripartite au Zaïre. Mobutu, flanqué de trois de ses généraux, reçoit Agathe Habyarimana, accompagnée notamment par les généraux Bizimungu et Kabiligi. Trois officiers français, dont le colonel Gilbert Canovas, sont aussi présents. Les discussions visent entre autres à coordonner des plans d'invasion concrets et à donner plus de crédibilité au RDR. Le recours à des mercenaires français est évoqué[412].

En décembre 1995, Agathe Habyarimana et son fils Jean-Luc se rendent en Libye pour essayer de convaincre le colonel Kadhafi de soutenir le projet d'invasion. Ils sont bientôt rejoints par Mobutu et par le conseiller militaire du président français Jacques Chirac. Il est décidé que des armes seront envoyées aux ex-FAR depuis la Libye, via le Gabon, dont le chef de l'État, Omar Bongo, a déjà accueilli une réunion entre trois officiers supérieurs des ex-FAR et le conseiller militaire de Chirac pour aborder la question du soutien logistique[413]. La France finance aussi un voyage du colonel Bagosora en Afrique du Sud pour négocier la livraison d'environ 350 tonnes d'armes. C'est aussi dans ce pays que se rend, le 19 décembre 1995, une délégation du commandement des ex-FAR pour obtenir des armes et des munitions[414].

L'arrestation au Cameroun, le 9 mars 1996, d'une douzaine de génocidaires, dont le colonel Bagosora et le général Bizimungu, est un coup dur porté au projet de reconquête du Rwanda. Par ailleurs, le 23 avril 1996, le représentant rwandais au Conseil de sécurité des Nations unies exprime son ébahissement devant le fait que les auteurs du génocide des Tutsis puissent continuer à bénéficier du statut officiel de réfugié dans les camps. L'ONU n'a fait aucune tentative sérieuse pour séparer les réfugiés civils des ex-FAR et des miliciens, encore moins pour désarmer ces derniers. Tout juste a-t-elle « loué » à Mobutu 1 500 soldats pour rétablir un peu d'ordre dans les camps.

Au Zaïre et dans le nord-ouest du Rwanda, la situation se tend : le 14 mai 1996, des combattants hutus tuent de nombreux Tutsis à la machette dans le couvent de Mokoto, dans le Masisi, au Zaïre. Les éleveurs tutsis du Masisi s'enfuient. Le 27 juin, 27 Tutsis sont tués dans une attaque près de Gisenyi, au Rwanda, cette fois[415]. Les ex-FAR peaufinent leur plan d'invasion. En juillet 1996, la commission de l'ONU sur la surveillance de l'embargo sur les armes a terminé son travail. Dans son rapport, elle écrit que l'élite politique et militaire rwandaise en exil a formé un groupe d'invasion pour préparer un mouvement en tenaille depuis le Zaïre et la Tanzanie : 50 000 soldats sont prêts à passer à l'action[416].

Les deux guerres du Congo et la déstabilisation de la région des Grands Lacs

Le 4 juillet 1996, lors de son allocution commémorant la fin du génocide, le vice-président et ministre de la Défense rwandais, Paul Kagame, avertit ceux qui sèment l'insécurité au Rwanda qu'au besoin on ira les chercher là où ils se trouvent[417]. Au début du mois d'août 1996, Kagame se rend à Washington où il rencontre des responsables du Département d'État à qui il explique que les camps de réfugiés doivent être démantelés, et que si l'ONU ne fait rien, quelqu'un devra s'occuper du problème[418].

En septembre 1996, les Banyamulenge, des Tutsis zaïrois vivant dans le Sud-Kivu, sont pris pour cibles. Kagame décide alors de les soutenir. L'armée rwandaise entre au Zaïre. Le 18 octobre 1996, l'Alliance des forces démocratiques pour la libération du Congo (AFDL) est créée, avec à sa tête un opposant historique au maréchal Mobutu, Laurent-Désiré Kabila. Soutenues par le Rwanda et l'Ouganda, les forces de l'AFDL s'emparent rapidement des principales villes du Kivu. Goma tombe le 1er novembre. Mais les camps de réfugiés hutus de la région sont toujours aux mains des génocidaires. Les camps sont encerclés par l'AFDL et les troupes rwandaises, qui ne laissent qu'une sortie possible : vers le Rwanda. Certains réfugiés tentent leur chance et prennent le chemin du retour. Ils sont accueillis dans un camp de transit au Rwanda, où ils s'étonnent de ne pas être immédiatement tués, comme leurs leaders le leur avaient laissé entendre. Beaucoup d'entre eux portent des traces de blessures dans le dos, dues aux miliciens hutus qui cherchaient à les empêcher de fuir[419].

Le 15 novembre 1996, le camp de Mugunga, où se trouvent plus d'un demi-million de réfugiés, est assiégé à son tour. Les réfugiés se mettent en mouvement vers le Rwanda, en une longue file de 40 kilomètres de long. Le 19 novembre, 575 000 réfugiés ont franchi la frontière, selon le HCR. À la fin de l'année 1996, ce nombre dépasse les 700 000[420]. Mais environ 250 000 réfugiés hutus se sont enfoncés dans la forêt pour échapper à l'armée rwandaise et à l'AFDL. Considérés comme des génocidaires, des dizaines de milliers d'entre eux, « pourchassés comme des animaux[421] », sont tués ou meurent d'épuisement.

Le 15 mars 1997, la grande ville de Kisangani tombe, ouvrant la route de Kinshasa. Le régime corrompu du président zaïrois Mobutu, vieil ami de la France, est au bord de l'effondrement. L'alliance hétéroclite formée par les Forces armées zaïroises, les ex-FAR et les miliciens hutus rwandais, renforcée par les mercenaires français et serbes envoyés par Paris, ne parvient pas à résister à la poussée victorieuse de l'AFDL et de ses alliés rwandais et ougandais. Le 16 mai 1997, Mobutu prend la fuite. Le lendemain, Kinshasa tombe aux mains de la coalition des forces rebelles et Laurent-Désiré Kabila prend le pouvoir. Le Zaïre devient la République démocratique du Congo.

Les ex-FAR et les milices n'ont plus de base arrière pour la reconquête du Rwanda. Elles sont dispersées, mais restent présentes dans le Kivu, d'où elles continuent à déstabiliser le Nord-Ouest du Rwanda. Certaines unités sont en Centrafrique, au Congo-Brazzaville, au Soudan. Bien armés et bien entraînés, ces combattants se mettent en 1998 au service de Laurent-Désiré Kabila quand l'alliance entre ce dernier et le gouvernement rwandais se rompt, le Rwanda et la RDC devenant ennemis. Ce renversement d'alliance amène une deuxième guerre du Congo, une « guerre mondiale africaine », selon l'expression de Gérard Prunier, qui dure de 1998 à 2003[422]. Jusqu'à six armées des pays voisins sont simultanément présentes sur le territoire du Congo, qui se retrouve émietté. Avec en arrière-plan l'avidité des puissances régionales (dont le Rwanda et le Zimbabwe) et internationales (dont les États-Unis, la Chine et la France) pour les ressources minières telles que le coltan, la cassitérite et autres minerais, pillés et exportés vers les pays fabriquant du matériel électronique.

L'un des éléments essentiels de la persistance de la guerre en République démocratique du Congo est la présence dans le Kivu de milliers d'anciens génocidaires. Une partie d'entre eux constitue l'Armée de libération du Rwanda (Alir). En 2000 naissent les Forces démocratiques de libération du Rwanda (FDLR). Dernier développement de la reconstitution du Hutu Power, les FDLR sont le produit de la protection initiale accordée par la France aux génocidaires en déroute. C'est ce qui amène les auteurs d'un rapport de l'Organisation de l'unité africaine sur le génocide des Tutsis à écrire, en mai 2000 : « On peut difficilement sous-estimer les conséquences de la politique française. La fuite des génocidaires au Zaïre engendra, ce qui était presque inévitable, une nouvelle étape plus complexe de la tragédie rwandaise et la transforma en un conflit qui embrasa rapidement toute l'Afrique centrale[423]. »

V. La Françafrique au prix d'un génocide

Une analyse de la politique menée au Rwanda

Selon ses défenseurs, la politique menée par la France au Rwanda aurait eu deux volets : un volet militaire visant à contrer l'attaque du Front patriotique rwandais d'octobre 1990, attaque qui inaugure, jusqu'à l'été 1993, une alternance de négociations et de reprises des hostilités par le FPR ; un volet politique et diplomatique visant à « tordre le bras », selon l'expression favorite de Hubert Védrine [1], au président Habyarimana pour qu'il accepte à la fois de partager le pouvoir avec son opposition et de négocier avec le FPR. Hubert Védrine, à l'époque secrétaire général de l'Élysée, explique ainsi que « la France bloque donc militairement l'offensive du FPR, mais exige du pouvoir hutu de Kigali de régler la question des réfugiés tutsis, c'est-à-dire d'accepter avec eux un compromis politique [2] ». L'amiral Jacques Lanxade, chef d'état-major particulier du président Mitterrand puis chef d'état-major des armées, précise qu'« en même temps qu'il apportait son soutien militaire, le président Mitterrand exigea que le président rwandais entreprenne un processus de démocratisation du régime [3] ».

Cette présentation de la politique française au Rwanda correspond à une certaine réalité pour la période allant d'octobre 1990 au début de 1993 : le Quai d'Orsay a bel et bien fait pression sur Habyarimana pour qu'il nomme un Premier ministre d'opposition en avril 1992, et même si la France n'a pas joué un rôle moteur lors du processus d'Arusha où elle n'était représentée que par un premier secrétaire d'ambassade, elle l'a formellement appuyé. Elle a d'ailleurs favorisé les négociations entre le FPR et le gouvernement rwandais en organisant trois rencontres à Paris entre les deux parties en octobre 1991, janvier 1992 et juin 1992. Trois gros bémols sont cependant à signaler : d'abord, la France a continué à livrer des armes ; ensuite, elle a maintenu pendant trois ans des troupes au Rwanda alors même que les accords de cessez-le-feu successifs l'interdisaient[1] ; enfin, et c'est le plus grave, les autorités françaises ont refusé, durant cette période, de prendre en considération les massacres de Tutsis couverts par le régime, alors qu'elles étaient au fait dès octobre 1990 de l'intention de certains responsables rwandais d'exterminer ces derniers.

Cependant, à partir de 1993, la politique menée par Paris s'éloigne diamétralement de la présentation bien lisse qu'en font Hubert Védrine et l'amiral Lanxade. Quand, en février 1993, une commission internationale d'enquête formée par quatre ONG de défense des droits de l'homme met en cause le sommet de l'État

1. Lire *supra*, p. 63.

rwandais dans la perpétration de massacres à caractère génocidaire, les responsables français, loin de réagir en exerçant une pression sur le régime pour que cessent les tueries, préfèrent encourager, pour repousser une nouvelle offensive du FPR, un « front commun » des Hutus autour du président Habyarimana. Parallèlement est lancée une campagne de diabolisation du FPR « tutsi », dont les membres sont assimilés à des « Khmers noirs », tandis que les Tutsis rwandais constituent « l'ennemi ». Sur le plan militaire, Mitterrand décide de maintenir des troupes au Rwanda, et un petit groupe d'officiers français est secrètement envoyé prendre ponctuellement le contrôle de l'armée rwandaise pour la mener au combat, le temps de bloquer l'avancée du FPR[I].

Quand le génocide commence, dans la nuit du 6 au 7 avril 1994, l'état-major des armées est immédiatement conscient du fait que la garde présidentielle rwandaise procède à l'arrestation et à l'élimination des Tutsis de la capitale, ce qui ne l'empêche pas, le 9 avril, de faire livrer des munitions à l'armée rwandaise. Quand il justifie de telles livraisons lors de son audition devant la commission de la Défense de l'Assemblée nationale en 2014, Hubert Védrine en fait la simple continuation du « volet militaire » préalablement décidé, sans que le génocide en cours n'y change rien[II]. Feint-il de ne pas voir qu'en aidant les FAR à bloquer l'offensive militaire

---

I. Lire *supra*, p. 82.

II. Lire *supra*, p. 321.

du FPR les livraisons d'armes permettaient la poursuite du génocide des Tutsis à l'arrière du front ? Car c'est la progression des troupes du FPR qui mettait fin au génocide.

De plus, ce distinguo entre les armes ayant servi à combattre le FPR et les armes ayant servi au génocide ne tient pas. En effet, quand Hubert Védrine affirme que «[les Hutus] n'ont pas fait les massacres avec les armes françaises fournies pour tenir la frontière avec l'Ouganda. Les massacres, comme vous le savez, ont été faits à coups de machettes, village par village », il refuse de prendre en compte ce que les documents militaires français eux-mêmes nous apprennent sur le rôle de l'armée rwandaise dans le génocide. Cette représentation d'un « génocide à la machette », est largement fausse[4] : le rôle de l'armement moderne et l'encadrement par l'armée et la gendarmerie ont été cruciaux, notamment dans les attaques contre les Tutsis regroupés dans des lieux publics, *modus operandi* privilégié. Comment Hubert Védrine peut-il prétendre en 2014 que l'État français n'a fourni aux Forces armées rwandaises qu'« un certain type d'armement qui n'a jamais servi au génocide », alors qu'à l'évidence les livraisons d'armes par notre pays ont servi à la fois à la guerre contre le FPR et au génocide des Tutsis[1] ?

Quand, en mai-juin 1994, le soutien de Paris au gouvernement génocidaire est publiquement dénoncé dans les

1. Sur le témoignage de Védrine devant la commission de la Défense de l'Assemblée nationale, lire l'encadré *infra*, p. 324.

médias et par certaines ONG, un discours de justification est forgé, qui est toujours en vigueur aujourd'hui. En réponse à la FIDH qui met violemment en cause la politique française au Rwanda, l'Élysée publie, le 18 juin 1994, un communiqué de presse qui rappelle les éléments de justification de sa politique passée : protection des ressortissants étrangers, soutien au processus de négociations de paix d'Arusha, demande que les coupables d'exactions soient poursuivis [5]. Il met en avant le fait que la France est « restée sur le terrain pour éviter la reprise des combats tout en menant une action diplomatique en vue d'un accord politique entre les parties ». Selon l'Élysée, la présence militaire française a eu pour effet de « dissuader le FPR de chercher une solution militaire » et de « pousser le président Habyarimana à accepter un partage négocié du pouvoir avec le FPR » (les deux volets de la politique française). La présidence de la République souligne par ailleurs qu'une minorité, « quelle que soit la légitimité de ses droits », ne peut les faire prévaloir par les armes avec le soutien d'un pays extérieur, au risque de plonger l'Afrique dans le « chaos ». Ce qui frappe dans ce communiqué est l'absence de prise en compte du génocide en cours, pourtant avéré depuis de longues semaines. La présidence de la République, et avec elle l'ensemble des responsables français, paraît pétrifiée dans un discours datant d'avant le début de l'extermination des Tutsis.

Une fois l'opération Turquoise terminée, un autre argument est avancé : Turquoise aurait « mis fin au génocide ». Malgré la présence de près de 2 800 hommes efficacement organisés et lourdement équipés, renforcés par huit avions de combat et autorisés à recourir à la force, l'opération Turquoise ne peut en aucun cas se targuer d'être parvenue à ce résultat. Les militaires français ont sauvé des milliers de Tutsis, c'est indéniable. Mais mettre fin au génocide aurait supposé la neutralisation des médias appelant à la haine et au massacre, le désarmement intégral des FAR et des milices, l'arrestation des responsables, une coordination minimale avec le FPR... Rien de tout cela n'a été entrepris. Au contraire, à Bisesero, la force Turquoise a laissé des Tutsis pourchassés se faire massacrer sans intervenir.

Le discours d'autojustification des dirigeants français n'explique nullement pourquoi les plus hauts responsables politiques de notre pays ont engagé la nation dans un soutien sans faille à un régime projetant puis commettant un génocide. Pourquoi, une fois le génocide accompli, ils ont choisi de poursuivre leur alliance avec les assassins en leur permettant d'échapper à la justice internationale et en les aidant à reconstituer leurs forces. Avant d'essayer de comprendre au nom de quoi une telle politique a été menée, il importe de voir comment elle a été rendue possible.

La politique africaine, domaine réservé du monarque républicain

Cette politique est d'abord le fait du prince, qui projette la France dans la crise rwandaise à l'automne 1990. Alibi classique des interventions militaires françaises en

Afrique, la « protection de nos ressortissants » ne peut suffire à elle seule à justifier l'intensité de l'engagement politique, diplomatique et militaire au Rwanda. À au moins sept reprises, le président Mitterrand décide lui-même d'un envoi ou d'un maintien de troupes au Rwanda, alors que presque à chaque fois il a reçu une suggestion en sens inverse : de la part de ses ministres de la Défense en octobre 1990, février 1993 et juin 1994, de ses conseillers militaires Lanxade et Quesnot en janvier, avril puis juin 1991. Contre l'avis de la DGSE, qui en 1992 préconise par oral et par écrit le désengagement, Mitterrand envoie une aide opérationnelle temporaire, notamment d'artillerie lourde, au mois de juillet[6].

Des décisions lourdes de conséquences, et fortement symboliques, sont prises à l'Élysée : envoyer le ministre de la Coopération Marcel Debarge demander aux responsables politiques hutus de faire front commun contre le FPR, accueillir des représentants du gouvernement intérimaire en plein génocide, puis faire partir les membres de ce gouvernement au Zaïre après leur déroute. L'évacuation et l'accueil en France d'Agathe Kanziga, veuve du président Habyarimana et extrémiste notoire, se fait sur instruction personnelle de François Mitterrand[7].

Ce qui importe ici, c'est le caractère exorbitant du pouvoir d'un homme, le président de la République, sur la politique menée par la France en Afrique. Le monarque républicain décide seul, après avoir consulté quelques conseillers. Cette politique de Mitterrand se met en place, car il dispose des relais nécessaires au sein de l'administration et de l'armée française. Il n'y a pas de délibération du Conseil des ministres ni de vote du Parlement. Les institutions démocratiques sont totalement court-circuitées. Pire : leurs membres ne sont la plupart du temps pas informés de ce qui se trame à la cellule africaine de l'Élysée.

Jusqu'en 1993, le gouvernement socialiste pèse peu sur la politique africaine. Ainsi, en octobre 1990, l'opposition du ministre de la Défense Chevènement n'empêche pas le déclenchement de Noroît. Le 26 février 1993, le ministre de la Défense Joxe demande sans succès le retrait des troupes de Noroît. Il ne semble pas informé que, depuis quelques jours, le colonel Tauzin et ses hommes y sont en mission secrète pour aider les FAR à combattre[8]. Selon un proche qui souhaite rester anonyme, Mitterrand traitait l'un de ses ministres « comme un sous-lieutenant », tandis qu'un autre ministre était « démonté » et « tremblant » devant lui[9].

Selon l'amiral Lanxade, « le changement est intervenu fin 1992 quand, avec Hubert Védrine, nous avons convaincu le président d'institutionnaliser les Conseils restreints [...] parce qu'on va se retrouver probablement en deuxième cohabitation et que la première s'était très mal passée. [C'est en Conseil restreint] qu'en présence du Premier ministre le président entend le ministre des Affaires étrangères, les ministres qui sont là, et le chef d'état-major des armées et qu'après il donne ses instructions aux Affaires étrangères et au chef d'état-major des armées[10]. »

La cohabitation amène quelques contre-pouvoirs : des ministres de droite avec leurs propres réseaux françaisfricains, un ministre de la Coopération lui-même au fait des affaires militaires et des services secrets, et un Premier ministre qui impose aux interventions militaires françaises une façade de légitimité internationale. Les rapports de force se modifient légèrement du fait que c'est le Premier ministre et non le président qui tient les cordons de la bourse. L'essentiel demeure, selon l'amiral Lanxade : « Les choses se discutaient en Conseil restreint, et le président, je dirais, quasiment, imposait ses vues [11]. » Les comptes rendus des Conseils restreints semblent confirmer ce rapport de forces. Selon les acteurs de l'époque, le ministre de la Défense François Léotard comptait peu ou pas du tout [12] ; le ministère de la Coopération Michel Roussin, certes plus présent que ses prédécesseurs socialistes du fait de ses compétences militaires – il est issu de la DGSE –, ne pèse pas non plus dans les décisions politiques [13].

Le Parlement ne joue aucun rôle réel de contre-pouvoir sur les questions militaires et internationales, en particulier concernant l'Afrique. S'il est certes censé contrôler le gouvernement, il n'a aucun contrôle sur le président et donc pas non plus sur ses forces spéciales. Sur l'intervention française au Rwanda, entre fin 1990 et août 1994, il y a eu 28 questions écrites de parlementaires : certaines sont précises, incisives et critiques, d'autres complaisantes ; mais les réponses ministérielles, qui ne sont pas suivies d'un débat, sont toujours lénifiantes [14]. Seule exception, les propos devant l'Assemblée nationale du ministre des Affaires étrangères Alain

Juppé, le 18 mai 1994. Cette déclaration pourtant très claire ne suscite aucun débat ultérieur à l'Assemblée.

Les lanceurs d'alerte sont également nombreux à l'extérieur du pouvoir : par exemple Gérard Fuchs, secrétaire du Parti socialiste aux relations internationales, Guy Penne, ancien conseiller Afrique de l'Élysée, Michel Cuingnet qui dirige la coopération civile au Rwanda, le général Varret qui y dirige la coopération militaire, des associations comme la FIDH, Médecins sans frontières, la Communauté rwandaise de France, Survie, des analystes comme Pierre Conesa, de la délégation aux Affaires stratégiques du ministère de la Défense, des parlementaires, des journalistes, des chercheurs ; ils ne sont pas plus écoutés que ceux de l'intérieur. Souvent même, ils n'ont pas accès du tout à l'oreille du prince : ils tentent en vain d'infléchir les décisions prises alors que le génocide se profile et qu'il est encore temps de reconsidérer la politique française pour l'éviter. Le général Varret explique qu'il a été considéré comme un « emmerdeur, un type qui freinait » par « les militaires va-t-en-guerre » de l'Élysée et de l'état-major [Quesnot et Lanxade] qui estimaient qu'il « fallait participer aux combats contre les Tutsis »[15] ; il est remplacé par un autre, va-t-en-guerre lui aussi, le général Huchon. Le général Quesnot justifie le remplacement de Varret : « Le mécanisme de la République veut que soit on obéit, soit on s'en va. [...] Il a essayé d'infléchir, il n'a pas réussi[16]. »

Dans ce contexte institutionnel qui donne une telle prépondérance au chef de l'État en ce qui concerne la politique africaine, la personnalité de ce dernier joue un rôle important. Or François Mitterrand incarne la continuité entre le colonialisme et la Françafrique[17].

Né en 1916, Mitterrand a formé sa sensibilité au sein d'une bourgeoisie conservatrice et religieuse, nationaliste et anticommuniste, dans les dernières années de la IIIe République. Palais, monuments, exposition coloniale célèbrent alors l'apogée du colonialisme français. Les cahiers où les écoliers écrivent leurs devoirs sont parfois imprimés avec, en quatrième de couverture, l'histoire en douze épisodes de la mission Marchand jusqu'à Fachoda[I]. Dans les zoos humains, la France exhibe ses Kanaks dont elle échange certains aux Allemands contre des crocodiles[18]. Albert Bayet, figure de la gauche et des droits de l'homme, résume une position à peu près unanime en France : « La colonisation n'est pas un droit, elle est un devoir[19]. »

La IVe République offre à Mitterrand sa première grande série de postes de responsable politique. Son attitude pendant la guerre d'Algérie est souvent soulignée : en tant que ministre de la Justice en 1956-1957, c'est lui qui défend le projet de loi remettant les pouvoirs spéciaux à l'armée, et il refuse la grâce de la majorité

I. Fachoda est le nom d'un fortin du Soudan où au xixe siècle une petite troupe de militaires français, tentant de coloniser un axe continu d'est en ouest reliant le Sénégal à Djibouti, a reçu l'ordre de céder le terrain sans combattre face à l'armée anglaise, très supérieure en nombre, qui a établi un axe nord-sud du Caire au Cap. Depuis, on peut parler de « complexe de Fachoda » pour évoquer un sentiment d'infériorité ou un désir de revanche que des Français, en particulier militaires, pourraient éprouver envers les Britanniques.

des militants algériens condamnés à mort ; en tant qu'ex-ministre pendant cette période, il sera ultérieurement témoin à décharge au procès du général putschiste Salan. En revanche, il est plus rarement souligné qu'il est l'un des initiateurs de la Françafrique. « Mon passage au ministère de la France d'outre-mer [en 1950-1951] est l'expérience majeure de ma vie politique dont elle a commandé l'évolution[20] », écrira-t-il. Doué d'un flair politique aiguisé, c'est lui qui dès 1951 a retourné l'opposant ivoirien Félix Houphouët-Boigny, en le menaçant d'une répression militaire, puis en le convainquant qu'il avait plus à gagner à conserver la Côte d'Ivoire dans l'orbite française qu'à l'en éloigner, et en l'incitant à convaincre à son tour la quasi-totalité des indépendantistes panafricains (à l'exception des Camerounais) de rompre avec le parti communiste français[21]. C'est la politique du Guépard, le personnage imaginé par Lampedusa : « Si nous voulons que tout reste tel que c'est, il faut que tout change[22]. »

Selon le politologue Jean-François Bayart, dans une « vraie continuité[23] », de Gaulle et Foccart n'ont fait que récupérer et développer un système déjà mis en place. Mitterrand, durant les débuts de la Ve République, stigmatise le « coup d'État permanent » que les institutions entérinent[24]. Pourtant, il se coule lui-même à son tour dans le rôle du président monarque incontesté, et il continue la politique néocoloniale qu'il avait lui-même initiée sous la IVe République[25]. En 1982, il impose la réintégration des généraux putschistes dans l'armée, avec leurs pensions, retraites et même décorations, malgré l'opposition du groupe des députés socialistes menés par Pierre Joxe[26]. Comme les dictateurs soutenus par la France donnent de sérieux signes d'usure face à la contestation, et que lui-même doit faire face fin mai 1990 à une opposition inédite au sein même de son gouvernement et de son parti lui demandant de mettre l'accent sur le respect des droits de l'homme en Afrique, son flair politique lui dicte le discours du sommet franco-africain de La Baule en juin 1990, où il déclare vouloir lier l'aide française à la bonne gestion et à la démocratisation[27]. Ce sommet et ce discours donnent un second souffle à la Françafrique ; c'est encore la politique du Guépard.

Jean-François Bayart et surtout Philippe Marchesin, lui aussi politologue et qui a recensé une longue liste de citations de Mitterrand tout au long de sa carrière, montrent l'importance qu'il attache à garder le cap fixé[28] : « En toute circonstance, il faut rester au point que l'on a choisi[29] » ; et à maintenir l'Afrique arrimée à la France : « Nos colonies nous sont nécessaires. Les abandonner serait s'abandonner[30]. » La petite bataille de Kousséri – qui a permis à la France, le 22 avril 1900, de conquérir l'actuel Tchad – est totalement tombée dans l'oubli ; mais à ses yeux, « en soudant nos possessions continentales » en Afrique, elle est devenue « l'une des plus décisives de notre Histoire »[31]. Même après le génocide des Tutsis, à son dernier sommet franco-africain, Mitterrand persiste et signe : pour lui, l'essentiel est de « poursuivre sa route sans perdre sa direction. [...] La France ne serait plus tout à fait elle-même aux yeux du monde si elle renonçait à être présente en Afrique[32]. » Une présence menacée par les « Anglo-Saxons ».

La lutte contre l'influence « anglo-saxonne »

Le général Jean Varret rapporte un tête-à-tête avec Mitterrand, en décembre 1984, bien avant même la création du FPR ou la chute du Mur de Berlin. Mitterrand lui sert un « éblouissant exposé » sur la stratégie de développement de la grandeur de la France, grâce notamment à sa présence et à son influence en Afrique : « Pour pouvoir garder, voire renforcer notre place dans le monde, il nous faut cet atout africain. Lors des votes à l'ONU, nos amis africains nous apportent leurs voix au grand dam des Américains. Notre ennemi n'est que marginalement le Libyen, il ne menace pas directement notre pays. Le danger, c'est l'Américain qui cherche à nous supplanter sur notre terrain d'excellence[33]... » Cette analyse de Mitterrand guide sa politique : « Il m'expliquait que sa politique africaine c'était en fait de lutter contre les Anglo-Saxons et plus précisément contre les Américains. [...] C'est-à-dire que nos voix à l'ONU sont fondamentales, elles sont appuyées par les Africains, les Américains veulent s'étendre en Afrique, marcher sur notre plate-bande[34]. » Dans les années 1950, Mitterrand affirmait déjà que tous les problèmes de la France en Afrique étaient dus à l'influence des agents britanniques.

C'est avec le même argument que Mitterrand justifie son choix d'intervenir militairement au Rwanda :

« On ne peut pas limiter notre présence. Nous sommes à la limite du front anglophone[35]. » Selon l'amiral Lanxade, la motivation initiale de l'intervention française au Rwanda se résume à un mot, la « géopolitique », qui passe avant l'humanitaire. Plus précisément : pour que la France conserve sa place, Mitterrand a déclenché l'opération Noroît et maintenu le régime Habyarimana afin de stabiliser la région face aux déstabilisations menées par les Anglo-Saxons[36]. L'amiral Lanxade précise : « François Mitterrand considère [...] que le Rwanda et le Burundi, comme l'immense Zaïre tout proche, font partie de l'espace francophone. Il estime qu'il est important de maintenir leur existence face aux influences anglophones[37]. » Des ministres de Mitterrand, François Léotard, Bernard Debré, Bernard Kouchner, confirment la prégnance de cette vision dans les paroles de Mitterrand[38]. Ce dernier continue à assumer sa position même après le génocide, accusant les Anglo-Saxons d'une compétition obsolète dont il est le premier responsable : « Certaines campagnes anglo-saxonnes s'inscrivent dans une continuité historique vieillissante, observe le chef de l'État. Ce qui reste du Colonial Office n'a jamais cessé d'adopter à l'égard de la politique française en Afrique et au Levant une attitude d'extrême méfiance et de compétition[39]. »

François Mitterrand n'est pas le seul à craindre l'influence « anglo-saxonne ». Mi-juin 1994, une scène étonnante suggère que la vision personnelle du général Huchon et son implication affective ont pu peser plus que la volonté d'apporter au Rwanda une aide humanitaire concrète. La journaliste Maria Malagardis lui pose des questions simples sur le nombre d'ambulances, de médecins, de sacs de riz : « Vous partez avec quoi, en termes humanitaires ? » Ces questions outrageusement techniques l'énervent, parce qu'il n'a pas beaucoup de réponses[40]. Elle raconte : « Rien ne sort, j'insiste naïvement en disant à plusieurs reprises : est-ce que ce sera suffisant ? Et là, il pète un câble. Mais ce qui s'appelle péter un câble. Il m'entraîne dans un autre bureau, il me fait asseoir sur une chaise, et il me montre une carte de la région des Grands Lacs, une carte scolaire des années 1910-1920. Il prend une règle et il commence à me pointer l'Ouganda[41]. » En criant, il commence à expliquer que « tout ça est un projet d'offensive anglophone et de Tutsis malintentionnés. Et que le petit Rwanda est au milieu de l'océan anglophone à l'Est, et de l'autre côté, francophone fragile, ce qu'on appelait le Zaïre à l'époque. [...] Très vite il était complètement en sueur, complètement rouge, et il avait l'air en dehors de ses moyens, et il balançait tellement fort sa règle[42] ».

L'origine de cette accusation contre la main invisible des Anglo-Saxons qui piloterait le FPR est double. D'une part, les membres du FPR proviennent essentiellement de Tutsis émigrés depuis une génération dans l'Ouganda anglophone, et nombre de ses responsables parlent couramment l'anglais et très difficilement, voire pas du tout, le français. D'autre part, Paul Kagame a suivi une formation militaire au Kansas, à Fort Leavenworth, « centre intellectuel » de l'armée américaine ; ses détracteurs rappellent rarement que ce centre formait aussi...

des officiers français. En particulier, le colonel Éric de Stabenrath, qui y a connu Paul Kagame. Ils étaient « bons camarades » et ont maintenu des liens[43]. Plus tard, Stabenrath combattra le FPR, mais avec une vision plus nuancée que celle d'autres officiers : il a contribué à négocier et apaiser des tensions[44].

Cette focalisation sur les « Anglo-Saxons » relève, dans le cas du Rwanda, du fantasme. L'amiral Lanxade l'admet, pour qui « l'implication des États-Unis n'avait pas constitué un élément essentiel », car leur « action n'était pas allée au-delà de la formation de certains cadres du FPR »[45]. La DRM et les deux directeurs successifs de la DGSE – Claude Silberzahn et Jacques Dewatre – sont d'accord sur ce point. Silberzahn « n'avait pas perçu, dans les contacts qu'il avait pu avoir avec les Américains, d'intérêts concurrents aux intérêts français sur le continent africain[46] », tandis que selon Dewatre, « il n'y avait pas eu d'appui militaire américain aux réfugiés tutsis rwandais, mais seulement une aide indirecte par l'intermédiaire de l'Ouganda[47] ». Selon le directeur du Renseignement militaire, « la DRM n'avait jamais eu d'information sur une aide militaire que les États-Unis auraient apportée à l'Ouganda pour des actions au Rwanda[48] ». Pour sa part, la Mission d'information parlementaire de 1998 considère qu'« il n'est pas possible d'affirmer qu'il y a eu opposition ou contradiction d'intérêt entre la France et les États-Unis à propos du Rwanda, faute notamment de pouvoir le prouver[49] ». L'hypothèse du général Varret est que certains responsables militaires français ont joué cette carte sensible chez Mitterrand :

« Attention, les Américains ou les Anglais reviennent au Rwanda et vont vous faire partir », et que Mitterrand « a donné raison à son entourage va-t-en-guerre »[50].

Quant au soutien apporté par l'Ouganda au FPR, il est limité. Sur ce point aussi, la DRM et la DGSE, faisant le point pendant le génocide, sont d'accord. Pour la DRM : « L'implication de l'armée ougandaise (NRA) dans le conflit rwandais n'a jamais pu être formellement établie[51]. » Pour la DGSE : « Concernant un soutien extérieur, aucun élément tangible ne permet d'affirmer l'engagement des forces armées ougandaises aux côtés des troupes du FPR. Les autorités de Kampala leur fournissent vraisemblablement une aide logistique, mais n'ont aucun intérêt à s'investir davantage. [...] De son côté, le gouvernement intérimaire rwandais fait circuler de nombreuses rumeurs visant à prouver le contraire. Son objectif est en effet d'obtenir auprès de la communauté internationale une légitimité dont il ne dispose pas[52]. »

Naturellement, la Françafrique trouve toujours des justifications à ses interventions, et elles changent au gré de ses intérêts : il arrive à la France de combattre des rebelles même s'ils sont démocrates et francophones pour soutenir un régime ami (avant 1994 au Cameroun, au Gabon et au Zaïre ; et ensuite au Mali et au Tchad) ; à l'inverse, il arrive à la France de soutenir des rebelles, même basés à l'étranger, si c'est pour renverser un régime qui ne plaît pas ou qui ne plaît plus (avant 1994 au Togo, en Centrafrique à deux reprises, au Mali, au Niger, au Burkina-Faso et au Tchad ; et ensuite en

Côte d'Ivoire et en Libye). Le régime Habyarimana, lui, avait les faveurs de Paris. Sa stabilité était donc un objectif prioritaire pour Paris.

Honorer la parole de la France : la « garantie de sécurité » des États du pré carré

Le pré carré français en Afrique, avatar de l'ex-empire colonial

Jusqu'à la Seconde Guerre mondiale, la France est une grande puissance. Sa force économique, diplomatique, militaire lui vient très largement de son empire colonial d'où elle tire en partie ses ressources en matières premières, de la main-d'œuvre et des clients, et des territoires où implanter ses bases militaires. Cet empire, comme ceux de la Grande-Bretagne et de la Belgique, s'est révélé crucial lors des deux guerres mondiales. Dès le début de la Guerre froide, la France fait valoir auprès des États-Unis qu'elle est bien placée pour soustraire une grande partie de l'Afrique aux appétits soviétiques, comme le perçoit Jacques Lanxade, alors jeune officier, dans les années 1950 : « Pour nous, le monde libre est un tout dans lequel chacun joue sa partie, la nôtre étant pour le moment en Afrique[53]. »

Suivant la voie ouverte par François Mitterrand en 1951[54], la loi-cadre Defferre de 1956 sur l'« évolution des territoires » de l'outre-mer sert en pratique à faire émerger dans chaque territoire des élites africaines dociles, susceptibles de devenir les agents et défenseurs locaux des intérêts de la France[55]. Bientôt amputée de son empire par les décolonisations, la France de la Vᵉ République ne se résout pas à son nouveau rang de puissance moyenne, avec 1 % de la population mondiale. Les voix d'une quinzaine d'États africains « vassaux » lui permettent de continuer à se prendre pour une grande puissance et viennent renforcer son statut de membre permanent, qui s'accompagne d'un droit de veto, au Conseil de sécurité de l'Organisation des Nations unies. Les dictateurs africains amis soutiennent la France autant qu'ils sont soutenus en retour.

Le pays tente sans relâche de maintenir le périmètre de son pré carré et même d'y arrimer de nouveaux États, à commencer par les anciennes colonies belges. En 1990, c'est déjà chose largement faite pour le Zaïre (ex-Congo belge, aujourd'hui République démocratique du Congo) et bien avancée dans le cas du Burundi et surtout du Rwanda, un petit pays déjà très peuplé, certes sans ressources ni matières premières stratégiques, mais qui contrôle les accès au Kivu, région du Congo dont le sous-sol regorge de minerais précieux.

La Françafrique : un système autoentretenu de relations interdépendantes

Les relations spéciales de la France avec ses ex-colonies ont été confiées jusqu'en 1999 à un ministère de la Coopération distinct de celui des Affaires étrangères. Elles sont tissées de contrats passés par de grandes entreprises françaises – mais garantis par l'argent public –

et ponctionnés de part et d'autre d'importants pots-de-vin dont une partie sert au financement occulte de partis politiques hexagonaux (en particulier les « partis de gouvernement ») et l'autre à l'enrichissement personnel des dictateurs africains et de leur entourage, comme à celui des intermédiaires et des « initiés » dans notre pays. Occupant des postes-clés dans les instances dirigeantes, ces Français bien introduits dans le sérail françafricain peuvent faire prospérer leurs trafics en tout genre à l'ombre de la politique de grandeur que prétend encore mener notre nation. Cette politique de grandeur n'est possible que dans un donnant-donnant avec les pays du pré carré.

Ceci, les dirigeants français l'ont compris en particulier lorsqu'en 1963 le président du Congo-Brazzaville, l'abbé Fulbert Youlou, est renversé par des émeutes sans que la France n'intervienne. Exemple déplorable qu'il n'est pas question de laisser se reproduire en raison de son impact sur les autres membres du pré carré. En échange de son alignement sur Paris dans les instances internationales, chacun de ces États africains bénéficiera désormais de l'appui de la France en cas de menace intérieure ou extérieure sur sa stabilité. « La garantie de la stabilité des États a constitué l'objectif politique principal de la politique africaine de la France », note la Mission parlementaire d'information sur le Rwanda[56]. Comprenons : le dirigeant au pouvoir et sa clique sont assurés de se maintenir en place grâce à un soutien tous azimuts de la France, allant du truquage des élections à l'intervention militaire, en passant par la collecte de renseignements sur les opposants.

François Mitterrand, lors de son premier mandat, explique: «[Il y a] un pré carré dont je revendique, lorsqu'il est empiété, qu'il soit reconquis et rendu à la France. Dans ce pré carré, je distingue en premier notre langue, notre industrie et notre sécurité, qui sont autant de fronts où garder nos défenses sans les quitter des yeux. Que l'une cède et la citadelle tombera. Cette image guerrière traduit très exactement ma pensée[57]. » Selon Hubert Védrine, Mitterrand explique ainsi l'opération Noroît : « Si on laisse une microminorité appuyée par un pays voisin reprendre le pouvoir par la force à la faveur du chaos général, la garantie française ne vaut plus rien. Nulle part[58]. » Védrine précise : la France donne sa parole, et si elle ne l'honore pas, le risque est grand que les gouvernants des pays du pré carré ne lui retirent leur confiance et ne se tournent vers d'autres protecteurs[59].

Cette politique d'empire est évidemment désastreuse pour les habitants des pays concernés, mais elle l'est également pour les Français, car elle suscite, en Afrique, beaucoup de rancœur contre la France, et contribue, ici, à détruire les vestiges du fonctionnement démocratique de nos institutions. Paradoxalement, la démocratie que prône officiellement la « Patrie des droits de l'homme » signifie la possibilité de changements de gouvernement, et fait par conséquent courir un risque de remise en cause de l'alliance, ce qui menace les « intérêts français ». La realpolitik de type féodal (protection contre allégeance) amène à soutenir des régimes autoritaires, même les pires, liés à la France par des intérêts personnels croisés : pillage continu des ressources, corruption réciproque. Elle paraît facile à mener, car face à toute crise la réponse est une intervention militaire, indirecte ou directe.

Les militaires au cœur de la politique menée au Rwanda

L'influence des militaires sur les responsables politiques

La « garantie de sécurité » donnée par la France est d'abord l'assurance d'un soutien militaire en cas de besoin. Le rôle de l'armée comme instrument de la politique africaine est essentiel, comme le montre l'engagement français au Rwanda. Un instrument qui influence aussi en retour les dirigeants politiques.

Depuis l'instauration fin 1992 des Conseils restreints, le chef d'état-major des armées est au cœur de la prise de décision. Si formellement il n'est pas censé décider, il est présent pour informer et recevoir les ordres : la possibilité pour l'armée d'influencer les politiciens, qui jusque-là était informelle, devient institutionnalisée. L'organisation de 1990 est pyramidale : un Mitterrand sans rival contrôle les armées en vertu de l'article 15 de la Constitution de la Ve République[1]. L'organisation au printemps 1993 et en 1994 est en forme de sablier : en haut, pour la prise de décision, un Conseil restreint associe l'Élysée, le gouvernement de cohabitation et l'amiral

1. Voir l'organigramme *infra*, p. 397.

Lanxade, chef d'état-major des armées ; en bas, depuis sa réforme interarmées, Lanxade tient en main tous les leviers des armées[60] : les informations remontent par Lanxade et les ordres redescendent par lui.

En ce qui concerne le Rwanda, en période d'action, le chef d'état-major particulier de Mitterrand, le général Quesnot, et l'amiral Lanxade sont en contact toutes les deux heures, et Quesnot transmet à Lanxade les intentions de Mitterrand[61]. Ainsi, selon Lanxade, « il y a un patron des opérations, c'est le chef d'état-major des armées, qui couvre toutes les opérations [et] qui reçoit ses instructions du président de la République. [...] [Le ministre de la Défense] Joxe ne s'est pas du tout mêlé de cette affaire et il était peu présent. Ce qu'il faut voir, c'est qu'il y avait une relation très forte ou en tout cas très claire entre Mitterrand et moi sur ces questions-là. Donc c'était moi qui étais responsable de ça. Je rendais compte de ce qu'on avait fait, mais je ne prenais pas l'autorisation pour le faire[62]. » Il joue de sa relation avec Mitterrand pour acquérir une grande autonomie dans les prises de décision opérationnelles concernant l'armée ; il sait faire croire qu'il agit « sur accord du président » et, face à Mitterrand, apprend « la façon de lui présenter les choses »[63].

Le général Quesnot aussi a de l'« autorité » et une « puissance politique » qui lui permettent d'être obéi, comme le reconnaît le ministre de la Défense François Léotard[64]. Quesnot contrôle en pratique la Mission militaire de coopération (MMC)[65], sauf lors d'opérations militaires où Lanxade prend le contrôle[66]. Certes,

Mitterrand tranche en dernier ressort, Lanxade obéit, de même que Quesnot, mais la mise en œuvre concrète est laissée à leur appréciation.

Les troupes de marine, héritières des troupes coloniales[1], revendiquent la direction de la Mission militaire de coopération, elle aussi avatar de la colonisation[67]. Dès la nomination à la tête de la MMC du général de gendarmerie Jean Varret en 1990, Maurice Schmitt et Gilbert Forray, respectivement chef d'état-major des armées et chef d'état-major de l'armée de terre (tous deux issus des troupes de marine), tentent de le dissuader d'accepter le poste. Ancien putschiste en Algérie, Varret est rodé à tous les rouages de la France néocoloniale : il a mis la main à la pâte lorsque la France envoyait ses mercenaires au Biafra pour fomenter en sous-main sa sécession du Nigéria anglophone, il a fréquenté régulièrement le général Kolingba qui a pris le pouvoir en Centrafrique, il fut aux premières loges du remplacement du dictateur tchadien Hissène Habré par Idriss Deby[68]... Il ne devrait a priori pas déplaire aux « coloniaux », et il souligne que les colonels des troupes de marine acceptent pour leur part bien volontiers d'être sous ses ordres. Mais il refuse de soutenir les officiers supérieurs rwandais qui lui disent vouloir exterminer les Tutsis. Le 25 mai 1993, le général Huchon, appartenant aux troupes de marine, obtient de l'Élysée la place de Varret avant le terme de son mandat. Or l'importance stratégique de la

1. Lire *infra*, p. 272.

« coopération » militaire (c'est-à-dire l'aide militaire aux pays du pré carré), dont s'occupe la MMC, dépasse celle de la coopération civile que traite le reste du ministère de la Coopération.

Ainsi, début juin 1993, Lanxade a le contrôle opérationnel, Quesnot l'interface avec l'exécutif et Huchon la coopération militaire sur le terrain : ils tiennent trois postes stratégiques et ont les coudées franches. À eux trois, ils disposent des informations, de l'influence auprès des politiques et des médias, des leviers d'action opérationnelle directe ou indirecte.

Ces trois hommes se connaissent : Huchon était l'adjoint de Quesnot à l'Élysée pour les affaires militaires africaines, après avoir été l'adjoint de Lanxade au même poste. Ils sont aussi proches idéologiquement. L'analyse des archives montre que dans leurs notes, ou lors des Conseils restreints, ils utilisent régulièrement un vocabulaire qui assimile le FPR, l'Ouganda et les Tutsis, en les présentant sous un jour défavorable[69], avant le génocide, pendant et parfois même après celui-ci. Ton qui tranche avec celui plus feutré et factuel des télégrammes diplomatiques, des notes des autres conseillers, des interventions des membres du gouvernement et des fiches des services de renseignement.

Le groupe constitué de Lanxade, Quesnot, Huchon, appuyé sur les troupes de marine, défend sa vision auprès des responsables politiques. Il s'agit donc d'un groupe de pression informel. Ce qu'en anglais on appellerait un *lobby*, terme que le général Varret utilise à leur sujet même s'il le regrette aussitôt, car en français il tend à être péjoratif[70]. Mais l'idée est là : dans une certaine mesure, ces hauts militaires ont pris le pas sur les politiques et maintiennent d'eux-mêmes le cap initialement fixé par un Mitterrand qu'ils influencent pour obtenir des décisions favorables à leur vision[71].

Le poids du groupe de pression militaro-colonial

L'amiral Lanxade, les généraux Quesnot et Huchon ne sont que les plus illustres représentants de ce groupe de pression militaro-colonial, dont les principales caractéristiques sont le vif sentiment d'une rivalité toujours présente avec les Britanniques, la mémoire des guerres de décolonisation (Indochine et Algérie notamment), le goût pour les opérations spéciales et une vision ethniste du continent africain.

Ces différents traits ne sont, tant s'en faut, pas partagés par tous les militaires français. Ceux-ci ont des opinions plus diverses. Les motivations des officiers servant en opérations extérieures sont variées. Ils sont nombreux à revendiquer les valeurs de l'armée : désintéressement, honneur (le leur, celui de l'armée, celui de la France), générosité, sens du service, protection des faibles, discipline, initiative, responsabilité, solidarité. Les militaires français sont motivés pour participer aux opérations extérieures, car c'est leur seule occasion de faire réellement leur travail quand le territoire national est en paix. Ils apprécient de sortir des casernes et des bureaux, au côté de militaires étrangers qu'ils ont formés. C'est donc aussi leur seule occasion d'obtenir une progression rapide de leur carrière, une décoration, éventuellement une victoire. Leur rémunération est multipliée, de même que les jours travaillés décomptés en vue de leur retraite. En tant qu'institution l'armée française profite des opérations extérieures pour appliquer ses doctrines, faire valoir son matériel, renforcer son réseau de bases à l'étranger, éviter l'oisiveté à ses troupes, entretenir son image dans l'opinion, justifier son existence et son budget ordinaire, voire obtenir un budget exceptionnel. Pour les opérations en Afrique subsaharienne, des militaires citent aussi parmi leurs motivations : l'amusement, la sexualité décomplexée, l'aventure[72]. Voire l'euphorie de frayer d'égal à égal avec des ministres : « L'Afrique offre à un jeune officier des possibilités d'épanouissements professionnels [, elle] permet à un capitaine d'être assimilé à un ministre local » ; « un capitaine en Afrique, c'était important, alors qu'un capitaine dans le pacte de Varsovie, c'était rien du tout »[73].

En ce qui concerne le Rwanda, la plupart des militaires français ont entre eux la solidarité de frères d'armes, et disent avoir du respect pour l'action de l'armée française, mais en interne ou en privé nombre d'entre eux se sont désolidarisés au moins partiellement des orientations politiques qui ont présidé à l'engagement français[74]. Certains stigmatisent par exemple le comportement de quelques « idéologues qui auraient dû être écartés ou sévèrement contrôlés », en particulier le général Quesnot et le colonel Tauzin, ou « les conneries de guerre anti-insurrectionnelle »[75]. Quelques-uns ont spécifiquement donné l'alerte, en particulier au sujet des risques de génocide[I]. Après le génocide, de trop rares militaires ont même eu le courage de prendre publiquement leurs distances : l'adjudant-chef Thierry Prungnaud sur Bisesero, le commandant Bunel sur les forces spéciales pendant Turquoise, le colonel Martin-Berne sur la manœuvre médiatique, le capitaine Ancel sur les missiles sol-air et sur de multiples aspects de l'opération Turquoise, le général Varret sur la période précédant le génocide ; d'autres, qui ne l'ont pas fait, ont vu leur famille leur demander des comptes[76]. Par ailleurs, certains militaires racontent leurs cauchemars, voire les traumatismes durables causés par ce qu'ils ont vu au cours de l'une ou l'autre des interventions françaises au Rwanda[77].

Les militaires français respectent la valeur des soldats du FPR. Ils leur reprochent essentiellement d'avoir, « avec leurs pauvres bottes en caoutchouc, mis en échec la quatrième armée du monde », grâce à la politique et aux médias plutôt que par les combats proprement dits[78]. Les forums et blogs montrent que les débats restent vifs en 2019 au sein de l'armée française, et le ressentiment contre le FPR aussi.

La génération qui sert au Rwanda est, contrairement à Mitterrand, trop jeune pour avoir baigné dans la propagande nationaliste liée à Fachoda. Ce n'est pas une référence qu'elle utilise couramment, selon le général Varret, qui précise : « Par contre, c'est très ancré

I. Lire *supra*, p. 53.

dans l'armée française traditionnelle : l'ennemi, c'est pas l'Allemand, c'est l'Anglais. Ça remonte à Trafalgar[1], ça[79]. » L'amiral Lanxade rappelle que la marine est férue d'histoire, et avec des collègues allemands, il a plaisir à évoquer le siège de La Rochelle et la victoire de Richelieu sur la marine anglaise en 1628[80].

Les officiers impliqués au Rwanda sont marqués par les opérations de l'après-guerre, c'est-à-dire les guerres de décolonisation. Lanxade, Lafourcade et Tauzin s'identifient aux soldats de la défaite de Diên Biên Phu, en Indochine. Tauzin fustige le « parti de l'étranger » qui s'oppose à la politique française et lui rappelle les « communistes français passés au Viet Minh ou les "porteurs de valise" du FLN »[81]. En effet, autre défaite à leurs yeux due aux politiques, l'Algérie est très présente dans leurs pensées, même si cela concerne la génération précédente, à laquelle appartiennent le père de Jacques Hogard ou les officiers en fin de carrière comme Jean Varret[82]. Tauzin, qui a dirigé le 1er RPIMa, revendique le passé colonial, qui pour lui n'est pas négatif : « Pour l'immense majorité des hommes et des femmes qui ont participé à la colonisation, je dirais au contraire que c'était une œuvre d'amour[83]. » Il est fier d'arborer les insignes des troupes coloniales[84].

En effet, les « troupes de marine », comme les régiments d'infanterie de marine (RIMa) et régiments parachutistes d'infanterie de marine (RPIMa), sont le nom

1. La bataille de Trafalgar, le 21 octobre 1805, voit les deux tiers de la flotte franco-espagnole détruits par la flotte britannique pourtant largement inférieure en nombre.

qu'ont pris en 1967 les « troupes coloniales » qui combattaient dans les colonies d'Asie, d'Afrique et d'Amérique, et remontent aux « compagnies ordinaires de la mer » créées par Richelieu. Elles font partie de l'armée de terre et sont désormais plus souvent transportées par avion que par bateau, donc leur nom peut prêter à confusion. Mobiles, elles interviennent en première ligne lors des interventions militaires extérieures françaises.

Les forces spéciales et leur doctrine

Les troupes de marine sont aussi l'épine dorsale des forces spéciales françaises. Celles-ci ont des « modes d'action inhabituels » pour atteindre des « objectifs stratégiques très sensibles » dans une « totale discrétion »[85]. Munies de « moyens de transmission très perfectionnés et d'un armement léger », elles accomplissent des missions « derrière la ligne de front : destruction d'installation, sabotage, secours ou libération[86] », ainsi que des opérations psychologiques[87].

Les forces spéciales ont aussi une mentalité particulière. Selon un de leurs anciens chefs, le colonel Poncet, « ce sont des gens qui ont un ego surdimensionné ! », ils « sont un peu “addicts” à la prise de risque »[88]. Pour l'adjudant José de Pinho, un membre des forces classiques qui les croise pendant Amaryllis, c'étaient « beaucoup de gens incontrôlables. Le chef ne contrôlait pas tout. Chacun dans son coin, à la cow-boy[89] ».

Lors du putsch d'Alger en 1961, les « forces spéciales et les théoriciens de la guerre révolutionnaire vont compter parmi les principaux protagonistes », et le 23 avril 1961, de Gaulle les cingle : les putschistes ont « un savoir-faire limité et expéditif, mais ils ne voient et ne connaissent la nation et le monde que déformés au travers de leur frénésie[90] ». Mis à l'écart, ils partent enseigner leurs méthodes contre-insurrectionnelles à leurs collègues sud-américains, et sur leurs conseils, les militaires argentins opèrent à leur tour des disparitions par hélicoptère. La « doctrine de la guerre révolutionnaire », doctrine de contre-insurrection théorisée par les officiers David Galula, Jacques Hogard père, Charles Lacheroy et Roger Trinquier, implique la mobilisation active de la population dans la lutte contre l'ennemi, par de multiples techniques[I] : quadrillage des villes et des villages, état-major mixte civil-militaire, armement des civils, méthodes d'interrogatoire, guerre médiatique ; sans oublier la guerre psychologique qui peut recourir à la terreur, y compris par les disparitions[91]. Pour le colonel Trinquier, le terrorisme est « une arme de guerre qu'il n'est plus possible d'ignorer ou de minimiser ». Il permet d'obtenir le soutien inconditionnel de la population. Citant Clausewitz, il conclut que « dans une affaire aussi dangereuse que la guerre, les erreurs dues à la bonté d'âme sont la pire des choses. [...] Celui qui ne recule devant aucune effusion de sang prendra l'avantage sur son adversaire si celui-ci n'agit pas de même »[92].

La disgrâce des forces spéciales dure trente ans. Mais comme leur intérêt par rapport aux forces classiques

---

I. Lire *supra*, p. 47.

augmente fortement avec la chute du Mur de Berlin et le remplacement d'une menace planétaire par des conflits dispersés, elles tiennent leur revanche et « reviennent à la mode[93] ». Dans le cadre de sa réforme interarmées, l'amiral Lanxade, alors chef d'état-major des armées (Cema), obtient l'accord de l'Élysée et du ministre de la Défense Pierre Joxe pour rassembler, harmoniser et organiser les éléments disparates de troupes d'élite dépendant chacune de leur armée. L'objectif que se fixe Lanxade est clair : désormais, « tout soldat, tout militaire qui opère en opération [y compris le service action de la DGSE] sur le terrain à l'extérieur du territoire national est sous l'autorité du Cema[94] », c'est-à-dire la sienne.

Le 24 juin 1992, le ministre de la Défense Pierre Joxe signe un arrêté lapidaire : « Art. 1er. – Il est créé un commandement des opérations spéciales [COS] qui relève directement du chef d'état-major des armées. Art. 2. – Les missions, l'organisation et le fonctionnement du commandement des opérations spéciales sont fixés par instruction particulière du chef d'état-major des armées[95]. » Cela laisse à Lanxade toute la responsabilité et une grande latitude.

Le Rwanda est le premier terrain d'application du COS. Le 1er RPIMa, qui en fait partie, est très fortement impliqué au Rwanda, de même que quatre des officiers qui l'auront dirigé (Huchon, 1984-1986 ; Rosier, 1990-1992 ; Tauzin, 1992-1994 ; Saint-Quentin, 2004-2006). Dès la création du COS, Lanxade retire au ministère de la Coopération, et donc au général Varret, le contrôle du 1er RPIMa[96]. Lors des trois interventions françaises, les forces spéciales ont mené les mêmes actions que les forces classiques, montrables aux journalistes, et que l'armée met en avant dans ses résultats ; mais en y ajoutant à chaque fois une mission supplémentaire plus discrète.

Ainsi, pendant Noroît, outre la protection des ressortissants français et la formation de l'armée rwandaise, les hommes des forces spéciales ont ponctuellement participé aux combats[I] et opéré des infiltrations en Ouganda[97]. Pendant Amaryllis, les compagnies conventionnelles gardaient l'ambassade ou l'aéroport et protégeaient les convois, pendant que les hommes des forces spéciales allaient récupérer une par une les familles de Français ; en plus de l'évacuation de ressortissants européens ou de dignitaires rwandais et la destruction de documents, ils ont eu leur propre chaîne de commandement, leurs propres missions discrètes, et certains sont même restés après le départ d'Amaryllis[II]. Pendant Turquoise, outre le renseignement, la résistance à la progression du FPR et les évacuations de personnes menacées, ils ont exfiltré les militaires français restés après Amaryllis et des responsables hutus[III].

Le colonel Grégoire de Saint-Quentin théorise cette action duale dans *Défense nationale*, la revue de débat stratégique alors dirigée par le général Quesnot. Bien que

I. Lire *supra*, p. 65 et 82.

II. Lire *supra*, p. 151.

III. Lire *supra*, p. 165.

Quesnot ait été au cœur des décisions sur le Rwanda, et Saint-Quentin au cœur de l'action (formation de la garde présidentielle, enquête sur l'avion abattu, lien avec l'état-major des FAR pendant l'opération Turquoise), le Rwanda n'est pas cité au long de ces pages. Mais il y est omniprésent en filigrane, car Saint-Quentin préconise l'utilisation des trois méthodes qui viennent d'être testées au Rwanda, qui à ses yeux ont bien fonctionné sur le plan strictement militaire. La première d'entre elles est la mise en œuvre de la doctrine de la guerre révolutionnaire, que Saint-Quentin défend dans un article de 1997[98]. La seconde est l'utilisation des forces spéciales. Posant lui-même la question dans le titre de son article de 1999, « Pourquoi les forces spéciales ? », Saint-Quentin répond en faisant référence à la stratégie indirecte : l'« action directe contre les forces adverses, caractérisée par la bataille, trouve un appoint indispensable dans celle, indirecte, destinée à user l'adversaire et à lui interdire de concentrer ses efforts sur l'action principale[99] ». Ainsi, quand le général Quesnot suggère pendant le génocide à François Mitterrand d'avoir recours à « une stratégie indirecte », il est possible qu'il y inclue les forces spéciales.

Enfin, Saint-Quentin remet au goût du jour un vieux métier dans un article de 1998, « Mercenariat et mutations stratégiques[100] ». Il n'est pas le seul parmi les anciens du Rwanda : après le génocide, le colonel Rosier glorifie les militaires qui, prenant tôt leur retraite, deviennent mercenaires : « Quand on a fait profession du dépassement de soi, on ne s'arrête pas en chemin pour motif statutaire, car on est formés pour la vie et toujours disponibles pour mettre ses talents au service d'une mission[101]. »

Mercenariat et mutations stratégiques

Le mercenariat est une pratique bien ancrée, comme l'explique le général Jean Varret à propos de son expérience pendant la sécession du Biafra. Il est alors à Libreville, où transite « l'aide française, notamment les armes ». Il y découvre « le monde des mercenaires » et « comment une politique officielle peut être doublée par une politique parallèle ». Il devient impliqué « dans des opérations logistiques où les grades et les ordres écrits n'ont plus d'importance, où les mercenaires comme Von Rosen ou Bob Denard sont quasiment des personnages officiels »[102]. Au Rwanda, Bob Denard et Paul Barril sont actifs dans la formation et l'encadrement des militaires rwandais, ainsi que la livraison d'armes et de munitions (lire *supra*, p. 145 et *infra* p. 319)[103] : c'est la « stratégie indirecte » que l'Élysée met en place mais ne peut avouer.

Saint-Quentin explique dans « Mercenariat et mutations stratégiques » que « les armées des grandes puissances » évitent les « interventions hasardeuses au milieu de populations en armes. Dès lors, l'effacement du soldat "d'État" provoque inéluctablement le recours au mercenaire ». C'est « un système parfaitement adapté aux guerres civiles ». En effet, à leur « souplesse structurelle s'ajoute une liberté d'action sur le terrain ». Il n'y a que des avantages : « Militairement efficace, légalement présentable et économiquement rentable, le "mercenaire conseiller" n'est-il pas finalement un acteur parfaitement adapté ? » Saint-Quentin est franc : « La transparence de notre société de l'information s'accommode probablement mieux de l'activité d'acteurs non gouvernementaux que d'opérations secrètes. » En Bosnie,

> les États-Unis ont pu « conduire une opération d'interposition tout en étant militairement présents aux côtés d'une des parties »[104].
>
> Toute ressemblance avec la France au Rwanda serait fortuite…

Une vision ethniste partagée par militaires et politiques

Le groupe de pression militaro-colonial analyse les réalités sociales africaines à travers le prisme des ethnies. Au Rwanda, fait exceptionnel en Afrique, il n'y pas d'ethnies. Pourtant, « la situation rwandaise a été analysée à travers une grille de lecture traditionnelle, héritée de la décolonisation belge, qui fait du critère ethnique le critère explicatif principal des rapports sociaux et politiques », notent les parlementaires de la Mission d'information[105]. La manipulation ethnique fait aussi partie depuis plus d'un siècle de l'arsenal des troupes coloniales françaises[106]. Les médecins mesurent, pour les classifier, les caractéristiques physiques des indigènes[107]. L'ethnisme « scientifique » est un paradigme des colons qui appliquent à leur compréhension des peuples colonisés des méthodes de classification. Ils vont très rapidement mesurer l'intérêt qu'il y a à « diviser pour mieux régner » : l'exacerbation de cet élément de l'identité qu'est l'appartenance ethnique s'avère souvent déterminant pour maintenir la domination étrangère – et demeure aujourd'hui un outil de pouvoir très efficace pour les régimes autoritaires africains.

Concernant le Rwanda, les militaires français ne forment pas un groupe monolithique aux opinions homogènes et l'anti-tutsisme n'est pas partagé par tous, loin de là. Il est cependant frappant de constater qu'il s'est implanté dans l'esprit d'un grand nombre, et que certains officiers l'ont peut-être intégré de façon personnelle[108]. Le lieutenant-colonel Michel Robardey critique les « Tutsis avides de pouvoir[109] », le colonel Didier Tauzin regrette qu'on n'appréhende pas assez « la rouerie et la duplicité des Tutsis[110] » ; il fait allusion à l'« existence de singularités génétiques entre Hutus et Tutsis » et suggère que les Tutsis sont des « frères de race » de Paul Kagame, le dirigeant du FPR[111]. Expression que reprend le lieutenant-colonel Jacques Hogard, qui, soulignant que « les mots ont du sens », affirme que Hutus et Tutsis sont « deux races » très différentes[112].

L'identification « Tutsi = FPR = ennemi » apparaît sous la plume de certains militaires : l'amiral Lanxade, le général Quesnot et le général Huchon la diffusent auprès des politiques[113]. Tandis que le colonel Charrier, chargé de la propagande contre le FPR, reprend le stéréotype de « l'infiltration de femmes tutsies » dans le lit des expatriés français : « Elles sont tellement belles qu'elles nous colonisent[114]. »

Surtout, l'anti-tutsisme a eu droit de cité en haut de la hiérarchie, guidant le discours et les actions de l'armée en tant qu'institution. Ainsi, au mépris de la réalité de la société rwandaise, l'armée française peut envisager une partition géographique du Rwanda entre une région hutue et une région tutsie. Par exemple, le 22 juin 1994, l'ordre d'opérations de Turquoise, émanant de l'état-major des armées, envisage de sanctuariser un « pays hutu[115] ». C'est le pendant du mythe du « Tutsiland » qu'au printemps le général Christian Quesnot, conseiller de Mitterrand, accuse le FPR de vouloir créer, avec son allié le président ougandais Museveni, et « l'aide anglo-saxonne[116] ». Cette partition se retrouve à la même époque sous la plume de l'attaché de défense, Bernard Cussac, selon qui, « inexorablement, le "Tutsiland" se met en place[117] », ainsi que sur une carte géographique dans le bureau du chef d'état-major des armées lui-même[118].

Cette obsession ethniste est aussi celle de responsables politiques français. Elle épouse parfaitement la thèse de la suprématie légitime de la majorité hutue, fondement proclamé de la légitimité du pouvoir de Juvénal Habyarimana dans cette dictature à parti unique. Bien conscientes des stéréotypes français hérités de l'époque coloniale et du manque de respect de nombreux dirigeants français pour la démocratie dans leur propre pays, les autorités rwandaises manipulent leurs homologues françaises pour accréditer cette grille d'analyse.

Ce qui ne manque pas de surprendre, c'est que cette ethnicisation ait persisté au point qu'en septembre 1994 François Mitterrand répondait lorsqu'on l'interrogeait sur le soutien de la France au président Juvénal Habyarimana : « Son pays était à l'ONU et il représentait à Kigali une ethnie à 80 % majoritaire[119]. » Pourtant, c'est un général putschiste, réélu avec des scores staliniens et qui discrimine une minorité, ce que François Mitterrand sait pertinemment. Chez nos dirigeants, les conceptions démocratiques héritées de la Révolution française et de la Déclaration des droits de l'homme pèsent bien peu face la lecture ethniste des sociétés africaines. Car dans cette conception bien étonnante de la démocratie, un Africain se limiterait donc nécessairement à voter pour son ethnie, et le multipartisme et la presse libre qui se développent au Rwanda seraient un leurre.

Dans la logique ethniste des responsables politiques et militaires français, la base sociale et politique du FPR ne pourrait qu'être constituée de Tutsis. L'élimination des Tutsis a-t-elle été considérée comme un dommage collatéral de la guerre menée par la France aux côtés des Forces armées rwandaises ? Ou pire, comme un moyen permettant, en éliminant ses électeurs potentiels, de priver le mouvement rebelle de toute possibilité de victoire politique ultérieure ?

Quoi qu'il en soit, il est clair qu'aux yeux de certains dirigeants français, la mort d'un Africain n'a pas la même importance que celle d'un de leurs concitoyens. François Mitterrand aurait dit en privé, à l'été 1994 : « Dans ces pays-là, un génocide c'est pas trop important [120]. » Quant au ministre de l'Intérieur, Charles Pasqua, interrogé à la télévision le 4 juillet 1994 à propos du génocide en cours, il affirme que pour les Africains « ces affrontements tribaux ne revêtent pas le caractère atroce qu'ils ont pour nous [121] ».

La Françafrique, fût-ce au prix d'un génocide

La politique française au Rwanda fut le produit d'un choix délibéré. Les archives et les témoignages disponibles ne permettent pas de l'imputer à d'éventuels dysfonctionnements. Ni à un quelconque aveuglement, car à partir de 1990, et plus spécifiquement de 1993, les responsables politiques et militaires français étaient correctement informés du fait que les extrémistes hutus préparaient, puis perpétraient le génocide des Tutsis. Pourtant, avant, pendant et après le génocide, ils ont activement soutenu ces extrémistes, matériellement et politiquement. Cette aide française a eu un effet décisif sur le crime commis, sur l'impunité des coupables et sur leur action durable de déstabilisation de la région des Grands Lacs.

Cet engagement français au Rwanda au-delà de toute raison ne fut pourtant qu'une radicalisation à l'extrême de la politique ordinaire de la France à l'égard de l'Afrique. Une politique fondée sur le néocolonialisme, sur la raison d'État qui couvre des intérêts économiques parfois crapuleux, sur un soutien sans faille aux régimes en place, peu importe qu'ils soient des dictatures, au nom de la parole de la France et de la « stabilité » des pays concernés, perçus comme susceptibles d'être fragilisés par des luttes « tribales » ou « ethniques ». La condition d'une telle politique est le pouvoir exorbitant dont dispose le président de la République française, au mépris des principes démocratiques.

Enfin, ultime clé sans laquelle la complicité de génocide n'aurait pas été possible : un racisme d'airain, qui non seulement conduisit nos dirigeants à épouser une conception ethniste du pouvoir légitime, mais encore les amena à une froide indifférence face à la mise à mort d'Africains.

De bout en bout, la machine d'État a fonctionné correctement. L'information pertinente est remontée du Rwanda vers Paris où elle a été diffusée, lue, analysée, archivée. La chaîne de responsabilité était en place, les décideurs assistés de leurs conseillers se sont réunis à une fréquence adaptée, leurs réunions se sont déroulées dans le calme et ont abouti à des décisions consignées dans des comptes rendus. Ces décisions ont été transmises aux personnes chargées de les appliquer, qui les ont exécutées avec compétence et en ont rendu compte. À aucun moment il n'est détecté de vacance du pouvoir, de faute professionnelle, de décision hâtive, de dysfonctionnement des rouages, de rupture de chaîne de commandement. Il s'agit bien d'une volonté politique, maintenue et assumée par Mitterrand, ses proches conseillers, l'état-major et leurs soutiens ; politique jamais infléchie par les alertes reçues, puis par le génocide en cours, pas plus qu'elle ne fut remise en question après la défaite militaire des auteurs de l'extermination des Tutsis rwandais.

VI. La justice entravée

L'État français multiplie depuis 1994 les entraves à la justice afin d'empêcher que toute la lumière soit faite sur son engagement au Rwanda. Ces entraves concernent tout autant la justice internationale que la justice française.

Obstructions à la justice internationale

Les autorités françaises veillent au grain quand le Conseil de sécurité de l'ONU décide, le 8 novembre 1994, quatre mois après la fin du génocide des Tutsis, de créer une juridiction internationale ad hoc pour en poursuivre les auteurs, en se fondant sur la Convention pour la prévention et la répression du crime de génocide de 1948.

En mettant en place, à l'automne 1994, le Tribunal pénal international pour le Rwanda (TPIR), le Conseil de sécurité de l'ONU s'inspire du précédent des tribunaux de Nuremberg et de Tokyo, qui avaient respectivement jugé les dirigeants nazis et japonais, et du Tribunal pénal international pour l'ex-Yougoslavie (TPIY), créé en 1993. La Chambre d'appel est d'ailleurs commune au TPIR et au TPIY. Soumis à de nombreuses critiques, tant des rescapés que des accusés, le TPIR aura néanmoins eu le mérite de juger les principaux responsables du génocide des Tutsis : 93 inculpations, 61 condamnations, 14 acquittements. Notons cependant que, renversant les décisions de la Chambre de première instance, la Chambre d'appel, présidée par le juge états-unien Theodor Meron, a prononcé des acquittements qui ont choqué, en particulier, en 2009, celui de Protais Zigiranyirazo, un des principaux membres de l'Akazu. Par ailleurs, la Chambre d'appel a parfois réduit considérablement les peines prononcées en première instance : le colonel Théoneste Bagosora et Ferdinand Nahimana, le directeur de Radio Rwanda, tous les deux initialement condamnés à la perpétuité, ont vu leurs peines réduites respectivement à trente-cinq et trente ans[1]. L'usage du TPIR étant de ne faire exécuter que les deux tiers de la peine, Bagosora, détenu depuis 1996, pourrait théoriquement être libéré en 2020. Il pourrait alors retrouver le colonel Anatole Nsengiyumva, dont la perpétuité avait été transformée en une peine de quinze ans. Comme d'autres auteurs du génocide libérés par le TPIR mais qu'aucun pays ne veut accueillir sur son sol, Nsengiyumva vit à Arusha, en Tanzanie, où siège le tribunal, dans une villa que l'ONU met gracieusement à sa disposition[1].

Le TPIR a rendu son dernier jugement en appel en décembre 2015. Il subsiste aujourd'hui un « mécanisme pour les Tribunaux pénaux internationaux », qui prolonge son activité pour rechercher les huit derniers fugitifs de sa liste, en juger trois et en renvoyer cinq vers les tribunaux rwandais. Ce mécanisme assure égale-

1. La peine du général Augustin Bizimungu, condamné par le TPIR à trente ans de prison, a en revanche été confirmée en appel.

ment le suivi des affaires renvoyées vers les juridictions nationales, dont celles du Rwanda et de la France.

Le TPIR est créé comme un tribunal international chargé de « juger les personnes présumées responsables d'actes de génocide ou d'autres violations graves du droit international humanitaire commis sur le territoire du Rwanda et les citoyens rwandais présumés responsables de tels actes ou violations commis sur le territoire d'États voisins, entre le 1er janvier et le 31 décembre 1994[2] ». L'ambassadeur français à l'ONU, Jean-Bernard Mérimée, a plaidé pour que la compétence du Tribunal commence à l'année 1994, ce qui rend difficile de s'intéresser aux décisions prises à Paris et aux interventions militaires françaises entre 1990 et 1993 ; il a aussi approuvé que soient visés non seulement les auteurs du génocide, mais aussi les auteurs « d'autres violations graves du droit international humanitaire », autrement dit des crimes de guerre ou crimes contre l'humanité commis par le FPR[3]. Il a même demandé, sans succès, d'étendre la compétence temporelle du Tribunal au-delà de l'année 1994 pour les crimes commis après la fin du génocide[4] – sous-entendu : par les nouvelles autorités rwandaises.

Le Rwanda, bien qu'il ait réclamé la création du TPIR, vote contre le projet présenté, pour des raisons portant sur son statut et les moyens qui lui sont alloués. D'abord parce qu'il a insisté pour que le siège du tribunal soit fixé au Rwanda, ce qu'il n'a pas obtenu. Par ailleurs, il considère que le génocide est le résultat d'une longue période de planification pendant laquelle des projets d'extermination à petite échelle ont été testés avec succès.

Ainsi les arrestations et massacres visant spécifiquement des Tutsis ont commencé en octobre 1990. Le Rwanda a demandé que la compétence du TPIR commence à cette date, mais « la proposition a été rejetée sans raison valable[5] » ; il a ensuite proposé le 15 novembre 1992[6], ce qui aurait inclus les discours incendiaires de Habyarimana et de son conseiller Mugesera, ou au moins octobre 1993, mais « les USA pensaient que cette date pourrait ne pas être acceptable pour les Français[7] ». Le Rwanda s'oppose également au texte parce qu'il est inquiet que « certains pays [qui] ont pris une part très active à la guerre civile rwandaise [puissent] proposer les candidatures des juges et participer à leur élection ». Enfin, parce qu'il y a des pays qui favorisent l'impunité de génocidaires en fuite[8]. Ces pays ne sont pas nommés, mais la France, qui s'est opposée à un projet de résolution états-unien visant à faire arrêter les criminels rwandais par les États membres, est évidemment visée.

Le TPIR renoncera à enquêter sur les crimes commis par le FPR, car Kigali usera de moyens de pression tels que le blocage du fonctionnement du Tribunal par le refus de laisser les témoins rwandais se rendre à Arusha, en Tanzanie, où il siège[9]. Il ne recherchera pas davantage une éventuelle complicité française dans le génocide des Tutsis.

Il y avait pourtant de quoi examiner le rôle de la France, au moins à deux occasions. La première était le rôle de l'ambassade de France à Kigali dans la constitution du gouvernement génocidaire. Selon la juriste Rafaëlle Maison, « lors de leur procès, certains ministres affirmèrent qu'ils ne pouvaient avoir participé au génocide, car ils se trouvaient à l'ambassade de France » où ils s'étaient réfugiés entre le 7 et le 9 avril. Cet alibi fut reconnu par le tribunal, sauf dans le cas de Callixte Nzabonimana. Pour ce qui le concerne, aux yeux des juges, « il était parfaitement concevable que le ministre ait perpétré des actes de génocide tout en séjournant à l'ambassade de France ». Et ceci ne les conduisit nullement à s'interroger sur ce séjour. L'ambassadeur de France, Jean-Michel Marlaud, ne fut d'ailleurs jamais entendu par le Tribunal. Pourtant, un accusé avait expliqué que l'ambassadeur avait réuni, le 8 avril, ces futurs ministres avant leur départ vers le ministère de la Défense où les attendait le colonel Bagosora [10].

L'occasion d'examiner un autre moment-clé du rôle de la France, l'opération Turquoise, n'a pas non plus été saisie par le TPIR. Cependant, « s'il n'a jamais été question d'enquêter sur ses objectifs, ses pratiques ou son influence », Turquoise a été évoquée lors du procès de Bagosora et de ses coaccusés, et « elle fut mentionnée dans l'affaire Karemera et Ngirumpatse [respectivement ministre de l'Intérieur et président du MRND pendant le génocide] par la Chambre qui parut vouloir signaler, sans y être explicitement invitée, le rôle de l'opération française dans le déplacement massif des forces génocidaires et d'une partie de la population rwandaise vers le Zaïre voisin ». Les juges estimèrent que les civils partisans du gouvernement intérimaire « avaient en fait la possibilité de s'enfuir librement vers la République démocratique du Congo et [que] cette voie était protégée par les forces armées françaises de l'opération Turquoise »[11].

Certaine de ne pas être inquiétée du fait de son siège de membre permanent au Conseil de sécurité – dont dépend le procureur du TPIR – et des précautions prises quant au mandat du Tribunal, la France a pu autoriser ses officiers à témoigner, toutefois sous des conditions extrêmement strictes : à huis clos, sous pseudonyme, à distance, sous condition de confidentialité, avec le droit de refuser de répondre à certaines questions, et en présence d'un représentant du gouvernement français ; ce qu'ils ont fait uniquement à décharge. Le colonel de Saint-Quentin a témoigné en faveur du major Ntabakuze (condamné)[12] ; le général Lafourcade, les colonels Hogard et Rosier en faveur du général Gratien Kabiligi[13] (acquitté, malgré son intention annoncée de « liquider les Tutsis[14] »). Au moins un officier français, dont l'identité n'a pas été révélée, a témoigné en faveur du colonel Bagosora, ce que le général Lafourcade assume : « C'était un geste d'humanité. Il avait droit à une défense équitable. Ce n'est pas pour cela que j'approuve ce qu'il a fait. Si des Tutsis nous avaient demandé de témoigner pour eux, nous l'aurions fait[15]. » La France n'a pas déclassifié de documents secret défense ni fait témoigner ses militaires à charge, de même qu'elle n'a pas fourni au TPIR de liste d'accusés[16].

Ce qui ressemble fort à un parti pris en faveur des auteurs du génocide se confirme avec le refus de collaborer avec les Nations unies pour identifier des responsables des Forces démocratiques de libération du Rwanda (FDLR), un mouvement armé constitué en partie d'ex-génocidaires rwandais[I]. En 2009, le rapport final du groupe d'experts de l'ONU sur la République démocratique du Congo indique en effet que les autorités françaises ont refusé de communiquer les noms d'abonnés téléphoniques qui vivaient en France et recevaient de nombreux appels de la part de commandants militaires des FDLR depuis le Kivu[17].

France, terre d'accueil... pour extrémistes hutus

Étant donné le soutien apporté par les dirigeants français aux auteurs du génocide, il n'est pas surprenant que les autorités de notre pays y laissent vivre des dizaines de personnes suspectées de génocide, et que la justice française montre peu d'empressement à les poursuivre.

Agathe Kanziga, la « sans-papiers » qui voulait lancer un appel à la continuation du génocide

Le cas d'Agathe Kanziga, la veuve du président Habyarimana, est emblématique de cette réticence à agir. Agathe Kanziga a été la première évacuée de Kigali, vers Bangui, avant même les ressortissants français. Elle arrive à Paris en classe affaires, accueillie sur instruction du président Mitterrand avec une somme de 200 000 francs présentés comme une aide aux réfugiés[II].

I. Lire *supra*, p. 242.

II. Lire *supra*, p. 126.

Pendant le génocide, elle s'active, et Mitterrand dit d'elle à trois responsables de Médecins sans frontières, le 14 juin 1994, qu'elle a « le diable au corps [18] » : « J'ai eu Agathe Habyarimana à la maison. C'est une folle qui voulait lancer un appel à la continuation du génocide sur les radios périphériques françaises. On a eu du mal à la calmer [19]. » Repartie en septembre 1994, elle revient clandestinement en France quelques années plus tard.

En 2004, elle s'adresse à l'Office français de protection des réfugiés et apatrides (Ofpra), puis à la Commission des recours des réfugiés (devenue depuis la Cour nationale du droit d'asile), et finalement au Conseil d'État pour obtenir l'asile [20]. Elle se présente comme une innocente ménagère, expliquant « qu'elle préparait les repas pour toute la famille, s'occupait de jardinage et d'élevage ; qu'elle n'écoutait pas la radio et ne lisait pas de journaux ; qu'elle n'a jamais parlé de politique avec son défunt mari ; que tout ce qui a pu être dit à son sujet n'est que pur mensonge [21] ».

Or à chaque étape, sa demande d'asile est rejetée par les différentes administrations et juridictions françaises, avec des arguments longuement détaillés. Ainsi la Cour nationale du droit d'asile établit que, bien que dépourvue de rôle officiel, elle était « au cœur du régime génocidaire responsable de la préparation et de l'exécution du génocide », ayant « exercé une autorité de fait entre 1973 et 1994, mais aussi au-delà de cette date » [22]. Agathe Kanziga a joué un rôle central au sein du premier cercle du régime, l'Akazu, « système clanique de partage et d'utilisation des prébendes financières », qui a « confisqué le véritable pouvoir en institutionnalisant les soutiens familiaux ». Elle coordonnait « différents cercles politique, économique, militaire et médiatique ». Elle a été la « pièce maîtresse du système de répression », à commencer par le Réseau Zéro et ses « escadrons de la mort ». Elle a joué un « rôle prédominant » dans « le lancement puis le contrôle du journal extrémiste *Kangura* » et de Radio des Mille Collines. Elle a eu un « rôle personnel » en 1991 dans « l'organisation des massacres », en 1992 dans « la formation et l'équipement des milices Interahamwe », le 11 février 1994 dans l'établissement de listes de personnes à exécuter. À partir de la mort de son mari, elle a démontré son « emprise sur les affaires de l'État », y compris après son départ pour la France.

En 2007, le Collectif des parties civiles pour le Rwanda (CPCR), animé par Dafroza et Alain Gauthier, a déposé en France une plainte contre elle, actuellement en cours d'instruction, pour crime de génocide et complicité de crime contre l'humanité[23]. Agathe Kanziga est aussi visée par un mandat d'arrêt international émis par le Rwanda. Cela ne l'a pas dissuadée de demander à nouveau un titre de séjour, qui lui a finalement été refusé par le Conseil d'État en 2013[24] ; ni de saisir, également en 2013, la Cour européenne des droits de l'homme, qui n'a pas considéré sa demande comme recevable. Ni extradée, ni expulsée, ni jugée, c'est la « sans-papiers » la plus célèbre de France. Gageons qu'Agathe Kanziga détient beaucoup trop de secrets sur la coopération franco-rwandaise pour être un jour inquiétée.

Le contentieux autour de son droit d'asile a été l'occasion pour la justice administrative française de se pencher sur de nombreux dossiers en abordant la question du génocide elle-même[1]. Ainsi, en 2019, le Conseil d'État a confirmé la planification du génocide et le rôle qu'a joué le gouvernement intérimaire rwandais dans la décision des massacres. Il a en outre refusé que l'ex-officier des Forces armées rwandaises Francois-Xavier Nzuwonemeye soit accueilli en France, malgré son acquittement par le TPIR, jugeant qu'« entre les 6 avril et 4 juillet 1994, alors qu'avaient lieu des massacres génocidaires de masse décidés par le gouvernement intérimaire auquel il avait prêté allégeance, il a commandé à Kigali le bataillon blindé de reconnaissance, dit bataillon Recce, l'une des trois unités d'élite de l'armée rwandaise, qui a directement pris part à la planification, à l'organisation et à la réalisation des massacres[25] ».

Près d'un millier de Rwandais sont réfugiés en France, et tous ne sont pas des rescapés du génocide des Tutsis. Un ingénieur-chimiste de 39 ans, Emmanuel Rwirangira, discret mais extrémiste, a été pendant des années traducteur dans la zone d'attente de Roissy, sympathique intermédiaire entre la police et les demandeurs rwandais. Leurs demandes d'asile ont eu un taux de succès de 82 % (plus élevé que pour aucune autre nationalité), ce qui

1. La justice administrative est compétente pour juger les litiges opposant une personne privée à l'État, à une collectivité territoriale, à un établissement public ou à un organisme privé chargé d'une mission de service public.

a « permis de fait à des présumés bourreaux des Tutsis de trouver une confortable retraite en France[26] ». Parmi eux, Tassien Kayijuka, qui a importé 19 000 machettes (14 tonnes) fin 1992, ou le colonel Sébastien Ntahobari, qui pendant le génocide était attaché militaire de l'ambassade du Rwanda en France, où il joue les intermédiaires entre les génocidaires et les autorités françaises. Pourtant, la loi prévoit qu'on puisse exclure de l'asile « les personnes dont on aura des raisons de penser [...] qu'elles ont commis un crime contre la paix, un crime de guerre ou un crime contre l'humanité[27] ».

La grande lenteur des instructions contre des Rwandais résidant en France

Les juridictions françaises sont saisies dès 1995 des premières plaintes visant des personnes suspectées de génocide résidant en France. Le traitement de ces plaintes est rendu possible par la loi du 22 mai 1996, qui donne une compétence universelle à la justice française pour connaître les crimes imprescriptibles que sont les crimes contre l'humanité, et parmi eux le génocide[28]. La loi française a introduit l'incrimination de « génocide » en mars 1994 et reprend la substance du texte de la Convention internationale de 1948, à deux différences notables près. En un sens, la définition française est plus restrictive, car elle requiert qu'il existe un « plan concerté ». En sens inverse, elle est plus extensive, car elle ne requiert pas que la désignation du groupe à exterminer dépende de critères « objectifs ». Elle est donc historiquement plus exacte, puisqu'en réalité cette désignation est le fruit d'une décision politique arbitraire : ce sont les criminels qui distinguent qui est arménien, juif, tzigane, tutsi, et par conséquent voué par eux à la mort.

Comment est défini le crime de génocide ?

La définition internationale du crime de génocide est basée sur l'intention de détruire un groupe, en tout ou en partie[29]. Ce groupe peut être défini selon un critère « national, ethnique, racial ou religieux ». Chacun des actes suivants caractérise le génocide :

1) atteinte volontaire à la vie ;

2) atteinte grave à l'intégrité physique ou psychique ;

3) soumission à des conditions d'existence de nature à entraîner la destruction totale ou partielle du groupe ;

4) mesures visant à entraver les naissances ;

5) transfert forcé d'enfants.

Le rapport d'experts de l'ONU du 9 décembre 1994 conclut clairement qu'au Rwanda un génocide et un seul a été perpétré : il a été commis à l'encontre du groupe tutsi par des éléments hutus agissant de manière concertée, planifiée, systématique et méthodique[30]. Le TPIR a confirmé ce génocide et sa préméditation[31].

Le droit français élargit la définition internationale, en l'étendant à des groupes déterminés « à partir de tout autre critère arbitraire » ; il la restreint aussi, en exigeant qu'il y ait eu un « plan concerté » pour détruire ce groupe. Ces différences ne sont pas significatives dans le cas du Rwanda : en France aussi, le Conseil d'État et la Cour de cassation ont établi que le génocide a été préparé et planifié par les responsables au pouvoir au Rwanda pendant plusieurs années, avant le 6 avril 1994[32].

Comment est définie la complicité de génocide[33] ?

Selon le TPIR, pour déterminer la complicité, il faut et il suffit que deux conditions soient réunies, l'aide réelle et l'intention d'aider :

— La première est l'aide qui est apportée aux criminels. Elle peut prendre plusieurs formes : assistance matérielle, soutien moral ou encouragement[34]. Ce peut être un acte ou au contraire le fait de s'abstenir d'un acte. Cette action ou cette abstention doit avoir eu un effet réel sur le crime commis[35].

— La seconde est l'intention d'aider les auteurs du génocide. On considère qu'un complice a cette intention s'il aide volontairement des criminels, en sachant qu'ils ont des projets de génocide ou qu'ils sont déjà en train de le réaliser, et que son aide y contribue[36]. Ceci, même si le complice n'a pas lui-même l'intention de réaliser un génocide[37].

Le TPIR a tenu à préciser un point important, celui de la « présence complice ». Considérons une personne présente sur des lieux où un crime est en train d'être commis ou connus pour les crimes qui y sont souvent commis, qui ne fait rien pour s'y opposer et qui ne manifeste aucune désapprobation. Si cette personne a une position d'autorité, alors son abstention peut donner à penser qu'elle cautionne le crime, autrement dit qu'elle l'approuve et l'encourage, et il s'agit bel et bien de complicité. Ici, la notion d'« autorité » est large : elle inclut l'autorité officielle (même si la personne n'est pas le supérieur hiérarchique direct du criminel) ou l'autorité de fait d'une personne qui détient un pouvoir concret. Plus que la position d'autorité elle-même, l'important est le rôle de soutien moral que son détenteur a consciemment sur le criminel et sur le crime[38]. Un tribunal jugeant cette personne pourra déterminer ses intentions en s'appuyant par exemple sur ses agissements

> antérieurs, sur l'impunité qu'elle garantit au criminel, sur les encouragements qu'elle lui prodigue par ailleurs, ou toute autre circonstance du crime[39].

Au milieu des années 1990, les plaintes contre les suspects de génocide sont à l'époque instruites par des juges d'instruction non spécialisés et qui traitent parallèlement de nombreux autres dossiers dont ils ne sont pas déchargés, malgré leurs demandes en ce sens parfois. En 2004, la Cour européenne des droits de l'homme condamne la France dans le dossier de l'abbé Wenceslas Munyeshyaka, estimant « que l'on ne saurait considérer comme "raisonnable" une durée globale de presque neuf ans pour une information pénale au demeurant toujours en cours[40] ». Cette condamnation n'accélère pas l'instruction de l'affaire.

À partir de janvier 2012, ces plaintes, au nombre d'une trentaine en 2019[41], sont rassemblées au pôle « crimes contre l'humanité, crimes et délits de guerre » du tribunal de grande instance de Paris, créé sous la présidence de Nicolas Sarkozy. Doté de magistrats spécialisés, secondés par des assistants et des officiers de police judiciaire qui lui sont spécialement affectés, le pôle va pouvoir – dix-huit ans après le génocide – poursuivre plus efficacement les nombreux suspects de génocide réfugiés dans notre pays.

Vingt ans après, les premières condamnations

Un premier procès a lieu en 2014 devant la cour d'assises de Paris, qui condamne l'un des organisateurs des massacres, l'ex-capitaine des Forces armées rwandaises Pascal Simbikangwa, à vingt-cinq ans de réclusion pour génocide et complicité de crimes contre l'humanité. Cette condamnation, confirmée en appel en 2016, puis en cassation en 2018, est aujourd'hui définitive. Ce verdict est un symbole fort. L'importance de ce procès tient aussi au fait que c'est le premier à aboutir en France, au rôle central qu'avait eu l'accusé au Rwanda, au déroulement des audiences et à la médiatisation qui l'a accompagné.

Le capitaine Pascal Simbikangwa, proche du clan présidentiel, est un ancien membre de la garde présidentielle, où il contribue à la protection du président Habyarimana et à l'instruction des commandos. Suite à un accident, il bascule dans le civil. En 1988, il dirige le Service central de renseignement (SCR), directement lié à la présidence, à une époque où le Rwanda était, selon l'ambassadeur de France, une « poudrière contenue par le service de renseignements[42] ». Il le dirige jusqu'en 1992 ; selon la DSGE, il y est « suspecté d'avoir torturé de nombreuses personnes[1] » et il est membre du Réseau Zéro[43]. Cet idéologue fait aussi partie des 50 actionnaires-fondateurs de Radio des Mille Collines.

Son procès a duré plus de sept semaines, du 4 février au 28 mars 2014. Une attention particulière a été accordée au contexte historique : historiens et journalistes témoins des faits se sont succédé à la barre pour rappeler la réalité et la nature du génocide des Tutsis. Quatre

1. Cette accusation a été évoquée lors de son procès en 2014, mais à cette date elle était prescrite.

de ces dépositions ont été l'occasion d'effleurer la question du rôle de la France, qui n'était pas le sujet du procès : celles du journaliste Renaud Girard qualifiant l'opération Turquoise de « poudre aux yeux », du juriste Filip Reyntjens, du lieutenant-colonel Michel Robardey et de Fabrice Tarrit, président de Survie, qui a rappelé la passivité et même la complicité des plus hautes autorités françaises malgré l'alerte lancée par Jean Carbonare en 1993.

De façon répétée, l'accusé et ses avocats ont cherché à atténuer la réalité et l'ampleur du génocide des Tutsis, en contestant certains faits, tels que la préméditation et l'organisation soigneuse de ce génocide, ou en usant d'accusations « en miroir ». Ce déni et ce mépris ont été particulièrement choquants pour les familles de victimes quand l'avocate de la défense a insisté sur l'absence des victimes du côté des parties civiles. Alain Gauthier, président du CPCR, avait pourtant rappelé à la barre que « la marque du génocide, c'est le silence de nos morts ». La cour d'assises ne s'est pas laissé influencer par ces tentatives de diversion. Dans son jugement, elle relève la préparation et l'organisation particulièrement efficaces des massacres, et souligne explicitement que le génocide des Tutsis était le fruit d'un « plan concerté », analyse confirmée en appel[44]. Ainsi, rejoignant la justice administrative, la justice pénale française a reconnu clairement que le génocide des Tutsis était prémédité.

Deux autres auteurs du génocide, les ex-bourgmestres Octavien Ngenzi et Tito Barahira (ce dernier avait obtenu le statut de réfugié politique en France), sont condamnés par les assises à la perpétuité en 2016, peine confirmée en appel en 2018 et en cassation le 16 octobre 2019. Lors de leur procès en première instance, l'historien Stéphane Audoin-Rouzeau a, pour la première fois dans une enceinte judiciaire, abordé de manière précise plusieurs aspects du rôle de la France[45].

Dans son verdict de 2018, la cour d'assises d'appel souligne la validité et la cohérence d'ensemble des témoignages à charge de la part de Rwandais que Ngenzi et Barahira tentaient de discréditer, et elle rappelle la réalité du génocide des Tutsis du Rwanda, admise par les accusés eux-mêmes, qui a résulté d'un « plan concerté au niveau national » et d'une organisation collective[46].

Ce bilan de trois condamnations (en 2019) est bien maigre, alors que près de 30 dossiers de génocidaires présumés sont en cours d'instruction[47]. Plusieurs d'entre eux sont déjà morts, et à ce rythme-là, d'autres encore le seront avant d'avoir rendu compte de leurs actes[I].

Mauvaise volonté judiciaire

Si la justice pénale est nécessairement lente, surtout du fait des délais d'appel puis de cassation, et du manque

I. Pour Claude Muhayimana, Sosthène Munyemana, Laurent Bucyibaruta, Laurent Serubuga, les instructions sont encore en cours. Les procès, envisageables au plus tôt pour 2020, soit vingt-cinq ans après les faits, sont reportés pour diverses raisons, et au moment de mettre sous presse, aucune date n'est prévue. Fabien Neretse alias Nsabimana a été jugé à Bruxelles ; le 19 décembre 2019 il a été reconnu coupable de crime de génocide et crimes de guerre, et condamné à 25 ans de détention.

de moyens du pôle « crimes contre l'humanité, crimes et délits de guerre » comme du reste de l'appareil judiciaire, un troisième facteur doit être pris en compte : la mauvaise volonté.

Pour bloquer un dossier, « il n'y a pas besoin de consignes : il suffit de ne pas donner de moyens pour l'instruire », explique une juge saisie de dossiers rwandais ; ou même de ne pas l'ouvrir du tout : « ne donnez pas d'instructions au parquet pour ouvrir une information judiciaire, il n'y aura pas d'ouverture. Durant plusieurs années, la France ne voulait pas que l'on travaille sur ces dossiers », analyse a posteriori l'une des juges d'instruction[48]. Force est de constater que les poursuites ouvertes ne l'ont pas été à l'initiative du ministère public[I], mais à l'initiative de rescapés et d'associations[49], essentiellement le Collectif des parties civiles pour le Rwanda[II] (CPCR). Le parquet ne paraît guère pressé de rechercher et de traduire en justice les dizaines de Rwandais vivant en France suspectés d'avoir été des acteurs du génocide. Pourquoi cette lenteur ? Le peu d'empressement de la part de la justice se retrouve

I. Une évolution semble se dessiner puisque, après le témoignage du frère de Pascal Simbikangwa lors du procès de ce dernier en 2014, une information judiciaire a été ouverte contre lui à la demande du parquet. Au total, une douzaine de nouveaux dossiers d'instruction ont été ouverts, a annoncé le parquet de Paris le 7 décembre 2019.

II. Les autres associations sont Cauri, la Fédération internationale pour les droits humains (FIDH), la Ligue des droits de l'homme (LDH), la Ligue internationale contre le racisme et l'antisémitisme (Licra), la Communauté rwandaise de France (CRF), Ibuka-France et Survie.

également dans les médias ; si le premier procès, celui de Simbikangwa en première instance, a été fortement médiatisé (d'autant qu'il s'est tenu juste avant la vingtième commémoration du génocide), la médiatisation est complètement retombée lors des procès suivants.

Le manque de zèle à poursuivre les suspects de génocide réfugiés dans notre pays est d'autant plus scandaleux que, parallèlement, la Cour de cassation a systématiquement refusé, et ce à des dizaines de reprises, d'extrader vers le Rwanda les personnes réclamées par la justice de ce pays. Or, en droit international existe l'obligation d'« extrader ou juger ». Le Rwanda demande que la France extrade ou juge une quarantaine de Rwandais vivant sur son sol[50]. La France a d'abord refusé l'extradition vers le pays des Mille Collines parce que la peine de mort y était en vigueur[I]. Après son abolition en 2007, plusieurs pays, dont la France, ont continué à refuser l'extradition, au motif que la justice rwandaise n'était ni équitable ni indépendante. Le Rwanda a amélioré son système judiciaire, ce que le TPIR puis la Cour européenne des droits de l'homme ont reconnu à partir de 2011. La plupart des pays ont alors commencé à extrader vers le Rwanda. Certaines cours d'appel françaises ont également autorisé des extraditions, mais la Cour de cassation a annulé leurs décisions au motif que si le Rwanda avait en 1994 déjà signé la Convention de 1948 sur le génocide, il n'avait

I. Suite au génocide, 600 Rwandais ont été condamnés à mort ; 22 d'entre eux ont été exécutés en 1998.

pas encore adapté son Code pénal en conséquence : aucune peine n'étant encore prévue pour ce crime en 1994, la justice rwandaise ne pourrait s'appliquer. Avec un raisonnement aussi spécieux, on n'aurait jamais pu juger rétroactivement les nazis à Nuremberg ni créer le TPIR[51]... et la France n'aurait pas pu extrader de suspect vers ce TPIR[I].

Ainsi, concernant les Rwandais suspects de génocide, les avancées sont insuffisantes, mais au moins existent-elles indéniablement : les auteurs du génocide ne dorment plus entièrement en paix dans notre pays. La justice française semble avoir correctement pris la mesure du génocide des Tutsis : sa nature, ses auteurs, sa planification. En outre, le fait de nier, minorer ou banaliser le génocide des Tutsis du Rwanda est réprimé par la loi depuis 2017[52].

La situation est toute différente quand il s'agit d'examiner le rôle de l'État français ou de poursuivre d'éventuels complices français.

Bisesero : un millier de rescapés abandonnés par l'armée... et par la justice ?

La timidité de la justice est patente dans un dossier emblématique où des militaires français sont visés par des plaintes de rescapés tutsis pour complicité de géno-

I. Comme cela a été le cas pour Dominique Ntawukuriryayo en 2008 (condamné à vingt-cinq ans de prison, réduits à vingt ans en appel).

cide à Bisesero et dans le camp de réfugiés de Murambi [I]. Ces plaintes viennent après le rapport de la Commission d'enquête citoyenne (CEC), formée pour les dixièmes commémorations du génocide par quatre associations qui examinent publiquement la politique menée par la France au Rwanda [II].

Sur les hauteurs de Bisesero, à plus de 2 000 mètres d'altitude, à l'ouest du Rwanda, non loin du lac Kivu, des dizaines de milliers de Tutsis ont affronté les génocidaires avec des moyens dérisoires jusqu'au grand massacre des 13 et 14 mai 1994, perpétré par l'armée et les milices, qui brisent leur résistance. Des survivants dispersés dans les montagnes, traqués quotidiennement, voient arriver les militaires de l'opération Turquoise le 27 juin 1994. Un groupe conduit par Éric Nzabihimana va à la rencontre du petit détachement du lieutenant-colonel Duval et implore la protection française. Duval conseille aux survivants de retourner se cacher et promet de revenir. Il dit avoir rendu compte à sa hiérarchie le jour même. Mais alors que les commandos de marine du capitaine de frégate Marin Gillier sont stationnés à quelques kilomètres à vol d'oiseau, trois jours se passent sans que ces Tutsis directement menacés d'extermination ne soient secourus. Ils le sont le 30 juin seulement,

---

I. La FIDH, la LDH, Survie, la Licra et Ibuka-France se sont portées parties civiles pour soutenir les six plaignants.

II. La CEC a été formée en mars 2004 par l'Association internationale de recherches sur les crimes contre l'humanité et les génocides (Aircrige), l'Observatoire des transferts d'armements, la Cimade et Survie [53].

non pas sur ordre de la hiérarchie militaire, mais à l'initiative de gendarmes du GIGN, de militaires du 13e RDP prévenus par des journalistes[1]. Des centaines de ces Tutsis ont péri dans cet intervalle de quatre jours. « Ma petite sœur Joséphine a été tuée le 28 juin et ma fiancée, Catherine, le 29. Si les militaires français étaient restés le 27, ces deux êtres chers seraient encore en vie », a témoigné Éric Nzabihimana[54]. Les Tutsis de Bisesero ont-ils été, pendant trois jours, sciemment abandonnés à leurs tueurs par les militaires français ?

Obstructions à l'enquête sur Bisesero

À cette question, les députés de la Mission d'information parlementaire (MIP) répondent par la négative en 1998. Pour eux, « rien ne vient sérieusement à l'appui [des] accusations » d'avoir, à Bisesero, « laiss[é] le champ libre aux Hutus de la région pour poursuivre les massacres des derniers 50 000 Tutsis qui s'y trouvaient encore »[55]. Le problème est qu'un officier français a révélé en 2016 que nos représentants n'avaient pas eu accès à l'ensemble des archives. Chargé de fournir aux membres de la Mission d'information parlementaire sur le Rwanda les archives pertinentes, le colonel André Ronde a indiqué que des documents concernant Bisesero avaient été soustraits des dossiers avant son passage, et n'y ont été replacés qu'après la fin de la mission

1. Lire *supra*, p. 173.

parlementaire[56]. Certains documents ont-ils disparu à jamais, y compris pour la justice ?

Car une information judiciaire a été ouverte en 2005, grâce à l'opiniâtreté de Brigitte Raynaud, juge d'instruction détachée auprès du Tribunal aux armées de Paris, compétent à l'époque. La magistrate doit surmonter l'obstruction du parquet et les intimidations du ministère de la Défense pour se rendre au Rwanda et y rencontrer les plaignants, avant de déclarer leurs plaintes recevables[57]. Elle prend l'initiative de demander la déclassification de milliers de documents militaires français permettant de comprendre la nature de l'engagement de notre pays au Rwanda. Brigitte Raynaud a préféré mettre fin à son détachement avec dix mois d'avance, en 2006. Sa successeure, la juge Florence Michon, demande également des déclassifications. Elle fait authentifier par les administrations concernées et la présidence de la République les « archives de l'Élysée », qui circulaient sous le manteau depuis quelques années et avaient été versées au dossier en 2007 par les avocats des plaignants[58]. Des militaires français et des journalistes sont entendus par la brigade criminelle.

Avec la suppression du Tribunal aux armées, le dossier est transmis, à partir de 2012, au pôle « crimes contre l'humanité, crimes et délits de guerre » du tribunal de Paris. Certes, les magistrats du pôle se rendent au Rwanda pour entendre des témoins, auditionnent ou font auditionner de nombreux militaires français et des journalistes, redemandent au ministère de la Défense des documents-clés. Mais ils se montrent nettement moins pugnaces.

Ce que l'enquête a établi et ce qu'elle refuse de chercher

Les informations mises au jour par l'enquête démontrent que les hauts responsables militaires savaient avant le 30 juin 1994 que des civils tutsis étaient en cours d'extermination à Bisesero. Malgré les informations dont ils disposent, ces responsables ne donnent aucun ordre de porter secours à ces Tutsis : le 30 juin, la mission des commandos de marine de Marin Gillier est de traverser Bisesero pour aller au-delà rencontrer un prêtre français. C'est alertés par des journalistes qu'une partie des hommes de Gillier retournent à Bisesero et y découvrent les survivants tutsis toujours menacés par les tueurs.

Selon trois des associations parties civiles (la LDH, la FIDH et Survie) et selon les avocates des plaignants, les magistrats instructeurs successifs du pôle « crimes contre l'humanité » ne peuvent – ou ne veulent – pas envisager que l'abandon des Tutsis de Bisesero à leurs tueurs puisse relever d'une complicité de génocide de la part de militaires français. Les juges semblent ainsi avoir longtemps conduit leur enquête avec l'idée que la non-intervention relevait au pire d'erreurs commises sur le terrain des opérations et non de décisions volontaires prises en haut lieu. Mais les éléments établis au cours de l'instruction suggèrent qu'il s'agit d'une abstention volontaire d'agir décidée en parfaite connaissance de cause. Or les juges devraient relever que l'armée française avait le mandat, donc le devoir, de sauver les personnes en danger, qu'elle était en capacité militaire d'intervenir, et que son abstention a facilité le massacre des Tutsis[I]. En outre, les juges n'ont pas exploré deux pistes cruciales pouvant étayer l'inaction volontaire.

Ainsi, malgré les demandes de certaines parties civiles, le colonel Rosier et le capitaine de frégate Marin Gillier n'ont jamais eu à expliquer pourquoi, en contradiction avec les informations à leur disposition, ils persistent entre le 27 et le 29 juin à décrire face aux médias les Tutsis de Bisesero comme des « hommes du FPR » et non comme des civils pourchassés par des miliciens encadrés par des militaires rwandais[59]. S'agit-il d'une manipulation délibérée ?

En outre, selon plusieurs témoins rwandais entendus par la commission Mucyo, les militaires français sous les ordres de Marin Gillier positionnés à Gishyita auraient assisté au départ des colonnes de tueurs vers Bisesero, les 28 et 29 juin 1994, et les auraient laissées franchir leur point de contrôle ; deux de ces témoins assurent même qu'un groupe important de miliciens serait venu depuis la région de Cyangugu participer au génocide à Bisesero, traversant donc la zone contrôlée par Turquoise[60]. Afin de vérifier cette grave accusation, les parties civiles ont demandé, en vain, l'audition d'autres témoins rwandais, parmi eux des auteurs du génocide, ainsi que celle des soldats français et des journalistes présents à Gishyita.

I. La notion de simple « non-assistance » ne s'applique pas aux professionnels qui ont un mandat pour intervenir, et donc un devoir spécifique.

Les juges refusent de tirer les conséquences des faits établis par leur enquête

La réticence des magistrats à mettre en cause des militaires français pour complicité de génocide s'est traduite également par le refus, à l'été 2017, d'interroger l'amiral Jacques Lanxade, chef d'état-major des armées en 1994, et son adjoint chargé des opérations, le général Raymond Germanos, au motif que les militaires sur le terrain auraient décidé de façon autonome de leur action ou inaction à Bisesero entre le 27 et le 30 juin[61].

C'est refuser de prendre en compte les réalités de la chaîne de commandement, puisque l'amiral Lanxade lui-même explique : « Les forces françaises au Rwanda exécutaient les ordres qu'on leur demandait d'exécuter[62] » et indique par ailleurs qu'il a parlé directement avec un capitaine de frégate des forces spéciales qui était sur le terrain, Marin Gillier selon toute vraisemblance[63]. C'est aussi tenir pour négligeable le fait que le 27 juin 1994 le général Lafourcade, commandant la force Turquoise, a informé directement l'amiral Lanxade de la situation, ce que les juges reconnaissent par ailleurs[64]. Pourtant, à aucun moment ils n'ont cherché à connaître les instructions que l'amiral Lanxade a pu donner au général Lafourcade à ce sujet, et pourquoi.

Face au refus d'auditionner ces deux officiers, les parties civiles ont fait appel pour pouvoir faire valoir leurs arguments lors d'une audience contradictoire devant la chambre de l'instruction de la cour d'appel de Paris. Mais usant de son pouvoir de filtrer les affaires qui sont présentées à la chambre de l'instruction, son président a purement et simplement rejeté cet appel sans aucun débat. Les parties civiles n'ont donc pas été en mesure de présenter leurs arguments devant les juges en charge de contrôler le travail des magistrats instructeurs. À l'été 2018, les juges en charge du dossier ont, sans surprise, informé les parties civiles de leur intention de clore leur instruction, s'acheminant ainsi vers un non-lieu[65].

Fin octobre 2018, les avocats des parties civiles ont déposé des observations étayées relatives à la nécessité de poursuivre l'enquête, accompagnées de nouvelles demandes d'actes, comme la loi les y autorise, dans l'espoir de relancer les investigations. Ils réclamaient des confrontations entre plusieurs personnes placées sous le statut de témoin assisté – utilisé pour des personnes mises en cause dans une affaire pénale sans être mise en examen – et dont les dépositions varient ou se contredisent, des auditions de militaires et hommes politiques français, de journalistes et de témoins rwandais, ainsi que le versement au dossier de nouveaux documents, parmi lesquels des vidéos et échanges entre militaires français au moment des faits, et des comptes rendus militaires[66]. Ces demandes visaient à éclaircir la désinformation à destination de la presse, à préciser si les militaires français présents à Gishyita ont pu laisser passer des miliciens et soldats génocidaires se dirigeant vers Bisesero, et surtout à déterminer qui a décidé de ne pas intervenir à Bisesero.

Le 22 novembre 2018, les juges d'instruction ont rejeté l'intégralité des demandes d'actes[67] « au risque de donner l'impression que la justice cède purement et simplement sous la pression de l'État », selon la déclaration de Patrick Baudoin, avocat de la FIDH. L'appel interjeté contre ce rejet a également été écarté sans débat devant la juridiction d'appel par le président de la chambre de l'instruction. Ainsi, vingt-quatre ans après l'armée française, ce sont les juges français qui se sont désintéressés des rescapés tutsis. Comme l'a souligné leur avocate Karine Bourdié, ces derniers pèsent bien peu face aux proclamations de l'armée française. Certains des juges successifs ne les ont jamais rencontrés pour recueillir leur point de vue. Bernard Kayumba, l'un de ces plaignants, demande simplement « que l'on voie enfin ce que les projecteurs montrent[68] ».

Exactions au camp de réfugiés de Murambi

La clôture de l'instruction « Bisesero » concerne aussi le volet « Murambi » du dossier. Fin avril 1994, l'école technique de Murambi est le lieu du massacre de plusieurs dizaines de milliers de Tutsis[1]. Deux mois après, les militaires français de l'opération Turquoise utilisent cette école vide pour y installer un camp de réfugiés. Trois rescapés tutsis accusent aujourd'hui des militaires français du meurtre de trois personnes, d'enlèvements par hélicoptère de réfugiés dont on est sans nouvelles depuis, de viols et de mauvais traitements.

1. Lire *supra*, p. 136.

Une plaignante, Auréa Mukakalisa, explique que lors de son séjour au camp en juillet 1994 elle a vu des militaires français tuer trois Tutsis à l'arme blanche. Elle a vu sa jeune sœur Vestine, âgée de 22 ans, embarquer dans un hélicoptère français, et ne l'a plus jamais revue depuis. Si Vestine est montée de son plein gré dans l'appareil, ce n'est pas le cas des trois réfugiés qu'Aaron Nshimiryayo, plaignant lui aussi, a vu être embarqués de force, après avoir été mis dans des sacs. Le troisième plaignant, François Bagirubwira, lui, a vu des Tutsis embarqués dans des hélicoptères, certains d'entre eux avec les mains et les jambes attachées. Leur largage depuis les hélicoptères est évoqué par des témoins rwandais. Les forces spéciales utilisaient des hélicoptères pour leurs déplacements. De nombreux témoins rwandais, même lors d'un colloque en l'honneur de Turquoise, indiquent qu'à plusieurs reprises les forces spéciales ont fait monter en hélicoptère des Rwandais, volontaires ou attachés[69]. Certains ont ensuite été portés disparus, ou ont été largués à très faible altitude pour les intimider[70]. Dans certains de ces témoignages, les personnes visées étaient des Hutus.

Guillaume Ancel, ancien de Turquoise, a rapporté avoir vu dans le sud-ouest du Rwanda, près de Karengera, un corps trouvé par les villageois qui semblait tombé de très haut[71]. Indépendamment, Ancel a recueilli le témoignage du pilote d'un hélicoptère dans lequel, dans la même région, une équipe des forces spéciales avait emmené plusieurs membres d'une bande – sous-entendu : de miliciens – mains attachées dans le dos ; une fois en altitude, le chef d'équipe avait « précipité dans le vide » l'un des prisonniers, et avait ensuite expliqué qu'il avait éliminé le chef de la bande de cette manière « pour faire parler les autres[72] ».

Aaron Nshimiryayo et François Bagirubwira évoquent aussi des viols commis par des militaires français au camp de Murambi.

Afin d'élucider ces accusations, les juges d'instruction ont interrogé des témoins au Rwanda, et ils ont retrouvé l'équipe de militaires français qui avait la garde du camp. Les déclarations des uns et des autres sont contradictoires : les militaires français n'ont rien noté d'anormal alors que les témoins rwandais confirment, avec des variantes parfois importantes, les accusations de meurtres, enlèvements par hélicoptères et viols. C'est donc « parole contre parole ». La justice a le devoir de poursuivre ses investigations pour pouvoir trancher, notamment en interrogeant les équipages d'hélicoptère ayant servi au Rwanda.

Des viols de rescapées ?

Les plaintes pour viols et actes de torture par des militaires français qui contrôlaient les camps de réfugiés font l'objet d'une deuxième enquête. Dans ce second dossier, les plaignantes ont requis l'anonymat. Elles sont soutenues par la D^re^ Annie Faure, médecin humanitaire présente au Rwanda durant le génocide, ainsi que par un collectif de femmes françaises, Ibuka-France, et la Licra. Les trois premières plaintes contre X ont été déposées en

2004. Trois autres plaintes ont été jointes en 2014 et 2015. Des rescapées tutsies disent avoir été victimes de viols à répétition et de tortures multiples lors de leur séjour dans les camps de réfugiés de Nyarushishi et Murambi, où elles avaient trouvé refuge après l'extermination de leur famille. Une instruction a été ouverte en 2010 pour « crimes contre l'humanité » – imprescriptible –, car selon les plaignantes, il s'agissait de viols récurrents et dirigés contre les femmes tutsies[73].

Les plaignantes ont été examinées à Paris en juin 2011 par deux experts psychologues, qui ont conclu qu'elles n'avaient pas cherché à « influencer ou manipuler l'auditeur », pas plus qu'elles ne sont apparues comme « influençables ou manipulables »[74]. « Ils rentraient dans les tentes pour prendre des jeunes filles [...]. On était violées parfois par plus de dix militaires, avec une telle violence. Comme des animaux », ont-elles expliqué[75]. L'une d'elles raconte que les soldats français « avaient monté leur camp le long du nôtre. Un jour, alors que je cherchais du bois, cinq d'entre eux m'ont attrapée et conduite sous une de leurs tentes où ils m'ont violée. Cela s'est passé aux yeux et au vu de tous. Presque tous les jours, comme de nombreuses filles du camp, j'ai subi leur agression ». Elle a assuré au juge d'instruction qu'elle serait capable de reconnaître parfaitement quelques-uns de ses agresseurs si on lui montrait des photos[76]. Les juges ont demandé en vain à l'armée les noms et photos des militaires présents sur les lieux.

Pour sa défense, le général Lafourcade, qui commandait la force Turquoise, s'est placé en 2011 sur un plan général : « On a une armée exemplaire. On a quarante ans d'opérations derrière nous, jamais on n'a été pris dans ces histoires de viol[77] » ; et même, fondamentalement : « Ce n'est pas dans la culture de l'armée française de violer[78]. » Pourtant, ces accusations concernant Turquoise font aussi penser à un viol avec cruauté commis par des militaires français de l'opération Noroît, qui a été étouffé par la justice française[I]. En outre, des journalistes ont publié en 2014 un livre dénonçant des dizaines de viols internes à l'armée française[79], ce qui a conduit le ministre de la Défense à annoncer rapidement un plan d'action « vigoureux » en dix mesures pour lutter contre les violences sexuelles et le harcèlement dont sont victimes les femmes au sein de l'armée française[80]. Aucun plan d'action comparable n'a été publié pour prévenir les violences et harcèlements par les soldats français lors de leurs opérations extérieures.

Au sujet des viols pendant l'opération Turquoise en particulier, la Direction de la protection et de la sécurité de la Défense (DPSD) avait réalisé une enquête interne à l'armée en 1995, bien avant les dépôts de plaintes[81]. Cette enquête n'a pas été rendue publique, ce qui ne permet pas d'éteindre les soupçons. Interrogé sur ce qui avait pu motiver une enquête sur ce sujet, le général Lafourcade répond : « Parce que c'est une question très délicate. Il fallait être certain que, des années plus tard, une histoire de viol ne sorte pas dans la presse[82]. »

I. Lire *infra*, p. 318.

La responsabilité de la hiérarchie militaire pouvant être engagée, et l'armée française se prévalant de son professionnalisme, il est important de savoir quelles mesures de prévention et de contrôle ont été prises concernant la sexualité des 2 500 hommes engagés dans l'opération Turquoise. Interrogé sur ce point, le général Lafourcade répond à côté de la question : « En Afrique, c'est le "petit cadeau" : "Oh, bon, allez, hop ; et je te file un petit cadeau." Une fille qui se présente, en l'occurrence... Mais ça n'implique surtout pas le commandement. Ce n'est pas des problèmes, non. C'est une affaire librement consentie, avec des filles locales qui cherchent un petit... Mais dehors, pas dans les camps[83]. »

Le colonel Tauzin supervise fin juin 1994 le camp de réfugiés de Nyarushishi où des réfugiés sont « dans un état de dénuement affreux[84] ». À propos d'éventuelles relations sexuelles en échange de nourriture entre des militaires français et des réfugiées mal nourries, il estime qu'« on ne peut pas jeter la pierre à ces pauvres femmes ». Avant d'oser ajouter : « Une mère qui vend son corps pour nourrir ses enfants, ça a quelque chose de merveilleux. Mais cela n'a rien à voir avec du viol[85]. »

Contrairement au colonel Tauzin dont il prend la relève, le capitaine Franck Nicol semble avoir pris la mesure du risque. Dès son arrivée le 2 juillet 1994, cet officier rassemble ses hommes de la Légion étrangère ; selon un de ses subordonnés, il explique « que le moindre écart serait immédiatement utilisé contre nous et il interdit formellement toute relation sexuelle avec les réfugiés, même si les légionnaires étaient sollicités, pour leurs beaux yeux ou à titre payant[86] ». Cependant, les plaintes déposées concernent aussi la période où il est responsable du camp, selon ce que précise un article du journal *Causette*[87]. Cet article a suffisamment dérangé pour qu'au moment du bouclage, « lors de l'envoi à l'imprimerie, la quasi-totalité des dossiers a[it] été supprimée dans le serveur [du journal]. Ce n'est pas un bug informatique », souligne le directeur de *Causette*, d'autant que les mails des journalistes ont été piratés et d'étranges courriers leur ont été adressés[88]. *Causette* a déposé une plainte qui n'a pas eu de suite : les auteurs du piratage n'ont jamais été identifiés[89].

Pendant l'opération Noroît, un viol par des militaires français étouffé par la justice

Des sources cohérentes entre elles documentent en détail un viol avec cruauté qui a lieu pendant l'opération Noroît, un an avant le génocide[90].

Dans la nuit du 6 au 7 février 1993, à la sortie de la boîte de nuit *Kigali Night*, deux soldats du 21e régiment d'infanterie de marine (21e RIMa) forcent Jeanne Mukarusine, 20 ans, à monter dans leur camion, en présence de deux autres soldats. Ils la frappent et déchirent ses habits avec une lame de baïonnette, introduisent violemment la lame dans ses organes génitaux, la laissent nue par terre dans un état critique.

La hiérarchie militaire française est prévenue, depuis le lieutenant-colonel Boré, n° 2 du 21e RIMa, jusqu'à l'état-major de l'armée de terre, en passant par l'attaché de défense, le colonel Cussac, et son adjoint, le lieutenant-colonel Robardey. L'ambassadeur de France est lui aussi mis au courant. Tandis que la victime est à l'hôpital, le lieutenant rwandais Mugabo et des responsables militaires français forcent ses proches à accepter de l'argent et à la faire repartir en toute discrétion pour son village de Mugusa, où elle meurt.

En France, l'affaire est transmise au tribunal de grande instance de Draguignan. Elle y est classée au motif que les faits ont eu lieu hors des heures de service : les deux soldats sont seulement exclus de l'armée.

Paul Barril : au service du gouvernement génocidaire

Autre sujet sensible : le rôle de Paul Barril. Ancien « gendarme de l'Élysée », où il a participé à la sécurité de la présidence de la République, reconverti ensuite dans le mercenariat, Barril doit bien plutôt être considéré comme un « corsaire de la République », agissant dans l'ombre, mais au su du sommet de l'État. Il a travaillé pendant plusieurs années pour le régime Habyarimana en lien avec François de Grossouvre[I], éminence grise de Mitterrand[91].

Selon la DGSE, Paul Barril reste très proche de la famille Habyarimana entre mai et août 1994[92]. Pendant

I. François de Grossouvre est retrouvé mort d'une balle dans la tête dans son bureau de l'Élysée qui jouxte celui de Mitterrand, le 7 avril 1994. Barril rejette catégoriquement la thèse du suicide, et s'interroge sur le lien entre cette mort et l'attentat qui a coûté la vie, la veille, au président Habyarimana.

le génocide, il se rend au Rwanda au moins à deux reprises : vers le 6 mai 1994, accompagné de ses mercenaires qui forment des commandos au camp de Bigogwe, et avant le 4 juillet, pour soutenir les derniers défenseurs de Kigali[93]. Selon ce que les généraux Bizimungu et Kabiligi ont appris à François Nzabahimana, ancien ministre de Habyarimana, Barril y est allé une troisième fois[1] : « L'ex-capitaine français Barril a rencontré des membres du gouvernement Rwandais à Gisenyi vers la fin mai – début juin 1994. Il a été introduit par le [colonel] Serubuga. Barril était accompagné de trois personnes de race blanche dont un spécialiste du tir de mortier. Barril avait été chargé du recrutement de mercenaires[94]. » Malgré l'embargo de l'ONU, il signe le 28 mai 1994 un contrat avec le Premier ministre du gouvernement génocidaire pour un montant de 3 millions de dollars comprenant la livraison de millions de cartouches, d'obus de mortier et de grenades, et l'envoi de 20 hommes d'encadrement[95]. Le gouvernement rwandais lui verse 1,2 millions de dollars[96], mais Barril ne livre pas ces munitions. Par contre, il essaie bien de récupérer de l'argent ou des armes pour les génocidaires auprès d'un autre vendeur d'armes, Dominique Lemonnier, qui n'avait quant à lui pas honoré la totalité de son contrat[97].

En juin 2013, une instruction est ouverte contre Paul Barril pour « complicité de génocide » à la suite d'une plainte déposée par Survie, la FIDH et la LDH.

1. Ce qui recoupe le témoignage de Georges Ruggiu. Lire *supra*, p. 151.

L'enquête judiciaire avance lentement, alors que Barril est aujourd'hui âgé et malade. La justice a montré peu d'empressement dans ce dossier pendant six ans, et Barril n'est même pas encore mis en examen en 2019, alors qu'un des enjeux de l'instruction est de déterminer s'il a agi dans le cadre d'une « stratégie indirecte [I] » de soutien au régime génocidaire, suggérée à Mitterrand par son conseiller militaire, le général Quesnot, et évoquée par le chef de la Mission militaire de coopération, le général Huchon [98].

Des armes françaises pour les génocidaires

L'un des moyens de cette stratégie indirecte a été la fourniture d'armes et de munitions au gouvernement génocidaire, soit par les autorités françaises elles-mêmes, soit avec leur aval. À l'occasion de la vingtième commémoration du génocide, en avril 2014, plusieurs éléments sont venus confirmer que la France a livré des armes aux génocidaires, enfreignant même l'embargo décrété par l'ONU à partir du 17 mai 1994, des livraisons qui se sont poursuivies pendant et après le génocide [II].

Hubert Védrine, secrétaire général de l'Élysée à l'époque, qui avait déjà reconnu de telles livraisons, les a présentées aux membres de la commission de

I. Lire *supra*, p. 145.

II. Notons cependant que les autorités rwandaises se voient à deux reprises refuser des munitions par les Français lors de l'opération Turquoise, et que les circuits de livraisons sont indirects. Lire *supra*, p. 194.

la Défense de l'Assemblée nationale comme « la suite de l'engagement d'avant », en tentant de dissimuler la responsabilité écrasante de l'armée rwandaise dans le génocide[99]. Pour sa part, Guillaume Ancel, ancien capitaine de l'opération Turquoise, a expliqué qu'en juillet 1994 il avait eu l'ordre de détourner l'attention de journalistes pour les empêcher de voir un convoi de camions allant livrer des armes aux militaires rwandais en déroute[100]. Le journaliste Patrick de Saint-Exupéry a révélé un document d'analyse du ministère de la Défense, daté de février 1995, qui fait état de « la poursuite des livraisons d'armes aux FAR jusqu'en juillet 1994 »[101]. Enfin, Bernard Kouchner, qui connaît bien le dossier rwandais pour avoir été en contact avec les responsables politiques français et s'être rendu au Rwanda à l'époque des faits, a admis que Paris avait livré des armes au gouvernement génocidaire jusqu'en août 1994[102].

Le choc suscité par ces déclarations a amené l'association Survie à demander, en juin 2014, la création d'une commission d'enquête parlementaire. Mais l'indifférence de l'Assemblée nationale et du Sénat a conduit Survie à déposer, en novembre 2015, une plainte contre X pour complicité de génocide, plainte qui s'appuie sur les nombreux éléments déjà connus. Elle vise des ministres, membres des cabinets ministériels, conseillers de l'Élysée et hauts gradés de 1994. Une enquête préliminaire a été ouverte. Hubert Védrine a été entendu par un représentant du parquet en juin 2016, mais la plainte a été classée sans suite. Survie a alors déposé, en juin 2017, une nouvelle plainte avec constitution de partie civile, contraignant ainsi la justice à ouvrir une instruction en février 2018.

En juin 2017, d'autres associations (Sherpa, le Collectif des parties civiles pour le Rwanda et Ibuka France) ont porté plainte pour complicité de génocide contre la Banque nationale de Paris, actuelle BNP Paribas, pour le financement des achats d'armes par le régime rwandais génocidaire. Cette plainte implique, outre le Rwanda, plusieurs autres pays. Mi-juin 1994, depuis son compte à la BNP, la Banque nationale du Rwanda transfère 1,3 million de dollars vers le compte suisse d'un intermédiaire sud-africain qui va, avec le colonel Bagosora, acheter aux Seychelles 80 tonnes d'armes acheminées via l'aéroport zaïrois de Goma, pour aboutir finalement à Gisenyi au Rwanda [103]. Ces armes ont servi pour la « défense civile », autrement dit les milices [104]. La commission de l'ONU chargée d'enquêter sur les violations de l'embargo sur les armes à destination du Rwanda avait, en 1998, demandé des explications au gouvernement français, qui n'avait pas répondu [105]. Or la loi du 12 juillet 1990 contre le blanchiment obligeait la banque à demander à son client la destination des fonds : au même moment, une banque belge refusait un transfert analogue [106]. La BNP a aussi permis au régime génocidaire de verser un million de dollars au mercenaire Bob Denard, le 5 juillet 1994 [107]. Ces faits mettent en évidence la responsabilité des entreprises privées dans des crimes aussi graves. Plus généralement, les aspects financiers avant et après 1994 sont des éléments cruciaux pour analyser la dynamique génocidaire et fournir des indications précises sur les soutiens dont ont bénéficié les extrémistes hutus[108].

L'aveu d'Hubert Védrine… et sa dissimulation

Devant la commission de la Défense de l'Assemblée nationale, le 16 avril 2014, Hubert Védrine est interrogé par le député socialiste Joaquim Pueyo, qui lui demande clairement : « Est-ce que la France a livré des munitions aux forces armées après le début du génocide ? À quelle date ? »

L'ancien secrétaire général de l'Élysée répond textuellement : « Ce que je crois être le cas, ce que j'ai compris à l'époque ou après, avec le recul ou maintenant, c'est que la France a donc armé l'armée rwandaise pour résister aux attaques du FPR et de l'armée ougandaise. Avec un certain type d'armement, qui n'a jamais servi au génocide. Donc ça a été armé dans ce but, en fait, à partir de 1990, et après. Bon. Donc il y a eu des livraisons d'armes pour que l'armée rwandaise soit capable de tenir le choc. Parce que s'il n'y avait pas d'armée capable de tenir le choc, vous pouvez oublier Arusha et tout le reste. Il n'y a plus les éléments, il n'y a plus le levier pour obtenir un compromis politique. Donc, il est resté des relations d'armement et ce n'est pas la peine de découvrir sur un ton outragé qu'il y a eu des livraisons qui se sont poursuivies. C'est la suite de l'engagement d'avant, la France considérant que, pour imposer une solution politique, il fallait bloquer l'offensive militaire. Ça n'a jamais été nié, ça. Donc ce n'est pas la peine de nous le découvrir, de le présenter comme étant une sorte de pratique abominable masquée. C'est dans le cadre de l'engagement encore une fois pour contrer les attaques, ça n'a rien à voir avec le génocide. Et même les attaquants les plus violents contre la France n'ont jamais osé écrire ou raconter que le génocide lui-même, village après village, avait été fait avec des armes fournies par la France à l'armée rwandaise contre les attaques du FPR. Faut distinguer les deux. »

La transcription officielle gomme la question de Joaquim Pueyo et l'information qu'il s'agit de livraisons pendant le génocide : « La France a livré des armes à l'armée rwandaise à partir de 1990 pour lui permettre de tenir le choc face aux attaques du FPR et de l'armée ougandaise. Elle considérait qu'il fallait bloquer l'offensive militaire pour imposer un compromis politique. Sans cela, elle n'aurait disposé d'aucun levier pour engager la négociation des accords d'Arusha. Cela n'a donc pas de sens de dénoncer ces livraisons d'armes sur un ton outragé, ni de les présenter comme une politique conduite en sous-main. Personne ne les a jamais niées ! Quoi qu'il en soit, les armes fournies à l'armée rwandaise n'ont pas servi au génocide. Même les détracteurs les plus virulents de la France n'ont pas osé affirmer cela[109]. »

La vidéo de cette audition a été retirée du site de l'Assemblée et bloquée sur YouTube.com[110].

L'attentat contre l'avion : une enquête sous haute pression politique

Des débuts orientés

Une autre enquête illustre les difficultés à faire la lumière sur la responsabilité de l'État français dans le génocide des Tutsis. Elle concerne l'attentat du 6 avril 1994 contre l'avion du président rwandais Habyarimana, qui a donné le signal de déclenchement du coup d'État des extrémistes et du génocide[111]. La justice française est compétente, car outre les présidents rwandais et burundais et leur suite, les trois membres français de l'équipage du Falcon figurent parmi les victimes : les pilotes et le mécanicien étaient tous trois employés par une société liée au ministère de la Coopération.

Pourtant, au départ, aucune enquête n'est ouverte par l'État français. Au contraire, les familles des victimes sont prises en main pour les empêcher de rencontrer les journalistes et les dissuader de porter plainte [112]. En revanche, Hélène Clamagirand, avocate de Paul Barril et de la famille Habyarimana, tente de déposer une plainte très orientée contre le FPR [113] ; en vain. Hélène Clamagirand recommence trois ans plus tard en déposant une plainte avec constitution de partie civile le 31 août 1997, cette fois au nom de Sylvie Minaberry, la fille d'un des pilotes assassinés. Avec succès cette fois : le 27 mars 1998, une instruction est ouverte et confiée au juge antiterroriste Jean-Louis Bruguière. Cette instruction judiciaire a un avantage évident pour Paul Barril : celui-ci s'en prévaut pour décliner l'invitation à témoigner devant la Mission d'information parlementaire, qui mène ses travaux de mars à décembre 1998 [114], en invoquant le principe de la séparation des pouvoirs entre le judiciaire et le législatif.

Une instruction uniquement à charge contre le FPR

De 1998 jusqu'à son départ en 2007, le juge Bruguière ne se rend pas au Rwanda, ne recueille aucun élément matériel, et privilégie une seule piste : celle d'un attentat qui aurait été commis sur l'ordre de Paul Kagame par un commando du FPR dissimulé au lieu-dit de Masaka, à Kigali[115].

Autrement dit, le magistrat reprend l'argumentation du ministère de la Défense français devant la MIP en 1998, que les députés ont récusée en soulignant que le FPR déclenche son offensive plusieurs jours après l'attentat, le 10 avril 1994, ce qui écarte l'argument selon lequel il en connaissait à l'avance le projet[116] ; et qu'on ne peut faire aucune confiance aux informations sur des lance-missiles prétendument retrouvés sur place, fournies au juriste belge Filip Reyntjens par le colonel Bagosora[117], via son avocat[I].

Le juge Bruguière se fie aussi à Paul Barril ; Barril qui, le 28 juin 1994, a « chargé » le FPR en prétendant détenir les preuves de son implication dans l'attentat, dont de supposées boîtes noires[118]. Un enfumage vite percé à jour... Sur le conseil de Barril, Bruguière prend comme traducteur Fabien Singaye[II], ex-espion du régime Habyarimana, ex-actionnaire de Radio des Mille Collines, gendre du financier du génocide Félicien Kabuga, et qui travaille pour la société de Barril[119]. Le magistrat entend comme témoins plusieurs officiers des ex-FAR détenus par le TPIR à Arusha dans l'attente de leur jugement, dont le colonel Bagosora. Il rencontre même deux d'entre eux alors même qu'ils sont toujours recherchés par le TPIR. Il recueille à Paris le témoignage d'Abdul

---

I. Pour plus de détails sur l'argumentation du ministère de la Défense auprès de la MIP et la manière dont celle-ci l'a récusée, lire p. 359.

II. Sur Singaye, lire *supra*, p. 233.

Joshua Ruzibiza, exfiltré par les services français, et qui se présente comme un ancien lieutenant de l'Armée patriotique rwandaise (les troupes du FPR)[120].

En novembre 2006, Bruguière estime avoir bouclé son dossier. Il rend une ordonnance résumant son instruction et lance, avec l'aval du gouvernement de Dominique de Villepin, des mandats d'arrêt contre neuf proches du pouvoir rwandais[121]. Le Rwanda rompt ses relations diplomatiques avec la France.

La charge contre le FPR s'effondre

Mais la publication de son ordonnance rend tout à coup évidente la faiblesse insigne du travail d'enquête effectué par Bruguière[122]. Peu après, son principal témoin, Abdul Joshua Ruzibiza, qui se disait témoin direct de l'attentat, se rétracte : il ne prétend plus être témoin direct des tirs, mais seulement avoir croisé le commando au moment de l'attentat. Avant, en novembre 2008, de revenir complètement sur son témoignage, qu'il qualifie de « montage ». Un autre témoin, Richard Mugenzi, censé avoir intercepté un message radio où le FPR se réjouit d'avoir réussi l'attentat, explique que c'est un faux qu'il a fabriqué sur ordre, et que cela fait partie d'une technique d'intoxication enseignée par des instructeurs français[123].

Le nouveau président français, Nicolas Sarkozy, et son ministre des Affaires étrangères, Bernard Kouchner, cherchent une issue à la crise diplomatique provoquée par les mandats d'arrêt signés par Bruguière. Le 9 novembre 2008, Rose Kabuye, cheffe du protocole de la présidence rwandaise, est interpellée à Francfort et transférée en France[124]. Son arrestation, fruit d'un arrangement entre Paris et Kigali, relance l'instruction en permettant à ses avocats d'avoir accès au dossier judiciaire et de demander des actes d'instruction[125]. Les successeurs de Bruguière, les juges Marc Trévidic et Philippe Coirre, ordonnent une expertise balistique et se rendent au Rwanda pour examiner la carcasse de l'avion présidentiel.

L'expertise demandée par les juges, corroborée par les témoignages d'officiers français et belges, montre que les missiles ont été tirés depuis les abords du camp militaire de Kanombe, fief des officiers extrémistes hutus menés par le colonel Bagosora[126]. Le 10 octobre 2018, le Parquet requiert logiquement l'abandon des poursuites contre les membres du FPR, faute de charges suffisantes. Le 21 décembre 2018, les juges Jean-Marc Herbaut et Nathalie Poux, derniers magistrats en charge du dossier, rendent une ordonnance de non-lieu.

Quels sont les éléments factuels qui subsistent ?

L'expertise balistique demandée par les juges, les témoignages du commandant Grégoire de Saint-Quentin et de trois médecins militaires belges hébergés comme lui au camp militaire de Kanombe sont concordants : les missiles ont été tirés depuis la bordure du camp militaire de Kanombe, où étaient cantonnées des unités d'élite de l'armée rwandaise et leurs conseillers français et belges[127]. Il a fallu aux tireurs un fort appui local pour venir dans une telle zone faire des reconnaissances discrètes, tirer et repartir sans être repérés après qu'une longue flamme bien visible ait pu révéler leur position [128]. Il est invraisemblable qu'un commando FPR ait pu s'introduire aux abords de ce camp militaire qui jouxtait la résidence du président Habyarimana. En outre, immédiatement après l'attentat, les FAR et les Français (pourtant très réactifs pour aller chercher les boîtes noires sur l'avion abattu) ne recherchent pas les tireurs de missiles qui étaient à quelques centaines de mètres d'eux ; ces tireurs n'ont été retrouvés ni vivants ni morts.

Les missiles utilisés sont des missiles sol-air de type SAM16, Stinger ou Mistral. Retrouver leurs éjecteurs – la pièce métallique qui éjecte le missile hors du tube avant l'allumage et qui retombe à quelques dizaines de mètres du tireur – aurait permis de trancher entre ces différents modèles, mais cela n'indiquerait pas l'identité des tireurs. Ces missiles présentent des difficultés pratiques : d'une part ils se périment vite, et il faut des moyens industriels de haut niveau pour les maintenir en état de fonctionnement, d'autre part ils nécessitent que les tireurs soient spécialement formés, prêts à réagir efficacement en quelques secondes lorsqu'ils sont alertés de l'arrivée de l'avion [129].

Au sujet des boîtes noires, l'armée française informe la Mission d'information parlementaire que l'avion en était muni : un enregistreur des paramètres de vol et un enregistreur des conversations de l'équipage ; les recherches auxquelles a fait procéder le général Rannou, chef d'état-major de l'armée de l'air (et chef du cabinet militaire du ministre de la Défense au moment de l'attentat), détaillent leurs caractéristiques [130]. La Mission d'information parlementaire reçoit ces informations mais ne les publie pas [131].

Par ailleurs, le général Rannou affirme que les boîtes noires n'ont pas été retrouvées [132]. Or les FAR et les militaires français, qui ont seuls eu accès à la carcasse de l'avion, s'y sont précipités pour chercher les boîtes noires. Selon un correspondant de la DGSE, « quelque chose qui y ressemble » était dans l'avion du 9 avril 1994 qui a emmené la famille Habyarimana, et serait donc en France [133]. Selon le gouvernement intérimaire rwandais, son ministre des Affaires étrangères est allé à Paris le 27 avril 1994 pour demander à la France d'analyser les boîtes noires [134].

Les informations qu'on pourrait attendre des boîtes noires sont d'une part les conversations des membres de l'équipage, sur lesquelles leurs familles ont déjà témoigné, indiquant que la tour de contrôle a demandé avec insistance qui avait pris place dans l'avion [135] ; d'autre part la confirmation de la reconstitution de la trajectoire de l'avion entre le premier missile et le deuxième.

La DGSE accuse le colonel Bagosora

Une fois exclue l'hypothèse d'un attentat commis par le FPR, et étant donné le lieu de départ des tirs, peu de doutes subsistent quant au fait que l'attentat a été exécuté pour le compte des extrémistes hutus, qui réalisent ensuite un coup d'État avec le soutien de la France. L'un des membres de l'Akazu, le capitaine Pascal Simbikangwa, a affirmé à la psychologue qui l'a examiné avant son procès en France (et l'a trouvé sain d'esprit) : « Ce sont les Hutus qui ont abattu l'avion de Juvénal Habyarimana. Je suis bien placé pour le savoir[136]. » Le chercheur Gérard Prunier a d'ailleurs déclaré aux députés de la MIP qu'il en était convaincu, « tout en ajoutant qu'il disposait d'éléments qu'il ne pouvait malheureusement pas communiquer à la Mission d'information pour des raisons de sécurité personnelle[137] ».

La justice française n'a pas réellement envisagé cette hypothèse ni cherché dans cette direction. Pourtant, elle détient dans ses dossiers le résultat d'une autre enquête, qui elle a conclu que l'attentat avait été commis à l'initiative des extrémistes hutus : l'investigation discrètement menée en 1994 par la DGSE.

Initialement, dès le 7 avril 1994, la DGSE relaie une information du FPR selon laquelle les tirs viennent du quartier Kanombe qui est « facilement contrôlable par l'armée gouvernementale[138] ». Le 8 avril, soulignant l'« opposition latente entre Hutus du Nord et du Sud » et le fait que « l'opposition soit systématiquement décapitée », la DGSE soulève l'hypothèse d'un « complot politique organisé et soigneusement préparé, comme le montre l'exécution de l'attentat, relativement complexe sur le plan technique »[139]. Ce même 8 avril, elle note l'« ostensible neutralité » et la « réserve » du FPR[140] et le peu d'avantages politiques qu'il aurait à tenter de s'approcher du pouvoir – ce qu'elle relève à nouveau le 10 mai, « la nature des accords d'Arusha avantageant nettement le FPR[141] ». Le 11 avril, elle note que l'hypothèse que le FPR aurait réalisé l'attentat « n'est pas satisfaisante », à nouveau en raison du lieu du tir[142].

Au mois de mai 1994, la DGSE reprend ces éléments avec plus de précision. Elle relève que c'est le 9 avril que « l'intervention des troupes du FPR a débuté » et le 12 avril que « le FPR est aux portes de Kigali »[143]. À partir du 10 mai 1994, elle présente sous un jour favorable l'hypothèse que les commanditaires sont les extrémistes hutus[144].

Du 12 juillet au 5 septembre 1994, elle détaille son enquête en trois fiches[145]. Le 21 septembre 1994, la prestation télévisée sur France 3 du colonel Bagosora, « devenu particulièrement menaçant à la suite de questions directes concernant sa responsabilité dans l'origine des massacres », confirme la DGSE dans son opinion sur le personnage[146]. En effet, celui-ci lance au journaliste qui l'interroge : « Vous aussi vous êtes payé ? Ça suffit. Un jour tu vas mourir. Ça suffit de me narguer à ce point[147]. » Le lendemain, 22 septembre, la DGSE synthétise ses fiches précédentes et confirme l'hypothèse selon elle la plus plausible, à défaut de preuves formelles : basée sur des témoignages et des « déductions logiques », cette hypothèse « tendrait désigner les colonels Bagosora, ancien directeur de cabinet du ministre de la Défense, et Serubuga, ancien chef d'état-major des Forces armées rwandaises (FAR), comme les principaux commanditaires de l'attentat du 6 avril 1994 ». Ces deux officiers, dont le ressentiment envers Habyarimana daterait de leur mise à la retraite en 1992, « bénéficieraient de la protection de Mme Agathe Habyarimana et de son frère, Protais Zigiranyirazo, alias "monsieur Z", tous deux désignés comme étant les véritables cerveaux de l'organisation », responsables du Réseau Zéro et de ses escadrons de la mort. La DGSE souligne que « Mme Habyarimana se distinguait essentiellement de son mari par une opposition viscérale à l'esprit des accords d'Arusha et à tout partage du pouvoir avec le Front Patriotique Rwandais (FPR) ». C'est dès 1991, par crainte de la démocratisation, qu'aurait été envisagée la « possibilité d'un coup d'État visant à renverser M. Habyarimana, pour lui substituer un autre officier originaire de Gisenyi »[148].

À l'appui de cette hypothèse, la DGSE note, entre autres, que le 1er avril 1994 il y a eu de discrets « transferts logistiques de carburant, d'armes collectives et de munitions, en quantités bien supérieures à la moyenne » entre le camp de la garde présidentielle, à Kimihurura, non loin du cantonnement du FPR, et le camp militaire de Kanombe, proche de l'aéroport. Elle note également : « Cette opération aurait été préméditée de longue date par les extrémistes hutus. L'assassinat de ministres de l'opposition modérée et de Tutsis, moins d'une demi-heure après l'explosion du Falcon présidentiel, confirmerait le haut degré de préparation de cette opération. » Enfin, elle souligne qu'après l'attentat « le colonel Bagosora avait tenté de s'imposer comme le nouvel homme fort au Rwanda »[149].

Deux militaires français tués parce qu'ils en savaient trop sur l'attentat ?

En outre, la DGSE lie explicitement à l'attentat les meurtres de deux militaires français. L'adjudant Alain Didot, technicien « transmissions » auprès des FAR, assurait depuis son domicile les relais radio entre l'ambassade française et les coopérants militaires français logés à Kanombe[150]. Lui et sa femme Gilda, ainsi que l'adjudant-chef René Maïer, qui travaillait avec lui, et leur jeune gardien rwandais sont tués par balles le 8 avril 1994 et leurs corps enterrés sommairement. Pour la DGSE, « si les radicaux hutus semblent à l'origine de l'attentat perpétré contre le président Habyarimana, il est plausible que ces extrémistes aient également souhaité éliminer d'éventuels témoins oculaires[151] ».

En effet, un militaire belge entré le 10 avril dans leur propriété à la recherche de leurs corps constate que « tout avait été retourné » à l'intérieur de la maison et il n'y voit pas le matériel radio[152]. Comme le commando qui attendait à Kanombe a eu besoin d'être alerté par radio de l'approche de l'avion de Habyarimana, au moins pour pouvoir le distinguer de l'avion belge attendu le même soir[153], il a peut-être fallu faire disparaître des enregistrements sensibles avec leurs transcriptions et ceux qui ont pu les entendre.

Les meurtres de Didot et Maïer paraissent bien embarrassants pour les autorités françaises puisque leurs familles, à l'instar des familles de l'équipage de l'avion présidentiel, ont subi des pressions plus ou moins discrètes. Ainsi un gendarme est venu leur faire signer une renonciation à entamer une enquête[154]. Il n'y a pas eu d'autopsie ni d'instruction. Le certificat de décès de René Maïer, dactylographié, est un faux grossier avec une date et un prénom erronés : il mentionne la mort « réelle » et « accidentelle » de « Jean Maïer » le 6 avril à 21 heures, causée par des balles, et porte le tampon du docteur Michel Thomas[155]. Ce médecin militaire nie avoir rédigé un tel certificat. S'il l'avait fait, il l'aurait écrit à la main et signé sans tampon, sans ce mot « accidentel », et en précisant le nombre et la position des impacts de balles[156].

Selon *Libération*, le juge Trévidic aurait jugé ces faits « gravissimes » et de nature à réorienter sa propre enquête sur l'attentat[157]. Il n'en a pourtant rien été. Bien qu'il s'agisse de trois Français, dont deux militaires en service, ces assassinats n'ont fait l'objet d'aucune enquête de la justice française, ni dans le dossier de l'attentat ni séparément. En 2018, la douleur de leurs proches « n'a pas cicatrisé » ; l'un d'eux explique : « À chaque fois qu'on a essayé de faire quelque chose, on s'est fait rembarrer », et il « espère bien un jour la levée du secret défense »[158].

Les archives, le secret défense et la justice française

« Secret défense » est un terme trompeur. Ce verrou s'applique à des archives parfois sans aucun lien avec la défense des frontières nationales : le ministère des Armées est concerné par moins de la moitié des documents classifiés, et nombreux sont ceux qui touchent le nucléaire [159]. La possibilité de déclassification automatique au bout d'un délai donné, usuelle dans de nombreuses démocraties, n'a plus cours en France depuis 2011 [160]. Les quelque 6 000 documents déclassifiés chaque année nécessitent désormais des décisions politiques au coup par coup, requièrent un travail manuel considérable… et ne sont qu'une goutte d'eau dans l'océan des cinq millions de documents classifiés [161].

Il y a actuellement trois niveaux de classification. « Très secret défense » concerne de rares documents tels que ceux portant sur l'arme nucléaire. « Secret défense » est le deuxième niveau et même lui n'est quasiment jamais déclassifié. « Confidentiel défense » est le niveau le plus bas de classement (qui est amené à disparaître le 1er juillet 2021 [162]). Il est utilisé de façon massive et souvent arbitraire, parfois ridicule, et représente neuf dixièmes des documents protégés.

Qualifié de « secret monarchique » par l'ancien Premier ministre Lionel Jospin lorsqu'il était dans l'opposition [163], c'est en soi un enjeu démocratique : ce secret peut être opposé à la curiosité des juges et des citoyens pour couvrir des erreurs, fautes ou crimes de l'État, concernant toute la vie de la société [164]. L'État est juge et partie quand il s'agit de décider quoi déclassifier : c'est anticonstitutionnel, selon le juge Trévidic, qui se plaint de ce qu'on ne donne à lire aux juges que ce qui n'est pas trop embarrassant et qu'il nomme « la bibliothèque rose [165] »[a] !

En ce qui concerne spécifiquement l'intervention française au Rwanda, il existe une grande masse d'archives déjà publiées, qui contribue utilement à clarifier et préciser qui a décidé quoi, avec quelles motivations ; comment fonctionnaient les circuits de décision, s'il y a eu des erreurs, si l'armée a été autonome. Mais un nombre peut-être plus grand encore reste secret : la table des matières des archives franco-rwandaises conservées au Service historique de la défense (SHD) représente, à elle seule, une cinquantaine de pages[166] ! Et les archives du SHD ne sont qu'une partie de l'ensemble. François Hollande a annoncé en 2015 qu'il voulait les voir ouvertes à tous les chercheurs avant la fin 2016.

Cela n'a pas été le cas[167]. En effet, même quand le verrou du secret défense est levé, les documents déclassifiés sont traités comme des documents normaux, avec des délais pendant lesquels ils ne sont pas automatiquement consultables. Cela constitue un deuxième verrou[168]. La loi française, entérinée par le Conseil constitutionnel[169], confère à une personne privée, mandataire désignée par François Mitterrand avant sa mort, le pouvoir arbitraire d'autoriser ou de refuser l'accès à ses archives d'État[170]. (En 2008, le législateur a reconnu la gravité de cette situation et l'a interdite pour les présidents suivants, mais sans effet rétroactif : le mandat sans base légale que Mitterrand a donné pour vingt-cinq ans après sa mort reste en vigueur jusqu'en 2021.) En pratique, la rupture de l'égalité entre chercheurs est flagrante, certains documents étant autorisés aux uns et refusés aux autres – voire refusés puis autorisés au même chercheur – sans qu'on puisse toujours saisir la logique de ces différences de traitement.

Après épuisement des recours devant la justice administrative française pour avoir accès aux archives sur le Rwanda, c'est la Cour européenne des droits de l'homme, saisie depuis le 14 décembre 2017, qui devra déterminer si la loi française, en protégeant les secrets des gouvernants sans recours possible en justice, viole les droits humains des gouvernés[171].

Pour les 25e commémorations du 7 avril 2019, la Nouvelle-Zélande et le Royaume-Uni ont annoncé qu'ils donnaient au Rwanda toutes leurs archives sur le génocide[172]...

a. Lire CollectifSecretDefense.fr. Le « Collectif secret défense, un enjeu démocratique » réunit des affaires où ce secret est opposé à la justice : que ce soit lié à la politique coloniale, comme pour la guerre d'Algérie ; à l'élimination de personnes qui dérangent, comme le président burkinabé Sankara, les militants internationalistes Curiel et Ben Barka, le juge Borrel ; ou à de probables erreurs de l'armée, comme la disparition de la Caravelle Ajaccio-Nice. L'association Survie fait partie de ce collectif au titre des dossiers liés à l'intervention française au Rwanda.

La justice n'a pas enquêté sur les extrémistes hutus

Bien que la DGSE s'oriente, à partir du 10 mai 1994, vers l'attribution de la responsabilité de l'attentat aux extrémistes hutus menés par les colonels Bagosora et Serubuga, et que l'Élysée, le gouvernement et l'état-major en sont informés, cette information ne filtre pas dans le public à l'époque, et de nombreuses autorités civiles et militaires continuent à incriminer ouvertement le FPR. Même le directeur de la DGSE, Jacques Dewatre, affirme en 1998 devant la Mission d'information parlementaire qu'il n'a aucun élément pour trancher entre les différentes hypothèses. Le vice-président de la Mission, le député Jean-Claude Lefort, s'en étonne[173], mais les députés ne se font pas pour autant communiquer les fiches de la DGSE.

Le juge Bruguière non plus ne s'intéresse pas à ces fiches. Sur requête d'un avocat, le 16 décembre 2014, le juge Trévidic en demande la déclassification[174]. Lui qui s'était déjà plaint que le secret défense lui soit opposé de façon anticonstitutionnelle pour protéger la (dé)raison d'État[175] proteste publiquement contre des délais de réponse anormaux[176]. En effet, le ministère de la Défense reste inactif pendant des mois, jusqu'au 31 août 2015, qui est justement le jour où Trévidic doit quitter le pôle antiterroriste. Ses successeurs, les juges Herbaut et Poux, reçoivent alors des documents avec des passages concernant des Français – quoique expurgés –, mais ils n'en font pas usage[177].

Les juges n'exploitent pas non plus l'audition de Richard Mugenzi, ancien espion rwandais spécialiste d'écoutes radio[1]. Celui-ci a pourtant confirmé devant le juge Trévidic que le message émanant prétendument du FPR se réjouissant de l'assassinat du président Habyarimana était un faux fabriqué par le lieutenant-colonel Anatole Nsengiyumva, un officier extrémiste proche du colonel Bagosora.

Pas d'enquête sur la piste de tireurs français

De même, les juges Herbaut et Poux n'explorent pas l'information, donnée par les familles de victimes et rapportée par la DGSE, selon laquelle « un mercenaire français, M. Patrick Ollivier, serait impliqué dans cette

1. Lire *supra*, p. 328.

affaire et userait de ses relations auprès des ministères français de la Coopération et des Affaires étrangères dans le but d'occulter la vérité[178] ». La DGSE elle-même ne semble pas curieuse de suivre cette piste. Pourtant, les extrémistes hutus n'ayant ni le personnel capable de tirer les missiles, ni les possibilités de maintenir des missiles en état d'être tirés, ils ont nécessairement eu recours à des tireurs spécialisés[179].

Les enquêteurs de l'Auditorat militaire belge, chargé de faire la lumière sur le meurtre des dix Casques bleus belges qui protégeaient la Première ministre Agathe Uwilingiyimana, se sont également intéressés à l'attentat. Leurs investigations, auxquelles les autorités françaises ont refusé de coopérer[180], les convainquent de la responsabilité des extrémistes hutus, éventuellement aidés par des mercenaires ou militaires français[181]. Le volet de l'enquête concernant l'éventuelle participation française est interrompu avant terme[182].

La première piste, celle de mercenaires, a été relancée en 2012 par les juges Trévidic et Poux. Elle pourrait mettre en cause Paul Barril, dont un proche aurait cherché à acquérir deux missiles sol-air, entre novembre 1993 et février 1994, auprès du marchand d'armes Dominique Lemonnier[183]. Des témoins disent avoir vu Barril à Kigali peu avant l'attentat, d'autres l'ont vu le 6 avril à Bujumbura, capitale du Burundi tout proche, et lui-même reconnaît avoir été le 7 avril « sur une colline perdue au cœur de l'Afrique[184] ». Selon Gérard Prunier, « on peut supposer que Paul Barril connaît les hommes qui ont abattu l'avion et leurs commanditaires[185] ».

La seconde piste est celle de militaires français. Elle est envisagée dès le 17 juin 1994 par la journaliste belge Colette Braeckman qui désigne « deux militaires français du Dami au service de la CDR [parti extrémiste hutu] [186] ». Cette journaliste se base sur une lettre qu'elle a reçue, datée du 29 mai 1994 et signée par un chef de milice du nom de Thaddée, qui précise : « Un des Français s'appelle, je crois, Étienne [187]. » Or « Étienne » existe bien, c'est le pseudonyme d'un membre du Dami, en l'occurrence Pascal Estevada, un sergent-chef du 1er RPIMa, le fer de lance des forces spéciales françaises. Après avoir été instructeur des FAR, il est affecté au Burundi mi-mars 1994 [188], mais il a encore été vu au Rwanda en mars-avril [189]. Interrogé par le juge Bruguière, il a nié toute implication et a affirmé qu'il ne se souvenait pas précisément de l'endroit où il était le 6 avril 1994 [190].

Le nom d'un autre militaire français qui a pu être l'un des tireurs est d'abord mentionné, sans lien explicite avec l'attentat, par le juriste belge Filip Reyntjens dans le manuscrit de son livre en préparation, *Rwanda. Trois jours qui ont fait basculer l'histoire*, qu'il envoie le 2 août 1995 au juge bruxellois Vandermeersch, chargé de l'instruction sur la mort des dix para-commandos belges [191]. Reyntjens y commente le pseudonyme d'Estevada en expliquant : « Le prénom est un nom de guerre, qui commence par la première lettre du vrai nom de famille ; un autre membre du Dami présent à Kigali le 6 avril, le lieutenant Ray, avait pour nom de guerre "Régis" [192]. » Contrairement à « Étienne », « Régis » n'a été cité par personne et n'apparaît nulle part ailleurs dans le manuscrit.

Or, indépendamment, ce pseudonyme est mentionné peu après par Colette Braeckman, qui le 3 novembre 1995 précise que le deuxième tireur français serait un certain « Régis », dont elle ignore l'identité réelle[193]. La version publiée de l'ouvrage de Filip Reyntjens ne fait plus allusion au lieutenant Ray et indique seulement : « "Étienne" est un nom de guerre, qui commence par la première lettre du vrai nom de famille[194]. » Interrogé en 2014, Filip Reyntjens répond qu'il ne connaît ni Ray ni Régis[195]. Colette Braeckman reçoit de l'ambassade de France, via des amis, le conseil de ne pas poursuivre son enquête[196].

Claude Ray, pseudonyme « Régis », existe bel et bien. Il est membre du 1er RPIMa et du Dami, et est en réalité adjudant. Le 7 décembre 1993, une semaine avant le départ des troupes de Noroît, il arrive à Kigali où il est détaché pour quatre mois[197]. Il est affecté à l'état-major des FAR, si l'on en croit la liste des numéros de téléphone des 26 militaires français présents à Kigali le 3 janvier 1994, où lui seul figure sous pseudonyme[198]. Il repart de Kigali le 12 avril. Le 11 octobre 1994, il reçoit un « témoignage de satisfaction du chef d'état-major des armées » pour son action au Rwanda[199]. Distinction rare pour un adjudant, c'est un moyen efficace de soutenir la carrière d'un militaire sans avoir à en dévoiler les motivations. Interrogé, l'amiral Lanxade indique qu'il n'a pas le souvenir d'en avoir décerné, et que ce n'était « pas tellement dans son style », tandis que l'adjudant

Ray n'a pas souhaité nous répondre. La justice ne l'a pas interrogé[200] et l'enquête sur lui s'est limitée au service minimum, ce qui permet au parquet de Paris d'écrire qu'elle n'a rien révélé[201].

La mise en cause par la journaliste Colette Braeckman de deux sous-officiers du 1er RPIMa pour avoir abattu l'avion du président Habyarimana rencontre les interrogations de Brigitte Minaberry, épouse du copilote Jean-Pierre Minaberry. Dès le 7 avril 1994, celle-ci avait dit à sa fille Sylvie : « Pourvu que ce ne soient pas les Français[202]. » Comme le constate par la suite Sylvie Minaberry : « Les veuves et les enfants [des Français tués] ont été pris en main par la secrétaire des Français de l'étranger qui nous a "canalisés", surtout, pour nous empêcher de rencontrer les journalistes[203]. » Pour sa part, elle insiste et mène sa propre enquête : « Nous avons été reçues par Michel Roussin. Quand je lui ai demandé qui avait commis l'attentat, il a regardé ses chaussures. L'ambiance était bizarre. On a eu des doutes. On s'est demandé : "Ce ne sont quand même pas des Français qui ont abattu l'avion ?"[204] »

Sylvie Minaberry continue : « Je suis médecin militaire, je me suis demandé si le COS aurait pu faire ça. Je suis allée à Bayonne, voir les gens du [1er] RPIMa. Les gens du RPIMa m'ont dit : "N'importe quel militaire entraîné peut faire ça, n'importe quelle barbouze peut faire ça." Qu'il y ait trois Français dans un avion, ça ne leur poserait aucun problème[205]. » Elle souligne qu'à l'heure actuelle, quand elle repense à l'attentat, elle « inclut toujours l'hypothèse française » et ajoute : « C'est même pour ça que j'ai porté plainte. »[206]

Cette hypothèse, qui mérite d'être examinée au même titre que les autres[207], expliquerait divers faits troublants : que les militaires français qui étaient à moins de 500 mètres des tireurs ne les aient pas recherchés et aient plutôt immédiatement tenté de récupérer les boîtes noires ; que la France ait initialement dissuadé les familles de victimes de porter plainte ; que l'enquête ait subi tant d'obstructions et de manipulations[1].

La justice française n'ira pas plus loin

Le 10 octobre 2018, le parquet de Paris a requis un non-lieu, rendu public le 13 octobre, au moment même où la France faisait élire la ministre rwandaise des Affaires étrangères à la tête de l'Organisation internationale de la francophonie. Cette coïncidence de dates a donné aux commentateurs l'impression que le réquisitoire était très politique et qu'il manifestait la volonté du pouvoir français d'apaiser les relations avec le Rwanda, dont le président Paul Kagame était indirectement mis en cause par la procédure. L'enquête reste donc au milieu du gué : suivant les réquisitions du parquet, les juges d'instruction ont rendu le 21 décembre 2018 une ordonnance de non-lieu pour charges insuffisantes contre les suspects rwandais, à la satisfaction de Kigali. Les assassins du président Habyarimana n'ont toujours pas été identifiés,

1. Lire *infra*, p. 358.

ni les commanditaires de ce meurtre désignés. Tant que le doute subsistera, il fera le bonheur des négationnistes.

Concernant cet événement majeur qui a donné le signal du déclenchement du coup d'État des extrémistes et du génocide des Tutsis, la justice française aura, tous comptes faits, davantage contribué à diffuser une thèse négationniste – celle d'un crime qui aurait été commis par le FPR, tenu dès lors pour responsable de l'extermination des Tutsis dont il aurait pris le risque en connaissance de cause – qu'à rechercher la vérité. Une vérité qui, dans ce dossier comme dans d'autres, pourrait aboutir à la mise en cause de l'État français.

VII. Un négationnisme au cœur de l'État français

Le négationnisme ou la construction d'un récit falsifié

Visant l'annihilation de l'autre, le génocide est aux yeux des nations le crime absolu[1]. C'est la raison pour laquelle il s'accompagne, dès sa préparation et sa mise en œuvre, d'un discours d'autoréfutation. À la lumière des génocides passés, il apparaît que le négationnisme leur est consubstantiel. Pour l'historien Joël Kotek, « tout génocide, par définition, implique sa propre négation, elle est parallèle et automatique, il s'agit d'une relation de cause à effet[2] ». Cette négation prend à chaque fois des formes spécifiques, car comme le souligne Yves Ternon, « chaque génocide se déroule dans des circonstances particulières qui imposent des modalités différentes d'exécution et de camouflage. La négation d'un génocide est donc adaptée aux circonstances de sa perpétration[3] ».

Les trois éléments du discours négationniste

Ceci posé, le discours négationniste peut néanmoins être décomposé en trois éléments :

1. « Ça n'a pas lieu » (pendant que le génocide est perpétré), puis « Ça n'a pas eu lieu » (une fois le génocide commis) ;

2. « Les victimes l'ont bien cherché » ;

3. « Elles ont fait la même chose » (ou « Elles s'apprêtaient à faire la même chose »).

Les trois éléments constitutifs du négationnisme ne correspondent pas à des étapes chronologiques ou logiques : bien qu'autocontradictoires, ils interviennent simultanément à toutes les étapes du génocide, pendant sa préparation, pendant sa perpétration et pendant son occultation a posteriori.

Le premier élément du discours négationniste (« Ça n'a pas lieu », « Ça n'a pas eu lieu ») est caractérisé par la dénégation et la dénaturation du crime. La dénégation consiste à prétendre que le crime n'existe pas : le Comité union et progrès et le gouvernement turc organisent la « déportation » des Arméniens ; les nazis emploient les expressions de « traitement spécial » ou encore de « solution finale de la question juive » ; les auteurs du génocide des Tutsis parlent de « travail ». Les mots « extermination » ou « génocide » ne sont pas prononcés.

Cependant, comme la négation pure et simple du génocide – celle qui consisterait à dire que les morts ne sont pas morts – est quasiment impossible, la dénégation s'accompagne de la dénaturation des faits. Il s'agit alors de nier la volonté d'extermination des auteurs du génocide, leur intention criminelle – ce qui revient à vider de son contenu la notion même de « génocide » – pour attribuer d'autres causes à leur forfait. Cette dénaturation passe par la dissimulation de certains aspects, par exemple une propagande d'État raciste comme prélude à l'extermination ; par la banalisation des faits : dilution du crime dans un jeu de circonstances ou présentation du génocide comme un événement parmi d'autres dans une guerre, à l'image de Jean-Marie Le Pen qualifiant les chambres à gaz de « détail de la guerre[4] » ; par la minimisation du nombre des victimes, récurrente dans le discours de ceux que Nadine Fresco a appelés les « redresseurs de morts[5] » ; par la relativisation : toutes les morts se valent ; par la requalification : substitution de certains termes, comme « massacres interethniques », « guerre civile » ou encore « autodéfense » à celui de « génocide ».

Le second élément du discours négationniste (« Les victimes l'ont bien cherché ») est marqué par le renversement des responsabilités : les victimes sont désignées comme les responsables du génocide qui les a prises pour cible. Elles auraient provoqué leur propre extermination. Les Arméniens sont ainsi accusés de « trahison » par le gouvernement turc. Les Juifs sont prétendument mis en garde par Hitler, le 30 janvier 1939 : « au cas où la finance judéo-internationale des pays européens et extraeuropéens réussirait encore une fois à précipiter les nations dans une guerre mondiale », il s'ensuivrait « l'anéantissement de la race juive en Europe ». Les Tutsis sont soupçonnés de préparer le massacre des Hutus, de ce fait contraints à « l'autodéfense », et le FPR est accusé d'avoir sciemment couru le risque de faire exterminer les Tutsis de l'intérieur dans sa volonté de s'emparer du pouvoir par la force.

Le troisième élément (« Les victimes ont fait la même chose ») est caractérisé par le renversement de l'accusation : les victimes – ou leurs défenseurs – auraient elles-mêmes commis un génocide ou des massacres du même ordre. Les bombardements alliés sur les populations civiles allemandes – Hambourg et Dresde fournissant deux exemples paradigmatiques – sont comparés au génocide des Juifs et des Tziganes par les nazis ; le FPR est accusé d'avoir commis un génocide des Hutus au Rwanda et au Congo.

Dénégation, dénaturation, renversement des responsabilités et renversement de l'accusation débouchent sur ce qui constitue, aux yeux d'Yves Ternon, l'aboutissement du processus négationniste : la construction d'un récit falsifié[6].

Les accusés du génocide des Tutsis s'autojustifient

Cette entreprise de falsification a été mise en œuvre, exemplairement, par quatre des principaux accusés devant le TPIR : Théoneste Bagosora, Gratien Kabiligi, Aloys Ntabakuze et Anatole Nsengiyumva[7]. Officiers supérieurs des Forces armées rwandaises en 1994, tous les quatre ont nié avoir eu l'intention d'exterminer les Tutsis. Ce faisant, ils en sont venus à nier le génocide comme tel, et ont été conduits à échafauder diverses explications pour rendre compte de ce qu'ils ont nommé

« la vague de meurtres de civils qui avait déferlé sur le pays ».

Dans la « théorie de la défense sur les principales causes des événements de 1994 » exposée par leurs avocats au cours de leur procès, outre qu'ils présentent les Tutsis comme une « minorité » refusant d'accepter d'être gouvernée par la « population majoritaire », faisant par là même du clivage Hutu/Tutsi la clé de compréhension des réalités politiques de la région, ils mettent en cause la stratégie militaire du Front patriotique rwandais et son « invasion du Rwanda » qui visait, selon eux, à « restaurer la monarchie tutsie en usant de la force pour s'emparer du pouvoir ». Pour les accusés, « c'est cette stratégie, qui a pleinement porté ses fruits en juillet 1994 avec la victoire du FPR, qui avait dans un premier temps déstabilisé le régime de Habyarimana puis provoqué, sans surprise, les tueries généralisées de civils perpétrées à titre de représailles, postérieurement au 6 avril 1994 »[8].

L'extermination des Tutsis rwandais aurait donc été accomplie en représailles de l'attaque du FPR, selon Bagosora et ses coaccusés. Il s'agit là d'une dénaturation des faits. La vérité est que l'extermination a été préméditée par un groupe d'extrémistes hutus qui, selon toute vraisemblance, a fomenté l'assassinat du président Habyarimana afin de créer un choc psychologique majeur dans la population rwandaise, lui permettant à la fois de s'emparer du pouvoir par un coup d'État et de mener à bien son projet de génocide.

Mais les quatre anciens officiers ne s'en tiennent pas là : ils soutiennent également que « c'est le FPR qui a abattu l'avion du président Habyarimana le 6 avril 1994 dans le but de plonger le pays dans une guerre civile », alors que ce mouvement « était conscient que la reprise de la guerre entraînerait d'énormes pertes en vies humaines chez les civils ». Ils concluent sans vergogne que « c'est le FPR, et non les prétendus extrémistes hutus, qui porte la responsabilité de la planification et du déclenchement des massacres qui ont été perpétrés au Rwanda »[9]. La dénaturation culmine ici dans le renversement des responsabilités : le FPR est finalement tenu pour responsable non seulement de ses propres crimes de guerre, mais du génocide des Tutsis lui-même.

Dénégation, dénaturation, renversement : la « théorie de la défense » propose une réécriture de l'histoire du génocide des Tutsis qui dissimule l'intention criminelle des concepteurs du génocide en en reportant la responsabilité sur la force qui a mis fin au génocide : le FPR. L'intense propagande idéologique appelant à se débarrasser des « cafards » tutsis, initiée depuis le sommet de l'État rwandais et véhiculée par les « médias du génocide » à partir de 1990 est passée sous silence, car elle signe l'intention génocidaire des extrémistes hutus. De même, le rôle des structures civiles et militaires de l'État rwandais dans la mise en œuvre de l'extermination est occulté. Selon Bagosora et consorts, nul « État criminel » ne serait à l'origine de l'élimination des Tutsis.

L'ombre du négationnisme au sein de l'État français

Il est frappant de constater que le discours de l'État français depuis 1994 a souvent recoupé le discours négationniste des accusés devant le TPIR sur plusieurs points essentiels.

« Génocide », « guerre civile » ou « massacres interethniques » ?

Au moment où le génocide des Tutsis est en train d'être commis, au printemps et à l'été 1994, les autorités françaises ont le plus grand mal à le nommer et à désigner clairement ses responsables. On assiste plutôt à une valse-hésitation, car dire « génocide » ne permettrait plus de soutenir nos alliés, le gouvernement intérimaire rwandais et son armée. Les dirigeants français vont alors se livrer à une dénaturation des faits en requalifiant l'extermination en cours.

Celle-ci est pourtant comme nous l'avons vu une réalité connue des responsables français. Si l'ordre d'opération d'Amaryllis est explicite[I], il faut attendre la mi-mai pour qu'Alain Juppé parle de génocide[II].

C'est la première fois qu'un dirigeant français accuse officiellement les Forces armées rwandaises du génocide des Tutsis. Le 24 mai 1994, aux Nations unies, Lucette

---

I. Lire *supra*, p. 124.

II. Lire *supra*, p. 149.

Michaux-Chevry, ministre déléguée à l'Action humanitaire et aux Droits de l'homme, accuse de génocide les FAR et les milices [10]. Dans les semaines qui suivent, dans un entretien à *Libération* daté du 16 juin 1994, Alain Juppé fait porter la responsabilité du génocide aux seules milices hutues [11]. Le 25 juin 1994, l'ordre d'opération n° 1 du général Lafourcade, commandant de la force Turquoise, fait lui aussi état d'un « génocide perpétré par certaines unités militaires rwandaises et par des milices hutues à l'encontre de la minorité tutsie [12] », en reprenant les termes d'un document de l'état-major des armées daté du 15 juin 1994 [I].

Le problème est que, parallèlement à ces quelques mentions d'un génocide des Tutsis, coexistent de tout autres présentations des événements. Le 13 avril 1994, le compte rendu du Conseil restreint parle de « massacres interethniques [13] ». Dans deux notes à l'attention du président de la République datées du 25 mai et du 2 juin 1994, Bruno Delaye, conseiller Afrique de Mitterrand, évoque des « massacres » et exprime une réticence face à l'emploi du mot « génocide » [14].

Le 22 juin 1994, l'ordre d'opérations de Turquoise émanant de l'état-major des armées, signé du général Germanos, adjoint de l'amiral Lanxade, est un chef d'œuvre de double langage. Il évite lui aussi de nommer le génocide des Tutsis, dont la réalité est travestie en « très graves affrontements interethniques » que « l'assassinat des présidents rwandais et burundais » aurait

I. Lire *supra*, p. 170.

« déclenché une nouvelle fois ». Il donne pour mission à la force Turquoise d'inciter « les autorités locales rwandaises, civiles et militaires » à « rétablir leur autorité », après les avoir exonérées de leurs responsabilités dans le génocide en cours en attribuant les massacres de Tutsis à des « bandes formées de civils ou de militaires hutus incontrôlés [...] exhortés à la défense populaire par les chefs de milices ». Il accuse enfin le FPR d'« actions "d'épuration" à l'encontre des Hutus » [15]. Le génocide des Tutsis est dénaturé, et la thèse mensongère du « double génocide » est instillée.

Génocide spontané, génocide improvisé ou génocide prémédité ?

Le récit falsifié qui s'élabore sous la plume des autorités françaises donne par ailleurs l'impression d'un génocide provoqué par l'attentat du 6 avril 1994 et non pas d'un plan concerté mis en œuvre par des hommes déterminés. C'est bien l'idée qui ressort des documents militaires français : les massacres seraient commis par des assassins incontrôlés en représailles de l'assassinat du président Habyarimana. Ainsi de l'ordre d'opération d'Amaryllis, qui indique que « pour venger la mort du président Habyarimana, du chef et de l'adjoint de la sécurité présidentielle tués dans l'écrasement de l'appareil survenu le 6 avril au soir, les membres de la garde présidentielle ont mené dès le 7 matin des actions de représailles dans la ville de Kigali : attaque du bataillon FPR, arrestation et élimination des opposants et des Tutsis, encerclement des emprises de la Minuar et limitation de ses déplacements », en suggérant que la garde présidentielle agit de son propre chef, contre l'avis des autorités rwandaises : « Le chef d'état-major de la gendarmerie et le nouveau chef d'état-major des armées tentent de reprendre le contrôle de la situation[16]. » De même l'ordre d'opérations de Turquoise du 22 juin 1994 résume la situation au Rwanda par ces mots : « L'assassinat des présidents rwandais et burundais survenu à Kigali le 6 avril 1994 a déclenché une nouvelle fois de très graves affrontements interethniques », avant d'attribuer les massacres de Tutsis à des « bandes formées de civils ou de militaires hutus incontrôlés »[17].

Ces formulations laissent croire à un « génocide spontané », commis en représailles de l'assassinat du président Habyarimana dans un pays qui serait livré au chaos. La « colère spontanée » des Rwandais hutus après la mort de « leur » président est un thème récurrent du négationnisme. Cette thèse est celle des auteurs du génocide. Elle sera, nous l'avons vu, avancée des années plus tard par le colonel Bagosora et ses coaccusés devant le TPIR.

Or le génocide des Tutsis est un crime d'État. Il est commis par un gouvernement qui mobilise l'armée et l'administration pour le mener à bien. C'est d'ailleurs ce qu'ont rappelé ultérieurement les députés français en intitulant une section de leur rapport de 1998 : « L'État rwandais ordonnateur du génocide ».

Les propos déjà mentionnés d'Alain Juppé, le 18 mai 1994 devant l'Assemblée nationale, sont eux-mêmes ambigus, car s'ils marquent bien le caractère organisé des tueries, ils évoquent davantage un génocide improvisé qu'un génocide prémédité. En effet, si Alain Juppé reconnaît le rôle de l'armée gouvernementale rwandaise dans « l'élimination systématique de la population tutsie », il considère que c'est l'offensive du FPR qui serait à l'origine du génocide : « Face à l'offensive du Front patriotique rwandais, les troupes gouvernementales rwandaises se sont livrées à l'élimination systématique de la population tutsie, ce qui a entraîné la généralisation des massacres. » Les troupes gouvernementales rwandaises n'auraient fait que réagir à cette attaque, une réaction qui, après l'assassinat du président Habyarimana, aurait pris la forme du génocide : un génocide improvisé, en quelque sorte.

Cette thèse du génocide improvisé est soutenue notamment par le sociologue André Guichaoua, selon qui le génocide des Tutsis ne débuterait « en intention et en acte » que le 12 avril 1994. Il serait le fruit d'une conjonction entre, d'une part, les luttes pour le pouvoir opposant les différentes factions hutues extrémistes après la disparition du président Habyarimana, et, d'autre part, la reprise des hostilités par le FPR [18]. Les historiens Jean-Pierre Chrétien et Hélène Dumas ont critiqué cette thèse en détail [19]. Notons pour notre part que la thèse du génocide improvisé repose sur l'attribution de l'attentat du 6 avril 1994 au FPR, une hypothèse qui paraît aujourd'hui invraisemblable. Filip Reyntjens la reprend pourtant dans son « Que sais-je »[20], un livre qui par ailleurs pervertit l'histoire du génocide[21].

Le renversement de la culpabilité de l'attentat

La formulation d'Alain Juppé devant l'Assemblée nationale ne se contente pas d'escamoter la question de la préméditation du génocide : elle ouvre aussi la porte au renversement des responsabilités en ramenant la tragédie rwandaise à un point d'origine qui serait l'offensive du FPR d'octobre 1990. La constance des dirigeants français à rejeter sur le FPR la principale responsabilité de l'engrenage qui a mené au génocide des Tutsis est frappante. En parallèle, les documents militaires français font de l'assassinat de Habyarimana l'origine directe du génocide[22].

Cette affirmation trouve encore un écho, en 2012, dans la bouche de Hubert Védrine, secrétaire général de l'Élysée en 1994, pour qui le FPR serait « l'instigateur global » de la tragédie rwandaise[23]. Cette insistance à vouloir mettre en cause le FPR a pour passage obligé l'accusation portée à son encontre d'avoir commis l'attentat du 6 avril 1994, selon un raisonnement captieux : le FPR aurait décidé d'éliminer Habyarimana pour parvenir au pouvoir alors qu'il savait pertinemment qu'un génocide des Tutsis était possible en représailles. Malgré la force des éléments venant contredire cette hypothèse[I], la

---

I. Lire *supra*, p. 325.

plupart des responsables français de l'époque continuent aujourd'hui encore à attribuer l'attentat au FPR, ce qui a donné lieu à des manipulations multiples de la part de l'État français.

Des manipulations qui commencent en plein génocide, quand, le 28 juin 1994, l'ex-capitaine Paul Barril est invité au *Journal de 13 heures* de France 2 [24]. L'ancien gendarme de l'Élysée accuse le FPR d'une agression généralisée contre le Rwanda qui aurait débuté avec le meurtre des deux chefs d'État rwandais et burundais. Il affirme détenir de nombreuses pièces à conviction et brandit ce qu'il prétend être la boîte noire de l'avion présidentiel. Il est démenti le soir même, dans un reportage diffusé sur la même chaîne : la « boîte noire » qu'il a présentée est en fait un boîtier d'antenne de radio compas [25].

Tentative avortée de manipulation des députés

En 1998, les députés de la Mission d'information parlementaire déjouent à leur tour une tentative de manipulation visant à faire porter la responsabilité de l'attentat au FPR. Le ministère de la Défense leur avait en effet transmis une fiche en sa possession accusant ce mouvement de l'assassinat de Habyarimana. Plusieurs responsables politiques (l'ancien ministre de la Défense François Léotard, l'ancien ministre de la Coopération Bernard Debré) et militaires (le général Christian Quesnot, ancien chef d'état-major particulier du président Mitterrand) avaient renchéri. Les arguments avancés étaient les suivants :

– le bataillon du FPR cantonné à Kigali en vertu des accords d'Arusha se serait mis en position de combat avant même que la nouvelle de l'attentat ne soit diffusée, et le gros de ses troupes aurait attaqué sur l'ensemble du front immédiatement après, ce qui sous-entend que le FPR était informé du projet d'attentat et prêt à agir en conséquence ;

– un commando du FPR aurait abattu le Falcon 50 du président Habyarimana en utilisant des missiles SAM 16, dont les lance-missiles auraient été retrouvés : des photos de l'un d'entre eux sont transmises à la Mission d'information parlementaire par le ministère de la Défense ;

– un message radio aurait été intercepté dans la nuit du 6 au 7 avril 1994, dans lequel le FPR criait victoire et se félicitait de la réussite de la mission de ce commando.

Après un examen minutieux, les députés réfutent ou mettent en doute les « preuves » présentées. Se fondant sur les documents militaires français de l'époque qui datent l'offensive du FPR au 10 avril 1994, la Mission parlementaire écarte définitivement l'argument selon lequel le FPR aurait procédé dès le 6 avril au matin à des mouvements de troupe pour être dans Kigali dès le 6 au soir, « ce qui aurait pu donner à penser qu'il connaissait le projet d'attentat contre l'avion présidentiel[26] ».

Analysant ensuite les photos du lance-missile qui lui ont été remises, le rapport des députés est cinglant : « La probabilité étant forte que le missile photographié n'ait pas été tiré, ce missile ne peut en aucune manière être considéré de façon fiable comme l'arme ayant abattu l'avion du président Juvénal Habyarimana. » Les députés constatent que les numéros de missiles transmis par le ministère de la Défense correspondent à ceux que l'universitaire belge Filip Reyntjens a reçus du colonel Bagosora : ce sont donc les FAR qui sont à l'origine des « preuves » matérielles qu'on présente aux parlementaires comme désignant le FPR. Le rapport note « la concordance entre la thèse véhiculée par les FAR en exil [...] et celle issue des éléments communiqués à la Mission visant à désigner sommairement le FPR et l'Ouganda comme auteurs possibles de l'attentat ». Les députés concluent en s'interrogeant : « L'intervention des FAR en exil dans cette tentative de désinformation ne les désigne-t-elle pas comme possibles protagonistes d'une tentative de dissimulation ? À moins que sincères, les FAR en exil aient elles-mêmes été manipulées, mais dans ce cas, par qui[27] ? »

La MIP se montre enfin dubitative quant à la véracité des interceptions de messages de victoire sur les fréquences du FPR. Ce n'est qu'en 2009 que la commission Mutsinzi, commission rwandaise chargée d'enquêter sur l'attentat, démontrera qu'il s'agissait de faux messages fabriqués par les FAR, en retrouvant le transmetteur qui les avait reçus du lieutenant-colonel Nsengiyumva, ex-chef des services de renseignement militaire, et transcrits pour faire croire à d'authentiques interceptions des communications du FPR[28].

Instrumentalisation de la justice et manipulation de l'opinion publique

À l'issue des travaux de la Mission d'information parlementaire, rien n'étaie la thèse d'une responsabilité du FPR dans l'attentat. Pourtant, elle est martelée à l'opinion publique française jusqu'en 2012 par le biais d'une campagne médiatique organisée autour de l'enquête du juge antiterroriste Jean-Louis Bruguière. Saisi en 1998, le magistrat conduit une instruction à charge contre le FPR. Le journaliste Pierre Péan est le premier à relayer le travail de Bruguière, dès 2000. À partir de cette date, l'offensive médiatique bat son plein, avec plusieurs ouvrages et articles tendant à démontrer la culpabilité du FPR dans l'assassinat de Habyarimana, et donc dans le déclenchement du génocide. En 2004, à l'approche de la dixième commémoration du génocide, Péan est rejoint par d'autres journalistes comme Stephen Smith, dans *Le Monde*, et Charles Onana. Péan publie en 2005 *Noires fureurs, blancs menteurs*, qui bénéficie d'une forte couverture médiatique. Le livre paraît peu après *Rwanda. L'histoire secrète*, le témoignage d'un ancien membre de l'APR, Abdul Joshua Ruzibiza[29]. Celui-ci affirme dans son livre être témoin oculaire de l'attentat, commis selon lui par un commando du FPR.

Les informations distillées dans la presse et dans ces livres laissent croire que le juge Bruguière a abouti à une conclusion construite sur des preuves irréfutables. Or on a vu qu'il reprenait pour l'essentiel un scénario suggéré par le ministère de la Défense (par ailleurs réfuté dès 1998 par la Mission parlementaire)[I]. Que vaut une instruction dans laquelle le juge ne se contente pas seulement de suivre le chemin tracé en 1998 par le ministère de la Défense, mais va jusqu'à en reprendre les éléments de preuve déjà réfutés par la Mission d'information parlementaire, y compris une arme du crime qui n'a pas été utilisée ? Si l'on ajoute qu'avant de lancer des mandats d'arrêt internationaux contre neuf responsables rwandais Bruguière avait fait part de sa décision au président de la République Jacques Chirac, ainsi qu'au gouvernement de Dominique de Villepin, qui lui avait donné son feu vert[30], alors l'ordonnance Bruguière doit être considérée pour ce qu'elle est : une instrumentalisation de la justice au service d'une politique d'hostilité au FPR, doublée d'une manipulation de l'opinion publique française visant à faire diversion face aux accusations insistantes et de mieux en mieux étayées de complicité de génocide portées contre les dirigeants français de l'époque[31].

Les successeurs de Bruguière, les juges Philippe Coirre et Marc Trévidic, puis Nathalie Poux, ordonnent une expertise balistique et se rendent au Rwanda. Les experts publient leur rapport en janvier 2012. Celui-ci désigne comme origine des tirs le camp militaire de Kanombe, fief des officiers hutus extrémistes, ou ses abords. Cela ne suffit pourtant pas à mettre fin à une désinformation délibérée des citoyens français, décidée au cœur de l'État

---

I. Sur l'enquête du juge Bruguière et la rétractation de ses témoins, lire *supra*, p. 328.

et relayée par des journalistes et des universitaires : le juriste belge Filip Reyntjens ou les sociologues français Claudine Vidal et André Guichaoua, respectivement préfacière et postfacier de l'ouvrage de Ruzibiza, *Rwanda. L'histoire secrète ;* le 1er février 2017, l'hebdomadaire *Le Un* publie un numéro intitulé « France-Rwanda. La contre-enquête », dans lequel il donne la parole à Pierre Péan pour remettre en circulation, une fois de plus, la thèse de l'attentat commis par le FPR, ainsi qu'à Hubert Védrine pour défendre la politique menée au Rwanda.

En aurons-nous jamais terminé avec ce que Gabriel Périès et David Servenay ont appelé « un cas exemplaire d'action psychologique prolongée sur la population française[32] » ? Cette volonté farouche d'un certain nombre de responsables français d'incriminer le FPR pour l'attentat du 6 avril, en sous-entendant qu'il est par conséquent responsable de la tragédie rwandaise, se double d'une insistance à accuser ce mouvement d'avoir lui-même commis un génocide.

Le renversement de l'accusation de génocide

Un « double génocide » imaginaire

Les autorités françaises n'ont en effet eu de cesse de mettre sur le même plan les crimes de guerre du FPR et le génocide des Tutsis. Tandis qu'en 1991 les militaires français font l'éloge de la discipline des troupes du FPR[33], au début 1993, Paris, soucieux de contrecarrer l'enquête internationale démontrant l'implication du président

Habyarimana et de ses proches dans les pogroms de Tutsis, lance une campagne d'accusation contre le FPR. Sur le terrain, le lieutenant-colonel Michel Robardey promeut l'expression de « Khmers noirs » pour désigner le mouvement rebelle. À partir de cette date, les décideurs politiques et militaires français cherchent à monter en épingle les crimes de guerre du FPR en tentant de les mettre sur le même plan que les massacres perpétrés contre les Tutsis, sur lesquels ils gardent le silence.

Le colonel Tauzin, qui mène l'armée rwandaise au combat contre le FPR en février-mars 1993, raconte dans ses mémoires : « Nous acquérons ainsi la certitude que le FPR procède à une véritable épuration ethnique parfaitement organisée, donc préalablement planifiée, et magistralement conduite[34]. » Interrogé pour savoir si ce serait une bonne idée d'en publier les preuves, Tauzin répond : « Je n'ai pas de preuves. [Les gars du 1er RPIMa] ont envoyé des messages dès 1990 [disant que] le FPR fait tuer des Tutsis pour faire porter le chapeau aux Hutus[35]. » Dans un second livre, Tauzin ne se fonde plus que sur sa conviction intime, mais convoque la comparaison avec les pires criminels : « C'est l'enfer qui s'est acharné sur le Rwanda, et je sais intimement que Kagame ne fut que l'instrument de l'enfer, consciemment et volontairement peut-être... comme Hitler ? Comme Pol Pot ? Comme Staline[36] ? »

Une fois le génocide déclenché, et alors que les informations remontent régulièrement sur les massacres de Tutsis, l'amiral Lanxade déclare lors du Conseil restreint du 13 avril : « Maintenant, ce sont les Tutsis qui massacreront les Hutus dans Kigali[37]. » Pourtant, rien dans les documents qu'il reçoit à l'époque de la part des services de renseignement ne permet de justifier une telle prédiction. Interrogé pour savoir s'il disposait, pendant la durée du génocide, d'éléments concrets sur des exactions commises par le FPR, il répond : « Pas vraiment[38]... »

Quelques semaines plus tard, l'ordre d'opérations de Turquoise du 22 juin 1994 indique pourtant : « Bien que la situation soit moins bien connue dans sa zone, il semble que le FPR se soit également livré à des exécutions sommaires et à des actions d'"épuration" à l'encontre des Hutus. » Les crimes de guerre du FPR sont ici assimilés à une « épuration », un terme qui dans un contexte où les catégories ethniques sont massivement convoquées suggère une « épuration ethnique », autrement dit un génocide des Hutus par le FPR. Ce souci de mettre en balance le génocide des Tutsis et les crimes du FPR est confirmé par la phrase suivante, qui mentionne les victimes hutues avant les victimes tutsies : « plusieurs centaines de milliers de personnes d'ethnies hutue et tutsie ont été exterminées »[39].

Pour sa part, un mois après sa déclaration du 18 mai qui faisait allusion à la « généralisation des massacres », le ministre des Affaires étrangères Alain Juppé accrédite implicitement la thèse fallacieuse du double génocide, selon laquelle il y aurait eu deux génocides au Rwanda : le génocide des Tutsis et un génocide des Hutus commis par le FPR. En effet, il écrit le 16 juin 1994 dans

Libération que la France exige que les responsables de « ces génocides » soient jugés.

Cette accusation portée contre le FPR d'avoir lui aussi commis un génocide est constante depuis 1994 dans les propos des responsables français compromis dans la politique menée au Rwanda. François Mitterrand en novembre 1994 dans la version écrite de son discours au sommet franco-africain de Biarritz avait lui aussi utilisé un pluriel significatif[40] ; Dominique de Villepin, ancien directeur de cabinet d'Alain Juppé en 1994 et ministre des Affaires étrangères, mentionne le 1er septembre 2003 sur RFI « les terribles génocides qui ont frappé le Rwanda » ; l'ancien ministre de la Coopération Bernard Debré publie en 2006 *La Véritable Histoire des génocides rwandais.*

Selon la FIDH et Human Rights Watch, en mettant fin au génocide et en libérant le Rwanda, les troupes du FPR ont bel et bien commis des crimes de guerre et des crimes contre l'humanité, qui ont coûté la vie à des dizaines de milliers de civils rwandais hutus : « Dans sa poursuite d'une victoire militaire et de l'arrêt du génocide, le FPR tua des milliers de gens, aussi bien des non-combattants que des troupes gouvernementales et des miliciens. En cherchant à établir leur contrôle sur la population locale, ils tuèrent aussi des civils par de nombreuses exécutions sommaires et des massacres. Il semble qu'ils aient tué des dizaines de milliers de gens durant les quatre mois de combat, entre avril et juillet [1994]. Les tueries diminuèrent en août et se réduisirent nettement après la mi-septembre, lorsque la communauté internationale exerça des pressions pour que le carnage cesse[41]. » Selon Linda Melvern, « Ian Martin, qui dirige l'opération de terrain pour les droits de l'homme au Rwanda mise en place par l'ONU après le génocide, conclura quant à lui que des milliers de civils ont été victimes de représailles – dans certains cas il s'agirait de véritables massacres – pendant l'avancée du FPR et après sa victoire finale[42]. »

Ces crimes sont bien loin des accusations formulées par le GIR qui, en plein génocide, accuse le FPR d'avoir tué des centaines de milliers de civils. Human Rights Watch avait d'ailleurs dès mai 1994 fermement démenti ces accusations[43].

L'historien Gérard Prunier s'interroge sur l'objectif de ces massacres, qui se sont poursuivis après 1994[44]. Il en propose « deux interprétations : une vague de meurtres revanchards ou une politique délibérée visant à terroriser les Hutus pour les soumettre. Il est presque impossible de décider laquelle est la bonne[45] ». Quoi qu'il en soit, l'ordre de grandeur des crimes commis par le FPR n'est pas comparable avec celui du génocide des Tutsis, et surtout rien n'établit que le FPR ait jamais eu l'intention d'exterminer les Hutus. Faire de ses crimes de guerre et de ses crimes contre l'humanité un autre génocide ne repose sur aucun fondement. Cet amalgame délibéré n'a d'autre but, de la part des responsables français, que de relativiser l'extermination des Tutsis, organisée et encadrée par un gouvernement et une armée soutenus sans faillir par l'État français.

Une prétendue justification a posteriori : le cas du Congo

Certains responsables français paraissent vouloir déplacer temporellement et géographiquement l'accusation de « double génocide ». Ils incriminent ainsi le FPR pour des crimes commis au Congo (à l'époque Zaïre) après le génocide. Dans l'espoir de justifier a posteriori leur choix d'avoir soutenu les génocidaires hutus ?

C'est ainsi qu'en 2012 Hubert Védrine reprend l'accusation de génocide commis par le FPR, mais cette fois à l'encontre des Hutus tués lors des deux guerres du Congo. Réagissant au rapport d'expertise sur l'attentat du 6 avril 1994, l'ancien secrétaire général de l'Élysée accuse ainsi à mots couverts Paul Kagame d'être le principal responsable d'un « génocide » au Congo. Il prétend s'appuyer sur « le rapport des Nations unies qui a indiqué qu'il y a eu après le génocide, qu'on évalue en gros à 800 000 morts, ce qui est déjà atroce… Le rapport des Nations unies qui parle d'environ quatre millions de morts dans l'Est du Congo, en RDC, sous la responsabilité principale de l'armée du Rwanda, ce rapport que Kagame a réussi à bloquer pendant deux ou trois ans n'est paru que quand ils ont enlevé le mot de génocide[46]… » Rembobinons : le président rwandais Paul Kagame aurait bloqué un rapport des Nations unies qui montrerait qu'un génocide aurait été commis, sous la responsabilité principale de l'armée du Rwanda, dans l'est de la RDC, et que ce génocide aurait fait quatre millions de morts.

En réalité, le rapport du Projet Mapping du Haut Commissariat des Nations unies pour les droits de l'homme, daté d'août 2010 et auquel fait allusion Hubert Védrine, indique : « Ces dix années [1993-2003] ont en effet été marquées par une série de crises politiques majeures, des guerres ainsi que de nombreux conflits ethniques et régionaux qui ont provoqué la mort de centaines de milliers, voire de millions de personnes[47]. » Le rapport Mapping donne sa source[48], l'International Rescue Committee (IRC), selon lequel « depuis le début de la deuxième guerre [du Congo] en août 1998 jusqu'à la fin du mois d'avril 2004, environ 3,8 millions de personnes auraient péri, victimes directes ou indirectes de la guerre et des conflits armés ». Le rapport rappelle que lui-même ne se prononce pas sur la question, et précise : « Il est à noter cependant que la méthodologie retenue par l'IRC pour déterminer le nombre de morts indirectes repose sur des études épidémiologiques et des estimations de croissance démographique qui ont pu être contestées. »

En effet, les études démographiques sont très difficiles à faire, en particulier dans une zone en guerre de ce type. L'estimation est très vague faute de sources fiables, et même parfois de sources tout court. L'IRC inclut même dans son calcul le déficit des naissances. Pour leur part, des démographes belges envoyés en RDC par une institution européenne pour aider à la constitution des listes électorales ont fait une étude de la surmortalité en RDC sur la période 1998-2004, qui arrive, elle, au nombre de deux cent mille morts[49].

Concernant spécifiquement les Hutus rwandais tués au Zaïre/Congo, le rapport Mapping mentionne bien « l'ampleur des crimes et le nombre important de victimes, probablement plusieurs dizaines de milliers, [...] une majorité d'enfants, de femmes, de personnes âgées et de malades ». Mais il examine aussi les raisons de ne pas retenir l'accusation de génocide : l'intention de détruire le groupe hutu n'est pas établie. Les Hutus demeurés au Zaïre après le retour et l'accueil au Rwanda de centaines de milliers d'entre eux ont pu être pourchassés et massacrés parce qu'ils étaient assimilés aux génocidaires : « Finalement, les faits qui démontrent que les troupes de l'AFDL/APR [la rébellion menée par Laurent-Désiré Kabila et l'armée rwandaise] ont épargné la vie, et ont même facilité le retour au Rwanda d'un grand nombre de réfugiés hutus, plaident à l'encontre de l'établissement d'une intention claire de détruire le groupe. » Le rapport conclut prudemment à la nécessité d'une investigation plus approfondie : « Seule une pareille enquête suivie d'une décision judiciaire sera en mesure de déterminer si ces incidents constituent des crimes de génocide [50]. »

Même s'il n'est pas prouvé que les crimes rapportés puissent être qualifiés de « crimes de génocide », même s'ils sont postérieurs au génocide de 1994, Hubert Védrine les mentionne comme pour les mettre en balance avec l'extermination des Tutsis. L'ancien secrétaire général de l'Élysée se montre d'ailleurs friand de toutes les études qui démontrent à ses yeux les agissements criminels de Paul Kagame, le dirigeant du FPR devenu président de la République rwandaise : il loue le travail de

Pierre Péan ; il ne tarit pas d'éloges sur le « Que sais-je ? » du juriste belge Filip Reyntjens ; il cite « l'enquêtrice canadienne » Judi Rever, qui reprend la thèse de la culpabilité du FPR dans l'attentat du 6 avril 1994 et accuse le FPR de « nettoyage ethnique », au Rwanda et au Congo[51].

Comme Hubert Védrine, l'amiral Lanxade critique « les exactions menées au Zaïre, dans cette région de Goma, où là, à mon avis, il y a eu un début de deuxième génocide. [...] Les massacres qui ont été perpétrés par le FPR face à ces réfugiés hutus sont épouvantables et je peux vous dire qu'il y aura un jour une enquête internationale où on s'apercevra que le gouvernement, le régime de Kigali, est allé là au-delà de ce qui était humainement acceptable[52]. » On aimerait que l'amiral Lanxade reconnaisse enfin que les extrémistes hutus qu'il a soutenus sont allés « au-delà de ce qui était humainement acceptable »... Ou qu'il commence simplement par dénoncer le génocide des Tutsis.

Un négationnisme au cœur de l'État français

Dénaturation du génocide des Tutsis requalifié en « massacres interethniques », renversement des responsabilités avec le reproche fait au FPR d'être « l'instigateur global » de la tragédie rwandaise, renversement de l'accusation à travers le procès à lui intenté d'avoir également commis un génocide, des Hutus cette fois... L'État français reprend bel et bien à son compte les figures essentielles du négationnisme.

Il a ainsi « construit des leurres et des mirages pour éviter que ses errements soient mis au jour[53] ». La construction du plus efficace de ces leurres (l'accusation portée contre le FPR d'avoir commis l'attentat du 6 avril 1994) s'est faite dans une connivence entre le ministère de la Défense et les auteurs du génocide, autour de documents qui sont à l'évidence des faux, et qui ont été utilisés pour tenter – vainement – de manipuler les députés de la Mission d'information parlementaire sur le Rwanda de 1998.

Le négationnisme s'exprime donc bel et bien en France. Est-on pour autant fondé à parler d'un « négationnisme d'État » ? Cette expression s'est appliquée jusqu'ici à l'organisation politique et institutionnelle du déni que l'État turc a mise en œuvre depuis un siècle autour du génocide des Arméniens. Si le négationnisme du génocide des Tutsis trouve en France, comme nous l'avons montré, des appuis non négligeables du côté du pouvoir étatique, il n'a certes pas acquis, contrairement au cas turc, un statut de monopole. En témoignent le rapport de la Mission d'information parlementaire de 1998, les décisions unanimes de la justice administrative comme de la justice pénale, et enfin les déclarations du président Emmanuel Macron les 5 et 7 avril 2019 qui ont abouti à la reconnaissance officielle du génocide des Tutsis, dont un décret du 13 mai 2019 organise la commémoration annuelle chaque 7 avril[54].

La nomination concomitante par le président Macron d'une commission d'historiens habilités à consulter l'ensemble des archives de la politique française au Rwanda, avec pour mission de rendre un rapport en 2021, aidera-t-elle à contrer un négationnisme qui n'est pas simplement le fait de quelques illuminés, comme ce fut le cas pour le négationnisme du génocide des Juifs ? Concernant le génocide des Tutsis, il sévit en effet dans les plus hautes sphères de l'État et de l'armée et poursuit un objectif politique : pour se disculper et dissimuler le soutien apporté à ses auteurs, les responsables français de l'époque réécrivent l'histoire de ce génocide d'une manière qui le dénature radicalement. Parmi les dirigeants qui se sont succédé au pouvoir depuis 1994, seul le président Nicolas Sarkozy a timidement reconnu, en 2010, dans la lignée de la Mission d'information parlementaire de 1998, de « graves erreurs d'appréciation », une « forme d'aveuglement quand nous n'avons pas vu la dimension génocidaire du gouvernement du président [Habyarimana] qui a été assassiné », tout en continuant à défendre l'opération Turquoise, selon lui « engagée trop tardivement et sans doute trop peu » [55].

Tant que les responsables politiques français actuels ne se désolidariseront pas publiquement de la politique menée au Rwanda, tant qu'ils couvriront de leur silence les dirigeants de l'époque, se perpétuera une situation schizophrénique faisant coexister une reconnaissance officielle du génocide et un discours négationniste au sein du monde politique et de l'appareil d'État. Une schizophrénie qui a des conséquences très concrètes, car elle apparaît diffuse à tous les niveaux des structures de l'administration française quand celle-ci a à traiter du Rwanda.

Ainsi, alors que le président Macron recevait à l'Élysée, en avril 2019, des représentants de l'association de rescapés tutsis Ibuka-France, l'ancien secrétaire général de cette association se voyait refuser sa naturalisation. Le sous-directeur de l'accès à la nationalité française du ministère de l'Intérieur lui reprochait en effet un « manque de loyalisme envers la France » du fait même de son appartenance à cette association, qu'il soupçonnait de servir « de relais aux services de renseignement rwandais »[56].

Conclusion. Une démocratie à construire

> Vous le savez déjà. Moi aussi. Ce ne sont pas les informations qui nous font défaut. Ce qui nous manque, c'est le courage de comprendre ce que nous savons et d'en tirer les conséquences.
>
> Sven Lindqvist [1]

Au Rwanda, l'État français a donné implicitement son assentiment à la préparation du génocide des Tutsis, puis à son exécution. Il a ensuite assuré le sauvetage de ses auteurs. Cette politique relevait de la Françafrique ordinaire, telle qu'elle est encore aujourd'hui mise en œuvre par les dirigeants français. Comprendre les mécanismes de la Françafrique permet d'éclairer ce qu'elle a fait au Rwanda, car force est de constater que ses structures sont si puissantes que même un génocide ne les a pas ébranlées.

La Françafrique, avatar contemporain de l'État impérial français

Au nom de la stabilité de la zone d'influence française – qu'il faut protéger des appétits extérieurs –, l'État français a soutenu un régime ami qui lui était fidèle.

À tout prix, même en entérinant ce que ce régime commettait envers son propre peuple.

Dans toute l'histoire de la Françafrique, la théorie de la stabilité a été invoquée pour conserver en place des dictateurs, comme au Cameroun, au Tchad, au Congo-Brazzaville, ou des dynasties de dictateurs, comme au Gabon et au Togo. C'est au nom de la stabilité que Mitterrand a soutenu les extrémistes hutus au Rwanda. Il en est résulté un crime majeur et, paradoxalement, une déstabilisation de la région des Grands Lacs, toujours non cicatrisée. Un quart de siècle plus tard, le président Emmanuel Macron s'inscrit dans la même ligne. Questionné sur l'Afrique deux jours avant son élection, il a déclaré : « Je suis très attaché à la stabilité des États, même quand nous sommes face à des dirigeants qui ne défendent pas nos valeurs ou peuvent être critiqués[2]. »

La zone d'influence française est ancienne et se perpétue sous des noms différents : Empire royal, empire colonial français, Colonies françaises d'Afrique (CFA, sigle du franc, conservé par la Communauté financière africaine), Afrique occidentale française et Afrique équatoriale française, Outre-mer, Union africaine et malgache, Communauté[3]... L'État impérial français, qu'il ait à sa tête un roi, un empereur ou un président, s'appuie sur la continuité de ses institutions : au premier rang l'armée bien sûr, mais aussi l'administration, la justice, l'école, le réseau diplomatique ; sans parler de ses liens avec l'Église catholique, la presse, les milieux culturels, et plus récemment les ONG.

Le système colonial français est issu de la royauté. Il traverse les révolutions et les abolitions successives de l'esclavage. La IIIe République, bien qu'elle s'édifie sur les ruines d'un empire, se taille pourtant un empire colonial. Les débats ont lieu à la Chambre des députés, avec en 1886 une vivacité peut-être inférieure à celle d'autres pays, mais nettement supérieure à celle d'aujourd'hui ; on évoquera aussi Louise Michel, « Le Rapport Brazza », le *Voyage au Congo* d'André Gide, autant de voix qui tentent de s'opposer à la propagande officielle louant les bienfaits de la colonisation. L'empire colonial français (et son expansion) est à la fois l'une des causes et l'une des conséquences de la Première Guerre mondiale.

Sous la IVe République, les grandes répressions, en Algérie, à Madagascar, puis les guerres de décolonisation, Indochine, Algérie, Cameroun, rendent l'administration directe française politiquement intenable et financièrement peu rentable. Mitterrand négocie habilement avec Houphouët-Boigny un accord qui porte en germe les prémisses du système de la « Françafrique », basé sur une cohorte de chefs d'État locaux dont la fidélité à la France est verrouillée par des interventions militaires, une corruption réciproque, et une coopération dans tous les domaines régaliens.

Ce système néocolonial, appliqué à grande échelle et maintenu d'une poigne de fer par le général de Gaulle et son conseiller Jacques Foccart, forme l'un des piliers de la Ve République pendant la Guerre froide. La France prend peu à peu pied dans les anciennes colonies belges. En 1989, la chute du Mur de Berlin rebat les cartes, et Mitterrand a le coup de génie de La Baule : un ravaudage de façade, au travers d'élections faciles à truquer, permet à la Françafrique de perdurer quelques décennies supplémentaires pour entrer dans le XXIe siècle.

L'État français, un État si peu démocratique

Lors des interventions militaires françaises au Rwanda entre 1990 et 1994, il n'y a eu aucun dysfonctionnement de la machine étatique : le fonctionnement normal de l'État français s'est avéré compatible avec une politique étrangère désastreuse, et c'est bien là que le bât blesse. Ce serait naïf de penser que la politique françafricaine de nos dirigeants est sans conséquences sur la politique française tout court. Les mauvaises habitudes prises concernant l'Afrique affaiblissent la démocratie en France.

Car ce que nous voyons à l'œuvre de façon aveuglante entre 1990 et 1994, et qui est toujours aussi vivace de nos jours, c'est le mépris de nos gouvernants pour la démocratie, tant au Rwanda qu'en France. La démocratie impliquant une alternance potentielle des personnes au pouvoir, elle fait courir un risque pour les « intérêts français » dans le pré carré. Au Rwanda, cela s'est traduit par un soutien aux extrémistes plutôt qu'aux démocrates, conformément au postulat que les Rwandais voteraient selon leur « ethnie » plutôt que selon leurs idées.

Mitterrand, alors opposant au général de Gaulle, qualifiait la constitution de la Ve République de « coup d'État permanent ». Selon lui, c'est en violant la Constitution, qu'il interprétait de façon abusive, que le président s'était arrogé un « secteur réservé » sous sa seule autorité : la défense nationale et les affaires étrangères[4].

Devenu à son tour président de la Ve République, Mitterrand a encore renforcé par sa pratique ce caractère de « monarchie républicaine », qui se manifeste en particulier par le pouvoir fort du président et son influence déterminante sur la définition des axes de la politique étrangère. Le chef de l'État règne sans partage sur la politique africaine et sur la politique militaire, et dispose à partir de 1992 de forces spéciales sous son contrôle direct. Sans comptes à rendre ni aux Africains qui subissent sa politique, ni aux citoyens français qui la financent à travers leurs impôts, ni à la justice face à laquelle il est irresponsable, au sens pénal du terme, pendant l'exercice de ses fonctions, le tout-puissant locataire de l'Élysée et son entourage peuvent prendre et faire appliquer des décisions irresponsables, au sens usuel, qu'elles soient inconséquentes, scandaleuses ou criminelles.

Soulignons-le : si la démocratie est une structure politique où le peuple est souverain, si elle est conditionnée par l'existence de contre-pouvoirs et leur mise en œuvre effective, alors la politique étrangère de la France, tout particulièrement la politique militaire en Afrique, se situe hors de la démocratie. Ainsi, spécificité de la France au sein des États occidentaux, son président peut à lui seul engager son pays dans une guerre. Il est tout aussi inquiétant de constater que ses soldats peuvent tirer sur des manifestants pacifiques dans un pays étranger, comme cela a par exemple été le cas en Côte d'Ivoire le 9 novembre 2004[5], et ne susciter en retour que l'apathie, le mensonge et l'impunité. La doctrine française de contre-insurrection, antidémocratique et ancrée dans son origine coloniale, a été largement exportée[6], notamment dans des dictatures sud-américaines, et elle a été mise en œuvre au Rwanda. Désormais, certains de ses préceptes sont appliqués même en France, pour le maintien de l'ordre, en particulier avec l'instauration de l'état d'urgence à la suite des attentats[7]. Pour l'historienne Sylvie Thénault, le « cortège de mesures » de l'état d'urgence permet « de contrôler l'espace, les idées, les individus » en permettant des perquisitions administratives, des couvre-feux, des assignations à résidence ou encore le contrôle de la presse[8].

La complicité française dans le génocide des Tutsis au Rwanda est une conséquence extrême de cette absence de garde-fous. L'intervention Noroît est décidée par Mitterrand seul, en quelques instants, à un moment où les liens entre Habyarimana et lui se font largement par contact personnel ou à travers leurs fils respectifs. Ensuite, il maintient le cap, et par révérence ou par conviction, son entourage maintient ce même cap. Les orientations sont ainsi fixées par un petit groupe fermé de décideurs, tenant peu compte des avis contraires émis autour d'eux ; ils contribuent à tromper délibérément leurs concitoyens et fixent des éléments de langage qui servent encore vingt-cinq ans après à justifier la politique qu'ils ont menée.

Parmi les recommandations, bien trop timides, émises par la Mission d'information parlementaire de 1998, seules deux étaient réellement pertinentes. L'une, l'approbation parlementaire des accords de défense, n'a guère été soutenue et est restée lettre morte. L'autre est en place depuis la réforme de la Constitution en 2008, qui dispose que toute intervention militaire extérieure doit donner lieu à une information au Parlement sous trois jours ; sa prolongation au-delà de 4 mois nécessite un vote, valable ensuite sans limite de durée [9]. Or en pratique, la députée Isabelle Attard, l'une des deux à voter contre la « prolongation de l'engagement des forces aériennes au-dessus du territoire syrien », explique qu'elle refuse de signer un tel « chèque en blanc », puisque « les parlementaires n'ont reçu aucun dossier, aucun élément, aucun chiffre, ni même un mail pour justifier cette décision » [10]. Quant à l'opération Barkhane au Sahel, malgré des demandes répétées pour qu'elle soit l'objet d'un débat, cela n'a pas été le cas [11].

Le pouvoir des militaires sur la politique africaine de la France s'est renforcé. Selon un historien militaire, le commandant Rachid Hagrouri, les opérations militaires en Afrique sont essentiellement préparées au ministère de la Défense, l'état-major étant l'acteur décisif, tandis que le ministère des Affaires étrangères se limite à en assurer la promotion [12]. Cette éviction des politiciens et des diplomates, largement indifférents, par ces militaires volontaristes que sont le chef d'état-major des armées et le chef d'état-major particulier du président de la République [13] a été surnommée « la revanche des généraux[14] ». Elle perdure de nos jours, et la vision étroitement sécuritaire qui en découle aboutit à des impasses, notamment au Mali[15].

« Plus jamais ça » ?

«[Nos pensées vont] à vos frères, à vos sœurs, à vos enfants, à vos parents, tués ici, dans vos maisons, assassinés dans cette église, partout où la chasse à l'homme pouvait être organisée sans pitié », déclarait François Mitterrand, lors de la cinquantième commémoration du martyre du village d'Oradour-sur-Glane[16] ; sans mentionner que quelques semaines avant, des dizaines d'Oradour avaient eu lieu au Rwanda. Il soulignait alors « l'obligation pour chacun d'entre nous de rechercher pour l'avenir les moyens d'interdire de tels actes. [...] Il appartient aux générations prochaines de bâtir un monde où les Oradour ne seront plus possibles ». Deux semaines plus tard, ses troupes laissaient se perpétrer le massacre des survivants tutsis de Bisesero.

Si on veut éviter à l'avenir que la France continue à soutenir tel ou tel régime qui commet des crimes de guerre, des crimes contre l'humanité ou un génocide, quelles leçons la société française doit-elle tirer de ce que ses dirigeants ont fait au Rwanda, à un moment où les structures de la Françafrique paraissent plus fortes que jamais ?

Le culte de l'État, royal, impérial, colonial, aujourd'hui néocolonial, marque la mentalité des décideurs français – et pas seulement la leur. Il imprègne en profondeur l'imaginaire social et l'appareil d'État. Rien ne laisse présager que cet imaginaire se modifiera de lui-même. L'évolution récente va plutôt en sens contraire, pour ce qui est de notre rapport collectif à l'État. On constate un dangereux renforcement du pouvoir et de l'immunité du président de la République [17]. Le sentiment de toute-puissance des hommes qui le protègent a été mis en lumière avec l'affaire Benalla. Les membres des forces spéciales, que le président contrôle directement, voient depuis 2011 leur anonymat strictement protégé par la loi, y compris quand ils sont concernés par une procédure judiciaire en tant que témoins [18]. La loi de programmation militaire de 2013 fait dépendre du Parquet, soumis au pouvoir exécutif, les poursuites potentielles contre des militaires français engagés dans des opérations extérieures. Cette mesure, adoptée en réaction aux plaintes déposées à propos du Rwanda, prive les victimes de la possibilité de se porter partie civile pour forcer la justice à ouvrir une enquête [19].

Le secret défense continue à couvrir les décisions des gouvernants et à entraver l'action des juges, à qui on ne laisse lire que les documents les moins embarrassants ; il se renforce, et les journalistes qui tentent d'informer se font intimider, comme dans le cas des ventes d'armes françaises utilisées contre les civils au Yémen [20]. Les résistances à l'ouverture des archives sur différents dossiers sensibles, résistances qui traversent l'appareil d'État, depuis le président de la République et le Conseil constitutionnel jusqu'aux services de certains ministères et à des juridictions de base, constituent un mécanisme discret mais efficace de protection des gouvernants face aux gouvernés.

Face à cette irresponsabilité organisée des gouvernants, actionner tous les leviers de contre-pouvoir est indispensable : presse libre, partis et associations, débat public permanent allant bien au-delà d'un simple bulletin dans une urne tous les cinq ans, travail de mémoire et d'analyse, y compris dans les manuels scolaires. Cela peut préparer le terrain pour des changements structurels : diminuer le poids du président ; renforcer la répartition collective du travail au sein du gouvernement ; favoriser le pouvoir de contrôle du Parlement et l'indépendance réelle de la justice ; limiter le secret défense et le devoir de réserve à quelques cas justifiés ; ouvrir les archives d'intérêt public ; permettre le contrôle réel par les citoyens de la politique étrangère.

Ces évolutions sont nécessaires, mais rien ne permet d'affirmer qu'elles suffiraient. Des changements plus profonds sont requis, concernant l'État, l'armée et les liens qui les unissent, et une remise à plat des relations internationales. Le soutien de la Ve République française à un régime génocidaire est le résultat non d'un aveuglement ou d'une anomalie, mais de son fonctionnement informé, organisé et efficace. Si les acteurs de l'époque conservent autant d'aplomb jusqu'à nos jours[21], c'est qu'ils ne peuvent ou ne veulent pas comprendre le problème. C'est qu'ils ont le sentiment d'avoir agi en leur âme et conscience, au service de leur vision de la grandeur de la France et de la raison d'État, en s'appuyant sur des institutions conçues pour assurer leur propre impunité. Que cela se traduise au bout de la chaîne par un génocide n'était pas dans leur champ de vision, ou bien restait un point de détail.

Trois exigences s'imposent aux citoyens de notre pays : obtenir la reconnaissance par l'État français de sa complicité dans le génocide des Tutsis, la sanction des responsables civils et militaires qui ont engagé l'État dans cette politique et la modification structurelle du système global – la Françafrique – qui a permis que cela soit possible. Nous nous le devons à nous-mêmes si nous croyons encore en l'idée d'une humanité commune et en la possibilité que notre pays devienne pleinement une démocratie. Nous le devons à ces rescapés que la France traite encore trop souvent comme des menteurs ou comme des fantômes. Nous le devons aux voués à la mort de Murambi, de Bisesero et de chacune des mille collines du Rwanda.

Chronologie de la France au Rwanda

Après l'indépendance (1960-1990)

- 1er juillet 1962 : indépendance du Rwanda.
- 20 octobre 1962 : traité franco-rwandais de coopération civile.
- décembre 1963 : massacres de Tutsis à Gikongoro.
- 5 juillet 1973 : coup d'État du général Juvénal Habyarimana.
- 18 juillet 1975 : accord franco-rwandais d'assistance militaire concernant la gendarmerie.

De la guerre civile au génocide (1990-1994)

- 1er octobre 1990 : entrée au Rwanda des troupes du Front patriotique rwandais.
- 4 octobre 1990 : début de l'opération française Noroît.
- 15 octobre 1990 : l'ambassadeur de France évoque la possibilité d'un génocide des Tutsis.
- 13-14 décembre 1990 : le général Varret apprend l'intention génocidaire des chefs de l'armée et de la gendarmerie rwandaises ; il en avertit sa hiérarchie et le président Habyarimana.
- 23 janvier 1991 : intervention de militaires français à Ruhengeri.
- 6 juin 1992 : intervention de militaires français à Byumba.
- 21 novembre 1992 : réunion d'extrémistes hutus autour du colonel Bagosora : le génocide des Tutsis est discuté.
- 21 février 1993 : des officiers français prennent en main l'armée rwandaise.
- 27-28 février 1993 : à Kigali, le ministre français de la Coopération appelle à un front commun des Hutus contre le FPR.

- 4 août 1993 : signature finale des accords de paix d'Arusha.
- 14 décembre 1993 : les soldats français de l'opération Noroît quittent le Rwanda.
- 12 janvier 1994 : l'ambassade de France transmet à Paris des informations concernant un scénario de déclenchement du génocide des Tutsis.
- 21 janvier 1994 : les Casques bleus saisissent des munitions livrées par la France.

Le génocide des Tutsis (avril-juin 1994)

- 6 avril 1994 à 20 h 23 : attentat contre l'avion du président Habyarimana ; les militaires français se rendent sur les lieux dans la demi-heure.
- Nuit du 6 au 7 avril et matinée du 7 : les extrémistes hutus assassinent leurs principaux opposants, dont la Première ministre (et les Casques bleus belges qui la gardent), et commencent le génocide des Tutsis.
- 7 avril : le matin, la garde présidentielle attaque le bataillon du FPR qui est stationné à Kigali, qui riposte dans l'après-midi.
- 7 au 9 avril : formation du gouvernement intérimaire rwandais (GIR), en partie dans les locaux de l'ambassade de France.
- 9 avril : les troupes du FPR stationnées dans le nord du Rwanda se mettent en marche le 9 avril et arrivent en lisière de Kigali le 10 avril.
- 9 avril : la France recommande à ses ressortissants de quitter le Rwanda ; début de l'opération Amaryllis.
- 12 avril : les évacuations se terminent, la plupart des militaires français repartent et l'ambassade française est fermée.
- 14 avril : départ des forces spéciales, fin de l'opération Amaryllis et de la présence officielle de militaires français au Rwanda.

- 19 avril : avec l'investiture d'un nouveau préfet à Butare, les extrémistes achèvent leur prise du pouvoir, et le génocide des Tutsis s'étend à toute la zone sous contrôle gouvernemental.
- 21 avril : le Conseil de sécurité retire les neuf dixièmes des troupes de l'ONU présentes au Rwanda ; la France vote en faveur de ce retrait.
- 27 avril : la France, seule parmi les pays occidentaux, accepte de recevoir deux représentants du GIR.
- 3 mai : depuis Paris, le conseiller Afrique de Mitterrand empêche une attaque de miliciens à Kigali.
- 4 mai : la DGSE préconise de condamner publiquement la garde présidentielle et le colonel Bagosora.
- 6 mai : les mercenaires de Paul Barril et ceux de Bob Denard arrivent au Rwanda ; le général Quesnot informe Mitterrand qu'il dispose des moyens d'une « stratégie indirecte ».
- 9 au 13 mai : entretiens du général Huchon avec le lieutenant-colonel Rwabalinda, à Paris.
- 15 mai : à Bruxelles, le ministre français des Affaires étrangères Alain Juppé parle du génocide en train d'être commis au Rwanda.
- 18 mai : à l'Assemblée nationale, Alain Juppé déclare que les troupes gouvernementales rwandaises commettent le génocide des Tutsis.
- 21 mai : le FPR prend l'aéroport de Kigali et le camp militaire de Kanombe.
- 22 mai : le président rwandais par intérim écrit à Mitterrand pour le remercier de son soutien et lui demander de le renouveler.

Opération Turquoise (juin-août 1994)

- 15 juin 1994 : Mitterrand décide l'opération Turquoise.

- 21 juin : arrivée des forces spéciales françaises au Zaïre, et discrètement au Rwanda.
- 22 juin : le Conseil de sécurité de l'ONU autorise l'opération Turquoise sous conditions ; le poste de commandement français (PC) s'installe à Goma (Zaïre).
- 23 juin : entrée officielle des Français au Rwanda ; protection des Tutsis du camp de Nyarushishi.
- 25 juin : arrivée à Goma du général Lafourcade commandant l'opération Turquoise.
- 26 juin : des journalistes informent des militaires français que le génocide des Tutsis se poursuit à Bisesero.
- 27 juin : rencontre de militaires français et des survivants tutsis de Bisesero.
- 30 juin : après trois jours de délai, l'armée française porte secours aux survivants de Bisesero ; depuis le 27 juin, des centaines des leurs ont été exterminés.
- 1er-4 juillet : tension croissante entre l'armée française et le FPR dans la région de Butare.
- 4 juillet : le FPR prend Kigali et Butare ; les Français se préparent à défendre Gikongoro.
- 4-5 juillet : la France crée une zone humanitaire sûre (ZHS) dans le Sud-Ouest du Rwanda ; envoi de deux émissaires français auprès de Kagame.
- 6 juillet : l'effectif de l'opération Turquoise est au complet.
- 14 juillet : exode de Hutus dans le Nord-Ouest du Rwanda (Gisenyi) vers le Zaïre (Goma) ; le gouvernement intérimaire rwandais (GIR) commence à se réfugier en ZHS.
- 17 juillet : victoire du FPR, qui met fin au génocide des Tutsis ; Turquoise provoque et organise l'évacuation au Zaïre d'une partie du GIR.
- 18 juillet : exode de Hutus dans le Sud-Ouest du Rwanda, depuis la ZHS (Cyangugu) vers le Zaïre (Bukavu).

- 20 juillet : début de l'épidémie de choléra parmi les réfugiés hutus à Goma (Zaïre).
- 29 juillet : début du départ des troupes de Turquoise, essentiellement des forces spéciales.
- 4 août : début de l'épidémie de dysenterie.
- 21 août : fin de l'épidémie de choléra.
- 22 août : fin de l'opération Turquoise ; les troupes françaises quittent le Rwanda.

Depuis le génocide

- 7-9 novembre 1994 : sommet franco-africain de Biarritz ; le Rwanda n'est pas invité ; Mitterrand y parle des « génocides » au pluriel.
- 8 novembre 1994 : création du Tribunal pénal international pour le Rwanda ; la France demande que son mandat soit limité à l'année 1994.
- 12-15 janvier 1998 : à l'occasion du centenaire de l'article « J'accuse » d'Émile Zola, Patrick de Saint-Exupéry publie dans le *Figaro* une série d'articles critiquant le rôle de la France au Rwanda.
- 24 mars - 9 juillet 1998 : Mission d'information parlementaire sur le Rwanda, qui publie son rapport le 15 décembre 1998.
- 22-26 mars 2004 : commission d'enquête citoyenne, qui présente son rapport le 3 février 2005.
- février 2005 : dépôt de plaintes de rescapés de Bisesero et de rescapés du camp de réfugiés de Murambi sous contrôle français.
- 17 novembre 2006 : le juge Bruguière accuse le FPR d'avoir commis l'attentat qui a coûté la vie au président Habyarimana.
- 5 août 2008 : rapport de la commission rwandaise Mucyo dénonçant le rôle de la France.

- 25 février 2010 : le président Sarkozy reconnaît une forme d'aveuglement quant à la dimension génocidaire du gouvernement du président Habyarimana.
- 5 janvier 2012 : l'expertise balistique demandée par les juges Trévidic et Poux indique que les missiles tirés contre l'avion du président Habyarimana sont partis des abords du camp militaire de Kanombe (qui était tenu par l'armée rwandaise).
- Juin 2013 : Survie dépose une plainte et une instruction judiciaire est ouverte contre l'ancien gendarme de l'Élysée devenu mercenaire, Paul Barril.
- 14 mars 2014 : condamnation du capitaine rwandais Pascal Simbikangwa par la justice française pour génocide et crime contre l'humanité.
- novembre 2015 : Survie dépose plainte pour complicité de génocide concernant des livraisons d'armes aux génocidaires, et en juin 2017 réitère sa plainte en se constituant partie civile pour obtenir l'ouverture d'une instruction.
- 5 avril 2019 : le président Macron nomme une commission d'historiens chargée de faire la lumière sur les zones d'ombre qui planent encore sur le rôle joué par l'armée française.
- 13 mai 2019 : décret qui institue en France une journée de commémoration du génocide des Tutsis le 7 avril de chaque année.

Cartes

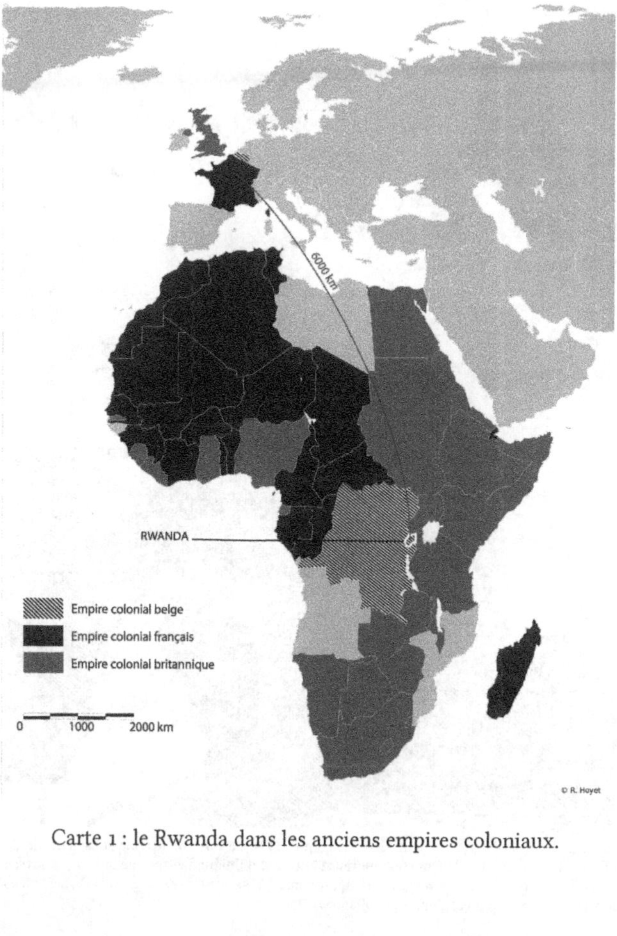

Carte 1 : le Rwanda dans les anciens empires coloniaux.

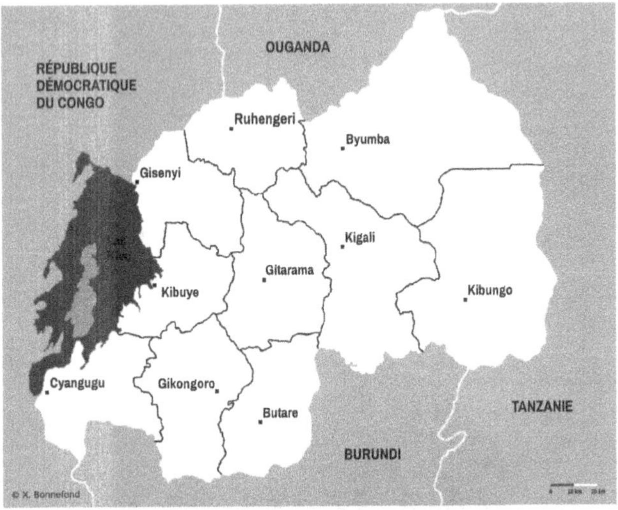

Carte 2 : la région du Rwanda.

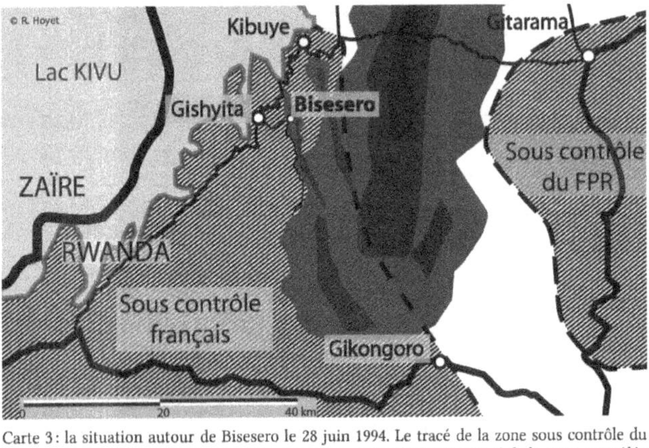

Carte 3 : la situation autour de Bisesero le 28 juin 1994. Le tracé de la zone sous contrôle du FPR est celui établi par la Direction du renseignement militaire. Le tracé de la zone contrôlée à cette date par l'armée française est approximatif (elle sera fixée le 4 juillet). Les zones foncées au centre représentent les montagnes.

Chaînes de commandement militaire de l'opération Noroît

Mi-octobre 1990

La chaîne de commandement militaire est essentiellement sous l'autorité politique du chef de l'État :

— À l'Élysée, **François Mitterrand**, qui détient l'autorité, est entouré par **Jean-Louis Bianco**, secrétaire général, par l'amiral **Jacques Lanxade**, chef d'état-major particulier (conseiller militaire), et par son fils **Jean-Christophe Mitterrand**, conseiller pour les affaires africaines.

— Dans le gouvernement, **Michel Rocard**, premier ministre, **Jean-Pierre Chevènement**, ministre de la Défense, et **Roland Dumas**, ministre des Affaires étrangères, interviennent peu dans le dossier rwandais. **Jacques Pelletier**, ministre de la Coopération, est assisté par le général **Jean Varret**, chef de la Mission militaire de coopération.

— **Le général Maurice Schmitt**, chef d'état-major des armées, coordonne les chefs d'état-majors des armées de Terre, de l'Air, de la Marine.

— **Claude Silberzahn** est à la tête de la direction générale de la sécurité extérieure.

— A Kigali, l'attaché de Défense, le colonel **René Galinié**, est en lien avec les ministères des Affaires étrangères, via l'ambassadeur, de la Défense, via l'état-major, et de la Coopération, via la Mission militaire. Il supervise les coopérants militaires et les troupes françaises.

— Son adjoint, le colonel **Gilbert Canovas**, conseille l'état-major des FAR.

Fin février 1993

La chaîne de commandement militaire est toujours sous l'autorité politique du chef de l'État, mais désormais les **Conseils restreints de défense** y associent le gouvernement et l'état-major.

– À l'Élysée, **François Mitterrand**, qui détient l'autorité, est entouré par **Hubert Védrine**, secrétaire général, le général **Christian Quesnot**, chef d'état-major particulier (conseiller militaire), et **Bruno Delaye**, conseiller pour les affaires africaines.

– Dans le gouvernement, **Pierre Bérégovoy**, premier ministre, et **Roland Dumas**, ministre des Affaires étrangères, interviennent peu dans le dossier rwandais. **Pierre Joxe** est ministre de la Défense, son chef de cabinet est le **général Jean Rannou**. **Marcel Debarge**, ministre de la Coopération, est assisté par le général **Jean Varret**, chef de la Mission militaire de coopération.

– L'amiral **Jacques Lanxade**, chef d'état-major des armées, commande toute l'armée française via la nouvelle structure interarmées : le Centre opérationnel des armées dirigé par le colonel **Michaud**, le Commandement des opérations spéciales dirigé par le général **Le Page**, et la Direction du renseignement militaire dirigée par le général **Heinrich**.

– Cette dernière complète la direction générale de la sécurité extérieure, toujours dirigée par **Claude Silberzahn**.

– A Kigali, l'attaché de Défense, le colonel **Bernard Cussac**, est en lien avec les ministères des Affaires étrangères, via l'ambassadeur, de la Défense, via l'état-major, et de la Coopération, via la Mission militaire. Il supervise les coopérants militaires français.

– Son adjoint, le lieutenant-colonel **Jean-Jacques Maurin**, conseille l'état-major des FAR.

– Le colonel **Dominique Delort** coordonne les opérations sur le terrain, dont celle commandée par le colonel **Didier Tauzin**.

Bibliographie sélective

Livres

ANCEL Guillaume, *Rwanda, la fin du silence. Témoignage d'un officier français*, Paris, Les Belles Lettres, 2018

ASSEMBLÉE NATIONALE (mission d'information parlementaire), *Enquête sur la tragédie rwandaise 1990-1994. Rapport d'information sur les opérations militaires menées par la France, d'autres pays et l'ONU au Rwanda entre 1990 et 1994* (tome I, Rapport ; tome II, Annexes ; tome III, Auditions), Paris, Assemblée nationale, 1998, disponible en ligne sur assemblee-nationale.fr

BRAECKMAN Colette, *Rwanda, histoire d'un génocide*, Paris, Fayard, 1994

BREWAEYS Philippe, *Rwanda 1994. Noirs et blancs menteurs*, Bruxelles, Racine, 2013

CHRÉTIEN Jean-Pierre et KABANDA Marcel, *Rwanda. Racisme et génocide. L'idéologie hamitique*, Paris, Belin, 2013

COLLOMBAT Benoît et SERVENAY David, *« Au nom de la France ». Guerres secrètes au Rwanda*, Paris, La Découverte, 2014

CORET Laure et VERSCHAVE François-Xavier (dir.), *L'horreur qui nous prend au visage. L'État français et le génocide au Rwanda. Rapport de la Commission d'enquête citoyenne*, Paris, Karthala, 2005

DUMAS Hélène, *Le Génocide au village. Le massacre des Tutsis au Rwanda*, Paris, Seuil, 2014

DUPAQUIER Jean-François, *L'Agenda du génocide. Le témoignage de Richard Mugenzi, ex-espion rwandais*, Paris, Karthala, 2010

——, *Politiques, militaires et mercenaires français au Rwanda. Chronique d'une désinformation*, Paris, Karthala, 2014

FIERENS Marie, *Le Négationnisme du génocide des Tutsi au Rwanda*, Villeurbanne, Golias, 2009

GRANER François, *Le Sabre et la Machette. Officiers français et génocide tutsi*, Mons, Tribord, 2014

HUMAN RIGHTS WATCH & FÉDÉRATION INTERNATIONALE DES LIGUES DES DROITS DE L'HOMME, *Aucun témoin ne doit survivre. Le génocide au Rwanda*, sous la direction d'Alison Des Forges, Paris, Karthala, 1999

KAYIMAHE Vénuste, *France-Rwanda : les coulisses du génocide*, Paris, Dagorno/L'Esprit frappeur, 2002

KROSLAK Daniela, *The Role of France in the Rwandan Genocide*, Londres, Hurst and Company, 2007

LA PRADELLE Géraud DE, *Imprescriptible. L'implication française dans le génocide tutsi portée devant les tribunaux*, Paris, Les Arènes, 2005.

LARCHER Laurent, *Rwanda, ils parlent. Témoignages pour l'histoire*, Seuil, 2019

MAS Monique, *Paris-Kigali 1990-1994. Lunettes coloniales, politique du sabre et onction humanitaire pour un génocide en Afrique*, Paris, L'Harmattan, 1999

MELVERN Linda, *Complicités de génocide. Comment le monde a trahi le Rwanda*, Paris, Karthala, 2010

MOREL Jacques, *La France au cœur du génocide des Tutsis*, Paris, Izuba-L'Esprit frappeur, 2010

OMAAR Rakiya, DE WAAL Alex, *Rwanda : Death, Despair and Defiance*, Londres, African Rights, 1994

PÉRIÈS Gabriel et SERVENAY David, *Une guerre noire. Enquête sur les origines du génocide rwandais (1959-1994)*, Paris, La Découverte, 2007

PITON Florent, *Le Génocide des Tutsis du Rwanda*, Paris, La Découverte, 2018

PRUNIER Gérard, *Rwanda 1959-1996. Histoire d'un génocide*, Paris, Dagorno, 1997 (dans les éditions ultérieures, le titre a été remplacé par *Rwanda : le génocide*)

SAINT-EXUPÉRY Patrick DE, *Complices de l'inavouable. La France au Rwanda*, Paris, Les Arènes, 2009 (réédition de *L'Inavouable*, 2004, augmenté d'une préface)

VERSCHAVE François-Xavier, *Complicité de génocide ? La politique de la France au Rwanda*, Paris, La Découverte, 1994

DE VULPIAN Laure et PRUNGNAUD Thierry, *Silence Turquoise. Rwanda, 1992-1994, responsabilités de l'État français dans le génocide des Tutsis*, Paris, Don Quichotte, 2012

WALLIS Andrew, *Silent Accomplice. The Untold Story of France's Role in Rwandan Genocide*, Londres, I. B. Tauris, 2006

——, *Stepp'd in Blood. Akazu and the Architects of the Rwandan Genocide against the Tutsi*, Alresford, Zero Books, 2019

Vidéos

GLUCKSMANN Raphaël, HAZAN David et MEZERETTE Pierre, *Tuez-les tous ! Rwanda : histoire d'un génocide « sans importance »*, Dum Dum Films / La Classe américaine, 2004

KLOTZ Jean-Christophe, *Retour à Kigali : une affaire française*, Les Films du Poisson / France Télévisions, 2019

Sztanke Michael, *Rwanda, chronique d'un génocide annoncé*, Babel Doc / Spicee, 2019. Existe en 2 versions : 26 minutes et 52 minutes

Documents et archives

- La plus grande partie des documents que nous citons dans les notes de référence sont disponibles sur la base de données créée et entretenue par Jacques Morel : FranceGenocideTutsi.org.

- le livre de Bruno Boudiguet rassemble lui aussi de nombreux documents : *Rwanda. Les archives « secrètes » de Mitterrand (1982-1995)*, Paris, Aviso / L'Esprit frappeur, 2012.

- Lire aussi les annexes du livre d'André Guichaoua, *Rwanda, de la guerre au génocide : les politiques criminelles au Rwanda, 1990-1994*, disponibles sur RwandaDeLaGuerreAuGenocide.univ-paris1.fr

- Une bibliographie complète d'ouvrages sur le Rwanda (tous sujets confondus), créée et mise à jour par François Lagarde : Umr-developpement-societes.univ-paris1.fr/menu-haut/recherche/projets-de-recherche/afrique-des-grands-lacs-publications-et-recensions-bibliographiques/bibliographies-sur-le-rwanda-f-lagarde/

- Le site internet de Survie a un espace dédié à ce sujet : survie.org/themes/genocide-des-tutsis-au-rwanda/

Liste des principaux sigles

Alir – Armée de libération du Rwanda : mouvement armé constitué au Zaïre par d'anciens soldats et miliciens rwandais hutus ayant été liés au génocide des Tutsis.

APR – Armée patriotique rwandaise : branche armée du Front patriotique rwandais.

CDR – Coalition pour la défense de la République : parti extrémiste hutu, créé en mars 1992, cessant ses activités après le 17 juillet 1994. Il dispose d'une milice également créée en 1992, les Impuzamugambi, « Ceux qui ont le même but ».

Cema – Chef d'état-major des armées : responsable des forces armées françaises.

COS – Commandement des opérations spéciales : regroupement des forces spéciales françaises (unités d'élite pour opérations non conventionnelles) créé en 1992.

Dami – Détachement d'assistance militaire et d'instruction : militaires français, souvent issus des forces spéciales, qui instruisent des militaires de pays alliés.

DGSE – Direction générale de la sécurité extérieure : service chargé du renseignement et de l'action clandestine hors de France.

DRM – Direction du renseignement militaire : service français interarmées, créé en 1992, chargé de collecter les renseignements d'intérêt militaire sur les adversaires potentiels.

EMA – État-major des armées : coordonne les armées françaises, c'est-à-dire l'armée de terre, l'armée de l'air, la marine, les services interarmées et en partie la gendarmerie.

FAR – Forces armées rwandaises : armée et gendarmerie rwandaises gouvernementales, puis à partir du 17 juillet 1994 en exil au Zaïre. Presque exclusivement hutues.

FDLR – Forces démocratiques de libération du Rwanda : mouvement armé constitué en République démocratique du Congo (ex-Zaïre) en 2000 par la fusion de l'Armée de libération du Rwanda et d'autres mouvements d'anciens soldats et miliciens rwandais hutus.

FPR – Front patriotique rwandais : mouvement politique armé, majoritairement tutsi. Rebelle à partir du 1er octobre 1990, intégré aux institutions par les accords d'Arusha du 4 août 1993, à nouveau rebelle à partir du 9 avril 1994, gouvernemental à partir du 17 juillet 1994.

GIR – Gouvernement intérimaire rwandais : dirige le Rwanda pendant le génocide, du 9 avril au 17 juillet 1994. Exclusivement hutu.

Minuar – Mission des Nations unies pour l'assistance au Rwanda : Casques bleus déployés au Rwanda du 5 octobre 1993 au 8 mars 1996, suite aux accords d'Arusha.

MRND – Mouvement républicain national pour le développement : parti unique du président Habyarimana, dont font partie tous les Rwandais. En 1991, avec le multipartisme, il ajoute à son nom « et la démocratie » (devenant ainsi « MRNDD ») et est largement un parti hutu. En 1992, il forme une milice, les Interahamwe (traduit approximativement par « Ceux qui sont ensemble »).

1er RPIMa – Premier régiment parachutiste d'infanterie de marine : forces spéciales françaises (faisant partie de l'armée de terre, malgré leur nom) intervenant outre-mer.

RTLM – Radio télévision libre des Mille Collines : radio privée (sans télévision, malgré son nom), créée en avril 1993. Elle émet du 8 juillet 1993 à fin juillet 1994.

ZHS – Zone humanitaire sûre : territoire dans l'Ouest rwandais que la France délimite le 4 juillet 1994 et contrôle jusqu'au 22 août 1994.

La mention [fgt] signale les documents que l'on peut trouver sur la base de données FranceGenocideTutsi.org, qui recense les données relatives au rôle de la France dans le génocide des Tutsis au Rwanda en 1994.

Notes de référence

Préface

1. FIDH, Africa Watch, Rapport de la commission internationale d'enquête sur les violations des droits de l'homme au Rwanda depuis le 1er octobre 1990 (7-21 janvier 1993), 8 mars 1993 [fgt].
2. France 2, intervention de Jean Carbonare au journal de 20 h le 28 janvier 1993, disponible sur INA.fr
3. Survie, *Rwanda, la France choisit le camp du génocide*, Paris, L'Harmattan, 1994.
4. François-Xavier Verschave, *Complicité de génocide ? La politique de la France au Rwanda*, Paris, La Découverte, 1994. Le point d'interrogation fut imposé par l'éditeur à l'auteur, qui le jugeait superflu.
5. Laure Coret, François-Xavier Verschave (dir.), *L'horreur qui nous prend au visage. L'État français et le génocide. Rapport de la Commission d'enquête citoyenne*, Paris, Karthala, 2005.
6. Par exemple : Survie, « Génocide des Tutsis et négationnisme », communiqué du 5 mars 2006, disponible sur Survie.org.

I. Un membre à part entière de la famille franco-africaine (1960-1990)

1. Cité par Olivier Thimonier, « Aux sources de la coopération franco-rwandaise », *Golias*, mars-avril 2005, n° 101, p. 16.
2. Dominique Franche, *Rwanda. Généalogie d'un génocide*, Paris, Mille et Une Nuits, 1997, p. 17-18. Sur la signification des catégories « Hutu » et « Tutsi », lire p. 9-18.
3. Jean-Pierre Chrétien et Jean-Damascène Gasanabo, « Le génocide des Tutsis du Rwanda », *in* Barbara Lefebvre et Sophie Ferhadjian, *Comprendre les génocides du xxe siècle. Comparer-Enseigner*, Paris, Bréal, 2007, p. 131.
4. *Ibid.*
5. *Ibid.*, p. 132.
6. Lire Jean-Pierre Chrétien et Marcel Kabanda, *Rwanda. Racisme et génocide. L'idéologie hamitique*, Paris, Belin, 2013.
7. Jean-Pierre Chrétien et Jean-Damascène Gasanabo, « Le génocide des Tutsi du Rwanda », art. cité.

8. Jean-Pierre Chrétien et Marcel Kabanda, *Rwanda. Racisme et génocide, op. cit.*, p. 99.
9. *Ibid.*
10. « Note sur l'aspect social du problème racial indigène au Ruanda », 24 mars 1957 [fgt].
11. Jean-Pierre Chrétien et Jean-Damascène Gasanabo, « Le génocide des Tutsi du Rwanda », art. cité.
12. Monseigneur André Perraudin, « Super omnia caritas », lettre pastorale pour le carême, 11 février 1959 [fgt].
13. Jean-Claude Ngabonziza, « Rwanda : un royaume chrétien dans le guet-apens racial », *in* « Rwanda : l'autre Shoah », dossier coordonné par Christian Terras et réalisé par Jean-Claude Ngabonziza, *Golias magazine*, n° 155/156, avril 2014.
14. Jean-Pierre Chrétien et Jean-Damascène Gasanabo, « Le génocide des Tutsi du Rwanda », art. cité, p. 135.
15. Cette section doit beaucoup au travail d'Olivier Thimonier, en particulier « Aux sources de la coopération franco-rwandaise », art. cité.
16. Armand Bérard, délégué français auprès des Nations unies, télégramme au ministère des Affaires étrangères, 5 octobre 1961. Cité *in* Olivier Thimonier, « Aux sources de la coopération franco-rwandaise », art. cité.
17. Olivier Thimonier, « Aux sources de la coopération franco-rwandaise », art. cité.
18. *Ibid.*
19. Jean-François Dupaquier, *Politiques, militaires et mercenaires français au Rwanda. Chronique d'une désinformation*, Paris, Karthala, 2014, p. 37.
20. Denis-Gilles Vuillemin, « L'extermination des Tutsis. Les massacres du Rwanda sont la manifestation d'une haine raciale soigneusement entretenue », *Le Monde*, 4 février 1964.
21. Jean-Pierre Chrétien et Marcel Kabanda, *Rwanda. Racisme et génocide, op. cit.*, p. 149-150.
22. J. Fines, télégramme au ministère des Affaires étrangères, 25 juillet 1966, cité *in* Olivier Thimonier, *La Politique de la France de 1960 à 1981*, mémoire de maîtrise sous la direction de Jean-Pierre Chrétien, université Paris 1 – Panthéon Sorbonne, 2001.
23. Sur les quotas sous la Première République, lire Jean-Pierre Chrétien, « Hutu et Tutsi au Rwanda et au Burundi », *in* Jean-Loup Amselle et Elikia M'Bokolo (dir.), *Au cœur de l'ethnie*, Paris, La Découverte, 1985, p. 158-159.

24. André Guichaoua, *Rwanda. De la guerre au génocide. Les politiques criminelles au Rwanda (1990-1994)*, Paris, La Découverte, 2010, annexe 1, en ligne.
25. Gérard Prunier, *Rwanda 1959-1996. Histoire d'un génocide*, Paris, Dagorno, 1997, p. 81. Sur le coup d'État de 1973, lire p. 78-81.
26. Assemblée nationale, *Enquête sur la tragédie rwandaise (1990-1994) : rapport d'information*, 15 décembre 1998, t. I, p. 28 [fgt].
27. Gérard Prunier, *Rwanda 1959-1996*, *op. cit.*, p. 102.
28. Télégramme diplomatique Kigali, 21 mars 1987.
29. Secrétariat général de la Défense nationale, « Rwanda : le "trentenaire" d'une révolution », Chronique Afrique / Moyen-Orient, 1re quinzaine, septembre 1989.
30. Pierre Bitard, Télégramme diplomatique Kigali, 10 janvier 1989.
31. Jean-Pierre Chrétien et Marcel Kabanda, *Rwanda. Racisme et génocide*, *op. cit.*, p. 175 ; Gérard Prunier, *Rwanda 1959-1996*, *op. cit.*, p. 94.
32. Gérard Prunier, *Rwanda 1959-1996*, *op. cit.*, p. 117.
33. *Ibid.*, p. 115.
34. *Ibid.*, p. 116.
35. Jean-François Dupaquier, *Politiques, militaires et mercenaires français au Rwanda*, *op. cit.*, p. 59.
36. Jean-Pierre Chrétien et Marcel Kabanda, *Rwanda. Racisme et génocide*, *op. cit.*, p. 175.
37. Olivier Thimonier, « Aux sources de la coopération franco-rwandaise », art. cité.
38. Olivier Thimonier, « Habyarimana, un ami de la famille », *Golias*, n° 101, mars-avril 2005.

II. Le soutien français à un régime en pleine dérive génocidaire

1. Gérard Prunier, *Rwanda 1959-1996*, *op. cit.*, p. 128.
2. DGSE, « Rwanda. Implication de l'Ouganda et de la Libye », fiche n° 18974/N, 8 novembre 1990.
3. Stephen Smith et Dominique Garraud, « Les rebelles s'arrêtent aux portes de Kigali », *Libération*, 22 février 1993.
4. Assemblée nationale, *Enquête sur la tragédie rwandaise*, *op. cit.*, t. I, p. 123.
5. Jacques Lanxade, *Quand le monde a basculé*, Paris, Nil, 2001, p. 164.
6. Jean-François Dupaquier, *Politiques, militaires et mercenaires français au Rwanda*, *op. cit.*, p. 67-69 ; audition de Georges Martres, *in* Assemblée

nationale, *Enquête sur la tragédie rwandaise*, *op. cit.*, t. III, vol. 1, p. 122-123 ; et t. I, p. 122.

7. Entretien avec Jean-Baptiste Nsanzimfura à Bruxelles le 22 février 2013, *in* Jean-François Dupaquier, *Politiques, militaires et mercenaires français au Rwanda*, *op. cit.*, p. 71-72.

8. Colette Braeckman, *Rwanda, histoire d'un génocide*, Paris, Fayard, 1994, p. 114.

9. Jean-François Dupaquier, *Politiques, militaires et mercenaires français au Rwanda*, *op. cit.*, p. 77.

10. Juvénal Habyarimana, lettre à François Mitterrand, 22 octobre 1990, *in* Bruno Boudiguet (éditeur), *Rwanda. Les archives « secrètes » de Mitterrand (1982-1995)*, Paris, Aviso/L'Esprit frappeur, 2012, p. 54-55.

11. Télégramme diplomatique Kigali, « Situation au Rwanda », 7 octobre 1990, *in* Assemblée nationale, *Enquête sur la tragédie rwandaise*, *op. cit.*, t. II, p. 131 [fgt].

12. Gérard Prunier, *Rwanda 1959-1996*, *op. cit.*, p. 135.

13. *Ibid.*

14. Sur cette notion, lire Jean-Pierre Chrétien, *Le Défi de l'ethnisme : Rwanda et Burundi, 1990-1996*, Paris, Karthala, 1997.

15. Télégramme diplomatique Kigali, « Analyse de la situation par la population d'origine tutsie », 15 octobre 1990, *in* Assemblée nationale, *Enquête sur la tragédie rwandaise*, *op. cit.*, t. II, p. 133 [fgt].

16. Extrait du message de l'attaché de défense à Kigali, « Appréciation de la situation politique », 24 octobre 1990, *in* Assemblée nationale, *Enquête sur la tragédie rwandaise*, *op. cit.*, t. II, p. 134 [fgt].

17. Amiral Jacques Lanxade, notes au président Mitterrand, respectivement les 11 octobre 1990 et 2 janvier 1991 [fgt].

18. Assemblée nationale, *Enquête sur la tragédie rwandaise 1990-1994. Rapport d'information sur les opérations militaires menées par la France, d'autres pays et l'ONU au Rwanda entre 1990 et 1994* (tome I, Rapport ; tome II, Annexes ; tome III, Auditions), Paris, Assemblée nationale, 1998.

19. Assemblée nationale, Mission d'information sur le Rwanda, « Audition du préfet Claude Silberzahn, directeur de la DGSE (huis clos) », compte rendu n° 41, 8 juillet 1998 [fgt]; lire aussi DGSE, « Rwanda. Situation du Front patriotique rwandais », Fiche particulière n° 17108/N, 12 février 1991.

20. Thierry Charlier, « Conflit ethnique au Rwanda », *Raids*, n° 56, janvier 1991 [fgt].

21. « Les Camarades du 5 juillet et les premières promotions d'officiers des Forces armées rwandaises. », *in* André Guichaoua, *Rwanda. De la guerre au génocide, op. cit., annexe 1, en ligne.*
22. DGSE, « Rwanda. Implication de l'Ouganda et de la Libye », fiche n° 18974/N, 8 novembre 1990.
23. Amiral Jacques Lanxade, note au président Mitterrand (objet : Nouvelle offensive ougando-tutsie), 3 février 1991 [fgt].
24. Général Christian Quesnot, note au président Mitterrand, 20 juin 1991 [fgt]; général Quesnot, note au président Mitterrand, 13 février 1993 [fgt].
25. Gérard Prunier, *Rwanda 1959-1996, op. cit.*, p. 148-149.
26. Général Jean-Pierre Huchon, note à Thierry de Beaucé, « Rwanda. Entretien des présidents », 20 novembre 1991 [fgt].
27. Général Christian Quesnot, note au président Mitterrand, 23 juillet 1992 [fgt].
28. DGSE, « Rwanda. Situation du Front patriotique rwandais », fiche particulière n° 17108/N, 12 février 1991.
29. Thierry Charlier, « Conflit ethnique au Rwanda », art. cité.
30. Assemblée nationale, *Enquête sur la tragédie rwandaise, op. cit.*, t. I, p. 130. Sur les exactions commises par les FAR, lire Jean-François Dupaquier, *Politiques, militaires et mercenaires français au Rwanda, op. cit.*, p. 122.
31. Diogène Bideri, *Le Massacre des Bagogwe. Un prélude au génocide des Tutsi. Rwanda (1990-1993)*, Paris, L'Harmattan, 2008.
32. *Kangura*, n° 6, décembre 1990 [fgt].
33. Gabriel Périès et David Servenay, *Une guerre noire. Enquête sur les origines du génocide rwandais (1959-1994)*, Paris, La Découverte, 2007 ; Jean-Dominique Merchet, *Une histoire des forces spéciales*, Paris, Jacob-Duvernet, 2010, p. 134.
34. Sur son assimilation par les dictatures latino-américaines, lire Marie-Monique Robin, *Escadrons de la mort, l'école française*, La Découverte, 2004.
35. Gabriel Périès et David Servenay, *Une guerre noire, op. cit.*, p. 43.
36. *Ibid.*, chapitre 9.
37. *Ibid.*, p. 224.
38. *Ibid.*, p. 15.
39. Assemblée nationale, *Enquête sur la tragédie rwandaise, op. cit.*, t. I, p. 132.
40. Patrick de Saint-Exupéry, *Complices de l'inavouable. La France au Rwanda*, Paris, Les Arènes, 2009, p. 274.

41. Gilbert Canovas, « Rapport de fin de mission (février 1991) », 30 avril 1991, cité *in* Assemblée nationale, *Enquête sur la tragédie rwandaise, op. cit.*, t. I, p. 149 [fgt].
42. Témoignage d'Immaculée Mpinganzima-Cattier, *in* Laure Coret et François-Xavier Verschave (dir.), *L'horreur qui nous prend au visage, op. cit.* p. 21.
43. Commission CEE-ACP, 15-19 octobre 1991, p. 9-10, FranceGenocide-Tutsi.org/RapportCeeAcpOctobre1991.pdf.
44. Jean-François Dupaquier, *L'Agenda du génocide. Le témoignage de Richard Mugenzi, ex-espion rwandais*, Paris, Karthala, 2010, notamment p. 108 et 139.
45. « Compte rendu de la réunion relative à l'autodéfense de la population dans le secteur de Mutara adressé au ministère de la Défense rwandais », 29 septembre 1991, cité *in* Assemblée nationale, *Enquête sur la tragédie rwandaise, op. cit.*, t. II, p. 108-111 [fgt].
46. Georges Martres, Bernard Cussac, télégramme diplomatique, « Armement des populations civiles », 22 janvier 1992, cité *in* Assemblée nationale, *Enquête sur la tragédie rwandaise, op. cit.*, t. II, p. 165 [fgt].
47. Renaud Girard, « Quand la France jetait Kagame en prison », *Le Figaro*, 23 novembre 1997, cité par Jean-François Dupaquier, *Politiques, militaires et mercenaires français au Rwanda, op. cit.* p. 161.
48. Paul Dijoud, télégramme diplomatique Paris, 27 septembre 1991, « Visite à Paris du major Paul Kagame », *in* Assemblée nationale, *Enquête sur la tragédie rwandaise*, t. II, p. 206 [fgt].
49. Jacques Morel, *La France au cœur du génocide des Tutsis*, Paris, Izuba-L'Esprit frappeur, 2010, p. 180.
50. Télégramme diplomatique Kigali, « Analyse de la situation par la population tutsie », 15 octobre 1990, *in* Assemblée nationale, *Enquête sur la tragédie rwandaise, op. cit.*, t. II, p. 133.
51. « Extrait du message de l'attaché de défense à Kigali, Appréciation de la situation politique », 24 octobre 1990, *in* Assemblée nationale, *Enquête sur la tragédie rwandaise, op. cit.*, t. II, p. 134 [fgt].
52. Audition de Georges Martres, *in* Assemblée nationale, *Enquête sur la tragédie rwandaise, op. cit.*, t. III, vol. 1, p. 119 ; voir aussi l'interview de Georges Martres par Michael Dobbs, « The Genocide Cable », YouTube.com, 25 mai 2014, 3'42.
53. Général Jean Varret, *in* Michael Sztanke, *Rwanda, chronique d'un génocide annoncé*, version longue (52 minutes), RTBF, 2019, 12e minute.
54. Assemblée nationale, *Enquête sur la tragédie rwandaise, op. cit.*, t. I, p. 152.

55. André Duroméa, « Question au ministère des Affaires étrangères », *Journal officiel*, 6 avril 1992, p. 1551 ; réponse publiée au *Journal officiel*, 22 juin 1992, p. 2735 [fgt].
56. Roger Mucchielli, *Psychologie de la publicité et de la propagande*, Paris, Éditions sociales françaises, 1970 ; cité dans Laure de Vulpian et Thierry Prungnaud, *Silence Turquoise. Rwanda, 1992-1994, responsabilités de l'État français dans le génocide des Tutsis*, Paris, Don Quichotte, 2012, p. 58. Voir l'analyse dans Jean-François Dupaquier, *Politiques, militaires et mercenaires français au Rwanda*, *op. cit.*, p. 20, 88-89, 157-160.
57. Jean-François Dupaquier, *Politiques, militaires et mercenaires français au Rwanda*, *op. cit.*, p. 188.
58. Roger Trinquier, *La Guerre moderne*, Paris, La Table ronde, 1961, p. 36 ; sur la guerre psychologique, lire aussi Gabriel Périès *in* Laure Coret et François-Xavier Verschave (dir.), *L'horreur qui nous prend au visage*, *op. cit.*, p. 48-49 ; les documents de formation du Centre d'instruction à la pacification et à la contre-guérilla (CIPCG) d'Arzew, reproduits dans Alain Brossat et Jean-Louis Déotte, *La Mort dissoute. Disparition et spectralité*, Paris, L'Harmattan, 2002 ; ainsi que Colonel Charles Lacheroy, « Guerre révolutionnaire et arme psychologique », conférence à la Sorbonne, Paris, 2 juillet 1957 [fgt].
59. Assemblée nationale, *Enquête sur la tragédie rwandaise*, op. cit., t. I, p. 96.
60. « Note au ministre d'État. Rwanda. Nécessité de réaffirmer et préciser la politique de la France », Assemblée nationale, *Enquête sur la tragédie rwandaise*, *op. cit.*, t. II, p. 157-158.
61. Dominique de Villepin, « note du 24 juillet 1992 », direction africaine et malgache, ministère des Affaires étrangères, citée dans Assemblée nationale, *Enquête sur la tragédie rwandaise*, *op. cit.*, t. I, p. 184.
62. Assemblée nationale, *Enquête sur la tragédie rwandaise*, *op. cit.*, t. I, p. 154.
63. L'historien militaire Michel Goya, qui a participé à cette montée au front, témoigne de cette expérience sur Twitter le 4 septembre 2019 : Twitter.com/Michel_Goya/status/1169326105674899457 ?s=09.
64. Audition de Gérard Prunier, *in* Assemblée nationale, *Enquête sur la tragédie rwandaise*, *op. cit.*, t. III, vol. 2, p. 189 ; Guillaume Ancel, « 1990-1994, l'Élysée faisait entrer la France en guerre au Rwanda, contre le FPR qu'elle assimilait aux Tutsi », sur NePasSubir.home.blog, 9 mars 2019.
65. Général Quesnot, note au président Mitterrand (objet : Rwanda. Situation militaire), 1er juillet 1992 [fgt].

66. « Le ministre de la Défense à Monsieur le ministre d'État, ministre des Affaires étrangères. Objet : application de l'accord de cessez-le-feu au Rwanda », 6 août 1992 [fgt].
67. Assemblée nationale, *Enquête sur la tragédie rwandaise*, *op. cit.*, t. I, p. 175.
68. *Ibid.*, p. 169.
69. *Ibid.*, p. 172.
70. *Ibid.*, t. II, p. 81.
71. *Ibid.*, p. 94.
72. *Ibid.*, t. I, p. 141.
73. *Ibid.*, p. 140.
74. Général Quesnot, note au président Mitterrand (objet : Rwanda), 23 juillet 1992 [fgt].
75. Général Quesnot, note au président Mitterrand (objet : Rwanda. Situation militaire), 1er juillet 1992 [fgt].
76. Assemblée nationale, *Enquête sur la tragédie rwandaise*, *op. cit.*, t. I, p. 160.
77. Olivier Lanotte, *La France au Rwanda (1990-1994). Entre abstention impossible et engagement ambivalent*, Bruxelles, PIE-Peter Lang, 2007, p. 192.
78. Jean-Dominique Merchet, « La "drôle de guerre" des militaires français. Ils se sont parfois retrouvés impliqués dans les combats contre les rebelles tutsis », *Libération*, 17 décembre 1998.
79. Entretien avec le lieutenant-colonel Hervé Charpentier, *alias* Colin, 6 décembre 2013, *in* Hubert Le Roux et Antoine Sabbagh, *Paroles de soldats. Les Français en guerre 1983-2015*, Paris, Taillandier, 2015, p. 104.
80. Thierry Prungnaud, dans Jean-Christophe Klotz, *Retour à Kigali : une affaire française*, Les Films du Poisson, 2019, 25e minute.
81. Jacques Morel, *La France au cœur du génocide des Tutsis*, *op. cit.*, p. 220-223.
82. Thierry Prungnaud, interview par Laure de Vulpian, France Culture, 22 avril 2005, journaux de 8 h, 13 h et 18 h [fgt].
83. Georges Martres, télégramme diplomatique Kigali 1020, « Maintien du Dami police judiciaire », 14 décembre 1992 [fgt].
84. Assemblée nationale, *Enquête sur la tragédie rwandaise*, *op. cit.*, t. III, vol. 1, p. 221.
85. *Ibid.*, t. I, p. 183.
86. *Ibid.*, p. 99.
87. Déogratias Nsabimana, « Définition et identification de l'ENI [abréviation militaire de "ennemi"] », 21 septembre 1992 [fgt] ; FIDH, Africa Watch,

Rapport de la commission internationale d'enquête (7-21 janvier 1993), *op. cit.*, p. 63-65 [fgt].

88. Christophe Mfizi, *Le réseau Zéro. Lettre ouverte à Monsieur le Président du Mouvement républicain national pour la démocratie et le développement*, Kigali, Éditions Uruhimbi, 1992, *in* Assemblée nationale, *Enquête sur la tragédie rwandaise*, *op. cit.*, t. II, p. 116.

89. Filip Reyntjens, « Données sur les "Escadrons de la mort" », 9 octobre 1992 [fgt]; Assemblée nationale, *Enquête sur la tragédie rwandaise*, *op. cit.*, t. I, p. 104.

90. Télégramme, Kigali, sans titre, 19 juin 1991 [fgt], cité *in* Patrick de Saint-Exupéry, « France-Rwanda : des mensonges d'État », *Le Figaro*, 2 avril 1998.

91. Jean Birara, Déposition devant l'auditorat militaire belge, 26 mai 1994, annexe, section III [fgt].

92. Jean-François Dupaquier, *L'Agenda du génocide*, *op. cit.*, p. 194-195.

93. Léon Mugesera, Discours à Kabaya, 22 novembre 1992 [fgt].

94. Stanislas Mbonampeka, lettre au président Juvénal Habyarimana (objet : démission), 7 décembre 1992 [fgt]; Monique Mas, *Paris-Kigali 1990-1994. Lunettes coloniales, politique du sabre et onction humanitaire pour un génocide en Afrique*, Paris, L'Harmattan, 1999, p. 211-214.

95. Assemblée nationale, *Enquête sur la tragédie rwandaise*, *op. cit.*, t. I, p. 100.

96. FIDH, Africa Watch, Rapport de la commission internationale d'enquête (7-21 janvier 1993), *op. cit.*, p. 91 [fgt].

97. Thierry Charlier, « Conflit ethnique au Rwanda », art. cité.

98. FIDH, Africa Watch, Rapport de la commission internationale d'enquête (7-21 janvier 1993), *op. cit.*, p. 70-73 [fgt].

99. Gérard Prunier, *Rwanda 1959-1996*, *op. cit.*, p. 214.

100. Georges Martres, télégramme diplomatique (objet : mission d'enquête de la Fédération internationale des droits de l'homme), 19 janvier 1993 [fgt].

101. *Ibid.*

102. François-Xavier Verschave, *La Françafrique. Le plus long scandale de la République*, Paris, Stock, 1998, p. 21.

103. Entretien avec Jean Carbonare, Kigali, 27 août 1993, *in* Jean-François Dupaquier, *Politiques, militaires et mercenaires français au Rwanda*, *op. cit.*, p. 252.

104. Jean Carbonare, entretien avec Bruno Masure, *Journal de 20 heures*, France 2, 28 janvier 1993 [fgt].

105. Filip Reyntjens, *Rwanda. Trois jours qui ont fait basculer l'histoire*, Bruxelles et Paris, Cahiers africains / Afrika Studies n° 16, L'Harmattan, 1995, p. 58 ; Human Rights Watch (HRW), Fédération internationale des ligues des droits de l'homme (FIDH), *Aucun témoin ne doit survivre. Le génocide au Rwanda*, sous la direction d'Alison Des Forges, Paris, Karthala, 1999, p. 125 [fgt].
106. Commandant Tango Mike, lettre au président Habyarimana (objet : naissance et raison d'être des Amasasu), 20 janvier 1993 [fgt].
107. Jean-François Dupaquier, *Politiques, militaires et mercenaires français au Rwanda, op. cit.*, p. 244.
108. *Ibid.*, p. 244.
109. *Ibid.*, p. 253.
110. HRW et FIDH, *Aucun témoin ne doit survivre, op. cit.*, p. 133 [fgt].
111. Assemblée nationale, *Enquête sur la tragédie rwandaise, op. cit.*, t. I, p. 156.
112. *Ibid.*, p. 155.
113. *Ibid.*, p. 156.
114. Dominique Pin, note au président Mitterrand (objet : Rwanda. Appel du président Habyarimana), 19 février 1993 [fgt].
115. Général Christian Quesnot, note à Hubert Védrine (objet : Rwanda), 20 février 1993 [fgt].
116. Stephen Smith et Dominique Garraud, « Les rebelles s'arrêtent aux portes de Kigali », *Libération*, 22 février 1993 ; Assemblée nationale, *Enquête sur la tragédie rwandaise, op. cit.*, t. I, p. 106 ; Gérard Prunier, *Rwanda 1959-1996, op. cit.*, p. 216.
117. Gérard Prunier, *Rwanda 1959-1996, op. cit.*, p. 216.
118. Marie-France Cros, « Intervention française accrue au Rwanda », *La Libre Belgique*, 23 février 1993 [fgt].
119. Général Didier Tauzin, *Rwanda. Je demande justice pour la France et ses soldats. Le chef de l'opération Chimère témoigne*, Jacob-Duvernet, 2011, p. 64.
120. Assemblée nationale, *Enquête sur la tragédie rwandaise, op. cit.*, t. I, p. 337.
121. Reproduit dans François Graner, « "Ouvrons les archives !"... Mais ensuite ? », *Billets d'Afrique et d'ailleurs*, n° 256, avril 2016.
122. Pierre Joxe, note au président Mitterrand (objet : Rwanda), 26 février 1993 [fgt].
123. Amiral Jacques Lanxade, « Je n'ai aucun état d'âme sur le Rwanda... Pourquoi est-ce qu'on vient nous chercher sur Turquoise ? », entretien avec François Graner, *La Nuit rwandaise*, n° 10, avril 2016, p. 81.

124. Jean-François Dupaquier, *Politiques, militaires et mercenaires français au Rwanda, op. cit.*, p. 254.
125. Dominique Pin, note au président Mitterrand, 14 janvier 1993 [fgt].
126. Bruno Delaye, note au président Mitterrand (objet : Rwanda, mission à Kigali et Kampala), 15 février 1993 [fgt].
127. *Ibid.*
128. DGSE, « Rwanda. Éléments d'information », fiche particulière n° 18149/N, 18 février 1993 [fgt].
129. Gérard Prunier, *Rwanda 1959-1996, op. cit.*, p. 217.
130. Monique Mas, *Paris-Kigali 1990-1994, op. cit.*, p. 250-251 ; Gérard Prunier, *Rwanda 1959-1996, op. cit.*, p. 217.
131. Jacques Morel, *La France au cœur du génocide des Tutsis, op. cit.*, p. 137.
132. Pierre Joxe, note au président Mitterrand (objet : Rwanda), 26 février 1993 [fgt].
133. Renaud Denoix de Saint Marc, notes prises lors du Conseil restreint (objet : Rwanda), 3 mars 1993 [fgt].
134. Général Christian Quesnot, note au président Mitterrand, 1er avril 1993, *in* Bruno Boudiguet (éd.), *Rwanda. Les archives « secrètes » de Mitterrand, op. cit.*, p. 265.
135. Georges Martres, télégramme diplomatique Kigali 361, « Entrevue avec le président Habyarimana », 30 mars 1993.
136. Audition de Georges Martres, *in* Assemblée nationale, *Enquête sur la tragédie rwandaise, op. cit.*, t. III, vol. 1, p. 122.
137. Georges Martres, télégramme diplomatique Kigali, « Position du CDR sur les accords de Dar es Salam », 11 mars 1993, *in* Assemblée nationale, Enquête sur la tragédie rwandaise, *op. cit.*, p. 218 [fgt].
138. Monique Mas, *Paris-Kigali 1990-1994, op. cit.*, p. 255.
139. David Chazan, « Rwanda France. Interrogations à Kigali sur la présence militaire française au Rwanda », AFP, 7 mars 1993 ; Jean-Hervé Bradol, *in* Laurent Larcher, *Rwanda, ils parlent. Témoignages pour l'histoire*, Seuil, 2019, p. 620 et 633.
140. Assemblée nationale, *Enquête sur la tragédie rwandaise, op. cit.*, t. I, p. 165.
141. Marie-Laure Colson, « "Les Français entraînaient les miliciens hutus". Une rescapée témoigne sur le rôle trouble de Paris lors du génocide », *Libération*, 26 février 1998, cité par Jean-Paul Gouteux, *La Nuit rwandaise. L'implication française dans le dernier génocide du siècle*, Paris, Izuba-L'Esprit frappeur, 2002, p. 440-441.

142. République du Rwanda, *Rapport de la commission nationale indépendante chargée de rassembler les preuves montrant l'implication de l'État français dans le génocide perpétré au Rwanda en 1994* [dit « rapport Mucyo » du nom du président de la commission], 15 novembre 2007, p. 84-93 [fgt]; *La Nuit rwandaise*, n° 5, avril 2011.
143. Pierre Péan, *Noires fureurs, blancs menteur. Rwanda 1990-1994*, Paris, Mille et une nuits, 2005, p. 173.
144. S. Maxime, « Mitterrand nous cache une guerre africaine », *Le Canard enchaîné*, 17 février 1993 ; « Selon les services de renseignement français, les rebelles bénéficieraient du soutien de l'armée ougandaise », *Le Monde*, 17 février 1993.
145. DGSE, « Rwanda. Éléments d'information », fiche particulière n° 18149/N, 18 février 1993 [fgt].
146. Général Christian Quesnot et Dominique Pin, note au président Mitterrand (objet : Conseil restreint sur le Rwanda), 23 février 1993 [fgt].
147. « Rwanda. L'armée accuse les maquisards d'avoir massacré cinq cents réfugiés », *Le Monde*, 21 février 1993.
148. Marie-France Cros, « Intervention française accrue au Rwanda », *La Libre Belgique*, 23 février *1993* ; Gérard Prunier, « La crise rwandaise : structures et déroulement », Writenet – UK, juillet 1994.
149. Pierre Péan, *Noires fureurs, blancs menteurs*, *op. cit.*, p. 169-170.
150. François Graner, *Le Sabre et la Machette*, *op. cit.*, p. 74.
151. Pierre Péan, *Noires fureurs, blancs menteurs*, *op. cit.*, p. 172 (note 10) et 288 (note 3) ; lieutenant-colonel Michel Robardey, « Rwanda 1990-1994. La stratégie du désastre », *in* « La France et le drame rwandais : politique, acteurs et enjeux (1990-1994) », colloque organisé par le club « Démocraties », Paris, 20 octobre 2007, p. 12. Cette expression existait déjà avant Robardey, appliquée à d'autres : lire Colette Braeckman, « Mugabe, un homme façonné par l'histoire », blog « Le carnet de Colette Braeckman », 2 juillet 2008.
152. Colonel Dominique Delort, entretien avec Laurence Simon, « Le Rwanda ou l'intervention française oubliée ? », émission *Le choix d'Inter*, France Inter, 28 mars 1993, 13 h 15.
153. Philippe Decraene, « Impasse militaire, diplomatique et politique au Rwanda », *Marchés tropicaux et méditerranéens*, 9 avril 1993 ; Henri Vernet, « Rwanda : la France dans le piège des Khmers noirs », *Le Quotidien de Paris*, 20 avril 1993 ; cités par Jean-Pierre Chrétien, *in* Laure Coret et François-Xavier Verschave (dir.), *L'horreur qui nous prend au visage*, *op. cit.*, p. 358-361.

154. Général Christian Quesnot, propos recueillis par Françoise Carle, 29 avril 1994 [fgt]; Yves Debay, « Les combattants du FPR : Khmers noirs ou guerriers d'élite ? », *Raids*, n° 101, octobre 1994 [fgt]; général Didier Tauzin, *Rwanda. Je demande justice pour la France et ses soldats*, *op. cit.*, p. 59.
155. Général Christian Quesnot et Dominique Pin, note au président Mitterrand (objet : Conseil restreint sur le Rwanda), 23 février 1993 [fgt].
156. Pierre Joxe, note au président Mitterrand (objet : Rwanda), 26 février 1993 [fgt].
157. Hubert Védrine, notes prises lors du Conseil restreint du 3 mars 1993 [fgt].
158. Général Christian Quesnot et Dominique Pin, note au président Mitterrand, « Conseil Restreint du 2 avril 1993. Rwanda », 1er avril 1993. *in* Bruno Boudiguet (éd.), *Rwanda. Les archives « secrètes » de Mitterrand*, *op. cit.*, p. 264.
159. « Conseil restreint du vendredi 2 avril sur le Rwanda », *in* Bruno Boudiguet (éd.), *Rwanda. Les archives « secrètes » de Mitterrand*, *op. cit.*, p. 268-269.
160. Pierre Conesa, « Plaidoyer pour un réexamen de la politique française au Rwanda », note de la Délégation aux affaires stratégiques, ministère de la Défense, 10 avril 1993 [fgt].
161. Jean Varret, *Général, j'en ai pris pour mon grade*, Paris, Sydney Laurent, 2018, p. 159.
162. Entretien de François Graner avec l'amiral Jacques Lanxade, 22 août 2018 ; entretien de François Graner avec le général Jean Varret, 8 novembre 2018.
163. François Graner, « Yougoslavie / Rwanda : le rôle clé de l'amiral Lanxade », *Billets d'Afrique et d'ailleurs*, n° 248, juillet-août 2015 ; François Graner, « Le Rwanda, la Bosnie et l'amiral Lanxade », *La Nuit rwandaise*, n° 9, juillet 2015.
164. Assemblée nationale, Mission d'information sur le Rwanda, « Audition du préfet Claude Silberzahn, directeur de la DGSE (huis clos) », compte rendu n° 41, 8 juillet 1998 [fgt].
165. Assemblée nationale, Mission d'information sur le Rwanda, « Audition du préfet Jacques Dewatre, directeur général de la DGSE (1989-1993) (huis clos) », compte rendu n° 32, 25 juin 1998 [fgt].
166. Gérard Prunier, *Rwanda 1959-1996*, *op. cit.*, p. 213.
167. HRW et FIDH, *Aucun témoin ne doit survivre*, *op. cit.*, p. 134 [fgt].
168. Assemblée nationale, *Enquête sur la tragédie rwandaise*, *op. cit.*, t. I, p. 111-112.

169. David Servenay, « Enquête sur le financement du génocide rwandais : Félicien Kabuga, le grand argentier des massacres », *Le Monde*, 12 mars 2019.
170. Pierre Péan, *Noires fureurs, blancs menteurs, op. cit.*, p. 501-510.
171. *Ibid.*, p. 508.
172. Assemblée nationale, *Enquête sur la tragédie rwandaise, op. cit.*, t. I, p. 113.
173. Audition du général Jean Heinrich, *in* Assemblée nationale, *Enquête sur la tragédie rwandaise, op. cit.*, t. III, vol. 2, p. 173.
174. Thierry Prungnaud, dans Jean-François Dupaquier, « Là-haut, sur la colline de Bisesero », *revue XXI*, avril-juin 2010.
175. Assemblée nationale, *Enquête sur la tragédie rwandaise, op. cit.*, t. I, p. 195.
176. Michel Robardey, « Rwanda : quand la DGSE ne voulait rien voir », blog de l'auteur sur Mediapart.fr, 14 février 2019.
177. Audition à huis clos de Jean-Christophe Belliard, *in* Assemblée nationale, *Enquête sur la tragédie rwandaise (1990-1994), op. cit.*, t. 3, vol. 2, p. 280 [fgt].
178. Assemblée nationale, *Enquête sur la tragédie rwandaise, op. cit.*, t. I, p. 193.
179. *Ibid.*, p. 196.
180. Bacre Waly Ndiaye, *Rapport de mission au Rwanda du 8 au 17 avril 1993*, Commission des Droits de l'homme de l'ONU, 11 août 1993.
181. Assemblée nationale, *Enquête sur la tragédie rwandaise, op. cit.*, t. II, p. 225.
182. Audition de Michel Cuingnet, *in* Assemblée nationale, *Enquête sur la tragédie rwandaise, op. cit.*, t. III, vol. 1, p. 176.
183. Jean-François Dupaquier, *Politiques, militaires et mercenaires français au Rwanda, op. cit.*, p. 292.
184. *Le Flambeau*, 6 décembre 1993, cité dans Sénat de Belgique, Rapport fait au nom de la commission d'enquête concernant les événements du Rwanda, 1-611/8, 7 janvier 1997, p. 39 [fgt].
185. Linda Melvern, *Complicités de génocide. Comment le monde a trahi le Rwanda*, Paris, Karthala, 2010, p. 162.
186. Jean-Hervé Bradol, *in* Laurent Larcher, *Rwanda, ils parlent, op. cit.*, p. 632.
187. Ingvar Carlsson, Rufus M. Kupolati, Han Sung-Joo, *Rapport de la Commission indépendante d'enquête sur les actions de l'Organisation des Nations unies lors du génocide de 1994 au Rwanda*, 15 décembre 1999, p. 35 [fgt].

188. William Bunel, télégramme diplomatique Kigali, « Menaces de guerre civile », 12 janvier 1994, *in* Assemblée nationale, *Enquête sur la tragédie rwandaise*, *op. cit.*, t. II, p. 228-229 [fgt].
189. « Rwanda / Zaïre, Les machettes d'une tuerie préméditée », *La Lettre du continent*, n° 213, 16 juin 1994.
190. Filip Reyntjens, *Rwanda. Trois jours qui ont fait basculer l'histoire*, *op. cit.*, p. 19 ; Johan Swinnen, télex n° 222, Ambabel Kigali à Minafet Bruxelles, 15 mars 1994, cité dans Sénat de Belgique, Rapport fait au nom de la commission d'enquête concernant les événements du Rwanda, 1-611/8, 7 janvier 1997, p. 81 [fgt].
191. Johan Swinnen, télex n° 222, Ambabel Kigali à Minafet, Bruxelles, 15 mars 1994, document cité.
192. ONU (Conseil de sécurité), « La situation concernant le Rwanda », 3358e séance, S/PV.3358, 5 avril 1994, p. 6 [fgt].
193. David Rawson, télégramme diplomatique Kigali, « Demarche request on CDR participation », 25 mars 1994 [fgt]; David Rawson, télégramme diplomatique Kigali, « DAS Bushnell meets Habyarimana and RPF », 25 mars 1994 [fgt].
194. Cité par Philippe Brewaeys, *Rwanda 1994. Noirs et blancs menteurs*, Bruxelles, Racine, 2013, p. 127. Voir la compilation des sources et traductions dans Jacques Morel, *La France au cœur du génocide des Tutsis*, *op. cit.*, p. 257-258. Voir aussi Raphaël Glucksmann, David Hazan et Pierre Mezerette, *Tuez-les tous ! Rwanda : histoire d'un génocide « sans importance »*, Dum Dum films, 2004, 27e minute [fgt].
195. Hassan Ngeze, « Habyarimana mourra au mois de mars 1994 », *Kangura*, n° 53, décembre 1993 [fgt], cité par Jean-Pierre Chrétien (dir.), *Rwanda. Les médias du génocide*, Paris, Karthala, 1995, p. 188.
196. Jacques Morel, *La France au cœur du génocide des Tutsis*, *op. cit.*, p. 257.

III. Nos alliés les génocidaires

1. Témoignage de Brigitte Minaberry, épouse du copilote Jean-Pierre Minaberry, cité par Colette Braeckman, *Rwanda, histoire d'un génocide*, *op. cit.*, p. 174 ; Gabriel Périès et David Servenay, *Une guerre noire*, *op. cit.*, p. 248-249 ; Jacques Collet, audition par l'auditorat militaire belge (Guy Artiges), 16 mai 1994, PV n° 686 [fgt].
2. Lire l'ouvrage de Philippe Brewaeys, *Rwanda 1994. Noirs et blancs menteurs*, *op. cit.*, en particulier le chapitre 4 : « Autre enquête, autre histoire ».

3. Assemblée nationale, *Enquête sur la tragédie rwandaise*, *op. cit.*, t. I, p. 243-244.
4. Assemblée nationale, *Enquête sur la tragédie rwandaise*, *op. cit.*, t. II, vol. 2, p. 289.
5. Jean Birara, « Déposition devant l'auditorat militaire belge », annexe, 26 mai 1994 [fgt].
6. Jacques Morel, *La France au cœur du génocide des Tutsis*, *op. cit.*, p. 511.
7. HRW et FIDH, *Aucun témoin ne doit survivre*, *op. cit.*, p. 225 [fgt].
8. André Guichaoua, *Rwanda. De la guerre au génocide*, *op. cit.*, p. 376 ; lire aussi Rafaëlle Maison, *Pouvoir et génocide dans l'œuvre du Tribunal pénal international pour le Rwanda*, Paris, Dalloz, 2017, p. 68-69.
9. Témoignage de Pierre Gakumba, militant de l'Association rwandaise pour la défense des droits de l'homme, devant la Commission des droits de l'homme des Nations unies, session spéciale du 25 mai 1994, cité par Colette Braeckman, *Rwanda. Histoire d'un génocide*, *op. cit.*, p. 264.
10. *Ibid.*
11. Assemblée nationale, *Enquête sur la tragédie rwandaise*, *op. cit.*, t. II, p. 344.
12. Assemblée nationale, *Enquête sur la tragédie rwandaise*, *op. cit.*, t. III, vol. 1, p. 296.
13. Vénuste Kayimahe, *France-Rwanda : les coulisses du génocide*, Paris, Dagorno/L'Esprit frappeur, 2002, p. 170 ; déposition de Justin Mugenzi, Tribunal pénal international pour le Rwanda (TPIR), procès Bizimungu *et al.*, 8 novembre 2005, citée par Jean-François Dupaquier, *Politiques, militaires et mercenaires français au Rwanda*, *op. cit.*, p. 339.
14. « Arrêté présidentiel n° 02/01 du 8 avril 1994 portant désignation des membres du gouvernement » [fgt].
15. Témoignage de Colette Braeckman *in* Laure Coret et François-Xavier Verschave (dir.), *L'horreur qui nous prend au visage*, *op. cit.*, p. 214.
16. Filip Reyntjens, manuscrit de *Rwanda, trois jours qui ont fait basculer l'histoire*, été 1995, p. 74 [fgt]. L'anecdote a été supprimée de la version publiée.
17. Jean-Michel Marlaud, reportage de Christophe Boisbouvier, RFI, 11 avril 1994, cité par Vanadis Feuille, Pierre-Édouard Deldique, *Mission d'étude sur le Rwanda*, t. II, p. 60 [fgt]; audition de Jean-Michel Marlaud, *in* Assemblée nationale, *Enquête sur la tragédie rwandaise*, *op. cit.*, t. III, vol. 1, p. 297.
18. Jean-Pierre Chrétien (dir.), *Rwanda. Les médias du génocide*, *op. cit.*, p. 326.

19. Assemblée nationale, *Enquête sur la tragédie rwandaise, op. cit.*, t. I, p. 278. Lire aussi, entre autres, Gérard Prunier, *Rwanda 1959-1996, op. cit.*, p. 268 et Philippe Brewaeys, *Rwanda 1994. Noirs et blancs menteurs, op. cit.*, p. 135-138.
20. Jacques Morel, *La France au cœur du génocide des Tutsis, op. cit.*, p. 655.
21. Ordre d'opération d'Amaryllis, 8 avril 1994, *in* Assemblée nationale, *Enquête sur la tragédie rwandaise, op. cit.*, t. II, p. 344 [fgt].
22. HRW et FIDH, *Aucun témoin ne doit survivre, op. cit.*, p. 229 [fgt]. Lire aussi lieutenant-général Roméo Dallaire, *J'ai serré la main du diable. La faillite de l'humanité au Rwanda*, Outremont (Québec), Libre expression, 2003, p. 317-320 et Linda Melvern, *Conspiracy to murder. The Rwandan genocide*, New York, Verso, 2006, p. 162.
23. HRW et FIDH, *Aucun témoin ne doit survivre, op. cit.*, p. 228 [fgt].
24. DRM, fiche « Objet : Les forces armées rwandaises (FAR) sont dans une situation difficile », 2 mai 1994.
25. Assemblée nationale, *Enquête sur la tragédie rwandaise, op. cit.*, t. I, p. 258.
26. José de Pinho, *Comprendre le génocide rwandais. Témoignages, révélations, analyses*, Paris, Velours, 2014, p. 97-98.
27. Ordre d'opération d'Amaryllis, 8 avril 1994, *in* Assemblée nationale, *Enquête sur la tragédie rwandaise, op. cit.*, t. II, p. 344 [fgt].
28. Général Christian Quesnot, note au président Mitterrand (objet : Rwanda. Sécurité de nos ressortissants), 8 avril 1994 [fgt].
29. Dominique Pin, général Christian Quesnot, note au président Mitterrand (objet : Rwanda. Situation), 9 avril 1994 [fgt].
30. José de Pinho, *Comprendre le génocide rwandais, op. cit.*, p. 101-103.
31. Romain Lefebvre, « Les raisons du succès. L'opération Amaryllis au Rwanda », *Terre magazine*, n° 55, juin 1994, p. 10-11.
32. Jean-Marie Milleliri, *Un souvenir du Rwanda*, Paris, L'Harmattan, 1997, p. 71.
33. Centre de doctrine et d'emploi des forces (CDEF) / Division recherche et retour d'expérience (DREX), *Répertoire typologique des opérations*, t. II, février 2006, p. 180.
34. Dominique Pin, général Christian Quesnot, note au président Mitterrand (objet : Rwanda. Situation), 9 avril 1994 [fgt].
35. Alain Frilet et Sylvie Coma, « Paris, terre d'asile de luxe pour dignitaires hutus », *Libération*, 18 mai 1994.
36. HRW et FIDH, *Aucun témoin ne doit survivre, op. cit.*, p. 718 [fgt].

37. Monique Mas, *Paris-Kigali 1990-1994*, *op. cit.*, p. 382 ; Alain Frilet et Sylvie Coma, « Paris, terre d'asile de luxe pour dignitaires hutus », art. cité.
38. François-Xavier Verschave, *Complicité de génocide ? La politique de la France au Rwanda*, Paris, La Découverte, 1994, p. 112 ; Fanette Merlin et Marc Bouchage, « L'orphelinat Sainte-Agathe et son chauffeur. Une évacuation française », *Causette*, n° 44, avril 2014 ; José de Pinho, *Comprendre le génocide rwandais*, *op. cit.*, p 101-103.
39. Entretien de François Graner avec deux militaires de l'opération Amaryllis, anonymes.
40. Lieutenant-général Roméo Dallaire, *J'ai serré la main du diable*, *op. cit.*, p. 361-362.
41. Ordre d'opération d'Amaryllis, 8 avril 1994, *in* Assemblée nationale, *Enquête sur la tragédie rwandaise*, *op. cit.*, t. II, p. 346 [fgt].
42. Assemblée nationale, *Enquête sur la tragédie rwandaise*, *op. cit.*, t. I, p. 266.
43. Vénuste Kayimahe, *France-Rwanda : les coulisses du génocide*, *op. cit.*, p. 214-218.
44. Jean-François Dupaquier, *Politiques, militaires et mercenaires français*, *op. cit.*, p. 339-340.
45. Assemblée nationale, *Enquête sur la tragédie rwandaise*, *op. cit.*, t. I, p. 269.
46. Jacques Morel, *La France au cœur du génocide des Tutsis*, *op. cit.*, p. 551.
47. Reportage de Mathieu Delahousse, France Inter, 13 avril 1994 ; rediffusé par Daniel Mermet, émission *Là-bas si j'y suis*, France Inter, « Rwanda (5). Honte d'être français », 5 avril 2004, 14e minute.
48. Jean-François Dupaquier, *Politiques, militaires et mercenaires français*, *op. cit.*, p. 345.
49. HRW et FIDH, *Aucun témoin ne doit survivre*, *op. cit.*, p. 239 [fgt].
50. Linda Melvern, *Complicités de génocide*, *op. cit.*, en particulier les chapitres 14 et 15.
51. Éric P. Schwartz, Memorandum for Susan E. Rice and Donald K. Steinberg (objet : Pull-out of Unamir [retrait de la Minuar]), 19 avril 1994, traduction des auteurs [fgt].
52. ONU (Conseil de sécurité), Résolution 912, 21 avril 1994 [fgt].
53. Linda Melvern, *Complicités de génocide*, *op. cit.*, p. 355.
54. Audition du colonel André Vincent par l'auditorat militaire belge (Guy Artiges), 6 mai 1994, PV n° 652 [fgt].
55. Général Roméo Dallaire *in* TPIR, jugement Bagosora, ICTR-98-41-T, §342, et note 398 [fgt].

56. HRW et FIDH, *Aucun témoin ne doit survivre*, *op. cit.*, p. 314-315 [fgt].
57. *Ibid.*, p. 311 et p. 317.
58. *Ibid.*, p. 325.
59. Linda Melvern, *Complicités de génocide*, *op. cit.*, p. 283.
60. Yves Ternon, *L'État criminel. Les génocides au* xxe *siècle*, Paris, Seuil, 1995.
61. Florent Piton, *Le Génocide des Tutsis du Rwanda*, Paris, La Découverte, 2018, p. 107.
62. Jean Chatain, « Rwanda. Le récit d'un Interahamwe », *L'Humanité*, 1er avril 2004.
63. Jean-Pierre Chrétien (dir.), *Rwanda. Les médias du génocide*, *op. cit.*, p. 380.
64. Florent Piton, *Le Génocide des Tutsis du Rwanda*, *op. cit.*, p. 107.
65. Hélène Dumas, *Le Génocide au village. Le massacre des Tutsis au Rwanda*, Paris, Seuil, 2014, p. 301.
66. Linda Melvern, *Complicités de génocide*, *op. cit.*, p. 311.
67. Maria Malagardis, *in* Laurent Larcher, *Rwanda, ils parlent*, *op. cit.*, p. 363.
68. African Rights, « Résistance au génocide. Bisesero, avril-juin 1994 », 1998, p. 17 [fgt].
69. Hélène Dumas, *Le Génocide au village*, *op. cit.*, p. 183-189.
70. Patrick de Saint-Exupéry, « France-Rwanda : un génocide sans importance », *Le Figaro*, 12 janvier 1998.
71. Jean-François Dupaquier, *Politiques, militaires et mercenaires français au Rwanda*, *op. cit.*, p. 353.
72. André Guichaoua, *Les Crises politiques au Burundi et au Rwanda (1993-1994)*, Paris, Karthala, 1995, p. 707-708.
73. Cité par Sylvie Klinkemallie, *Rwanda. La presse en question*, Villeurbanne, Golias, 2007, p. 317.
74. DGSE, note du 4 mai 1994, non déclassifiée, citée par Pierre Conesa, « Évaluation politico-militaire de la crise du Rwanda », note de la délégation aux affaires stratégiques, ministère de la Défense, 24 février 1995.
75. Général Christian Quesnot, note au président Mitterrand, « Entretien avec le chef de l'État intérimaire du Rwanda », 6 mai 1994, *in* Bruno Boudiguet (éd.), *Rwanda. Les archives « secrètes » de Mitterrand*, *op. cit.*, p. 391.
76. Général Christian Quesnot dans le film de Jean-Christophe Klotz, *Retour à Kigali, une affaire française*, France 3, jeudi 25 avril à 23 h 20, film cité, 50e minute [fgt].

77. Christophe Boltanski, « Une barbouze au cœur du génocide », *Le Nouvel Observateur*, 6 février 2014 ; François Crétollier (dir.), *Le Crapuleux Destin de Robert-Bernard Martin. Bob Denard et le Rwanda*, rapport de l'association Survie, 2018, p. 15.
78. Benoît Collombat, France Inter, 16 septembre 2009.
79. Sur Barril au Rwanda, lire Sylvie Coma, « Rwanda : les bonnes affaires du capitaine Barril au temps du génocide », *Charlie Hebdo*, 9 septembre 2009 ; « Quand Barril enfumait les médias », *Charlie Hebdo*, 16 septembre 2009 ; « Besoin d'armes ? Tapez barril.fr », *Charlie Hebdo*, 23 septembre 2009 ; Christophe Boltanski, « Une barbouze au cœur du génocide », art. cité.
80. Bob Denard et Georges Fleury, *Corsaire de la République*, Paris, Robert Laffont, 1998.
81. François Crétollier (dir.), *Le Crapuleux Destin de Robert-Bernard Martin*, rapport cité, p. 5.
82. *Ibid.*, p. 15.
83. *Ibid.*, p. 7-8.
84. Lieutenant-colonel Ephrem Rwabalinda, lettre au ministre de la Défense et au chef d'état-major de l'armée rwandaise, Gitarama, 16 mai 1994 [fgt].
85. « Comment Colette Braeckman a vécu le génocide rwandais », *Le Soir*, 26 mars 2019.
86. Voir une compilation des sources dans Jacques Morel, *La France au cœur du génocide des Tutsis, op. cit.*, p. 697.
87. Jean-Pierre Chrétien (dir.), *Rwanda. Les médias du génocide, op. cit.*, p. 317.
88. Lieutenant-colonel Ephrem Rwabalinda, lettre au ministre de la Défense et au chef d'état-major de l'armée rwandaise, *op. cit.*
89. Olivier Lanotte, *La France au Rwanda (1990-1994), op. cit.*, p. 369, 458-459 et 470 ; lire une compilation des sources dans François Graner, *Le Sabre et la Machette, op. cit.*, p. 91.
90. Colonel Thierry Jouan, *Une vie dans l'ombre*, Monaco, éditions du Rocher, 2013.
91. Catherine Ninin, RFI, 30 mars 2004 [fgt].
92. Georges Ruggiu, interrogatoire par Pierre Duclos, cassette n° 43, face B, TPIR, 1999, p. 12-13 [fgt].
93. Patrick de Saint-Exupéry, « France-Rwanda : des mensonges d'État », art. cité.
94. Télégramme diplomatique du 20 juin 1994 à 7 h 08.

95. Colonel Joseph Dewez, « KIBAT. Chronique 6 avril. 19 avril 1994 », 20 septembre 1995, non publié, p. 17 [fgt].
96. Assemblée nationale, *Enquête sur la tragédie rwandaise*, *op. cit.*, t. I, p. 264 ; lire aussi colonel Luc Marchal, « Exposé devant la commission d'enquête interne de l'état-major belge », 1994, cité dans Sénat de Belgique, Rapport fait au nom de la commission d'enquête concernant les événements du Rwanda, Annexe 5, 1-611/12, t. II, annexe A, p. 45 [fgt].
97. Gérard Prunier, *Rwanda 1959-1996*, *op. cit.*, p. 332, note 136.
98. Lieutenant-colonel Cyprien Kayumba, « lettre au ministre de la Défense à Bukavu », 26 décembre 1994, *in* Assemblée nationale, *Enquête sur la tragédie rwandaise*, *op. cit.*, t. II, p. 563-567 [fgt].
99. Patrick de Saint-Exupéry, *Complices de l'inavouable*, *op. cit.*, p. 209-210.
100. Caroline Dumay et Patrick de Saint-Exupéry, « Les armes du génocide », *Le Figaro*, 3 avril 1998.
101. Théodore Sindikubwabo, lettre au président Mitterrand, 22 mai 1994 [fgt].
102. Assemblée nationale, *Enquête sur la tragédie rwandaise*, *op. cit.*, t. III, vol. 1, p. 395.

IV. Au secours des assassins

1. *Journal de 20 heures*, TF1, 16 mai 1994 [fgt].
2. Compte rendu analytique de la première séance de la session extraordinaire de la commission des droits de l'homme de l'ONU sur le Rwanda, 24 mai 1994, ONU, E/CN.4/S-3/SR.1, section 32-33 [fgt].
3. Johanna Siméant, « Qu'a-t-on vu quand "on ne voyait rien" ? Sur quelques aspects de la couverture télévisuelle du génocide au Rwanda par TF1 et France 2, avril-juin 1994 », *in* Marc Le Pape, Johanna Siméant, Claudine Vidal, *Crises extrêmes. Face aux massacres, aux guerres civiles et aux génocides*, Paris, La Découverte, 2006, p. 36.
4. Reportage de Dorothée Olliéric, journal du soir de Philippe Lefait, France 2, 7 mai 1994.
5. Jean-Christophe Klotz et Patrick Vincent, « La vie en sursis », reportage dans *Envoyé spécial*, France 2, 26 mai 1994.
6. Sur la doctrine humanitaire interventionniste de Bernard Kouchner, lire Clara Egger, *ONG. Les Organisations néo-gouvernementales*, Marseille, Agone, 2020 (à paraître).
7. Théodore Sindikubwabo, lettre au président Mitterrand, 22 mai 1994 [fgt].

8. François Soudan, « Le "devoir sacré" d'Édouard Balladur », *Jeune Afrique*, 2 juin 1994 [fgt].
9. Entretien de François Graner avec l'amiral Jacques Lanxade, 22 août 2018 ; entretien avec le colonel Jacques Rosier, *in* Gabriel Périès et David Servenay, *Une guerre noire*, *op. cit*, p. 319.
10. Entretien de François Graner avec l'amiral Jacques Lanxade, 22 août 2018.
11. Entretien avec le colonel Jacques Rosier, *in* Gabriel Périès et David Servenay, *Une guerre noire*, *op. cit*, p. 319.
12. Entretien de François Graner avec l'adjudant José de Pinho, 3 janvier 2016 ; lire aussi José de Pinho, *Comprendre le génocide rwandais*, *op. cit.*, p. 112.
13. « L'Élysée réagit aux accusations concernant la politique française au Rwanda », *AFP*, 18 juin 1994 [fgt].
14. Lettre de Jean Carbonare et de l'association Survie à François Mitterrand, 20 juin 1994.
15. *International Herald Tribune*, 14 juin 1994, cité par Gérard Prunier, *Rwanda 1959-1996, op. cit.*, p. 335.
16. Gérard Prunier, *Rwanda 1959-1996, op. cit.*, p. 335.
17. Henri Bentégeat, Conseil restreint (objet : situation au Rwanda), 15 juin 1994 [fgt].
18. Entretien de François Graner avec l'amiral Lanxade, 22 août 2018.
19. Henri Bentégeat, Conseil restreint (objet : situation au Rwanda), 15 juin 1994 [fgt].
20. Entretien de François Graner avec l'amiral Lanxade, 22 août 2018.
21. État-major des armées, trois cartes datées du 15 juin 1994 *in* « Mémoire sur une opération militaire au Rwanda. 2. Les options envisageables », non daté [probablement le 16 juin 1994].
22. Compte rendu de la réunion de cellule de crise au ministère des Affaires étrangères, 17 juin 1994 au matin.
23. DRM, note express, « Objet : Rwanda : demande d'intervention », 16 juin 1994.
24. DGSE, « Rwanda – France. Évaluation sur les risques d'enlisement », fiche particulière n° 18771/N, 22 juin 1994.
25. Gérard Prunier, *Rwanda 1959-1996, op. cit.*, p. 339.
26. Compte rendu de la réunion de cellule de crise au ministère des Affaires étrangères, 17 juin 1994 au matin ; « Ordres pour le 23 juin », inclus dans l'« Ordre initial COS – donné le 22 juin à Goma aux chefs de détachement » par le colonel Rosier.
27. Gérard Prunier, *Rwanda 1959-1996, op. cit.*, p. 340.

28. Gérard Prunier, *in* Jean-Christophe Klotz, *Retour à Kigali, une affaire française*, film cité, 63e minute.
29. Amiral Jacques Lanxade, lettre au ministre de la Défense François Léotard, en accompagnement du « Mémoire sur une opération militaire au Rwanda », non datée [probablement le 16 juin 1994]; amiral Jacques Lanxade, « Directive particulière pour le général commandant l'opération "Turquoise" », 17 juin 1994.
30. Bernard de Montferrand (conseiller diplomatique du Premier ministre), note adressée au général Germanos (sous-chef d'état-major des armées chargé des opérations), 18 juin 1994.
31. Gérard Prunier, *Rwanda 1959-1996, op. cit.*, p. 343-344.
32. *Ibid.*, p. 340.
33. Marc Plum (conseiller technique du ministre délégué à l'Action humanitaire et aux Droits de l'homme), note pour le cabinet du ministre, à l'attention de Bernard Émié, 22 juin 1994.
34. Gérard Prunier, *Rwanda 1959-1996, op. cit.*, p. 337-338.
35. Hubert Védrine, mention manuscrite sur : Bruno Delaye et général Quesnot, note au président Mitterrand (objet : intervention au Rwanda), 17 juin 1994 [fgt].
36. Patrick de Saint-Exupéry, *L'Inavouable. La France au Rwanda*, Paris, Les Arènes, 2004, p. 101-103.
37. Daniel Bastion, « Michel Roussin : "La banalisation des rapports avec l'Afrique" », LesEchos.fr, 14 novembre 1994.
38. Indigo Ellis, « "Great friends, they stand by you in difficult times" : a study of Opération Turquoise in light of the divisions within François Mitterrand and Edouard Balladur's cohabitation government during the Rwandan genocide, April-August 1994 », King's College London History Department, avril 2016.
39. Assemblée nationale, *Enquête sur la tragédie rwandaise, op. cit.*, t. II, p. 375.
40. Bruno Delaye, note au président Mitterrand (objet : Rwanda. Entretien à Paris avec des représentants du FPR), 22 juin 1994 [fgt].
41. Henri Bentégeat, Conseil restreint (objet : situation au Rwanda), 22 juin 1994 [fgt].
42. Résolution 929 du Conseil de Sécurité de l'ONU, 22 juin 1994 [fgt].
43. Bruno Delaye, note au président Mitterrand, 24 juin 1994 [fgt]; Pierre-Henri Bunel, *Mes services secrets. Souvenirs d'un agent de l'ombre*, Paris, Flammarion, 2001, p. 340-341 ; Afsané Bassir-Pour, Natalie Nougayrède, Jean-Philippe Rémy, Jean-Pierre Stroobants, « L'insaisissable Victor Bout »,

Le Monde, 26 mars 2002 ; Laurent Léger, *Trafics d'armes. Enquête sur les marchands de mort*, Paris, Flammarion, 2006, p. 70.

44. Général Regnault (chef du centre opérationnel interarmées – COIA), note pour le colonel Rosier, (objet : opération Turquoise), 22 juin 1994, 15 h 45.

45. Colonel Jacques Rosier, fax manuscrit au général Maurice Le Page, 23 juin 1994, 7 h 30 [fgt].

46. Colonel Jacques Rosier, « Rapport de fin de mission », 27 juillet 1994, *in* Assemblée nationale, *Enquête sur la tragédie rwandaise*, *op. cit.*, t. II, p. 397 ; Patrick de Saint-Exupéry, « Un accueil sous les vivats », *Le Figaro*, 27 juin 1994.

47. Général Didier Tauzin, *Rwanda. Je demande justice pour la France et ses soldats*, *op. cit.*, p. 124-125.

48. Amiral Jacques Lanxade, « Directive particulière pour le général commandant l'opération "Turquoise" », 17 juin 1994.

49. HRW et FIDH, *Aucun témoin ne doit survivre*, *op. cit.*, p. 784-785 [fgt]; Patrick de Saint-Exupéry, « Un accueil sous les vivats », art. cité.

50. HRW et FIDH, *Aucun témoin ne doit survivre*, *op. cit.*, p. 784 [fgt], citant en particulier AFP, « Les troupes françaises consolident leur position à Gisenyi », Bulletin quotidien d'actualité, n° 14242, 27 juin 1994, p. 47.

51. Éric Micheletti, *Le COS. Commandement des opérations spéciales*, Paris, Histoire et Collections, 1999, p. 18.

52. Clément Houssin, « Rwanda. Opération Turquoise. Entre mythes et réalités », publié sur le blog aujourd'hui fermé BetterSaferWorld.wordpress.com, 10 avril 2014 ; « Management d'opérations complexes. Rwanda. Turquoise », 20 avril 2014, publié sur le blog Choussin.Wordpress.com aujourd'hui fermé ; colonel Jacques Rosier, « Rapport de fin de mission », 27 juillet 1994, *in* Assemblée nationale, *Enquête sur la tragédie rwandaise*, t. II « Annexes », annexe 9.C.3, p. 396-399 [fgt].

53. Pierre-Henri Bunel, *Mes services secrets*, *op. cit.*, p. 345-355 ; Olivier Lanotte, *La France au Rwanda (1990-1994)*, *op. cit.*, p. 369, 458-459 et 470 ; entretien de François Graner avec un humanitaire anonyme.

54. Colette Braeckman, *Rwanda. Histoire d'un génocide*, *op. cit.*, p. 193 ; Jacques Bihozagara, *in* Colette Braeckman, « Le "non" du FPR à la France », *Le Soir*, 20 juin 1994.

55. Colette Braeckman, « Rwanda : la thèse de Paul Barril vacille », *Le Soir*, 29 juin 1994 [fgt].

56. Pierre-Henri Bunel, *Mes services secrets*, *op. cit.*, p. 350 ; Jacques Bihozagara, *in* Colette Braeckman, « Le "non" du FPR à la France », art. cité.

57. Opération Turquoise, point de situation du 6 juillet 1994, annexe : « Montée en puissance » ; Opération Turquoise, point de situation du 13 juillet 1994, annexe : « Montée en puissance ».
58. Pierre Henri Bunel, *Mes services secrets*, *op. cit.*, p. 339-340.
59. CDEF/Drex, *Répertoire typologique des opérations*, *op. cit.*, p. 189.
60. Général Jean-Claude Lafourcade, Guillaume Riffaud, *Opération Turquoise. Rwanda 1994*, Paris, Perrin, 2010, p. 58-59.
61. Compte rendu de la réunion de cellule de crise au ministère des Affaires étrangères, 17 juin 1994 au matin.
62. CDEF/Drex, *Répertoire typologique des opérations*, *op. cit.*, p. 196.
63. Entretien de François Graner avec un militaire anonyme.
64. Général Jean-Claude Lafourcade, Ordre d'opérations de Turquoise, 25 juin 1994, *in* Général Jean-Claude Lafourcade, Guillaume Riffaud, *Opération Turquoise*, *op. cit.*, p. 195-210 ; officier français anonyme cité *in* Arnaud de La Grange, « Les ambiguïtés de "Turquoise" », *Le Figaro*, 2 avril 1998 ; Guillaume Ancel, *Rwanda, la fin du silence. Témoignage d'un officier français*, Paris, Les Belles Lettres, 2018, p. 22.
65. Guillaume Ancel, *Rwanda, la fin du silence*, *op. cit.*, p. 32.
66. « La légion au Ruanda : Un supplément de huit pages sur l'opération Turquoise », *Képi blanc*, n° 549, octobre 1994, encart entre les pages 32 et 33.
67. Entretien avec le lieutenant-colonel Hervé Charpentier, *alias* Colin, 6 décembre 2013, *in* Hubert Le Roux et Antoine Sabbagh, *Paroles de soldats*, *op. cit.*, p. 102.
68. Amiral Jacques Lanxade, note : « Intervention humanitaire au Rwanda », 21 juin 1994.
69. Général Raymond Germanos, Ordre d'opérations de Turquoise, 22 juin 1994, *in* Assemblée nationale, *Enquête sur la tragédie rwandaise*, t. II « Annexes », *op. cit.*, p. 387 [fgt].
70. Général Jean-Claude Lafourcade, Guillaume Riffaud, *Opération Turquoise*, *op. cit.*, p. 95 et p. 118-120.
71. Colonel Jacques Rosier, fax manuscrit au général Maurice Le Page, 25 juin 1994, 7 h 45 ; Gabriel Périès et David Servenay, *Une guerre noire*, *op. cit.*, p. 324.
72. Colonel Didier Tauzin, compte rendu quotidien, au colonel Jacques Rosier, 30 juin 1994.
73. Colonel Didier Tauzin, propos recueillis par Chris McGreal, « French Compromised by Collaboration in Rwanda », *The Guardian*, 1er juillet 1994, traduit de l'anglais par les auteurs.
74. Vincent Hugeux, *in* Laurent Larcher, *Rwanda, ils parlent*, *op. cit.*, p. 334.

75. Guillaume Ancel, *Rwanda, la fin du silence*, *op. cit.*, p. 195 ; Laurent Larcher, « La version officielle de "Turquoise" remise en cause », *La Croix*, 24 juin 2018.
76. Capitaine « Henri » (pseudonyme), *in* Hubert Le Roux et Antoine Sabbagh, *Paroles de soldats*, *op. cit.*, p. 110.
77. Laure de Vulpian et Thierry Prungnaud, *Silence Turquoise*, *op. cit.*, p. 103.
78. Entretien de François Graner avec le Dr André Garron, 23 août 2018 ; Dr François Pons, au procès Boudiguet c/ Pons et Rigal, XVIIe chambre du tribunal de Paris, 2 septembre 2016.
79. Entretien de François Graner avec le Dr André Garron, 23 août 2018.
80. François Pons, Sylvain Rigal, Christophe Dupeyron, Jacques de Saint-Julien, « Activité chirurgicale d'une antenne du service de santé des armées dans le cadre de l'opération "Turquoise" au Rwanda de juin à août 1994 », *Chirurgie*, vol. 121, 1996, p. 19 ; Dr François Pons, au procès Boudiguet c/ Pons et Rigal, XVIIe chambre du tribunal de Paris, 2 septembre 2016.
81. DRM, fiche « Objet : Les Forces armées rwandaises (FAR) sont dans une situation difficile », 2 mai 1994 ; DRM, fiche « Objet : Qui sont les massacreurs », 15 juin 1994.
82. EMA, fiche « Objet : présentation générale de l'opération française au Rwanda », 15 juin 1994, *in* « Mémoire sur une opération militaire au Rwanda », état-major des armées, non daté [probablement le 16 juin].
83. Amiral Jacques Lanxade, lettre au ministre de la Défense François Léotard, en accompagnement du « Mémoire sur une opération militaire au Rwanda », non datée [probablement le 16 juin 1994];
84. Amiral Jacques Lanxade, « Directive particulière pour le général commandant l'opération "Turquoise" », 17 juin 1994.
85. Général Raymond Germanos, Ordre d'opérations de Turquoise, 22 juin 1994, *in* Assemblée nationale, *Enquête sur la tragédie rwandaise*, t. II « Annexes », *op. cit.*, p. 386 [fgt].
86. Premier ministre, Secrétariat général de la Défense nationale, Direction de l'évaluation et de la documentation stratégique, note « Opération humanitaire française au Rwanda : engagement et perspectives », 28 juin 1994 ; ministère de la Défense, Délégation aux affaires stratégiques, « Conditions politiques d'une intervention dans la crise rwandaise », 16 juin 1994.
87. Général Jean-Claude Lafourcade, Ordre d'opérations de Turquoise, 25 juin 1994, *in* Général Jean-Claude Lafourcade, Guillaume Riffaud, *Opération Turquoise*, *op. cit.*, p. 195-210.

88. Entretiens de François Graner avec la D[re] Annie Faure et avec Jean Chatain ; Jacques Lanxade, *Quand le monde a basculé*, *op. cit.*, p. 175.
89. Laurent Larcher, « Pour le général Lafourcade, "le livre de Guillaume Ancel est une ineptie" », La-Croix.com, 24 juin 2018 ; Général Jean-Claude Lafourcade *in* Laurent Larcher, *Rwanda, ils parlent*, *op. cit.*, p. 74.
90. Entretien de François Graner avec l'amiral Jacques Lanxade, 22 août 2018.
91. Jean-Claude Lafourcade, Guillaume Riffaud, *Opération Turquoise*, *op. cit.*, p. 57 ; général Jean-Claude Lafourcade, « Génocide au Rwanda : le chef de l'opération Turquoise livre sa vérité », propos recueillis par Nicolas Jacquard, LeParisien.fr, 9 mai 2010 ; général Jean-Claude Lafourcade, entretien à France Info, 12 mai 2010, cité *in* « Rwanda : Lafourcade veut un "démenti" », LeFigaro.fr, 12 mai 2010.
92. HRW et FIDH, *Aucun témoin ne doit survivre*, *op. cit.*, p. 782 [fgt].
93. Officier anonyme, cité par Stephen Smith, « Dialogue difficile avec les massacreurs », *Libération*, 27 juin 1994.
94. African Rights, « Résistance au génocide. Bisesero, avril-juin 1994 », 1998, p. 17 [fgt].
95. Christiane Amanpour, « Rwanda / French Patrol », CNN, 26 juin 1994 [fgt].
96. Sam Kiley, « Troops Ignore Killing. French "Turned Blind Eye" to Tutsi Massacre », *The Times*, 3 avril 1998 [fgt]; Vincent Hugeux, « Dix ans après le génocide. Retour à Bisesero », *L'Express*, 13 avril 2004 [fgt].
97. Marin Gillier, compte rendu au colonel Rosier, 27 juin 1994, 16 h 30.
98. *Ibid.*
99. *Ibid.*
100. PCIAT Goma, « Appréciation de situation », 27 juin 1994, transmis à 14 h 38.
101. Patrick de Saint-Exupéry, « Rwanda : les assassins racontent leurs massacres », *Le Figaro*, 29 juin 1994. Lire aussi Dominique Garraud, « Le nettoyage ethnique continue dans les montagnes rwandaises », *Libération*, 29 juin 1994 ; Christophe Boisbouvier, RFI, *Afrique matin* et *Afrique midi*, 28 juin 1994.
102. Patrick de Saint-Exupéry, « Rwanda : les assassins racontent leurs massacres », art. cité.
103. Benoît Collombat, « Rwanda, les documents qui accusent la France », FranceInter.fr, 30 novembre 2015 [fgt].
104. Reportage de Catherine Jentile, « Spéciale Rwanda », *Journal de 20 heures*, TF1, 27 juin 1994 ; Reportage de Benoît Duquesne, *Journal de 20 heures*, France 2, 27 juin 1994.

105. Reportage d'Isabelle Staes et Pascal Pons, journal télévisé, France 2, dernière édition du 28 juin 1994.
106. EMA, fiche « Opération Turquoise - Point de situation du 27 juin 1994 ».
107. Général Raymond Germanos, message au général Jean-Claude Lafourcade, expédié le 27 juin 1994 à 19 h 21, cité par Laure de Vulpian et Thierry Prungnaud, *Silence Turquoise*, *op. cit.*, p. 293.
108. PCIAT Comforce Turquoise [commandant de la force Turquoise], point de situation du 27 juin 1994, 22 heures, fax manuscrit transmis à 23 h 04, publié *in* général Jean-Claude Lafourcade et Guillaume Riffaud, *Opération Turquoise*, *op. cit.*, p. 87-88.
109. Christophe Boisbouvier, *Afrique midi* et *Afrique soir*, RFI, 28 juin 1994.
110. Fabrice Arfi, « Génocide des Tutsis au Rwanda : la vidéo qui accable l'armée française », Mediapart.fr, 25 octobre 2018, disponible sur le compte YouTube de Mediapart.
111. Capitaine de frégate Marin Gillier, compte rendu quotidien, 28 juin 1994.
112. EMA, fiche « Opération Turquoise - Point de situation du 28 juin 1994 ».
113. Capitaine de frégate Marin Gillier, note à la Mission d'information parlementaire, « Turquoise : intervention à Bisesero », 30 juin 1998, *in* Assemblée nationale, *Enquête sur la tragédie rwandaise*, *op. cit.*, t. II, p. 403-404 [fgt].
114. Patrick de Saint-Exupéry, « Rwanda : les assassins racontent leurs massacres », art. cité ; Dominique Garraud, « Le nettoyage ethnique continue dans les montagnes rwandaises », art. cité.
115. EMA, « Directive de communication complémentaire Turquoise n° 6 », 29 juin 1994.
116. Christian Millet, « Le ministre de la Défense constate au Rwanda la difficulté de l'opération "Turquoise" », AFP, 29 juin 1994.
117. Corine Lesnes, « M. Léotard craint de nouvelles difficultés pour le dispositif "Turquoise" », *Le Monde*, 1er juillet 1994 ; Raymond Bonner, « Grisly Discovery in Rwanda Leads French to Widen Role », *New York Times*, 1er juillet 1994.
118. Benoît Collombat, « Rwanda : les documents qui accusent la France », art. cité. [fgt]
119. DRM, « Localisation des déplacés au Rwanda en zone gouvernementale au 29 juin 1994 » ; DRM, point de situation du 29 juin 1994 à 18 h ; PCIAT Goma, note quotidienne de situation, 29 juin 1994.

120. DGSE, carte de situation quotidienne « Rwanda - ouest – 29 juin 1994 », *in* fiche particulière Rwanda, « Suivi cartographique de la crise rwandaise, 24 juin au 13 juillet 1994 », 15 juillet 1994.
121. DRM, carte « Situation au Rwanda », 26 juin 1994, en annexe de la note quotidienne de situation du 27 juin 1994 ; DGSE, carte de situation quotidienne « Rwanda – 27 juin 1994 », *in* fiche particulière Rwanda, « Suivi cartographique de la crise rwandaise, 24 juin au 13 juillet 1994 », 15 juillet 1994 ; DGSE, carte de situation quotidienne « Rwanda – 28 juin 1994 », *in* fiche particulière Rwanda, « Suivi cartographique de la crise rwandaise, 24 juin au 13 juillet 1994 », 15 juillet 1994 ; DRM, carte « Situation au Rwanda », 28 juin 1994, en annexe à la fiche DRM « Situation tactique Rwanda – Burundi au 28 juin 1994 », 29 juin 1994 ; DGSE, carte de situation quotidienne « Rwanda – ouest – 29 juin 1994 », *in* fiche particulière Rwanda, « Suivi cartographique de la crise rwandaise »,15 juillet 1994.
122. PCIAT Goma, note quotidienne de situation, 29 juin 1994.
123. DRM, « Localisation des déplacés au Rwanda en zone gouvernementale au 29 juin 1994 ».
124. Xavier de Lussy, notes prises pendant le Conseil restreint (objet : situation au Rwanda), 29 juin 1994 [fgt].
125. Christian Millet, « Le ministre de la Défense constate au Rwanda la difficulté de l'opération Turquoise », art. cité. ; Michela Wrong, « Présence FPR près du camp français à Gishyita », Reuters, 29 juin 1994.
126. DRM, annexe à la fiche « Situation tactique Rwanda – Burundi au 28 juin 1994 », 29 juin 1994.
127. Guillaume Ancel, *Rwanda, la fin du silence*, *op. cit.*, p. 198-199.
128. EMA, « Opération Turquoise - Point de situation du 29 juin 1994 », « 7 - Prévisions d'activités opérationnelles du 30 juin 1994 ».
129. Capitaine de frégate Marin Gillier, note à la Mission d'information parlementaire, « Turquoise : intervention à Bisesero », 30 juin 1998, *in* Assemblée nationale, *Enquête sur la tragédie rwandaise*, *op. cit.*, t. II, p. 404 [fgt].
130. Benoît Collombat, « Rwanda : les documents qui accusent la France », art. cité ; Laure de Vulpian et Thierry Prungnaud, *Silence Turquoise*, *op. cit.*, p. 145.
131. Capitaine de frégate Marin Gillier, note à la Mission d'information parlementaire, « Turquoise : intervention à Bisesero », 30 juin 1998, *in* Assemblée nationale, *Enquête sur la tragédie rwandaise*, *op. cit.*, t. II, p. 405 [fgt].

132. Comforce Turquoise, point de situation, « Éléments pour conférence de presse », 1er juillet 1994.
133. EMA, fiche « Opération Turquoise - Point de situation du 01 juillet 1994 ».
134. Dr François Pons, au procès Boudiguet c/ Pons et Rigal, XVIIe chambre du tribunal de Paris, 2 septembre 2016.
135. Audition du Dr François Pons, 9 juillet 1998, *in* Assemblée nationale, *Enquête sur la tragédie rwandaise*, *op. cit.*, t. III, vol. 2, p. 384.
136. François Pons, Sylvain Rigal, Christophe Dupeyron, Jacques de Saint-Julien, « Activité chirurgicale d'une antenne du service de santé des armées dans le cadre de l'opération "Turquoise" au Rwanda de juin à août 1994 », art. cité.
137. Dr François Pons, au procès Boudiguet c/ Pons et Rigal, XVIIe chambre du tribunal de Paris, 2 septembre 2016.
138. Guillaume Ancel, *Rwanda, la fin du silence*, *op. cit.*, p. 42-50.
139. Laurent Larcher, « Rwanda : un nouveau témoignage sur l'opération "Turquoise" », La-Croix.com, 24 juin 2018 ; Michael Sztanke, *Rwanda, chronique d'un génocide annoncé*, film cité, 26e minute.
140. Guillaume Ancel, *Rwanda, la fin du silence*, *op. cit.*, p. 50 ; Laurent Larcher, « Rwanda : un nouveau témoignage sur l'opération "Turquoise" », art. cité.
141. Comfor Turquoise, compte rendu quotidien du 29 juin 1994 ; EMA, fiche « Opération Turquoise – Point de situation du 1er juillet 1994 ».
142. Comforce Turquoise, point de situation du 28 juin 1994, 21 h ; Comfor Turquoise, compte rendu quotidien du 29 juin 1994. EMA, fiche « Opération Turquoise - Point de situation du 30 juin 1994 », carte « Prévisions d'activités opérationnelles pour la journée du 30 juin ».
143. Colonel Jacques Rosier, rapport de fin de mission, 27 juillet 1994, *in* Assemblée nationale, *Enquête sur la tragédie rwandaise*, *op. cit.*, t. II, p. 397 [fgt]; Rapport d'activité de fin de mission de l'Emmir à Cyangugu, *in Rapport de fin de mission Opération Turquoise*, t. III ; Bernard Lugan, *François Mitterrand, l'armée française et le Rwanda*, Monaco, Éditions du Rocher, 2005, p. 221.
144. Colonel Jacques Rosier, rapport de fin de mission, 27 juillet 1994 *in* Assemblée nationale, *Enquête sur la tragédie rwandaise*, *op. cit.*, t. II, p.397 [fgt]; amiral Jacques Lanxade, note « Objet : Opération Turquoise », 2 juillet 1994 [fgt]; Comforce Turquoise, point de situation du 2 juillet 1994, à 6 h.
145. Comforce Turquoise, point de situation du 2 juillet 1994, à 6 h ; EMA, « Opération Turquoise - Point de situation du 2 juillet 1994 ».

146. Corine Lesnes, « Une mission sur le fil du rasoir », *Le Monde*, 5 juillet 1994 [fgt]; Monique Mas, *Paris-Kigali 1990-1994, op. cit.*, p. 447.
147. Pierre-Henri Bunel, *Mes services secrets, op. cit.*, p. 352.
148. Entretien de François Graner avec un humanitaire anonyme ; capitaine Thierry Jouan, *Une vie dans l'ombre, op. cit.*, p. 229.
149. HRW et FIDH, *Aucun témoin ne doit survivre, op. cit.*, p. 798 [fgt]; Sam Kiley, « A "French Hand" in Genocide », *The Times*, 9 avril 1998 [fgt].
150. Entretien de François Graner avec l'amiral Jacques Lanxade, 22 août 2018.
151. Amiral Jacques Lanxade, note « Objet : Opération Turquoise », 2 juillet 1994 [fgt].
152. Entretien de François Graner avec l'amiral Lanxade, 22 août 2018.
153. Ministère de la Défense et ministère des Affaires étrangères, « Rwanda ; concept de zone humanitaire protégée ; contenu, évolution », 4 juillet 1994 [fgt].
154. Colonel Jacques Rosier, propos recueillis par Michela Wrong, « Rwanda. Vers une confrontation entre FPR et Turquoise », Reuters, 4 juillet 1994 [fgt].
155. Capitaine de frégate Marin Gillier, « Mission Turquoise », *Cols bleus*, n° 2273, septembre 1994 [fgt]; lire aussi lieutenant Nicolas Bodet, « Le RICM au Rwanda », *L'Ancre d'Or-Bazeilles*, n° 284, janvier-février 1995, « Dossier Turquoise » [fgt].
156. Général Didier Tauzin, *Rwanda. Je demande justice pour la France et ses soldats, op. cit.*, p. 146.
157. Colonel Didier Tauzin, propos recueillis par Christophe Boisbouvier, RFI, journal *Afrique soir* du 4 juillet 1994 (transcription par Vanadis Feuille). Lire aussi : « On ne passe plus », *Le Monde*, 6 juillet 1994 ; Stephen Smith et Jean Guisnel, « De la protection à l'interposition », *Libération*, 5 juillet 1994 ; François Luizet, « La France décide de s'interposer », *Le Figaro*, 5 juillet 1994.
158. Amiral Jacques Lanxade, directive de communication, 4 juillet 1994.
159. Bruno Delaye, général Christian Quesnot, note au président Mitterrand (objet : Rwanda), 7 juillet 1994 [fgt]; entretien de François Graner avec Jean-Christophe Rufin, 23 janvier 2018.
160. Olivier Lanotte, *La France au Rwanda (1990-1994), op. cit.*, p. 454.
161. Général Raymond Germanos, points de situation, 1er, 7, 12 et 14 juillet 1994.
162. Assemblée nationale, *Enquête sur la tragédie rwandaise, op. cit.*, t. I, p. 321-322.
163. *Ibid.*

164. Télégramme diplomatique Kigali, « Objet : Rwanda. Point de situation au matin du 7 juillet » ; Monique Mas, *Paris-Kigali 1990-1994, op. cit.*, p. 45. Déclaration reproduite *in* André Guichaoua, *Rwanda. De la guerre au génocide, op. cit.*, annexe 122, qui lui attribue la date du 7 juillet [fgt].
165. PCIAT Goma, point de situation du 12 juillet 1994 soir.
166. Télégramme diplomatique Kigali, « Attitude des FAR », 10 juillet 1994, *in* Assemblée nationale, *Enquête sur la tragédie rwandaise, op. cit.*, t. II, p. 416 [fgt].
167. Général Jean-Claude Lafourcade, fiche « Objet : Rencontre du général Germanos avec le général Bizimungu », 6 juillet 1994.
168. *Ibid.*
169. Général Raymond Germanos, Ordre d'opérations de Turquoise, 22 juin 1994, *in* Assemblée nationale, *Enquête sur la tragédie rwandaise*, t. II « Annexes », *op. cit.*, p. 387 [fgt].
170. Général Jean-Claude Lafourcade, *in* Laurent Larcher, *Rwanda, ils parlent*, *op. cit.*, p. 71.
171. DGSE, cartes de situation quotidienne « Rwanda – ouest » des 04, 05, 07, 11 et 13 juillet 1994, *in* fiche particulière « Rwanda. Suivi cartographique quotidien 24 juin au 13 juillet 1994 », 15 juillet 1994.
172. DGSE, fiche particulière « Rwanda. Suivi cartographique quotidien », 15 juillet 1994.
173. EMA, fiche « Opération Turquoise – Point de situation du 17 juillet 1994 », annexe situation.
174. EMA, fiche « Opération Turquoise – Point de situation du 18 juillet 1994 », annexe situation.
175. Clément Houssin, « Management d'opérations complexes. Rwanda. Turquoise », art. cité.
176. Entretien de François Graner avec un militaire anonyme.
177. Patrick de Saint-Exupéry, « Réarmez-les ! », *XXI*, n° 39, été 2017.
178. DRM, note quotidienne de situation du 21 juillet 1994.
179. Opération Turquoise, brigade prévôtale Goma, « Journal de marche du mois de juillet 94 », 16 juillet 1994.
180. EMA, fiche « Opération Turquoise - Point de situation du 17 juillet 1994 », annexe situation.
181. EMA, fiche « Opération Turquoise – Évolution de situation du 10 au 25 juillet », 26 juillet 1994 ; EMA, fiche « Opération Turquoise – Point de situation du 16 juillet 1994 » ; EMA, fiche « Opération Turquoise – Point de situation du 17 juillet 1994 » ; DRM, point de situation du 18 juillet 1994 à 06 h 00 ; EMA, fiche « Opération Turquoise – Point de situation du 18 juillet 1994 » ; PCIAT Goma, note quotidienne de situation, 21 juillet 1994.

182. Yves Debay, avec l'aide d'Éric Micheletti, « Avec les marsouins face au FPR », *Raids*, n° 101, octobre 1994 [fgt].
183. HRW, « Rwanda/Zaïre. Rearming with Impunity », mai 1995, p. 11 [fgt].
184. EMA, fiche « Opération Turquoise – Point de situation du 18 juillet 1994 », annexe situation ; lire aussi Raymond Bonner, « Stampede Raises Toll in Rwanda Chaos », *New York Times*, 18 juillet 1994 [fgt].
185. Entretien de François Graner avec l'amiral Lanxade, 22 août 2018.
186. Conseil de sécurité de l'ONU, résolution 918, 17 mai 1994, art. 13, p. 4 [fgt].
187. Colonel Jacques Rosier, fax manuscrit au général Le Page, 25 juin 1994, 7 h 45 ; général Jean-Claude Lafourcade, fiche « Objet : Rencontre du général Germanos avec le général Bizimungu », 6 juillet 1994.
188. Jacques Morel, *La France au cœur du génocide des Tutsis, op. cit.*, chapitre 22 « Fourniture d'armes pendant le génocide », p. 785-823, et en particulier la section 22.10 « Pendant Turquoise, les FAR reçoivent des armes par Goma », p. 802-804.
189. Le Procureur c. Théoneste Bagosora *et al.*, transcription de l'audience, ICTR-98-41-T, 10 novembre 2005, p. 15-17 [fgt].
190. HRW, « Rwanda/Zaïre, Rearming with Impunity », rapport cité, p. 11.
191. Lieutenant-colonel Cyprien Kayumba, lettre au ministre de la Défense à Bukavu, 26 décembre 1994 [fgt]; confirmé par Jean Kambanda, *Qui est génocide*, 29 mai 1997, inédit, p. 128 [fgt].
192. Brian Wood et Johan Peleman, *The Arms Fixers. Controlling the Brokers and Shipping Agents*, Oslo, International Peace Research Institute, 2000, chap. 3 ; lieutenant-colonel Cyprien Kayumba, lettre au ministre de la Défense à Bukavu, 26 décembre 1994 [fgt].
193. Augustin Bizimana, lettre au Premier ministre, 13 septembre 1994 [fgt]; confirmé par Jean Kambanda, *Qui est génocide*, *op. cit.*, p. 128 [fgt].
194. Guillaume Ancel, *Rwanda, la fin du silence*, *op. cit.*, p. 98-100.
195. *Ibid.*, p. 207.
196. Interviews du personnel de l'aéroport, d'hommes d'affaires locaux, d'équipages d'avions et de responsables zaïrois durant la période d'enquête (traduction de Jacques Morel) *in* HRW, « Rwanda/Zaïre, Rearming with Impunity », rapport cité.
197. Entretien de François Graner avec un membre d'équipage d'avion, anonyme.
198. Interview de Walfroy Dauchy, *in* « Génocide au Rwanda : la "faute" de la France », Benoît Collombat, FranceInter.fr, 14 mars 2019 [fgt]; Walfroy Dauchy *in* Michael Sztanke, *Rwanda, chronique d'un génocide*

annoncé, film cité, 42e minute ; Walfroy Dauchy *in* Laurent Larcher, *Rwanda, ils parlent*, *op. cit.*, p. 534-536.

199. Colonel Jacques Rosier, lettre au général Le Page, 25 juin 1994 [fgt].

200. Elisabeth Fleury, « Rwanda : des pièces accablantes pour la France », *Le Parisien*, 24 janvier 2013.

201. Général Augustin Bizimungu, « Rapport de la réunion du Haut Commandement des Forces armées rwandaises et des membres des commissions tenue à Goma du 2 au 8 septembre 1994 », 29 septembre 1994, p. 41 [fgt].

202. Julia Ficatier, « Paris dément toute livraison d'armes au Rwanda », *La Croix-L'Événement*, 31 mai 1995.

203. Entretien de François Graner avec l'amiral Jacques Lanxade, 22 août 2018.

204. Assemblée nationale, *Enquête sur la tragédie rwandaise*, *op. cit.*, t. I, p. 172 ; lire aussi t. II, p. 554-555.

205. *Ibid.*, t. I, p. 175.

206. *Ibid.*, t. III, vol. 1, p. 101.

207. Entretien de François Graner avec l'amiral Jacques Lanxade, 22 août 2018.

208. Amiral Jacques Lanxade, *in* Jean-Christophe Klotz, *Retour à Kigali, une affaire française*, film cité, 69e minute.

209. Entretien de François Graner avec un membre d'équipage d'avion, anonyme.

210. Franck Johannès *in* Laure Coret et François-Xavier Verschave (dir.), *L'horreur qui nous prend au visage*, *op. cit.*, p. 122-123.

211. Interview de Walfroy Dauchy *in* Benoît Collombat, « Génocide au Rwanda : la "faute" de la France », art. cité [fgt]; lire aussi Walfroy Dauchy *in* Laurent Larcher, *Rwanda, ils parlent*, *op. cit.*, p. 531.

212. Entretien de François Graner avec un militaire anonyme.

213. Colonel Jacques Rosier, cité par Stephen Smith, « Dialogue difficile avec les massacreurs », art. cité.

214. DRM, fiche « Objet : Qui sont les massacreurs », 15 juin 1994 ; DGSE, « Rwanda, Mouvements de réfugiés », fiche particulière n° 18891/N, 24 juin 1994.

215. EMA, fiche « Objet : Présentation générale de l'opération française au Rwanda », 15 juin 1994, et fiche « Situation au Rwanda », *in* « Mémoire sur une opération militaire au Rwanda », état-major des armées, non daté [probablement le 16 juin]; général Jean-Claude Lafourcade, Ordre d'opérations de Turquoise, 25 juin 1994, *in* général Jean-Claude Lafourcade, Guillaume Riffaud, *Opération Turquoise*, *op. cit.*, p. 195-210.

216. EMA, fiche « Opération Turquoise - Point de situation du 30 juin 1994 ».
217. EMA, fiche « Objet : Présentation générale de l'opération française au Rwanda », 15 juin 1994, et fiche « Situation au Rwanda », *in* « Mémoire sur une opération militaire au Rwanda », état-major des armées, non daté [probablement le 16 juin]; général Raymond Germanos, Ordre d'opérations de Turquoise, 22 juin 1994, *in* Assemblée nationale, *Enquête sur la tragédie rwandaise*, *op. cit.*, t. II « annexes », p. 386 [fgt].
218. Comfor/CEM [commandement de la force Turquoise / le chef d'état-major], compte rendu quotidien, 28 juin 1994 ; DRM, point de situation au 2 juillet 1994 à 16h00.
219. African Rights, *Rwanda. Death, Despair and Defiance*, Londres, 1995, p. 247 (traduction des auteurs).
220. B2 Opération Turquoise [bureau « renseignement » du général Lafourcade à Goma], synthèse quotidienne, 23 juin 1994 ; DRM, « Synthèse quotidienne de situation du 28 juin 1994 [sic] », datée 27 juin 1994 ; Comfor/CEM [commandement de la force Turquoise / le chef d'état-major], compte rendu quotidien, 28 juin 1994.
221. PCIAT, « note quotidienne de situation du 4 juillet 1994 » ; EMA, fiche « Opération Turquoise – Point de situation du 5 juillet 1994 » ; général Jean-Claude Lafourcade, fiche minute, comtel [communication téléphonique] 7 juillet 1994, 8 h 15 ; général Jean-Claude Lafourcade, point de situation du 7 juillet 1994.
222. PCIAT, note quotidienne de situation, 12 juillet 1994 ; repris *in* EMA, fiche « Opération Turquoise – Point de situation du 13 juillet 1994 », annexe Situation et *in* DRM, note quotidienne de situation du 13 juillet 1994.
223. DRM, note quotidienne de situation du 14 juillet 1994.
224. Chris McGreal, « French Compromised by Collaboration in Rwanda », art. cité ; Raymond Bonner « Fear is Still Persuasive in Rwanda Countryside », *New York Times*, 29 juin 1994.
225. PCIAT, note quotidienne de situation, 4 juillet 1994.
226. DRM, « Éléments de situation du 5 juillet 1994 », n° 2239.
227. DRM, note quotidienne de situation, 5 juillet 1994, n° 2241.
228. DGSE, carte de situation quotidienne « Rwanda – ouest - 29 juin 1994 », *in* fiche particulière Rwanda, « Suivi cartographique de la crise rwandaise, 24 juin au 13 juillet 1994 », 15 juillet 1994 ; *idem*, 30 juin 1994 ; *idem*, 1er juillet 1994.

229. DGSE, carte de situation quotidienne « Rwanda – ouest – 13 juillet 1994 », *in* fiche particulière Rwanda, « Suivi cartographique de la crise rwandaise, 24 juin au 13 juillet 1994 », 15 juillet 1994.
230. COIA/CCR [Commandement opérationnel interarmées / cellule de crise Rwanda], fiche d'analyse, « Objet : C/R équipe COS », 4 juillet 1994.
231. DGSE, carte « Rwanda – ouest », 5 août 1994.
232. Général Raymond Germanos, Ordre d'opérations de Turquoise, 22 juin 1994, *in* Assemblée nationale, *Enquête sur la tragédie rwandaise*, t. II « Annexes », *op. cit.*, p. 387 [fgt].
233. Entretien de François Graner avec l'amiral Jacques Lanxade, 22 août 2018.
234. Lieutenant-colonel Jean-Rémi Duval, *in* Assemblée nationale, *Enquête sur la tragédie rwandaise, op. cit.*, t. III, Auditions, vol. 2, p. 119 ; Jacques Hogard, *Les Larmes de l'honneur. 60 jours dans la tourmente du Rwanda*, Paris, Hugo & Cie, 2005, p. 38-39.
235. André Guichaoua, *Rwanda 1994. Les politiques du génocide à Butare*, Paris, Karthala, 2005, p. 181 ; entretiens avec Michel Cuingnet, 3 et 13 février 2006, *in* Gabriel Périès et David Servenay, *Une guerre noire*, *op. cit.*, p. 244.
236. Jacques Lanxade, *Quand le monde a basculé*, *op. cit.*, p. 179-180.
237. Entretiens avec le capitaine Bernard Gondal et Jacques Hogard, *in* Gabriel Périès et David Servenay, *Une guerre noire*, *op. cit.*, p. 325-326 ; auditions du général Jean-Claude Lafourcade et du colonel Patrice Sartre, Assemblée nationale, *Enquête sur la tragédie rwandaise, op. cit.*, t. III, Auditions, vol. 2, p. 113 ; Jacques Hogard, *Les Larmes de l'honneur, op. cit.*, p. 45 et 48.
238. DRM, « Localisation des déplacés au Rwanda en zone gouvernementale au 29 juin 1994 ».
239. Entretiens avec Jacques Hogard, *in* Gabriel Périès et David Servenay, *Une guerre noire*, *op. cit.*, p. 326.
240. Entretien avec le capitaine Bernard Gondal, *in* Gabriel Périès et David Servenay, *Une guerre noire*, *op. cit.*, p. 325.
241. DRM, note quotidienne de situation du 15 juillet 1994.
242. Christian Lecomte, « Réfugiés par millions, famine, maladies, massacres. Au Rwanda, l'horreur est encore à venir », *La Vie*, 21 juillet 1994.
243. Jacques Hogard, *Les Larmes de l'honneur, op. cit.*, p. 90.
244. Comfor Turquoise, compte rendu quotidien du 6 juillet 1994.
245. Lieutenant Nicolas Bodet, « Le RICM au Rwanda », art. cité.
246. Guillaume Ancel, *Rwanda, la fin du silence*, *op. cit.*, p. 91-93.

247. Christian Lecomte, « Réfugiés par millions, famine, maladies, massacres », art. cité.
248. Comforce Turquoise, télécopie « Suivi du fax du général Dallaire », faxée le 5 juillet 1994, « Traduction de la Communication du général Dallaire ».
249. État-major des armées, note « Zone humanitaire protégée », 6 juillet 1994 ainsi que son complément ; général Jean-Claude Lafourcade, fiche « Entretien avec le général Dallaire du 6 juillet 1994 », 6 juillet 1994.
250. FPR, « The list of people who masterminded Rwanda genocide and massacres (the list is not exhaustive) », 7 juillet 1994.
251. Jacques Hogard, *Les Larmes de l'honneur, op. cit.*, p. 45 ; audition du colonel Patrice Sartre, Assemblée nationale, *Enquête sur la tragédie rwandaise, op. cit.*, t. III, Auditions, vol. 2, p. 113.
252. DRM, point de situation le 11 juillet 1994 à 7 heures.
253. Général Jean-Claude Lafourcade, *in* « Lafourcade – Nous accueillerons les ministres hutus », Reuters, 11 juillet 1994.
254. « Modalités d'exécution dans la ZHS », 13 juillet 1994, cité par Bernard Lugan, *François Mitterrand, l'armée française et le Rwanda, op. cit.*, p. 247-248.
255. Assemblée nationale, *Enquête sur la tragédie rwandaise, op. cit.*, t. I, p. 324.
256. PCIAT, point de situation du 14 juillet 1994 soir ; EMA, « Opération Turquoise - Point de situation du 14 juillet 1994 », Annexe situation ; DRM, note quotidienne de situation du 15 juillet 1994 ; DGSE, fiche particulière « Rwanda. Suivi cartographique quotidien », 15 juillet 1994 ; DRM, note quotidienne de situation du 16 juillet 1994.
257. Jacques Hogard, *in* Michael Sztanke, *Rwanda, chronique d'un génocide annoncé*, film cité, 37e minute.
258. PCIAT, point de situation du 14 juillet 1994 soir.
259. Général Jean-Claude Lafourcade, lettre à Bernard Cazeneuve, « Informations concernant l'évacuation des membres du gouvernement intérimaire rwandais », lettre à la Mission d'information parlementaire, 30 juillet 1998, *in* Assemblée nationale, *Enquête sur la tragédie rwandaise, op. cit.*, t. II, « Annexes », annexe 9.H.1, p. 535 [fgt].
260. Yannick Gérard, deux télégrammes diplomatiques, 15 juillet 1994, *in* Assemblée nationale, *Enquête sur la tragédie rwandaise, op. cit.*, t. II, « Annexes », annexes 9.D.9 et 9.D.10, p. 418-419 [fgt].
261. EMA, « Opération Turquoise - Point de situation du 15 juillet 1994 ».
262. Général Christian Quesnot, note au président Mitterrand, « Rwanda. Réunion à Matignon vendredi 15 juillet à 11h15 », 15 juillet 1994 [fgt].

263. Reuters, « Rwanda. Paris prêt à arrêter les membres du gouvernement », 15 juillet 1994 [fgt].
264. *Ibid.*
265. Édouard Balladur, lettre à Bernard Debré, 9 juin 1998, *in* Assemblée nationale, *Enquête sur la tragédie rwandaise, op. cit.*, t. II, p. 378 [fgt].
266. Entretien de François Graner avec l'amiral Jacques Lanxade, 22 août 2018. Le général Quesnot a refusé de s'entretenir avec les auteurs.
267. Joseph Gouala, « Le gouvernement intérimaire restera à Cyangugu, selon un de ses membres (Correction) », AFP, 16 juillet 1994 ; AFP, « Rwandan Government Will Operate from French Zone : Minister », 16 juillet 1994 [fgt].
268. EMA, « Opération Turquoise - Point de situation du 16 juillet 1994 ».
269. Jacques Hogard, *Les Larmes de l'honneur, op. cit.*, p. 97 ; entretien avec Jacques Hogard, *in* Gabriel Périès et David Servenay, *Une guerre noire, op. cit.*, p. 340 ; Jacques Hogard, *Libre Journal*, émission de Roger Saboureau, Radio Courtoisie, 20 février 2006, 73e et 74e minutes ; Jacques Hogard, *in* Bernard Lugan, *François Mitterrand, l'armée française et le Rwanda*, *op. cit.*, p. 250-251.
270. « La légion au Ruanda : Un supplément de huit pages sur l'opération Turquoise », *Képi blanc*, n° 549, octobre 1994, (encart détachable entre les pages 32 et 33), p. 6 [fgt].
271. Jacques Hogard, *Libre Journal*, émission de Roger Saboureau, Radio Courtoisie, 20 février 2006, 74e minute.
272. PCIAT, « Point de situation du dimanche 17 juillet au soir », 1994.
273. DRM, « Note quotidienne de situation du 17 juillet 1994 » ; EMA, « Opération Turquoise - Point de situation du 17 juillet 1994 ».
274. Général Raymond Germanos, point de situation du 18 juillet 1994 ; point de situation du 19 juillet 1994 ; DRM, note quotidienne de situation, 19 juillet 1994 ; Guillaume Ancel, *Rwanda, la fin du silence, op. cit.*, p. 102-103 ; Jean Kambanda, interrogatoire par Pierre Duclos et Marcel Desaulnier, Cassette n° 76, TPIR, 22 mai 1998 [fgt]; voir la compilation des sources sur FranceGenocideTutsi.org.
275. PCIAT, « Point de situation du dimanche 17 juillet au soir », 1994.
276. Général Jean-Claude Lafourcade, lettre à Bernard Cazeneuve, « Informations concernant l'évacuation des membres du gouvernement intérimaire rwandais », lettre à la Mission d'information parlementaire, 30 juillet 1998, *in* Assemblée nationale, *Enquête sur la tragédie rwandaise, op. cit.*, t. II, « Annexes », annexe 9.H.1, p. 535 [fgt].
277. EMA, « Opération Turquoise - Point de situation du 18 juillet 1994 ».

278. EMA, « Opération Turquoise - Point de situation du 14 juillet 1994 », annexe situation ; DRM, « Note quotidienne de situation du 15 juillet 1994 » ; DRM, « Note quotidienne de situation du 16 juillet 1994 ».
279. Ministère des Affaires étrangères, direction des affaires africaines et malgaches, « Rwanda, réunion du 19 juillet 1994 », cité *in* Assemblée nationale, *Enquête sur la tragédie rwandaise, op. cit.*, t. II, p. 462 [fgt].
280. Bureau renseignement, fiche « Bilan des écoutes et repérages des radios extrémistes hutues au Rwanda », 21 juillet 1994.
281. « Rwanda. Intervention prononcée par le représentant permanent de la France aux Nations unies », vote de la Résolution 935, New York, 1er juillet 1994 [fgt].
282. DRM, synthèse quotidienne, 22 juin 1994 ; compte rendu d'activité journalier du détachement renseignement du PC interarmées de théâtre, sans date (faxé le 23 juin 1994 à 5 h 09) ; PCIAT, bureau renseignement, fiche « Bilan des écoutes et repérages des radios extrémistes hutues au Rwanda », 21 juillet 1994.
283. PCIAT, note quotidienne de situation, 9 juillet 1994 ; DGSE, carte thématique « Rwanda – Burundi – Radio extrémiste hutue », 8 juillet 1994, *in* fiche particulière Rwanda, « Suivi cartographique de la crise rwandaise, 24 juin au 13 juillet 1994 », 15 juillet 1994 ; DGSE, carte thématique « Rwanda – Radios hutues », 11 juillet 1994, *in* fiche particulière Rwanda, « Suivi cartographique de la crise rwandaise, 24 juin au 13 juillet 1994 », 15 juillet 1994 ; PCIAT, bureau renseignement, fiche « Bilan des écoutes et repérages des radios extrémistes hutues au Rwanda », 21 juillet 1994.
284. Jacques Hogard, *Les Larmes de l'honneur, op. cit.*, p. 97.
285. PCIAT, bureau renseignement, fiche « Bilan des écoutes et repérages des radios extrémistes hutues au Rwanda », 21 juillet 1994.
286. PCIAT, Opération Turquoise, le général, point de situation du 19 juillet au soir ; PCIAT, bureau renseignement, fiche « Radios pro-Hutus de la bande FM, dont la radio dite des "Mille collines" », 2 août 1994.
287. DRM, note quotidienne de situation du 23 juillet 1994.
288. Édouard Balladur, 2006, *in* Gabriel Périès et David Servenay, *Une guerre noire*, *op. cit.*, p. 337.
289. Entretien de François Graner avec l'amiral Jacques Lanxade, 22 août 2018.
290. Alain Frachon et Afsané Bassir Pour, « Radio Mille Collines épargnée ? », *Le Monde*, 31 juillet-1er août 1994, p. 3.
291. Pierre-Henri Bunel, *Mes services secrets, op. cit.*, p. 351.

292. EMA, message pour général Comforce, « Action humanitaire au Rwanda », 25 juin 1994 ; EMA, « Opération Turquoise - Point de situation du 30 juin 1994 ».
293. Général Didier Tauzin, *Rwanda. Je demande justice pour la France et ses soldats*, *op. cit.*, p. 134 ; EMA, « Opération Turquoise - Point de situation du 6 juillet 1994 ».
294. Général Didier Tauzin, *Rwanda. Je demande justice pour la France et ses soldats*, *op. cit.*, p. 131.
295. Guillaume Ancel, *Rwanda, la fin du silence*, *op. cit.*, p. 53.
296. *Ibid.*, p. 54.
297. Audition du Dr François Pons, 9 juillet 1998, *in* Assemblée nationale, *Enquête sur la tragédie rwandaise*, *op. cit.*, t. III, vol. 2, p. 383 ; confirmé par l'entretien de François Graner avec le Dr André Garron, 23 août 2018.
298. François Pons, Sylvain Rigal, Christophe Dupeyron, « Rwanda et Zaïre : une antenne chirurgicale au cours de l'opération Turquoise », *Médecine tropicale*, vol. 54, p. 369, 1994 ; François Pons, Sylvain Rigal, Christophe Dupeyron, Jacques de Saint-Julien, « Activité chirurgicale d'une antenne du service de santé des armées dans le cadre de l'opération "Turquoise" au Rwanda de juin à août 1994 », art. cité.
299. Direction centrale du service de santé des armées, « Liste personnels », 5 août 1994.
300. Rapport d'activité de fin de mission de l'Emmir à Cyangugu, *in Rapport de fin de mission Opération Turquoise*, t. III, partie XI : Emmir.
301. EMA, « Objet : Opération Turquoise. Point de situation du 3 juillet 1994 » ; EMA, « Note à l'attention du cabinet militaire du ministre de la Défense, CM21, Objet : État sanitaire des réfugiés au Rwanda », 5 juillet 1994.
302. Guillaume Ancel, *Rwanda, la fin du silence*, *op. cit.*, p. 66-67.
303. Yannick Gérard, Télégramme diplomatique Kigali 417, 7 juillet 1994 à 21 h 32.
304. EMA, « Objet : Opération Turquoise - Point de situation du 11 juillet 1994 » ; COS, compte rendu quotidien, 14 juillet 1994.
305. Hervé Ladsous, télégramme diplomatique New York 3437, « Rwanda : Adoption d'une déclaration présidentielle », 14 juillet 1994 [fgt].
306. Jacques Hogard, *Les Larmes de l'honneur*, *op. cit.*, p. 44.
307. *Ibid.*, p. 97-99 ; lire aussi p. 112.
308. Jacques Hogard, Radio Courtoisie, *Libre Journal des historiens*, Philippe Conrad, « La question du Rwanda : le Rwanda 25 ans après », 1er mai 2019, 66e minute.

309. Opération Turquoise PCIAT, état-major, bureau renseignement, fiche « Objet : Bilan des écoutes et repérages des radios extrémistes hutues au Rwanda », 21 juillet 1994.
310. PCIAT Goma, note quotidienne de situation du 19 juillet 1994.
311. PCIAT Goma, note quotidienne de situation du 20 juillet 1994.
312. Jacques Hogard, *Les Larmes de l'honneur*, *op. cit.*, p. 83, 100, 113.
313. François Pons, Sylvain Rigal, Christophe Dupeyron, Jacques de Saint-Julien, « Activité chirurgicale d'une antenne du service de santé des armées dans le cadre de l'opération "Turquoise" au Rwanda de juin à août 1994 », art. cité.
314. Opération Turquoise - le général, « Point de situation du 20 juillet 1994 soir ».
315. EMA, « Opération Turquoise - Point de situation du 30 juillet 1994 au matin ».
316. Jean-Claude Lafourcade, entretien avec Leila Minano et Julia Pascual, « Viols au Rwanda. De nouvelles victimes accusent les soldats français », *Causette*, n° 18, novembre 2011, p. 64 ; confirmé par l'audition du Dr Robert de Rességuier, 9 juillet 1998, *in* Assemblée nationale, *Enquête sur la tragédie rwandaise*, *op. cit.*, t. III, vol. 2, p. 379.
317. PCIAT, B2 Opération Turquoise, note quotidienne de situation du 9 août 1994.
318. PCIAT Comforce Turquoise, compte rendu quotidien du 20 juillet 1994 ; PCIAT, B2 Opération Turquoise, note quotidienne de situation du 26 juillet 1994 ; DRM, note quotidienne de situation du 27 juillet 1994 ; EMA, « Objet : Opération Turquoise – Évolution de situation du 10 au 25 juillet 1994 », 26 juillet 1994 ; Rapport d'activité de fin de mission de l'Emmir à Cyangugu, *in Rapport de fin de mission Opération Turquoise*, t. III.
319. DRM, note quotidienne de situation du 25 juillet 1994 ; DRM, note quotidienne de situation du 31 juillet 1994 ; EMA, « Opération Turquoise - Point de situation du 30 juillet 1994 au matin », annexe situation.
320. DRM, note quotidienne de situation du 4 août 1994 ; François Pons, Sylvain Rigal, Christophe Dupeyron, Jacques de Saint-Julien, « Activité chirurgicale d'une antenne du service de santé des armées dans le cadre de l'opération "Turquoise" au Rwanda de juin à août 1994 », art. cité.
321. EMA, « Objet : La situation humanitaire au Rwanda le 11 août », 12 août 1994, et notamment annexe carte « Épidémies en cours sur la population déplacée », 9 août 1994 ; EMA, « Objet : La situation humanitaire au Rwanda le 21 août », 23 août 1994.
322. EMA, « Opération Turquoise - Point de situation du 30 juillet 1994 ».
323. Patrick de Saint-Exupéry, *L'Inavouable*, *op. cit.*, p. 140-141.

324. DRM, note quotidienne de situation du 20 juillet 1994.
325. PCIAT Comforce Turquoise, compte rendu quotidien du 20 juillet 1994.
326. Opération Turquoise - le général, « Point de situation du dimanche 18 juillet soir » ; PCIAT Goma, note quotidienne de situation du 19 juillet 1994 ; PCIAT, point de situation du 19 juillet 1994 ; PCIAT Goma, note quotidienne de situation du 20 juillet 1994 ; Opération Turquoise - le général, « Point de situation du 20 juillet 1994 soir ».
327. PCIAT Goma, notes quotidiennes de situation des 31 juillet, 1er, 4 et 7 août 1994.
328. Jacques Hogard, Radio Courtoisie, *Libre Journal des historiens*, Philippe Conrad, « La question du Rwanda : le Rwanda 25 ans après », 1er mai 2019, 60e minute ; Jacques Hogard, *Les Larmes de l'honneur*, *op. cit.*, p. 66 et 108-110.
329. Interview de Walfroy Dauchy *in* Benoît Collombat, « Génocide au Rwanda : la "faute" de la France », art. cité [fgt].
330. Walfroy Dauchy *in* Laurent Larcher, *Rwanda, ils parlent*, *op. cit.*, p. 531 et 533.
331. Entretien de François Graner avec le Dr André Garron, 23 août 2018.
332. EMA, « Objet : Opération Turquoise - Point de situation » du 25 juillet 1994, annexe situation.
333. Opération Turquoise - le général, point de situation du 19 juillet 1994 soir ; PCIAT Comforce Turquoise, compte rendu quotidien du 20 juillet 1994 ; EMA, « Objet : Opération Turquoise - Point de situation » du 21 juillet 1994, annexe situation ; DGSE, fiche particulière « Rwanda, suivi cartographique quotidien », 21 juillet 1994 ; Opération Turquoise - le général, point de situation du 23 juillet 1994 ; EMA, « Objet : Opération Turquoise - Évolution de situation du 10 au 25 juillet 1994 », 26 juillet 1994 ; DGSE, cartes « Rwanda – ouest », 5, 8, 9, 10, 12 août 1994 ; PCIAT Goma, note quotidienne de situation du 11 août 1994 ; PCIAT Comforce Turquoise, note quotidienne de situation du 12 août 1994.
334. Christian Lecomte, « Réfugiés par millions, famine, maladies, massacres », art. cité.
335. Entretien de François Graner avec Pierre Brunet, 28 août 2018.
336. Walfroy Dauchy *in* Laurent Larcher, *Rwanda, ils parlent*, *op. cit.*, p. 533.
337. Général Jean-Claude Lafourcade, « L'opération Turquoise au Rwanda », *in L'Ancre d'Or-Bazeilles*, n° 284, janvier-février 1995, « Dossier Turquoise » [fgt] ; ministère de la Défense, fiche « La situation humanitaire

au Rwanda le 21 août », 21 août 1994 ; EMA, fiche « Objet : La situation humanitaire au Rwanda le 21 août », 23 août 1994.

338. Comforce Turquoise, « Appréciation de situation le 8 août matin (5 h 53) ».

339. Audition du Dr François Pons, 9 juillet 1998, *in* Assemblée nationale, *Enquête sur la tragédie rwandaise, op. cit.*, t. III, vol. 2, p. 388.

340. Jean-Claude Lefort, note n° 4 à Bernard Cazeneuve, 24 août 1998, *in* « Notes du député Jean-Claude Lefort, membre de la Mission d'information parlementaire », *La Nuit rwandaise*, n° 2, 7 avril 2008 [fgt].

341. Dominic Johnson, Simone Schlindwein et Bianca Schmolze, *Tatort Kongo – Prozess in Deutschland. Die Verbrechen der ruandischen Miliz FDLR und der Versuch einer juristischen Aufarbeitung*, Berlin, Ch. Links Verlag, 2016, p. 132.

342. Théoneste Bagosora, audience TPIR du 10 novembre 2005, ICTR-98-41-T, p. 15, 79 [fgt] ; Filip Reyntjens, *Rwanda. Trois jours qui ont fait basculer l'histoire*, *op. cit.*, p. 56-57.

343. François Nzabahimana, audition par l'auditorat militaire belge (Guy Artiges), 2 septembre 1994 [fgt].

344. PCIAT Goma, note quotidienne de situation du 20 juillet 1994.

345. Clément Houssin, « Management d'opérations complexes. Rwanda. Turquoise », art. cité.

346. Clément Houssin, « Rwanda. Opération Turquoise. Entre mythes et réalités », art. cité.

347. DGSE, « Rwanda–Zaïre, situation personnelle de M. Ruggiu », fiche particulière n° 19150/N, 29 juillet 1994.

348. Jean-Bernard Mérimée, télégramme diplomatique New York, « Objet : Rwanda. Station radio », 30 septembre 1994.

349. DRM, note quotidienne de situation du 20 juillet 1994.

350. Augustin Bizimana, lettre aux officiers généraux et supérieurs, « Réorganisation des Forces armées rwandaises », 11 août 1994 [fgt].

351. Lieutenant-général Roméo Dallaire, *J'ai serré la main du diable*, *op. cit.*, p. 621.

352. Entretien de François Graner avec Guillaume Ancel, 5 septembre 2018 ; entretien de François Graner avec un militaire anonyme.

353. B2 Opération Turquoise, note quotidienne de situation du 19 août 1994.

354. Assemblée nationale, *Enquête sur la tragédie rwandaise*, *op. cit.*, t. I, p. 329 ; Opération Turquoise - le général, point de situation du 23 juillet 1994 ; colonel Michel Goya, « Comprendre l'action militaire de la France au Rwanda », 17 août 2012 et 8 avril 2014, LaVoieDeLEpee.blogspot.com.

355. Assemblée nationale, *Enquête sur la tragédie rwandaise*, *op. cit.*, t. I, p. 329.

356. Colonel Jacques Hogard, « France-Rwanda : opération Turquoise », vidéo ajoutée le 23 août 2016 par Tribune franco-rwandaise, disponible sur le compte YouTube de Ibukabose-Rengerabose, 13e minute ; Jean Guisnel, « Rwanda 1994 : "Il n'a jamais été question d'un raid sur Kigali !" », entretien avec Jacques Hogard, Le Point.fr, 9 avril 2014.

357. François Pons, Sylvain Rigal, Christophe Dupeyron, Jacques de Saint-Julien, « Activité chirurgicale d'une antenne du service de santé des armées dans le cadre de l'opération "Turquoise" au Rwanda de juin à août 1994 », art. cité.

358. Cité par HRW, « Rwanda/Zaïre. Rearming with Impunity », rapport cité, p. 8, confirmé par un témoignage d'un membre d'équipage d'avion recueilli par François Graner.

359. EMA, « Opération Turquoise - Point de situation » du 20 juillet 1994, annexe situation.

360. Walfroy Dauchy, *in* Laurent Larcher, *Rwanda, ils parlent, op. cit.*, p. 532-534 ; interview de Walfroy Dauchy *in* Benoît Collombat, « Génocide au Rwanda : la "faute" de la France », art. cité [fgt].

361. DRM, note quotidienne de situation du 25 juillet 1994 ; DRM, point de situation du 19 juillet 1994 à 07 H 00 ; PCIAT, note quotidienne de situation du 17 août 1994 ; DGSE, « Tanzanie – Rwanda. Regain de tension dans les camps de réfugiés », fiche particulière n° 19222/N, 10 août 1994.

362. DGSE, « Rwanda – Burundi – Zaïre. Actions prévisibles de la communauté hutue », fiche particulière n° 18961/N, 4 juillet 1994.

363. DGSE, « Rwanda – Zaïre. Éléments de situation au Kivu », fiche particulière n° 19207/N, 6 août 1994.

364. DGSE, « Incidences de la crise rwandaise sur la région des Grands Lacs », note 2302, 23 septembre 1994.

365. DGSE, « Rwanda – Zaïre. Afflux de miliciens Interahamwe au sud Kivu », fiche particulière n° 19264/N, 19 août 1994.

366. DGSE, « Rwanda – Zaïre. Situation des milices Interahamwe », fiche particulière n° 19380/N, 19 septembre 1994.

367. Dominic Johnson, Simone Schlindwein et Bianca Schmolze, *Tatort Kongo, op. cit.*, p. 134.

368. Andrew Wallis, *Stepp'd in Blood. Akazu and the Architects of the Rwandan Genocide against the Tutsi*, Alresford, Zero Books, 2019, p. 492.

369. DGSE, « Situation de l'ancien gouvernement rwandais », fiche particulière n° 18814/N, 21 octobre 1994.
370. Dominic Johnson, Simone Schlindwein et Bianca Schmolze, *Tatort Kongo, op. cit.*, p. 136-137.
371. Jean-Paul Kimonyo, *Rwanda demain ! Une longue marche vers la transformation*, Karthala, 2017, p. 151-157.
372. Gérard Prunier, *Rwanda 1959-1996. Histoire d'un génocide, op. cit.*, p. 384, note 25. Lire aussi Dominic Johnson, Simone Schlindwein et Bianca Schmolze, *Tatort Kongo, op. cit.*, p. 137.
373. Dominic Johnson, Simone Schlindwein et Bianca Schmolze, *Tatort Kongo, op. cit.*, p. 137.
374. Patrick de Saint-Exupéry, *L'Inavouable, op. cit.*, p. 143.
375. Robert Block, « Aid Agency Says France is Rearming the Hutus : UN « Aware » of Troops Training », *Independent on Sunday*, 6 novembre 1994, cité par Andrew Wallis, *Silent Accomplice. The Untold Story of France's Role in Rwandan Genocide*, Londres, I. B. Tauris, 2006, p. 188.
376. HRW, « Rwanda/Zaïre. Rearming with Impunity », rapport cité, p. 9.
377. Alain Frilet, « Le tranquille exil des chefs de guerre », *Libération*, 23 novembre 1994.
378. Bruno Delaye, note à François Mitterrand, « Invitation du Rwanda à Biarritz », 24 octobre 1994 [fgt].
379. William Emmanuel, « Paris juge Kigali agressif mais évoque un dialogue », Reuters, 8 novembre 1994.
380. « La France conditionne son aide au Rwanda à la démocratisation », AFP, 18 décembre 1994.
381. Logoz, télégramme diplomatique Kigali 141, 20 mars 1995.
382. Andrew Wallis, *Stepp'd in Blood, op. cit.*, p. 513.
383. Interviews du personnel de l'aéroport, d'hommes d'affaires locaux, d'équipages d'avions et de responsables zaïrois durant la période d'enquête *in* HRW, « Rwanda/Zaïre. Rearming with Impunity », rapport cité, p. 12.
384. Survie et Agir ici, *Dossiers noirs de la politique africaine de la France n° 1 à 5*, Paris, L'Harmattan, 1996, p. 20 ; entretien de François Graner avec un membre d'équipage d'avion, anonyme.
385. Entretien de François Graner avec un membre d'équipage d'avion, anonyme.
386. HRW, « Rwanda/Zaïre. Rearming with Impunity », rapport cité, p. 10-11.
387. Jean Kambanda, *Qui est génocide, op. cit.*, p. 128.

388. Franck Johannès, « Les Kalachnikov de l'étrange pasteur », *Le Journal du dimanche*, 3 juillet 1994.
389. HRW, « Rwanda/Zaïre. Rearming with Impunity », rapport cité, p. 10.
390. Entretien de François Graner avec un membre d'équipage d'avion et un militaire, anonymes.
391. Alain Lallemand, « Commission rogatoire du juge Van Ruymbeke au Cantersteen, finances du Parti républicain français : une piste à Bruxelles », *Le Soir*, 17 juin 1994.
392. Jean-Pierre Perrin, « Barril, "l'affreux" », *XXI*, n° 10, printemps 2010, p. 54 ; Raphaël Granvaud, *Areva en Afrique. Une face cachée du nucléaire français*, Marseille, Agone, 2012, p. 206-208, 213, 215, 274.
393. André Guichaoua, *Rwanda : de la guerre au génocide*, *op. cit.*, annexe 11, en ligne, « Lien de parenté de la famille de Juvénal Habyarimana ».
394. Christophe Boltanski, « Rwanda : l'homme qui en savait trop », *Le Nouvel Observateur*, 12-18 mars 2009, p. 30.
395. « Le mystérieux M. Singaye », *Jeune Afrique*, 14 avril 2009 ; « Fabien Singaye : "Je suis un homme transparent" », *Jeune Afrique*, 18 mai 2009.
396. Benoît Collombat et David Servenay, *« Au nom de la France ». Guerres secrètes au Rwanda*, Paris, La Découverte, 2014, p. 69 ; Philippe Brewaeys, *Rwanda 1994. Noirs et blancs menteurs*, *op. cit.*, p. 81 ; Jean-Pierre Perrin, « Barril, "l'affreux" », art. cité ; « Le mystérieux M. Singaye », art. cité.
397. Jean Kambanda, interrogatoire par Pierre Duclos et Marcel Desaulniers, cassette n° 26, TPIR, 30 septembre 1997, p. 29 [fgt].
398. Ezakar Bigilinka, interrogatoire par Jacques Aillargeon, Michel Stassin et Réjean Tremblay, TPIR, 25 avril 2003, p. 17 [fgt].
399. Conseil fédéral suisse, réponse à l'interpellation de Victor Ruffy (groupe socialiste), 20 septembre 1994, p. 2-3 [fgt].
400. « Le Quai d'Orsay de Levallois », *Le Canard enchaîné*, 3 février 2010, cité *in* Benoît Collombat et David Servenay, *« Au nom de la France »*, *op. cit.*, p. 78.
401. Martine Orange, « Areva dans le scandale d'Uramin : Balkany et le retour des Katangais », Mediapart.fr, 23 janvier 2012 ; Raphaël Granvaud, *Areva en Afrique*, *op. cit.*, p. 204-206.
402. Benoît Collombat et David Servenay, *« Au nom de la France »*, *op. cit.*, p. 69-70 et 84-86 ; « Le mystérieux M. Singaye », art. cité ; « Fabien Singaye : "Je suis un homme transparent" », art. cité.
403. Andrew Wallis, *Stepp'd in Blood*, *op. cit.*, p. 493-495 ; Dominic Johnson, Simone Schlindwein et Bianca Schmolze, *Tatort Kongo*, *op. cit.*, p. 135.

404. Dominic Johnson, Simone Schlindwein et Bianca Schmolze, *Tatort Kongo, op. cit.*, p. 139.
405. Sur les détails du massacre de Kibeho, on consultera deux récits qui apprécient différemment les faits : Gérard Prunier, *Africa's World War. Congo, the Rwandan Genocide and the Making of a Continental Catastrophe*, Oxford, Oxford University Press, 2009, p. 38-42 ; Jean-Paul Kimonyo, *Rwanda demain !, op. cit.*, p. 169-171.
406. Andrew Wallis, *Stepp'd in Blood, op. cit.*, p. 510.
407. François Janne d'Othée, « Rwanda : tensions franco-belges », *La Croix*, 13 juillet 1995.
408. Andrew Wallis, *Stepp'd in Blood, op. cit.*, p. 485-486.
409. Elif Kaban, *Reuters*, 11 septembre 1995.
410. Andrew Wallis, *Stepp'd in Blood, op. cit.*, p. 503-504.
411. *Ibid.*, p. 504-505.
412. *Ibid.*, p. 507.
413. *Ibid.*, p. 508.
414. *Ibid.*, p. 509.
415. Dominic Johnson, Simone Schlindwein et Bianca Schmolze, *Tatort Kongo, op. cit.*, p. 140-141.
416. *Ibid.*, p. 141.
417. Jean-Paul Kimonyo, *Rwanda demain !, op. cit.*, p. 172.
418. Paul Kagame, entretien avec John Pomfret, « Rwandans Led Revolt In Congo », *Washington Post*, 9 juillet 1997.
419. Dominic Johnson, Simone Schlindwein et Bianca Schmolze, *Tatort Kongo, op. cit.*, p. 143.
420. *Ibid.*, p. 144.
421. *Ibid.*, p. 147-151.
422. Gérard Prunier, *Africa's World War, op. cit.*
423. OUA, « Rwanda, le génocide qu'on aurait pu stopper », 29 mai 2000, § 15.85 [fgt].

V. La Françafrique au prix d'un génocide

1. Hubert Védrine, « La France et le génocide rwandais », dans « Le Monde selon Hubert Védrine », France Culture, 4 avril 2014, 7 h 15.
2. Hubert Védrine, « La France accusée de complicité de génocide, c'est révoltant ! », entretien avec Isabelle Lasserre, *Le Figaro*, 1er avril 2019.
3. Amiral Jacques Lanxade, « Les attaques contre l'intervention de la France au Rwanda sont incompréhensibles et injustes », *Le Monde*, 5 avril 2019.

4. Claudine Vidal, « Un "génocide à la machette" », *in* Marc Le Pape, Johanna Siméant, Claudine Vidal, *Crises extrêmes*, *op. cit.*
5. « L'Élysée réagit aux accusations concernant la politique française au Rwanda », AFP, 18 juin 1994.
6. Gabriel Périès et David Servenay, *Une guerre noire*, *op. cit.*, p. 193-194 et 203-204.
7. Christian Quesnot, Dominique Pin, note au président Mitterrand (objet : Rwanda. Situation), 9 avril 1994 [fgt].
8. François Graner, « "Ouvrons les archives !"... Mais ensuite ? », art. cité.
9. Entretien de François Graner avec un proche de François Mitterrand, 2015.
10. Entretien de François Graner avec l'amiral Lanxade, 2 août 2018.
11. Amiral Jacques Lanxade, « Je n'ai aucun état d'âme sur le Rwanda... », entretien cité.
12. Entretien de François Graner avec Pierre Conesa, juin 2015 ; amiral Jacques Lanxade, *in* Laurent Larcher, *Rwanda, ils parlent*, *op. cit.*, p. 168 ; amiral Jacques Lanxade, « Je n'ai aucun état d'âme sur le Rwanda... », entretien cité.
13. Entretien de François Graner avec le général Jean Varret, 2018 ; amiral Jacques Lanxade « Je n'ai aucun état d'âme sur le Rwanda... », entretien cité.
14. Aymeric Givord, « Analyse sommaire des questions parlementaires écrites et des réponses ministérielles publiées à propos du Rwanda avant le 1er janvier 1995 », 21 août 2017 [fgt].
15. Général Jean Varret dans le film de Jean-Christophe Klotz, *Retour à Kigali, une affaire française*, film cité, 21e minute.
16. Général Christian Quesnot, dans le film de Jean-Christophe Klotz, *Retour à Kigali, une affaire française*, film cité, 23e minute.
17. François-Xavier Verschave, *La Françafrique, op.cit.* Sur le concept de Françafrique, on se référera à l'abondante bibliographie publiée par l'association Survie sur son site.
18. Didier Daeninckx, *Cannibale*, Paris, Verdier, 1998.
19. Cité par la brochure « l'Exposition coloniale de 1931. Le débat colonial de l'époque », section Paris XII de la LDH, 2002.
20. François Mitterrand, *Politique*, Paris, Fayard, 1977, p. 53.
21. Jean-François Bayart, *La Politique africaine de François Mitterrand*, Paris, Karthala, 1984, p. 52 ; Thomas Deltombe, Manuel Domergue et Jacob Tatsitsa, *La Guerre du Cameroun. L'invention de la Françafrique (1948-1971)*, Paris, La Découverte, 2016, p. 92-96. Lire aussi Thomas Deltombe, Manuel Domergue et Jacob Tatsitsa, *Kamerun ! Une guerre*

cachée aux origines de la Françafrique, 1948-1971, Paris, La Découverte, 2019.

22. Giuseppe Tomasi di Lampedusa, *Le Guépard*, Paris, Seuil, 2007, p. 32 et 34.

23. Jean-François Bayart, *La Politique africaine de François Mitterrand*, *op. cit.*, p. 52.

24. François Mitterrand, *Le Coup d'État permanent*, Paris, Plon, 1964.

25. Jean-François Bayart, *La Politique africaine de François Mitterrand*, *op. cit.*, p. 52.

26. Michel Noblecourt, « PS : le leurre du parti godillot et le maillon faible », *Le Monde*, 6 mai 2014 ; Catherine Nay, *Le Noir et le Rouge, ou l'histoire d'une ambition*, Paris, Grasset, 1984, p. 106.

27. Jean Lacouture, Mitterrand, *Une histoire de Français*, t. 2, Paris, Seuil, 1998, p. 454-458 et p. 466, citant Jacques Attali, *Verbatim III*, Paris, Fayard, 1995.

28. Jean-François Bayart, *La Politique africaine de François Mitterrand*, *op. cit.*, p. 52 ; Philippe Marchesin, « Mitterrand l'Africain », *Politique africaine*, n° 58, 1995.

29. François Mitterrand, *Politique 2. 1977-1981*, Paris, Fayard, 1981, p. 12.

30. François Mitterrand, *Libres. Journal des anciens prisonniers de guerre*, 24 juin 1945, cité par Catherine Nay, *Le Noir et le Rouge*, *op. cit.*, p. 251.

31. François Mitterrand, *Aux frontières de l'Union française. Indochine-Tunisie*, Mulhouse, Rencontre, 1982, p. 33 [1re édition : Paris, Julliard, 1953].

32. Discours de Biarritz, 8 novembre 1994 [fgt].

33. Jean Varret, *Général, j'en ai pris pour mon grade*, *op. cit.*, p. 134.

34. Général Jean Varret, dans Jean-Christophe Klotz, *Retour à Kigali*, film cité, 16e minute.

35. Verbatim de la réunion tenue le mercredi 23 janvier 1991 à 18 h au Palais de l'Élysée [fgt].

36. Amiral Jacques Lanxade, « Je n'ai aucun état d'âme sur le Rwanda... », entretien cité.

37. Jacques Lanxade, *Quand le monde a basculé*, *op. cit.*, p. 163.

38. Audition de François Léotard, *in* Assemblée nationale, *Enquête sur la tragédie rwandaise*, *op. cit.*, t. III, vol. 1, p. 112 ; audition de Bernard Debré, *ibid.*, p. 413 ; Bernard Kouchner, *in* Raphaël Glucksmann, David Hazan et Pierre Mezerette, *Tuez-les tous !*, film cité, 63e minute.

39. AFP, « M. Mitterrand défend sa politique africaine contre la contestation anglo-saxonne », 8 septembre 1994.

40. Entretien de François Graner avec Maria Malagardis, 3 novembre 2018.
41. Maria Malagardis, *in* Laurent Larcher, *Rwanda, ils parlent*, *op. cit.*, p. 364.
42. Entretien de François Graner avec Maria Malagardis, 3 novembre 2018.
43. Colonel Éric de Stabenrath, *in* Laurent Larcher, *Rwanda, ils parlent*, *op. cit.*, p. 377.
44. Yves Debay, « Avec les marsouins face au FPR », *Raids*, n° 101, octobre 1994 [fgt].
45. Audition de Jacques Lanxade, *in* Assemblée nationale, *Enquête sur la tragédie rwandaise*, *op. cit.*, t. III, vol. 1, p. 241.
46. Assemblée nationale, Mission d'information sur le Rwanda, « Audition du préfet Claude Silberzahn, directeur de la DGSE (huis clos) », compte rendu n° 41, 8 juillet 1998 [fgt].
47. Assemblée nationale, *Enquête sur la tragédie rwandaise*, *op. cit.*, t. I, p. 119.
48. Jean Heinrich, audition devant la Mission d'information parlementaire, *Enquête sur la tragédie rwandaise*, t. III, vol. 2, p. 172.
49. Assemblée nationale, *Enquête sur la tragédie rwandaise*, *op. cit.*, t. I, p. 30.
50. Général Jean Varret, *in* Jean-Christophe Klotz, *Retour à Kigali, une affaire française*, film cité, 17e minute.
51. DRM, fiche « Objet : Les Forces armées rwandaises (FAR) sont dans une situation difficile », annexe 2 « Implication ougandaise dans le soutien au FPR », 2 mai 1994.
52. DGSE, « Rwanda. Éléments de situation », fiche particulière 18600/N, 4 mai 1994.
53. Jacques Lanxade, *Quand le monde a basculé*, *op. cit.*, p. 33.
54. Jean-François Bayart, *La Politique africaine de François Mitterrand*, *op. cit.*, p. 52.
55. Thomas Deltombe, Manuel Domergue et Jacob Tatsitsa, *La Guerre du Cameroun*, *op. cit.*, p. 92-96. Lire aussi Thomas Deltombe, Manuel Domergue et Jacob Tatsitsa, *Kamerun !*, *op. cit.*
56. Assemblée nationale, *Enquête sur la tragédie rwandaise*, *op. cit.*, t. I, p. 32.
57. François Mitterrand, *Réflexions sur la politique extérieure de la France. Introduction à 25 discours, 1981-1985*, Paris, Fayard, 1986, p. 14.
58. Hubert Védrine, *in* Laurent Larcher, *Rwanda, ils parlent*, *op. cit.*, p. 677-678.

59. Audition d'Hubert Védrine *in* Assemblée nationale, *Enquête sur la tragédie rwandaise*, *op. cit.*, t. I, p. 32.
60. Amiral Jacques Lanxade, « Je n'ai aucun état d'âme sur le Rwanda… », entretien cité ; entretien de François Graner avec Jacques Lanxade, 22 août 2018.
61. Entretien de François Graner avec Jacques Lanxade, 22 août 2018.
62. *Ibid.*
63. Amiral Jacques Lanxade « Je n'ai aucun état d'âme sur le Rwanda… », entretien cité.
64. François Léotard, *in* Jean-Christophe Klotz, *Retour à Kigali, une affaire française*, film cité, 50e minute.
65. Entretien de François Graner avec Pierre Conesa, juin 2015.
66. Jacques Lanxade, *Quand le monde a basculé*, *op. cit.*, p. 168 ; entretien de François Graner avec Jacques Lanxade, 22 août 2018.
67. Sur la relation de l'armée française à l'Afrique, lire Raphaël Granvaud, *Que fait l'armée française en Afrique ?*, Marseille, Agone, 2009.
68. Jean Varret, *Général, j'en ai pris pour mon grade*, *op. cit.*, p. 58-61, 82-83, 112-113, 144-147.
69. Lire notamment : Jacques Lanxade, note au président Mitterrand (objet : nouvelle offensive ougando-tutsie), 3 février 1991 [fgt]; général Jean-Pierre Huchon, note à Thierry de Beaucé, « Rwanda. Entretien des présidents », 20 novembre 1991 [fgt]; Général Christian Quesnot, note à l'attention de Monsieur le président de la République, 23 juillet 1992 [fgt].
70. Général Jean Varret, *in* Jean-Christophe Klotz, *Retour à Kigali, une affaire française*, film cité, 21e minute.
71. Entretien de François Graner avec le général Jean Varret, 4 avril 2019.
72. François Graner, *Le Sabre et la Machette*, *op. cit.*, p. 23-25 ; entretiens de François Graner avec des officiers supérieurs, des officiers et des militaires du rang anonymes.
73. Jean Varret, *Général, j'en ai pris pour mon grade*, *op. cit.*, p. 87 ; entretien de François Graner avec le général Varret, 8 novembre 2018.
74. Entretiens de François Graner avec des officiers, des militaires du rang et des journalistes anonymes ; Patrick de Saint-Exupéry, « Réarmez-les ! », art. cité.
75. Entretiens de François Graner avec des militaires anonymes.
76. Entretiens de François Graner avec des officiers anonymes.
77. Entretien de François Graner avec l'adjudant José de Pinho, 3 janvier 2016 ; Guillaume Ancel, *Rwanda, la fin du silence*, *op. cit.*, p. 175 ; général Didier Tauzin, *Rwanda. Je demande justice pour la France et ses soldats*, *op. cit.*, p. 82 ; « Je vais vous tuer comme au Rwanda », *Ouest-France*,

11 juillet 2011 ; Hélène Dumas et Étienne Smith ; « La vérité doit être enfin faite sur l'engagement français au Rwanda », *Le Monde*, 12 septembre 2011 ; Michaël Delhayes (3e RPIMa), dans le film de Jean-Paul Mari et Franck Dhelens, *Sans blessures apparentes. Enquête chez les damnés de la guerre*, Mano Mano / France Télévisions, 2010, extrait audio cité dans l'exposition du mémorial de la Shoah, « Rwanda 1994, notre histoire ? », 4 avril – 5 janvier 2020 ; entretien avec « Jean-Louis, adjudant, circulateur », 14 octobre 2013, *in* Hubert Le Roux et Antoine Sabbagh, *Paroles de soldats, op. cit.*, p. 128-130 ; Jean-Louis Zoude, *in* Richard Bois, *Tuer le silence*, Ruwenzori productions, sortie prévue en 2020, cité *in* Loïc Berthy, « Militaires. Un éclairage sur le stress post-traumatique », *Le Télégramme*, 8 mai 2019.

78. Entretien de François Graner avec un officier anonyme.

79. Entretien de François Graner avec le général Varret, 8 novembre 2018.

80. Jacques Lanxade, *Quand le monde a basculé, op. cit.*, p. 257.

81. Général Didier Tauzin, *Rwanda. Je demande justice pour la France et ses soldats, op. cit.*, p. 178-179.

82. François Graner, *Le Sabre et la Machette, op. cit.*, p. 155-156.

83. Général Didier Tauzin, « Rwanda : je demande justice pour la France et ses soldats », conférence publique de présentation de son livre à Bry-sur-Marne, organisée par l'Union nationale des combattants, 59e section Le Perreux – Bry-sur-Marne, 19 janvier 2013.

84. Général Didier Tauzin, *Rwanda. Je demande justice pour la France et ses soldats, op. cit.*, p. 67.

85. Général Jean-Claude Lafourcade et Guillaume Riffaud, *Opération Turquoise, op. cit.*, p. 68.

86. Jacques Lanxade, *Quand le monde a basculé, op. cit.*, p. 333.

87. Éric Micheletti, *Le COS. Commandement des opérations spéciales, op. cit.*, p. 28.

88. Jean-Dominique Merchet, *Une histoire des forces spéciales, op. cit.*, p. 177.

89. Entretien de François Graner avec l'adjudant José de Pinho, 3 janvier 2016.

90. Jean-Dominique Merchet, *Une histoire des forces spéciales, op. cit.*, p. 135-136.

91. Gabriel Périès et David Servenay, *Une guerre noire, op. cit.*, p. 43.

92. Roger Trinquier, *La Guerre moderne, op. cit.*, p. 36 et 40.

93. Jean-Dominique Merchet, *Une histoire des forces spéciales, op. cit.*, p. 136.

94. Entretien de François Graner avec l'amiral Lanxade, 23 novembre 2015.
95. *Journal Officiel*, 9 juillet 1992, p. 9193.
96. Entretien de François Graner avec l'amiral Lanxade, 23 novembre 2015 ; entretien de François Graner avec le général Varret, 8 novembre 2018.
97. Général Didier Tauzin, *Rwanda. Je demande justice pour la France et ses soldats*, *op. cit.*, p. 77 ; entretien de François Graner avec le général Jean Varret, 8 novembre 2018.
98. Grégoire de Saint-Quentin, « Retour à la guerre révolutionnaire ? », *Défense nationale*, octobre 1997, p. 105-111.
99. Grégoire de Saint-Quentin, « Pourquoi les forces spéciales ? », *Défense nationale*, juillet 1999, p. 60-71.
100. Grégoire de Saint-Quentin, « Mercenariat et mutations stratégiques », *Défense nationale*, avril 1998, p. 34-44.
101. Colonel Jacques Rosier, sur le « livre d'or » du site de recrutement de mercenaires Veterans-jobs-center.com.
102. Général Jean Varret, « Nigéria-guerre », Chaîne Histoire, 31 décembre 2003 ; cité *in* « Récit du général Jean Varret », Afrik.com, 31 décembre 2003.
103. François Crétollier (dir.), *Le Crapuleux Destin de Robert-Bernard Martin*, rapport cité.
104. Grégoire de Saint-Quentin, « Mercenariat et mutations stratégiques », art. cité.
105. Assemblée nationale, *Enquête sur la tragédie rwandaise*, *op. cit.*, t. I, p. 340.
106. François-Xavier Verschave, *Noir silence. Qui arrêtera la Françafrique ?*, Paris, Les Arènes, 2000, p. 358.
107. Pierre-Alphonse Huard et Alfred Bigot, *Les caractéristiques anthropobiologiques des Indochinois*, Hanoï, Taupin, 1938.
108. François Graner, *Le Sabre et la Machette*, *op. cit.*, p. 182-186.
109. « Témoignage : le lieutenant-colonel Robardey décrypte le conflit rwandais », *Le Populaire du Centre*, 30 novembre 1996.
110. Général Didier Tauzin, *Rwanda. Je demande justice pour la France et ses soldats*, *op. cit.*, p. 168.
111. *Ibid.*, p. 145 et 157.
112. Alain Chevalérias, « Que justice soit faite ! Le chef des armées a-t-il trahi des officiers supérieurs français ? », entretien avec Jacques Hogard, décembre 2008, Recherches-sur-le-terrorisme.com ; Jacques

Hogard, *Les Larmes de l'honneur*, *op. cit.*, p. 49 ; Jacques Hogard, blog Rwanda.viabloga.com/news (2005-2007), 6 février 2006.

113. Jacques Lanxade, note au président Mitterrand (objet : nouvelle offensive ougando-tutsie), 3 février 1991 [fgt]; Xavier de Lussy, notes prises pendant le Conseil restreint (objet : situation au Rwanda), 29 juin 1994 [fgt]; Général Quesnot, note au président Mitterrand (objet : Rwanda - présence de missiles sol-air), 23 mai 1991 [fgt]; Général Quesnot, notes au président Mitterrand (objet : Rwanda - Point de situation), 20 juin 1991 ; Général Quesnot, notes au président Mitterrand (objet : votre entretien avec M. Léotard le lundi 2 mai. Situation), 2 mai 1994 [fgt]; Général Quesnot, notes au président Mitterrand (objet : votre entretien avec le Premier ministre le mercredi 4 mai 1994), 3 mai 1994 [fgt]; général Jean-Pierre Huchon, note à Thierry de Beaucé, « Rwanda. Entretien des deux présidents », 20 novembre 1991 [fgt].

114. Pierre Péan, *Noires fureurs, blancs menteurs*, *op. cit.*, p. 169.

115. Général Raymond Germanos, Ordre d'opérations de Turquoise, 22 juin 1994, *in* Assemblée nationale, *Enquête sur la tragédie rwandaise*, t. II « Annexes », *op. cit.*, p. 387 [fgt].

116. Général Christian Quesnot, note au président Mitterrand, 6 mai 1994 [fgt].

117. Colonel Bernard Cussac, compte rendu semestriel de fonctionnement, 5 avril 1993 [fgt].

118. Antoine Glaser et Stephen Smith, *L'Afrique sans Africains. Le rêve blanc du continent noir*, Paris, Stock, 1994, p. 184-185.

119. Assemblée nationale, *Enquête sur la tragédie rwandaise*, *op. cit.*, t. I, p. 340.

120. Patrick de Saint-Exupéry, *L'Inavouable*, *op. cit.*, p. 174.

121. Charles Pasqua, *Journal de 20 heures*, France 2, 4 juillet 1994 [fgt].

VI. La justice entravée

1. Andrew Wallis, *Stepp'd in Blood*, *op. cit.*, chapitres 18 et 19.

2. Conseil de sécurité de l'ONU, Résolution 955, 8 novembre 1994, S/RES/955 [fgt].

3. André-Michel Essoungou, *Justice à Arusha. Un tribunal international politiquement encadré face au génocide rwandais*, Paris, L'Harmattan, 2006, p. 76.

4. Conseil de sécurité de l'ONU, 3453[e] séance, « La situation concernant le Rwanda », 8 novembre 1994, p. 4 [fgt].

5. *Ibid.*, p. 15.

6. Whitehead, American Embassy Kigali, « Rwandan Position On Rwanda War Crimes Tribunal », 19 octobre 1994 [fgt].
7. Madeleine Albright, US Mission UN New York, « Rwandan Views On War Crimes Tribunal », 20 octobre 1994 [fgt].
8. Conseil de sécurité de l'ONU, 3453e séance, « La situation concernant le Rwanda », 8 novembre 1994, p. 15-16 [fgt].
9. André-Michel Essoungou, *Justice à Arusha*, *op. cit.*, chapitre 8.
10. Rafaëlle Maison, *Pouvoir et génocide dans l'œuvre du Tribunal pénal international pour le Rwanda*, *op. cit.*, p. 68-69.
11. *Ibid.*, p. 143 et 134.
12. Stéphanie Maupas, « Le TPIR accepte le rapport Bruguière comme pièce à conviction, et un officier français témoigne », *Le Monde*, 7 décembre 2006.
13. Stéphanie Maupas, « Trois officiers français témoignent en faveur d'un colonel rwandais », *Le Monde*, 19 janvier 2007.
14. Sénat de Belgique, Rapport fait au nom de la commission d'enquête concernant les événements du Rwanda, 7 janvier 1997, 1-611/7, p. 334 [fgt]; TPIR, « Acte d'accusation de Gratien Kabiligi et Aloys Ntabakuze », ICTR-97-34-1, ICTR-97-30-1, section 5.12.
15. Général Lafourcade, « Au Rwanda, il y a eu un massacre. J'ai joué la prudence, je l'assume », propos recueillis par Nicolas Jacquard, *Le Parisien*, 10 mai 2010.
16. Vincent Hugeux, « Rwanda : Pourquoi tant de gêne ? », *L'Express*, 12 février 1998 ; Thierry Prungnaud, « Nous avons donné à manger aux tueurs », propos recueillis par Sadek Hajji, *Le Point*, 28 mars 2005 ; Laure de Vulpian et Thierry Prungnaud, *Silence Turquoise*, *op. cit.*, p. 201.
17. Rapport établi en application du paragraphe 8 de la résolution 1857 (2008) du Conseil de sécurité, 23 novembre 2009, § 101 [fgt].
18. Assemblée nationale, *Enquête sur la tragédie rwandaise*, *op. cit.*, t. III, vol. 1, p. 395.
19. Jean-Hervé Bradol, *in* Laurence Binet, *Génocide des Rwandais tutsis 1994*, Médecins sans frontières, 2003, p. 49.
20. Ofpra, décision expresse de rejet, 4 janvier 2007 ; décision de la Cour nationale du droit d'asile (France), Agathe Kanziga veuve Habyarimana, n° 564776, 25 janvier-15 février 2007 ; Conseil d'État, 10e et 9e sous-sections réunies, n° 311793, 16 octobre 2009.
21. Décision de la Cour nationale du droit d'asile (France), Agathe Kanziga veuve Habyarimana, n° 564776, 25 janvier-15 février 2007.
22. *Ibid.*

23. Plainte contre Agathe Habyarimana Kanziga, 13 février 2007, disponible sur CollectifPartiesCivilesRwanda.fr.
24. Conseil d'État, 7e et 2e sous-sections réunies, n° 366219, 5 juin 2013.
25. Conseil d'État, n° 414821, 2e et 7e chambres réunies, séance du 18 février 2019, lecture du 28 février 2019.
26. Théo Englebert, « Génocidaires rwandais en France : les raisons des errements de l'administration », Mediapart.fr, 15 mai 2019.
27. Clause 1Fa, article 1 F de la convention de Genève, articles L.711-3, L.711-4, L.712-2 et L.712-3 du code de l'entrée et du séjour des étrangers et du droit d'asile.
28. Géraud de La Pradelle, *Imprescriptible. L'implication française dans le génocide tutsi portée devant les tribunaux*, Paris, Les Arènes, 2005.
29. ONU, Convention pour la prévention et la répression du crime de génocide : résolution 260 A des Nations unies, 9 décembre 1948, articles II et III.
30. ONU, « Rapport de la commission d'experts », 9 décembre 1994, S/1994/1405 [fgt].
31. TPIR Akayesu 96-4-T, 2 septembre 1998, §13-21 [fgt]; 98-44-T, Karemera et Ngirumpatse, 2 février 2012, §1561, 1564, 1584-1591 [fgt]; 98-44-AR73(C), Appel Karemera, Ngirumpatse et Nzirorera, 16 juin 2006, §35 [fgt].
32. Conseil d'État, 10e et 9e sous-sections réunies, 16 octobre 2009, n° 311793 [fgt]; Conseil d'État, 2e et 7e sous-sections réunies, 15 mai 2013, n° 366219 [fgt]; Cour de cassation, chambre criminelle, 24 mai 2018, n° X 16-87.622 F P+B, n° 1185, pourvoi formés par Pascal Simbikangwa ; Cour de cassation, chambre criminelle, 16 octobre 2019, n° N 18-84.608 F-D, n° 1860, pourvois formés par Tite Barahirwa et Octavien Ngenzi.
33. Pour une analyse plus approfondie de la notion juridique de complicité de génocide et des débats qu'elle suscite, lire Damien Roets, « Le génocide des Tutsi du Rwanda : la thèse des complicités françaises au prisme des exigences du droit pénal », *Revue des sciences criminelles*, janvier-mars 2015.
34. TPIR Akayesu 96-4-T, 2 septembre 1998, § 537 [fgt]; Kamuhanda 9954AT, 22 janvier 2003, § 597.
35. TPIR Furundzija IT9517/1T, 10 décembre 1998, §§ 235, 249.
36. TPIR Akayesu 96-4-T, 2 septembre 1998, § 537 [fgt]; Kayishema et Ruzindana 951A, 1er juin 2001, § 186 [fgt]; Semanza 97-20-T, 15 mai 2003, § 395.
37. TPIR Akayesu 96-4-T, 2 septembre 1998, § 545 [fgt]; Musema, 96-13, 27 janvier 2000, § 183 [fgt]; Bagilishema 95-1A-T, 7 juin 2001, § 71

[fgt]; Semanza 97-20-T, 15 mai 2003, § 388 ; Ntakirutimana 9610A, 13 décembre 2004, § 501.
38. TPIR Ndindabahizi 200171I, 15 juillet 2004, § 457 [fgt].
39. TPIR Semanza 97-20-T, 15 mai 2003, § 389.
40. CEDH, Yvonne Mutimura contre France, 8 juin 2004.
41. Lire le « Tableau récapitulatif des plaintes » sur CollectifPartiesCivilesRwanda.fr.
42. Télégramme diplomatique Kigali, 21 mars 1987.
43. DGSE, « Hypothèse du service sur les responsabilités de l'attentat contre l'avion du président Habyarimana », fiche n° 19404/N, 22 septembre 1994 [fgt].
44. Cour d'assises de Paris statuant en première instance, « Feuille de motivation, affaire Pascal Senyamuhara Safari alias Pascal Simbikangwa », 14 mars 2014 ; cour d'assises de la Seine-Saint-Denis statuant en appel, « Feuille de motivation, affaire Pascal Senyamuhara Safari alias Pascal Simbikangwa », 3 décembre 2016.
45. *Laurence Dawidowicz, Raphaël Doridant, « Nouveau procès à Paris », Billets d'Afrique et d'ailleurs*, n° 258, juin 2016, consultable sur Survie.org.
46. Cour d'assises de Paris statuant en appel, « Feuille de motivation, affaire Octavien Ngenzi alias Jean-Marie Vianney et Tite Barahirwa alias Tito Barahira », 9 juillet 2018.
47. Lire le « Tableau récapitulatif des plaintes » sur CollectifPartiesCivilesRwanda.fr.
48. Justine Brabant, « Génocide des Tutsis : les années de faillite de la justice française », Mediapart.fr, 12 mai 2019.
49. Maria Malagardis, *Sur la piste des tueurs rwandais*, Paris, Flammarion, 2012.
50. « La CNLG invite la France à juger 42 présumés génocidaires en cavale sur son territoire », Igihe.com, juillet 2018.
51. « Refus d'extrader : l'avis de Damien Roets, professeur de droit », CollectifPartiesCivilesRwanda.fr, 20 mars 2014.
52. Loi n° 2017-86 du 27 janvier 2017 relative à l'égalité et à la citoyenneté ; Justine Mahasela, « Lutte contre le négationnisme : un combat réaffirmé par les récentes modifications de la loi sur la liberté de la presse », *Légipresse*, 24 février 2017.
53. Laure Coret et François-Xavier Verschave (dir.), *L'horreur qui nous prend au visage, op. cit.*
54. David Fontaine, « La justice se hâte lentement sur le Rwanda », *Le Canard enchaîné*, 17 juillet 2019.

55. Assemblée nationale, *Enquête sur la tragédie rwandaise*, *op. cit.*, t. I, p. 330-331.
56. Colonel André Ronde, entretien avec Laure de Vulpian, France Culture, « Journal de 8 heures », 7 avril 2016.
57. Brigitte Raynaud, « Entre justice et diplomatie », à la table ronde « Génocide des Tutsi : justice et vérité vingt ans après ? » organisée par le Programme Europe-Afrique de Sciences po, 27 janvier 2014 ; Piotr Smolar, « Enquête sur le génocide rwandais : le ministère de la Défense met en garde la juge Raynaud », *Le Monde*, 4 novembre 2005.
58. Ces documents ont presque tous été publiés par Bruno Boudiguet dans *Rwanda. Les archives « secrètes » de Mitterrand*, *op. cit.* Ils correspondent au « fonds Carle », un ensemble de documents sélectionnés et photocopiés par Françoise Carle, une collaboratrice du président Mitterrand.
59. Jacques Rosier, *Journal de 20 heures*, TF1, 27 juin 1994 ; « Dernière », reportage de Benoît Duquesne, France 2, 27 juin 1994 [fgt]; Marin Gillier, journal télévisé, dernière édition, France 2, reportage d'Isabelle Staes et Pascal Pons, 28 juin 1994 (filmé le 27 juin 1994) [fgt]; Christian Millet, « Le ministre de la Défense constate au Rwanda la difficulté de l'opération Turquoise », AFP, 29 juin 1994 [fgt]; Michela Wrong, « Présence FPR près du camp français à Gishyita », *Reuters*, 29 juin 1994 [fgt]; Marin Gillier, *Journal de 13 heures*, TF1, 29 juin 1994 [fgt].
60. Rapport Mucyo, *op. cit.*, p. 212-216.
61. Pôle « crimes contre l'humanité, crimes et délits de guerre » du tribunal de grande instance de Paris, « Ordonnance de refus de mesure d'instruction complémentaire », 28 août 2017.
62. Amiral Jacques Lanxade, « Sur le Rwanda, "les militaires français attendent du président qu'il prenne leur défense" », entretien avec David Servenay, *Le Monde*, 23 mai 2018.
63. Jacques Lanxade, *Quand le monde a basculé*, *op. cit.*, p. 337.
64. Pôle « crimes contre l'humanité, crimes et délits de guerre » du tribunal de grande instance de Paris, « Ordonnance de refus de mesure d'instruction complémentaire », 28 août 2017.
65. Fabrice Arfi, « Massacre de Bisesero au Rwanda : fin de l'enquête, pas de mise en examen », Mediapart.fr, 25 septembre 2018.
66. Survie, « Dossier judiciaire Bisesero : mobilisation des parties civiles pour éviter un déni de justice », 31 octobre 2018.
67. FIDH, LDH, Survie, « Génocide des Tutsi : les juges français enterrent l'affaire Bisesero », 3 décembre 2018 [fgt].
68. Karine Bourdié, conférence de presse du 26 octobre 2018.

69. Anicet Karege, témoignage vidéo, pour la journée « Témoignages authentiques de Rwandais sur l'Opération Turquoise », organisée par Jean-Marie Vianney Ndagijimana, Paris, 23 juin 2018, vidéo LECPINFO, 16e minute [fgt].
70. Laure de Vulpian et Thierry Prungnaud, *Silence Turquoise*, *op. cit.*, p. 339-342.
71. Guillaume Ancel, *Rwanda, la fin du silence*, *op. cit.*, p. 87.
72. *Ibid.*, p. 175.
73. Anne-Marie de Brouwer et Sandra Ka Hon Chu (dir.), *The Men Who Killed Me : Rwandan Survivors of Sexual Violence*, Vancouver, Douglas & McIntyre, 2009, p. 46-47, cité par Hélène Dumas et Étienne Smith, « La vérité doit être enfin faite sur l'engagement français au Rwanda », art. cité ; Thomas Vampouille, « Rwanda : des soldats français de nouveau accusés de viols », *Le Figaro*, 26 octobre 2011.
74. Leila Minano et Julia Pascual, « Viols au Rwanda. De nouvelles victimes accusent des soldats français », art. cité.
75. Thomas Vampouille, « Rwanda : des soldats français de nouveau accusés de viols », art. cité.
76. Laurent Larcher, « Trois Rwandaises accusent des militaires français de viols », *La Croix*, 28 décembre 2011.
77. Entretien de François Graner avec le général Jean-Claude Lafourcade, 1er avril 2014.
78. Général Jean-Claude Lafourcade, « Les opérations militaires à but humanitaire. Rwanda 1994 », conférence organisée par le Club du Millénaire à l'Institut d'études politiques de Lille, 7 novembre 2011 [fgt].
79. Leila Minano et Julia Pascual, *La Guerre invisible. Révélations sur les violences sexuelles dans l'armée française*, Paris, Les Arènes & *Causette*, 2014 ; « M. Le Drian, entendez les femmes militaires victimes d'agressions sexuelles », tribune dans *Le Monde*, 22 avril 2014.
80. Ministère de la Défense, « Égalité femmes-hommes — lutte contre les harcèlements », 15 avril 2014 ; Hélène Guinhut, « Un plan d'action contre les violences sexuelles dans l'armée », *Elle*, 15 avril 2014.
81. Leila Minano et Julia Pascual, « Viols au Rwanda. De nouvelles victimes accusent des soldats français », art. cité.
82. *Ibid.*
83. Entretien de François Graner avec le général Jean-Claude Lafourcade, 1er avril 2014.
84. Didier Tauzin, *La Haine à nos trousses. De Kigali à Paris*, Paris, Persée, 2013, p. 113.

85. Leila Minano et Julia Pascual, « Viols au Rwanda. De nouvelles victimes accusent des soldats français », art. cité.
86. Guillaume Ancel, *Rwanda, la fin du silence*, *op. cit.*, p. 58.
87. Leila Minano et Julia Pascual, « Viols au Rwanda. De nouvelles victimes accusent des soldats français », art. cité.
88. Hélène Despic-Popovic, « Rwanda : *Causette* accuse la France de viols », *Libération*, 26 octobre 2011.
89. Entretien de François Graner avec Isabelle Motrot, directrice de la rédaction de *Causette*, 3 octobre 2018.
90. État-major de l'armée de terre, Cabinet/ section discipline, « Dossier "intervention" : affaire de viol sur la personne de Mlle Mukarusine à Kigali, dans la nuit du 6 au 7 février 1993 par quatre militaires du 21e RIMa », février-octobre 1993 ; détachement prévôtal de Kigali (Rwanda), « Journal de marche du mois de février 1993 » ; Cellule Gendarmerie, « Dossier événement-grave/délit : viol sur la personne de Mlle Mukarusine par des militaires du 21e RIMa en février 1993 », 9 au 22 février 1993 (n^{o} PV : 2/93) ; Pierre Péan, *Noires fureurs, blancs menteurs*, *op. cit.*, p. 207-208 ; rapport Mucyo, *op. cit.*, p. 108 ; Leila Minano et Julia Pascual, « Viols au Rwanda. De nouvelles victimes accusent des soldats français », art. cité ; Jean-François Dupaquier, *Politiques, militaires et mercenaires français au Rwanda*. *op. cit.*, p. 245 ; entretien de François Graner avec un témoin anonyme.
91. Sur Barril, voir en particulier Jean-François Dupaquier, *Politiques, militaires et mercenaires français au Rwanda*, *op. cit.*, chapitres 18 et 19 ; Benoît Collombat et David Servenay, *« Au nom de la France »*, *op. cit.*, chapitres 3-5, 9 et 14 ; sur son travail au service du régime Habyarimana, lire Philippe Brewaeys, *Rwanda 1994. Noirs et blancs menteurs*, *op. cit.*, p. 51-56 ; sur sa collaboration avec Grossouvre, lire Paul Barril, *Guerres secrètes à l'Élysée*, Paris, Albin Michel, 1996, p. 176.
92. Assemblée nationale, Mission d'information sur le Rwanda, « Audition du préfet Jacques Dewatre, directeur général de la DGSE (1989-1993) (huis clos) », compte rendu n° 32, 25 juin 1998 [fgt].
93. Christophe Boltanski, « Une barbouze au cœur du génocide », art. cité ; Benoît Collombat et David Servenay, *« Au nom de la France »*, *op. cit.*, p. 105-106, 273 ; entretien filmé de Paul Barril avec Raphaël Glucksmann, 2004 [fgt].
94. François Nzabahimana, audition par l'auditorat militaire belge (Guy Artiges), PV n° 1474, 2 septembre 1994 [fgt].
95. Contrat d'assistance entre le Premier ministre du gouvernement du Rwanda et le capitaine Paul Barril, 28 mai 1994 [fgt]; Sylvie Coma, « Rwanda : les bonnes affaires du capitaine Barril au temps du génocide »,

art. cité ; « Quand Barril enfumait les médias », art. cité ; « Besoin d'armes ? Tapez barril.fr », art. cité ; Jean-Pierre Perrin, « Barril, "l'affreux" », art. cité ; Elizabeth Fleury, « Rwanda : des pièces accablantes pour la France », art. cité ; Christophe Boltanski, « Une barbouze au cœur du génocide », art. cité.

96. Sylvie Coma, « Besoin d'armes ? Tapez barril.fr », art. cité.

97. Benoît Collombat et David Servenay, *« Au nom de la France », op. cit.*, chap. 14.

98. Christian Quesnot, note au président Mitterrand, 6 mai 1994 [fgt]; lieutenant-colonel Ephrem Rwabalinda, lettre au ministre de la Défense et au chef d'état-major de l'armée rwandaise, Gitarama, 16 mai 1994 [fgt].

99. Hubert Védrine, « Rwanda : les faits », *La Lettre de l'Institut François Mitterrand*, n° 8, 15 juin 2004.

100. Guillaume Ancel, « Juillet 1994, livraison d'armes aux forces armées rwandaises, réfugiées au Zaïre. Une opération humanitaire ? », NePasSubir.home.blog, 4 juillet 2014.

101. Pierre Conesa, « Évaluation politico-militaire de la crise du Rwanda », note de la délégation aux affaires stratégiques, ministère de la Défense, 24 février 1995.

102. Maria Malagardis, « Kagame : "La France a contribué à l'émergence d'une idéologie génocidaire au Rwanda" », *Libération*, 7 avril 2014.

103. Caroline Dumay et Patrick de Saint Exupéry, « Les armes du génocide », art. cité.

104. Jean Kambanda, interrogatoires 1997-1998, Military I, ICTR-1998-41-T, cassette 77 JK, ref K015-6573, p. 19, disponible sur Jrad.unmict.org.

105. UNICOI, « Rapport final », ONU, Secrétaire général, S/1998/1096, section 73, 18 novembre 1998, p. 16 [fgt].

106. Catherine Gouëset, « Génocide rwandais : comprendre la plainte contre la BNP », *L'Express*, 29 juin 2017.

107. François Crétollier (dir.), *Le Crapuleux Destin de Robert-Bernard Martin*, rapport cité, p. 8.

108. Pierre Galand et Michel Chossudovsky, « L'Usage de la dette extérieure du Rwanda (1990-1994). La responsabilité des bailleurs de fonds », rapport préliminaire, confidentiel, novembre 1996 [fgt]; Pierre Galand, « Témoignage devant la commission d'enquête citoyenne », dans Laure Coret et François-Xavier Verschave (dir.), *L'horreur qui nous prend au visage, op. cit.*, p. 183-210.

109. Commission de la Défense nationale et des forces armées, compte rendu n° 44 (audition, ouverte à la presse, de M. Hubert Védrine sur la politique de la France au Rwanda), 16 avril 2014 [fgt]. À comparer avec la retranscription non officielle de l'audition de M. Hubert Védrine, 16 avril 2014 [fgt].

110. On peut encore voir un morceau de cette audition sur FranceGenocideTutsi.org.

111. Sur l'attentat, lire Jean-François Dupaquier, *Politiques militaires et mercenaires français au Rwanda, op. cit.*, chapitres 1, 18 et 19 ; Philippe Brewaeys, *Rwanda 1994. Noirs et blancs menteurs, op. cit.* ; Jacques Morel, *La France au cœur du génocide des Tutsis, op. cit.*, chapitre 9.

112. Jean-François Dupaquier, *Politiques, militaires et mercenaires français au Rwanda, op. cit.*, p. 404 ; Maria Malagardis, « Rwanda : trois fantômes et un mystère », *Libération*, 10 janvier 2013.

113. Jean-François Dupaquier, *Politiques, militaires et mercenaires français au Rwanda, op. cit.*, p. 428.

114. Jean-François Dupaquier, « Entre Kigali et Paris, l'heure des comptes judiciaires et diplomatiques », Afrikarabia.com, 13 décembre 2017.

115. Jacques Morel et Georges Kapler, « Un juge de connivence ? », *La Nuit rwandaise*, n° 1, avril 2007.

116. Assemblée nationale, *Enquête sur la tragédie rwandaise, op. cit.*, t. I, p. 258.

117. Filip Reyntjens, lettre à Bernard Cazeneuve, « Objet : précisions complémentaires sur les missiles SA 16 », 10 décembre 1998 [fgt]; lire aussi Jacques Morel, *La France au cœur du génocide des Tutsis, op. cit.*, p. 421-422.

118. « Rwanda : l'énigme de la "boîte noire" », *Le Monde*, 28 juin 1994.

119. Christophe Boltanski, « Rwanda : l'homme qui en savait trop », art. cité ; Jean-François Julliard, « Un Barril de poison nommé Rwanda », *Le Canard enchaîné*, 12 février 2014.

120. Philippe Brewaeys, *Rwanda 1994. Noirs et blancs menteurs, op. cit.*, p. 69-70, 74-75 et 86-87.

121. Jean-Louis Bruguière, « Délivrance de mandats d'arrêt internationaux. Ordonnance de soit-communiqué », 17 novembre 2006 [fgt]; Philippe Bernard, « Wikileaks : en France, l'enquête sur le Rwanda était suivie en haut lieu », *Le Monde*, 9 décembre 2010.

122. Jacques Morel et Georges Kapler, « Un juge de connivence ? », art. cité ; Rafaëlle Maison et Géraud de La Pradelle, « L'ordonnance du juge Bruguière comme objet négationniste », *Cités*, n° 57, 2014.

123. Jean-François Dupaquier, *L'Agenda du génocide, op. cit.*, chap. 10.

124. Christophe Boltanski, « Rwanda : l'homme qui en savait trop », art.cité.

125. Rafaëlle Maison et Géraud de La Pradelle, « L'ordonnance du juge Bruguière comme objet négationniste », art. cité ; « Entente diplomatico-judiciaire entre Paris et Kigali ? », RFI, 21 novembre 2008.
126. Claudine Oosterlinck *et al.*, « Destruction en vol du Falcon 50 Kigali (Rwanda) », rapport d'expertise, tribunal de grande instance de Paris, 5 janvier 2012 [fgt].
127. *Ibid.* ; DGSE, fiche particulière n° 18502/N, « Rwanda : Précisions sur la mort des présidents rwandais et burundais », 11 avril 1994 [fgt]; Philippe Brewaeys, *Rwanda 1994. Noirs et blancs menteurs*, *op. cit.*, p. 113-114.
128. Guillaume Ancel, *Rwanda, la fin du silence*, *op. cit.*, p. 230.
129. *Ibid.*, p. 227-228 ; Guillaume Ancel, « Il faut rechercher les éjecteurs des missiles », *Billets d'Afrique et d'ailleurs*, n° 238, septembre 2014, disponible sur Survie.org.
130. Général d'armée aérienne Jean Rannou, lettre au général Mourgeon, « Équipement de l'avion présidentiel rwandais lors de l'attentat du 6 avril 1994 », 15 juin 1998.
131. Jean-Claude Lefort, note à Bernard Cazeneuve, n° 19, 20 octobre 1998 *in* « Notes du député Jean-Claude Lefort, membre de la Mission d'information parlementaire », *La Nuit rwandaise*, n° 2, avril 2008, p. 234-246 [fgt].
132. Général Jean Rannou, audition à huis clos par la Mission d'information parlementaire.
133. DGSE, fiche particulière n° 18942/N, « Rwanda : Responsabilités de l'attentat », 4 juillet 1994.
134. Conférence de presse du GIR à l'ambassade rwandaise en Éthiopie, 5 mai 1994, compte rendu par l'ambassadeur belge Yves Haesendonck, télégramme diplomatique Addis-Abbeba, 5 mai 1994.
135. Témoignage de Brigitte Minaberry, épouse du copilote Jean-Pierre Minaberry, cité par Colette Braeckman, *Rwanda, histoire d'un génocide*, *op. cit.* p. 174 ; Gabriel Périès et David Servenay, *Une guerre noire*, *op. cit.*, p. 248-249 ; Jacques Collet, audition par l'auditorat militaire belge (Guy Artiges), 16 mai 1994, PV n° 686.
136. Maria Malagardis, « Crash du 6 avril 1994 : les soupçons continuent de planer sur la France », *Libération*, 4 avril 2014.
137. Assemblée nationale, *Enquête sur la tragédie rwandaise*, *op. cit.*, t. III, vol. 2, p. 194.
138. DGSE, fiche particulière n° 18479/N, « Rwanda – Burundi : Réactions à 10 heures du FPR à l'annonce du décès du président Habyarimana », 7 avril 1994.

139. DGSE, fiche particulière n° 18491/N, « Rwanda : analyse de la situation à 12 heures », 8 avril 1994.
140. *Ibid.*
141. DGSE, fiche n° 18615/N, « Rwanda : responsabilités de l'attentat », 10 mai 1994.
142. DGSE, fiche particulière n° 18502/N, « Rwanda : précisions sur la mort des présidents rwandais et burundais », 11 avril 1994.
143. DGSE, fiche particulière n° 18593/N, « Rwanda : chronologie des événements », 2 mai 1994.
144. DGSE, fiche n° 18615/N, « Rwanda : responsabilités de l'attentat », 10 mai 1994 ; DGSE, fiche particulière n°18964/N, « Rwanda : attentat contre le président Habyarimana », 5 juillet 1994.
145. DGSE, fiche n° 19031/N, « Rwanda : Responsabilités de l'attentat », 12 juillet 1994 ; DGSE, fiche n° 19261/N, « Rôle du colonel Bagosora dans les heures qui ont suivi l'attentat du 6 avril 1994 », 22 août 1994 ; DGSE, fiche n° 19328/N, « Rwanda : au sujet des exactions des extrémistes hutus avant la disparition du Président Habyarimana », 5 septembre 1994.
146. DGSE, fiche n° 19404/N, « Hypothèse du Service sur les responsabilités de l'attentat contre l'avion du président Habyarimana », 22 septembre 1994 [fgt].
147. Colonel Théoneste Bagosora, *in La Marche du siècle*, Jean-Marie Cavada, France 3, 21 septembre 1994, 43e minute [fgt].
148. DGSE, fiche n° 19404/N, « Hypothèse du Service sur les responsabilités de l'attentat contre l'avion du président Habyarimana », 22 septembre 1994 [fgt].
149. *Ibid.*
150. Pierre Péan, *Noires fureurs, blancs menteurs*, *op. cit.*, p. 327.
151. DGSE, fiche n° 95118/N, « Rwanda : Au sujet de la mort de ressortissants français », 9 décembre 1994.
152. Entretien de François Graner avec le caporal-chef Stéphane Watelet, 21 janvier 2015.
153. Guillaume Ancel, *Rwanda, la fin du silence*, *op. cit.*, p. 229-230.
154. Maria Malagardis, « Rwanda : trois fantômes et un mystère », art. cité ; Laure de Vulpian, « Le mystère Didot et Maïer », France Culture, 7 décembre 2012.
155. Médecin en chef Michel Thomas [attribué à], « certificat de décès de Jean Maïer », Bangui, 13 avril 1994, cité par Franck Dubus, « Les martyrs oubliés : adjudants-chef Maïer et Didot », *Fayaoué magazine*, n° 66, décembre 2006 [fgt].
156. Maria Malagardis, « Rwanda : trois fantômes et un mystère », art. cité.

157. *Ibid.*
158. Grégory Ingelbert, « Lorrains originaires du bassin de Briey tués au Rwanda en 1994 : le mystère demeure » et « Photos. Lorrains tués au Rwanda en 1994 : un mystère sans fin », *Le Républicain lorrain*, 11 décembre 2018.
159. Secrétariat général de la Défense et de la Sécurité nationale, « Rapport sur le secret de la défense nationale en France / II », janvier 2018, p. 38 et 43.
160. Arrêté du 30 novembre 2011 portant approbation de l'Instruction générale interministérielle (IGI) n° 1300 sur la protection du secret de la Défense nationale.
161. Secrétariat général de la Défense et de la Sécurité nationale, « Rapport sur le secret de la défense nationale en France / II », rapport cité.
162. Article 11 du décret n° 2019-1271 du 2 décembre 2019 relatif aux modalités de classification et de protection du secret de la défense nationale. Lire François Graner, « Déni de démocrati. Le gouvernement verrouille encore l'accès aux archives », , *Billets d'Afrique et d'ailleurs*, n° 293, janvier 2020.
163. Pascal Virot, « Droit "monarchique" pour Jospin, "nécessité" pour Pasqua. La polémique sur le secret défense renaît avec les écoutes de l'Élysée », *Libération*, 8 avril 1997.
164. Myriam Brando, « Affaires Sankara, Ben Barka, Thiaroye et autres : "Le secret défense concerne toute la vie de la société" », LeMonde.fr, 06 décembre 2017.
165. Fabrice Arfi et Fabrice Lhomme, « Le juge Trévidic dénonce : "Le dispositif sur le secret défense n'est pas constitutionnel" », Mediapart.fr, 24 février 2011.
166. Mehdi Ba, « Rwanda – Génocide des Tutsis : la fin d'une longue omerta en France ? », *Jeune Afrique*, 14 avril 2015.
167. François Graner, « Archives : Blocages réels, avancées concrètes », *Billets d'Afrique et d'ailleurs*, n° 266, mars-avril 2017 ; François Graner, « L'accès aux archives sur le Rwanda : l'arbitraire du secret et le marathon administratif », *La Nuit rwandaise*, n° 10, avril 2016.
168. Myriam Brando : « Archives de l'Élysée sur le Rwanda : "Le verrou militaire a sauté, mais pas le politique" », LeMonde.fr, 14 décembre 2017.
169. Décision n° 2017-655, question prioritaire de constitutionnalité du 15 septembre 2017.
170. « Dossier de presse sur la question prioritaire de constitutionnalité (QPC) de Monsieur François Graner », disponible sur Survie.org ; François

Graner, « Génocide des Tutsis du Rwanda : les "Sages" se posent en gardiens des secrets de la Mitterrandie », Survie.org, 15 septembre 2017.
171. « Le chercheur François Graner et l'association Survie apportent à la gardienne des archives Mitterrand la clé du "deuxième verrou" », Survie.org, 13 décembre 2017.
172. Felly Kimenyi, « UK to Hand Over Archive on Genocide to Rwanda », *The New Times*, 30 avril 2019.
173. Jean-Claude Lefort, note n° 17 à Bernard Cazeneuve, 20 octobre 1998, *in* « Notes du député Jean-Claude Lefort, membre de la Mission d'information parlementaire », art. cité [fgt].
174. Marie Boëton, « Attentat de 1994 au Rwanda, la piste française bientôt explorée ? », *La Croix*, 16 décembre 2014.
175. Fabrice Arfi et Fabrice Lhomme, « Le juge Trévidic dénonce », art. cité.
176. Marc Trévidic, « L'attentat du 6 avril 1994 », *Le 7/9*, France Inter, 3 juillet 2015.
177. Jean-François Julliard, « Les trous de mémoire de la France au Rwanda », *Le Canard enchaîné*, 14 décembre 2016.
178. DGSE, fiche n° 16053/N, « France – Belgique – Rwanda : Au sujet de l'assassinat du Président Habyarimana », 14 novembre 1995.
179. Guillaume Ancel, *Rwanda, la fin du silence*, *op. cit.*, p. 227-228.
180. Entretien de François Graner avec un témoin anonyme.
181. Raymond Bonner, « Unsolved Rwanda Mystery : The President's Plane Crash », *New York Times,* 12 novembre 1994 ; Andreani, télégramme diplomatique Washington 3286, 13 novembre 1994.
182. Entretien de François Graner avec un témoin anonyme.
183. Patrick de Saint-Exupéry, « France-Rwanda : dangereuses liaisons », *Le Figaro*, 31 mars 1998.
184. Paul Barril, *Guerres secrètes à l'Élysée*, *op. cit.*, p. 176.
185. Assemblée nationale, *Enquête sur la tragédie rwandaise*, *op. cit.*, t. I, p. 220.
186. Colette Braeckman, « L'avion rwandais abattu par deux Français ? », *Le Soir*, 17 juin 1994 [fgt].
187. La lettre de Thaddée est publiée en fac-similé dans *Rapport d'enquête sur les causes, les circonstances et les responsabilités de l'attentat du 06/04/1994 contre l'avion présidentiel rwandais Falcon 50 n° 9XR-NN* [dit « Rapport Mutsinzi »], 20 avril 2009, p. 107 [fgt].
188. États de service de Pascal Estevada.
189. Père Guy Theunis, dans Assemblée nationale, *Enquête sur la tragédie rwandaise*, *op. cit.*, t. III, vol. 1, p. 153.

190. Jean-François Julliard, « Les trous de mémoire de la France au Rwanda », art. cité.
191. Filip Reyntjens, manuscrit de *Rwanda. Trois jours qui ont fait basculer l'histoire*, été 1995 [fgt]; Filip Reyntjens, lettre au juge Damien Vandermeersch, 2 août 1995 [fgt].
192. Filip Reyntjens, manuscrit de *Rwanda. Trois jours qui ont fait basculer l'histoire*, été 1995, note 40 p. 26 [fgt].
193. Colette Braeckman, « L'épopée tragique des paras belges au Rwanda », *Le Soir*, 3 novembre 1995 ; entretien de François Graner avec Colette Braeckman, 10 février 2014.
194. Filip Reyntjens, *Rwanda. Trois jours qui ont fait basculer l'histoire, op. cit.*, note 28 p. 28.
195. Réponse faite oralement à François Graner le 13 février 2014.
196. Entretien de François Graner avec Colette Braeckman, 3 mars 2016.
197. « Exécution solde militaire Dami Panda », 8 décembre 1993 ; états de service de Claude Ray.
198. « Répertoire téléphonique », Mission d'assistance militaire à Kigali, 3 janvier 1994.
199. États de service de Claude Ray.
200. Jean-François Julliard, « Les trous de mémoire de la France au Rwanda », art. cité.
201. Nicolas Renucci, vice-procureur, parquet du tribunal de grande instance de Paris, « Réquisitoire définitif aux fins de non-lieu », 10 octobre 2018 [fgt].
202. Entretien de François Graner avec Sylvie Minaberry, 25 juin 2014.
203. Sylvie Minaberry, entretien avec Jean-François Dupaquier, 7 juin 2012, cité dans Jean-François Dupaquier, *Politiques, militaires et mercenaires français au Rwanda*, *op. cit.*, p. 404.
204. *Ibid.*
205. *Ibid.*
206. Entretien de François Graner avec Sylvie Minaberry, 25 juin 2014.
207. François Graner, « L'attentat du 6 avril 1994 : l'hypothèse de tireurs et/ou décideurs français vue à travers les textes des officiers francais », *La Nuit rwandaise*, n° 8, avril 2014, p. 65.

VII. Un négationnisme au cœur de l'État français

1. Ce chapitre reprend une partie du contenu de deux articles déjà publiés : Charlotte Lacoste et Raphaël Doridant, « Peut-on parler d'un négationnisme d'État ? », *Cités*, n° 57, 2014 ; Raphaël Doridant, « Manipulations françaises autour d'un attentat», *Billets d'Afrique et d'ailleurs*, n° 234, avril 2014.

2. Cité par Marie Fierens, *Le Négationnisme du génocide des Tutsi au Rwanda*, Villeurbanne, Golias, 2009, p. 56.

3. Yves Ternon, *Du négationnisme. Mémoire et tabou*, Paris, Desclée de Brouwer, 1999, p. 17.

4. Jean-Marie Le Pen, entretien avec Jean-Jacques Bourdin, *Bourdin Direct*, BFMTV-RMC, 2 avril 2015.

5. Nadine Fresco, «Les redresseurs de morts», *Les Temps modernes*, n° 480, Paris, Gallimard, juin 1980.

6. Yves Ternon, « La négation du génocide. Une approche comparative », *in* Barbara Lefebvre et Sophie Ferhadjian, *Comprendre les génocides du xxe siècle*, *op. cit.*, p. 168-169.

7. TPIR, chambre de première instance I, affaire n° ICTR-98-41-T, le procureur contre Théoneste Bagosora, Gratien Kabiligi, Aloys Ntabakuze, Anatole Nsengiyumva, jugement portant condamnation, 18 déc. 2008, § 1987-1993 [fgt].

8. *Ibid.*, § 1990 et 1988.

9. *Ibid.*, § 1991, p. 708.

10. ONU (Commission des droits de l'homme), «Compte rendu analytique de la première séance de la session extraordinaire de la commission des droits de l'homme de l'ONU sur le Rwanda (24 mai 1994)», E/CN.4/S-3/SR.1, section 32-33, p. 9-10, 1er juin 1994 [fgt].

11. Alain Juppé, « Intervenir au Rwanda », *Libération*, 16 juin 1994.

12. Général Jean-Claude Lafourcade, Ordre d'opérations de Turquoise, 25 juin 1994, *in* général Jean-Claude Lafourcade, Guillaume Riffaud, *Opération Turquoise*, *op. cit.*, p. 195-210.

13. Conseil restreint, «Situation en Bosnie-Herzégovine, situation au Rwanda», 13 avril 1994 [fgt].

14. Bruno Delaye, notes au président Mitterrand, 25 mai 1994 et 2 juin 1994, *in* Bruno Boudiguet (éd.), *Rwanda. Les archives «secrètes» de Mitterrand*, *op. cit.*, p. 438 et 446.

15. Général Raymond Germanos, Ordre d'opérations de Turquoise, 22 juin 1994, *in* Assemblée nationale, *Enquête sur la tragédie rwandaise*, t. II «Annexes», *op. cit.*, p. 386 [fgt].

16. Ordre d'opérations Amaryllis, 8 avril 1994, *ibid.*, p. 345.

17. Général Raymond Germanos, Ordre d'opérations de Turquoise, 22 juin 1994, *ibid.*, p. 386.

18. André Guichaoua, *Rwanda. De la guerre au génocide*, *op. cit.*, chap. 11, en particulier p. 452-453.

19. Jean-Pierre Chrétien et Hélène Dumas, « Comptes rendus. Conflits, violence, ordre social », *Annales*, 2016/1, p. 301-304.
20. Filip Reyntjens, *Le Génocide des Tutsi au Rwanda*, Paris, PUF, 2017.
21. Raphaël Doridant, « Quand Filip Reyntjens pervertit l'histoire du génocide », *Billets d'Afrique et d'ailleurs*, n° 270, septembre 2017.
22. Ordre d'opération d'Amaryllis, 8 avril 1994, *in* Assemblée nationale, *Enquête sur la tragédie rwandaise, op. cit.*, t. II, p. 344 [fgt]; général Raymond Germanos, Ordre d'opérations de Turquoise, 22 juin 1994, *in* Assemblée nationale, *Enquête sur la tragédie rwandaise*, t. II « Annexes », *op. cit.*, p. 386 [fgt]; général Jean-Claude Lafourcade, Ordre d'opérations de Turquoise, 25 juin 1994, *in* général Jean-Claude Lafourcade, Guillaume Riffaud, *Opération Turquoise*, *op. cit.*, p. 195-210.
23. « Le monde selon Hubert Védrine », France Culture, 13 janvier 2012 [fgt].
24. Paul Barril, interviewé au *Journal de 13 heures*, France 2, 28 juin 1994 [fgt].
25. Philippe Lendepergt, dans Carole Caumont, Patrice Pelé, *Dernière*, France 2, 28 juin 1994 [fgt].
26. Assemblée nationale, *Enquête sur la tragédie rwandaise, op. cit.*, t. I, p. 258.
27. *Ibid.*, p. 233-234.
28. *Rapport d'enquête sur les causes, les circonstances et les responsabilités de l'attentat du 06/04/1994 contre l'avion présidentiel rwandais Falcon 50 n° 9XR-NN*, [dit « Rapport Mutsinzi »], 20 avril 2009, p. 86-91. Lire aussi Jean-François Dupaquier, *L'Agenda du génocide, op. cit.*, p. 275-295.
29. Abdul Joshua Ruzibiza, *Rwanda. L'histoire secrète*, Paris, Panama, 2005.
30. Philippe Bernard, « Wikileaks : en France, l'enquête sur le Rwanda était suivie en haut lieu », art. cité.
31. Lire Rafaëlle Maison et Géraud de La Pradelle, « L'ordonnance du juge Bruguière comme objet négationniste », art. cité.
32. Gabriel Périès et David Servenay, *Une guerre noire*, *op. cit.*, p. 245.
33. Thierry Charlier, « Conflit ethnique au Rwanda », art. cité.
34. Général Didier Tauzin, *Rwanda. Je demande justice pour la France et ses soldats*, *op. cit.*, p. 69.
35. Général Didier Tauzin, « Rwanda : je demande justice pour la France et pour ses soldats », conférence citée.
36. Didier Tauzin, *La Haine à nos trousses*, *op. cit.*, p. 192.
37. Henri Bentégeat, Conseil restreint (objet : situation au Rwanda), 13 avril 1994 [fgt].

38. Entretien de François Graner avec l'amiral Jacques Lanxade, 22 août 2018.
39. Général Raymond Germanos, Ordre d'opérations de Turquoise, 22 juin 1994, *in* Assemblée nationale, *Enquête sur la tragédie rwandaise*, t. II « Annexes », *op. cit.*, p. 386 [fgt].
40. Conférence de presse, Biarritz, 9 novembre 1994, *in* Bruno Boudiguet (éd.), *Rwanda. Les archives « secrètes » de Mitterrand*, *op. cit.*, p. 736.
41. HRW et FIDH, *Aucun témoin ne doit survivre*, *op. cit.*, p. 805 et p. 818-845 [fgt].
42. Linda Melvern, *Complicités de génocide*, *op. cit.*, p. 339. Sur la question des crimes commis par le FPR au Rwanda, lire aussi : OUA, « Rwanda, le génocide qu'on aurait pu stopper », 29 mai 2000, chapitre 22 [fgt].
43. Human Rights Watch, « Génocide au Rwanda – avril-mai 1994 », vol. 6, n° 4, mai 1994 [fgt].
44. Elif Kaban, « Rwanda admits Hutu massacre », Reuters / *The Independent*, 14 septembre 1995.
45. Gérard Prunier, *Rwanda 1959-1996*, *op. cit.*, p. 428-429.
46. « Le monde selon Hubert Védrine », France Culture, 13 janvier 2012 [fgt].
47. Haut Commissariat aux droits de l'homme des Nations unies, *Rapport du Projet Mapping concernant les violations les plus graves des droits de l'homme et du droit international humanitaire commises entre mars 1993 et juin 2003 sur le territoire de la République démocratique du Congo*, août 2010, §15 et §127.
48. *Ibid.*, note 87 du §127.
49. André Lambert et Louis Lohlé-Tart, « La surmortalité au Congo (RDC) durant les troubles de 1998-2004 : une estimation des décès en surnombre, scientifiquement fondée à partir des méthodes de la démographie », Association pour le développement de la recherche appliquée en sciences sociales (Adrass), octobre 2008, disponible sur Adrass.net.
50. Rapport du Projet Mapping, rapport cité, § 32, 521, 522. Lire aussi Rafaëlle Maison, « République démocratique du Congo : de la qualification de crimes de génocide », *Billets d'Afrique et d'ailleurs*, n° 197, décembre 2010.
51. Judi Rever, *In Praise of Blood. The Crimes of the Rwandan Patriotic Front*, Toronto, Random House Canada, 2018. Pour une critique de ce livre, lire Jean-François Dupaquier, « Rwanda : "Après le génocide des Tutsis, Rever présente les victimes en coupables." », entretien avec Christophe Boisbouvier, Rfi.fr, 26 juin 2018.

52. Entretien de François Graner avec l'amiral Jacques Lanxade, 22 août 2018.
53. Gabriel Périès et David Servenay, *Une guerre noire*, *op. cit.*, p. 14.
54. Décret n° 2019-435 du 13 mai 2019 relatif à la commémoration annuelle du génocide des Tutsi [fgt].
55. « Génocide au Rwanda : Sarkozy évoque les "erreurs" de la France », *Le Nouvel Observateur*, 26 février 2010 ; Thomas Vampouille, « Rwanda : Sarkozy admet des erreurs mais ne s'excuse pas », LeFigaro.fr, 25 février 2010.
56. Bénédicte Magnier et Pierre Tremblay, « Rwanda : rescapé du génocide, la nationalité française lui a été refusée pour manque de "loyalisme" », HuffingtonPost.fr, 7 avril 2019.

Conclusion. Une démocratie à construire

1. Sven Lindqvist, *Exterminez toutes ces brutes ! Un voyage à la source des génocides. L'Odyssée d'un homme au cœur de la nuit et les origines du génocide européen*, Paris, Les Arènes, 2014, p. 226.
2. Marwane Ben Yahmed, « Présidentielle française : à quoi ressemblerait la politique africaine d'Emmanuel Macron ? », *Jeune Afrique*, 5 mai 2017.
3. Survie, « La France coloniale d'hier et d'aujourd'hui », dossier, octobre 2006.
4. François Mitterrand, *Le Coup d'État permanent* [1964], Paris, 10/18, 1992, p. 74-75, 112-114, 140 et 311.
5. Raphaël Granvaud et David Mauger, *Un pompier pyromane. L'ingérence française en Côte d'Ivoire d'Houphouët-Boigny à Ouattara*, Marseille, Agone, 2018.
6. Olivier Koch, « Portrait de l'intellectuel en soldat. Les sciences sociales au service de la contre-insurrection », *Le Monde diplomatique*, mars 2019.
7. Mathieu Rigouste, *L'Ennemi intérieur. La généalogie coloniale et militaire de l'ordre sécuritaire dans la France contemporaine*, Paris, La Découverte, 2009 ; Mathieu Lopes, « État d'urgence colonial », *Billets d'Afrique et d'ailleurs*, n° 252, décembre 2015 ; Survie, « Les dangereuses impostures de la "guerre contre le terrorisme" », dossier, février 2016.
8. Sylvie Thénault, « L'état d'urgence (1955-2005). De l'Algérie coloniale à la France contemporaine : destin d'une loi », *Le Mouvement social*, n° 218, janvier-mars 2007, p. 63.
9. Lena Yello, « Domaine réservé du président : la gauche attendue au tournant », *Billets d'Afrique et d'ailleurs*, n° 210, février 2012 ; voir également les débats au Sénat, 28 janvier 2009, disponible sur Senat.fr.

10. Isabelle Attard, « Pour une lutte efficace contre le terrorisme, je ne signerai pas de chèque en blanc au gouvernement », 25 novembre 2015, disponible sur IsabelleAttard.fr.
11. Yanis Thomas, « Les opérations Sabre et Barkhane en violation de la Constitution », *Billets d'Afrique et d'ailleurs*, n° 243, février 2015.
12. Commandant Rachid Hagrouri, « Les politiques de sécurité et les mécanismes de gestion des crises en Afrique », mémoire du Collège interarmées de défense et université Paris II, mars 2007, p. 12.
13. Jean-Claude Guibal et Philippe Baumel, « La stabilité et le développement de l'Afrique francophone », rapport d'information n° 2746, commission des affaires étrangères de l'Assemblée nationale, 6 mai 2015, p. 139.
14. Grégory Daho, « L'érosion des tabous algériens, une autre explication de la transformation des organisations militaires en France », *Revue française de science politique*, vol. 64, février 2014, p. 57.
15. Rémi Carayol, « Les impasses de l'option sécuritaire. Sahel, les militaires évincent le Quai d'Orsay », *Le Monde diplomatique*, juillet 2019, p. 13.
16. Allocution de François Mitterrand, 10 juin 1994, 50e commémoration du massacre des 642 victimes d'Oradour-sur-Glane.
17. Loi constitutionnelle n° 2007-238 du 23 février 2007.
18. Loi d'orientation et de programmation pour la performance de la sécurité intérieure, n° 2011-267, 14 mars 2011.
19. Raphaël Granvaud, « Permis de tuer pour les militaires en Opex », *Billets d'Afrique et d'ailleurs*, n° 230, décembre 2013 ; Mathieu Lopes, « Les anciens du Rwanda pourront dormir tranquille », *Billets d'Afrique et d'ailleurs*, n° 230, décembre 2013.
20. Mohammed Huwais, « Armes françaises au Yémen : 37 rédactions soutiennent les journalistes convoqués par la DGSI », AFP, 25 avril 2019.
21. Amiral Jacques Lanxade, « Je n'ai aucun état d'âme sur le Rwanda… », entretien cité ; « Des ex-ministres PS s'insurgent de propos de Glucksmann sur Mitterrand et le Rwanda », AFP / *Le Figaro*, 14 mai 2019 ; Pierre Boisselet, « Droite dans ses bottes, l'armée française "commémore" l'opération Turquoise au Rwanda », *Jeune Afrique*, 15 juin 2019.

Index des personnes, des lieux, des publications et des organisations cités

B

C

D

H

M

O

P

Q

R

S

Z

Remerciements

Merci aux membres de Survie qui ont accepté de relire notre manuscrit, André Bigo, François Crétollier, Laurence Dawidowicz, Patrice Garesio, Raphaël Grandvaud, David Martin, Romain Mujica, Fabrice Tarrit : leurs remarques nous ont été précieuses.

Plus largement, ce livre a tiré un grand parti de l'infatigable travail collectif d'enquête, de réflexion et de publication mené depuis vingt-cinq ans au sein de l'association Survie.

Nous avons bénéficié de la mise en ligne de nombreux documents sur le site alimenté par Jacques Morel, « France génocide tutsi », et de la veille internet menée par Aymeric Givord.

Des journalistes, des universitaires, des militaires, et d'autres, ont enquêté, ont publié des ouvrages, nous ont fourni des informations, ont répondu à nos questions ; qu'ils en soient ici chaleureusement remerciés.

Les auteurs assument naturellement l'entière responsabilité de l'ouvrage.

Table des matières

Achevé d'imprimer en février 2020
sur les presses de la CPI (Bussière)
pour le compte des éditions Agone
BP 70072, F-13192 Marseille cedex 20

Cet ouvrage a été mis en page grâce à des logiciels libres
assemblés dans la suite informatique SMAG 0.6
et mis en page sous XeLaTeX.

Diffusion-distribution en Belgique, en France et en Suisse
Les Belles Lettres – BLDD
25, rue du Général-Leclerc, F-94270 Le Kremlin-Bicêtre
Tél. 01 45 15 19 70 – Fax 01 45 15 19 80

Diffusion-distribution au Québec
Dimédia
539, bd Lebeau, Ville Saint-Laurent
(Québec) Canada H4N 1S2
Tél. (514) 336-3941 – Fax (514) 331-3916

Dépôt légal 1er trimestre 2020
Bibliothèque nationale de France
Numéro d'impression : 2047787
Imprimé en France